新编高等学校公共管理专业精品教材

# 社会组织管理

## （第二版）

主　编 ◎ 郁建兴　王　名
副主编 ◎ 周　俊　沈永东

科学出版社

北　京

# 内 容 简 介

　　本书是一部既反映新时代我国社会组织新进展、新特点，又体现其发展方向的教材。全书共十五章，除第一章社会组织的定义、分类与发展外，可以划分为三大部分：第一部分为社会组织发展的制度环境，主要讨论社会组织政策与管理体制；第二部分为社会组织的内部管理，着重论述社会组织如何开展专业化管理，包括党建工作、法人治理、战略管理等内容；第三部分为社会组织的未来发展与全球际遇，包括数字技术应用与社会组织发展、社会组织国际化两部分内容。

　　本书适合高等学校公共管理类专业本科生和研究生，以及公共管理专业硕士（MPA）学员作为教材使用，也适合社会组织从业人员参考阅读。

图书在版编目（CIP）数据

社会组织管理 / 郁建兴，王名主编. —2 版. —北京：科学出版社，
2023.11
　新编高等学校公共管理专业精品教材
　ISBN 978-7-03-076109-5

Ⅰ. ①社⋯　Ⅱ. ①郁⋯ ②王⋯　Ⅲ. ①社会组织管理–中国–高等学校–教材　Ⅳ. ①D669.3

中国国家版本馆 CIP 数据核字（2023）第 144712 号

责任编辑：王京苏 / 责任校对：贾娜娜
责任印制：张　伟 / 封面设计：有道设计

科学出版社　出版
北京东黄城根北街 16 号
邮政编码：100717
http://www.sciencep.com

北京九天鸿程印刷有限责任公司印刷
科学出版社发行　各地新华书店经销

*

2020 年 5 月第 一 版　开本：787×1092　1/16
2023 年 11 月第 二 版　印张：23 3/4
2025 年 1 月第十四次印刷　字数：566 000

定价：78.00 元
（如有印装质量问题，我社负责调换）

# 再版序

《社会组织管理》第一版由科学出版社于 2020 年 5 月出版发行。

第一版提出了社会组织管理的一个理论框架，理论联系实际，通过十四章内容对社会组织的制度环境、内部治理进行了系统而深入的分析。自出版以来印刷已达 12 次，受到了社会组织理论界和实务界的普遍欢迎，在社会组织教学研究、实践发展等方面发挥了积极作用。

岁月如梭。转眼间，《社会组织管理》与读者见面已有 3 年多。在这 3 年多时间里，无论是社会组织的制度环境，还是社会组织的自身发展都取得了新成就，实现了新的飞跃。

从制度环境看，2019 年，党的十九届四中全会首次从基本经济制度建设的维度，将第三次分配确定为坚持"按劳分配为主体、多种分配方式并存"分配制度的重要组成部分。2020 年，党的十九届五中全会明确"到二〇三五年基本实现社会主义现代化远景目标，……人的全面发展、全体人民共同富裕取得更为明显的实质性进展"。2021 年，中央财经委员会第十次会议系统提出"构建初次分配、再分配和三次分配协调配套的基础性制度安排"的论断，提出应"加大税收、社保、转移支付等调节力度并提高精准性，扩大中等收入群体比重，增加低收入群体收入，合理调节高收入，取缔非法收入，形成中间大、两头小的橄榄形分配结构，促进社会公平正义，促进人的全面发展，使全体人民朝着共同富裕目标扎实迈进"。2022 年，党的二十大报告提出，"规范收入分配秩序，规范财富积累机制""鼓励勤劳致富，促进机会公平"。"第三次分配""共同富裕""规范财富积累"等概念的提出，为社会组织发展创造了新的机遇，社会组织是第三次分配的重要主体，是推动共同富裕的重要力量，在新的国家战略中有广阔的发展空间。

围绕新时期国家战略的需要，党和政府对社会组织提出了新的目标和要求。2021 年，民政部印发《"十四五"社会组织发展规划》，提出要以"推进社会组织高质量发展为主题""推动社会组织发展从'多不多'、'快不快'向'稳不稳'、'好不好'转变，从注重数量增长、规模扩张向能力提升、作用发挥转型，推动社会组织在全面建设社会主义现代化国家新征程中发挥积极作用"。以上述规划为指导思想，为促进社会组织高质量发展、充分发挥社会组织在社会治理、第三次分配和推动共同富裕中的作用，各级民政部门和相关部门出台多项政策鼓励和支持社会组织的发展。比如，2022 年民政部和国家乡村振兴局共同印发《关于动员引导社会组织参与乡村振兴工作的通知》,同年11月,应急管理部、中央文明办、民政部和共青团中央联合出台《关于进一步推进社会应急力量健康发展的意见》。

在党和政府的领导下,社会组织无论是在数量上还是在质量上都取得了新发展。据民政事业发展统计公报数据,截至2022年底,全国共有社会组织89.1万家,与2018年的81.6万家相比,总量增长了7.5万家;吸纳社会各类人员就业1108.3万人,与2018年的980.4万人相比,总量增长了127.9万人①。3年多来,社会组织进一步在促进经济发展、提供社会服务、助力乡村振兴、参与社会治理和疫情防控等方面发挥重要作用。特别是,在持续3年的疫情防控中,许多一线社会组织运用扎根社区、贴近群众的优势,发动志愿者资源,关爱老年人、儿童、残疾人、外地务工人员等,在社区疫情防控中发挥了独特而显著的作用。在疫情发生初期,各类防护物资短缺,社会组织积极链接资源,并指导社区居民正确防疫;在疫情蔓延时期,社会组织积极提供心理支持、情绪疏导等专业服务,并组织志愿者参与核酸检测、值班值守、消毒消杀和秩序维护等工作。在特殊时期,社会组织以实际行动塑造了自身形象,获得了党和政府的认可,也获得了社会公众的信任。

正是在制度环境不断优化、社会组织不断成长的背景下,我们决定对本书进行再版,以期体现社会组织实践和理论的新进展,并进一步完善社会组织管理的理论框架。《社会组织管理(第二版)》的变化主要体现在以下三个方面。

一是更新相关法律法规和政策文件。3年多来,除了国家宏观发展战略的变化以外,与社会组织相关的法律法规和政策文件也在不断更新,我们力求将这些变化体现在《社会组织管理(第二版)》中。最为主要的,第二版在第一章中介绍了乡村振兴、第三次分配和共同富裕等社会组织发展的新政策;在第二章中重点分析了《中华人民共和国民法典》中对非营利法人的规定,以及《培育发展社区社会组织专项行动方案(2021—2023年)》和《政府购买服务管理办法》等新文件的精神和要求,同时对近两年备受关注的《中华人民共和国慈善法》的修订及相关讨论予以说明;在第三章中介绍了《关于加强和改进城市基层党的建设工作的意见》《中国共产党基层组织选举工作条例》对社会组织党建工作的新要求,以及党的二十大报告提出的与社会组织党建相关的内容;在第四章中介绍了财政部于2020年制定发布的《〈民间非营利组织会计制度〉若干问题的解释》,并讨论了业界对修订《民间非营利组织会计制度》的一些观点。在第九章社会组织政策参与、第十章社会组织项目管理、第十一章社会组织绩效管理中,体现了党的二十大报告关于社会团体协商民主的要求、《政府购买服务管理办法》和《全国性社会组织评估管理规定》等新文件精神,并将之具体应用于社会组织政策倡导、社会组织与政府合作、社会组织评估标准与流程等内容之中。

二是更新内容和新增章节。内外环境变化使社会组织管理的一些内容在过去的3年多时间里发生了显著变化。第二版重点关注到数字化对社会组织发展的影响,以及社会组织在竞争日益加剧的环境中对建立品牌的强烈需求,因此对第十四章(原第十三章)

---

① 根据《2022年民政事业发展统计公报》和《2018年民政事业发展统计公报》整理而成。

"数字技术应用与社会组织发展"进行了大幅修改，并新增"社会组织品牌管理"一章（第十二章）。第十四章丰富和完善了对"数字技术应用对多维社会治理格局形塑"的讨论，从社会治理主体的数字化、社会治理体系的平台化和经济社会数字化产生的社会治理新需求等三个方面，较为系统地分析了数字技术革命影响下技术性社会组织的兴起与发展及其引发的政府与社会组织关系的变化。第十二章旨在回应社会组织建立品牌组织、品牌项目的需求，主要从社会组织品牌的内涵、品牌管理的内容、品牌管理的实施导向与挑战、内部品牌管理和外部品牌管理等方面，系统介绍了社会组织品牌管理的工作流程，为社会组织提供了实操指南。

三是更新数据和案例。时隔 3 年多，社会组织相关数据变化较大，社会组织中涌现了大批新的优秀案例，这些变化需要及时地体现在第二版中，以展现社会组织发展的新成就。因此，第二版的第三项任务便是更新数据和案例，这体现在每个章节之中。在数据更新方面，第一章依据民政部历年民政事业统计公报更新了社会组织数量和提供的就业岗位数量，第六章更新了志愿服务团队和志愿服务项目数量，第十三章更新了互联网捐赠的数据。在案例更新方面，第八章对多个案例进行了替换，该章将发展迅速的浙江省妇女儿童基金会、传化慈善基金会等作为新案例，讨论了低保家庭困境儿童家园改造项目"焕新乐园"在阿里巴巴的"公益宝贝"上的筹款经验、"携手同行 共渡时艰——守护疫情下的卡车司机"公益行动的实施过程，为读者提供了社会组织最新的鲜活实践。其他章节也大多进行了案例更新，如第九章第四节"社会组织政策参与实践"中，将行业协会商会的政策参与案例全部更新为温州商会的政策参与，较为详细地刻画了温州商会凭借灵活有效的政策参与为地方经济社会高质量发展提供支撑、协同党委政府抗击疫情冲击、推动经济常态化发展的生动画卷。再如，第十五章将部分社会组织走出去的案例更新为社会组织以多种形式参与国际疫情防控的案例，展现了特殊时期社会组织勇于担当和善于担当的新形象。事实上，依托中国案例、中国数据，优化中国叙事、讲好中国故事，是本书的目标追求，这在第二版中得到了强化。2022 年，习近平总书记在中国人民大学考察时提出，"加快构建中国特色哲学社会科学，归根结底是建构中国自主的知识体系"。教材自主是推动学科自主、学术自主、话语自主的基础性工作。完善自主教材体系，需要以中国式现代化的广阔实践作为素材来源，只有这样才能推动教材建设的本土化。我们期待，本书的撰写以及修订能够为建构中国自主知识体系的伟大事业做出应有的贡献。

《社会组织管理（第二版）》继续由我和王名教授（清华大学）担任主编，周俊教授（浙江工商大学）、沈永东教授（浙江大学）担任副主编。具体分工为：第一章、第二章、第十五章由周俊编写，第三章、第九章由沈永东编写，第四章、第十四章由宋晓清（浙江财经大学）编写，第五章由吴结兵（浙江大学）编写，第六章、第八章、第十章由苗青（浙江大学）编写，第七章由叶绍聪（浙江大学）编写，第十一章由吴结兵、叶绍聪编写，第十二章由张冉（华东师范大学）编写，第十三章由俞祖成（上海外国语大学）编写。在修订过程中，周俊教授、沈永东教授协助我们做了大量工作，全书最后由我进行了统稿和定稿。感谢团队成员的辛勤劳动。感谢对第一版《社会组织管理》提出完善意见建议的读者、专家和同行，特别感谢全国公共管理专业学位研究生教学指导委员会组织的"社会组织管理"教师培训班，本书多位作者作为培训班的主讲教师，在授课过程中获得多位一线教师给我们提供的鲜活意见和建议。最后，特别感谢科学出版社王京苏编辑为本书再版付出的大量心血。

我们竭诚欢迎社会组织同仁、社会组织学习和研究者关注此书，特别欢迎大家就书中内容进行深入交流和研讨，共同推进社会组织理论与实践发展。

郁建兴于杭州

2023 年 6 月 28 日

# C目录
## Contents

# 第一章

社会组织的定义、
分类与发展

1. 掌握社会组织的定义。
2. 了解社会组织与相关概念的联系与区分。
3. 了解国外非营利组织发展的基本情况。
4. 了解我国社会组织发展的基本历程。
5. 掌握我国社会组织当前的数量和功能情况。
6. 理解我国社会组织发展的条件和当前面临的挑战。

● 在 20 世纪七八十年代的全球"结社革命"中，处于政府与市场之外的非营利组织大量涌现，并在各国经济社会发展和全球公共事务治理中发挥作用。我国非营利组织在改革开放后发展迅速，目前已经成为社会主义现代化建设的重要力量和第三次分配、共同富裕、中国式现代化的积极参与者。"社会组织"是我国特有的概念，指的是非营利组织中的社会团体、民办非企业单位（也称社会服务机构）和基金会①。近年来，社会组织积极发挥弥补政府与市场不足的功能，在教育、扶贫与发展、医疗健康等领域成为政府的合作伙伴，是公共治理不可或缺的主体。本章主要介绍社会组织的定义与特征、分类与功能，国外非营利组织概况，以及改革开放以来我国社会组织发展的总体情况。

## 第一节　社会组织的定义与特征

### 一、社会组织的定义

"社会组织"是一个相对较新的概念，它最早出现在《中国共产党第十六届中央委员会第六次全体会议公报》（2006 年 10 月 11 日）中。在此之前，我国使用"民间组织"这一概念，曾于 1998 年成立民间组织管理局（前身为社会团体与民办非企业单位管理司），并于 2016 年正式更名为社会组织管理局。"社会组织"的概念目前没有统一定义，但行政法规对社会组织的三种具体类型的概念有明确的规定。

#### （一）政策定义

社会组织在国际上的对应概念为非营利组织（non-profit organization，NPO）。在美国税法中，非营利组织被界定为"该组织限制将盈余分配给组织的人员，如组织的成员、董事或理事等"。美国财务会计准则委员会（Financial Accounting Standards Board，FASB）从特征方面对非营利组织进行界定，提出非营利组织是符合以下特征的实体：①该实

---

① 《民间非营利组织会计制度》（2004 年印发）第二条规定："民间非营利组织包括依照国家法律、行政法规登记的社会团体、基金会、民办非企业单位和寺院、宫观、清真寺、教堂等。"社会组织包括社会团体、基金会、民办非企业单位，是我国非营利组织的重要构成部分。

体从捐赠者处获得大量的资源，但捐赠者并不因此而要求得到同等或成比例的资金回报；②该实体经营的目的不是获取利润；③该实体不存在营利组织中的所有者权益问题。

英国对非营利组织认定的标准包括：①该组织为公众而非私人利益设立；②该组织雇用一些志愿服务、不领薪水的人员；③领薪水的人员放弃应有的报酬；④盈余不得分配给会员；⑤不支薪会员的理事负责管理该组织事务；⑥其资金来自不同的组织。

联合国（United Nations，UN）根据组织资金来源定义非营利组织：如果一个组织一半以上的收入不是来自市场价格出售的商品和服务，而是来自其成员缴纳的会费和支持者的捐赠，即为非营利组织。然而，由于不同国家的非营利组织资金来源结构上存在较大差异，因此，该定义不具有普适性。

我国对非营利组织的法律界定主要体现在财政部印发的《民间非营利组织会计制度》（2004 年）中。依据该制度，民间非营利组织包括"依照国家法律、行政法规登记的社会团体、基金会、民办非企业单位和寺院、宫观、清真寺、教堂等"，且应同时具备三方面特征：①该组织不以营利为目的和宗旨；②资源提供者向该组织投入资源不取得经济回报；③资源提供者不享有该组织的所有权。

社会组织是一个本土性概念，目前尚没有法律法规直接对其进行界定，但这一概念多次出现在党和政府的政策文件中，国务院颁布的行政法规分别对社会组织的构成部分进行了界定。2015 年中共中央办公厅印发的《关于加强社会组织党的建设工作的意见（试行）》，提出"社会组织主要包括社会团体、民办非企业单位、基金会、社会中介组织以及城乡社区社会组织等"。2016 年中共中央办公厅、国务院办公厅印发的《关于改革社会组织管理制度促进社会组织健康有序发展的意见》，将社会组织的主体界定为社会团体、基金会和社会服务机构。1998 年发布的《社会团体登记管理条例》和《民办非企业单位登记管理条例》以及 2004 年发布的《基金会管理条例》（以下简称三大条例）分别对社会组织的三种具体类型即社会团体、民办非企业单位和基金会进行了界定：社会团体是指"中国公民自愿组成，为实现会员共同意愿，按照其章程开展活动的非营利性社会组织"；民办非企业单位是指"企业事业单位、社会团体和其他社会力量以及公民个人利用非国有资产举办的、从事非营利性社会服务活动的社会组织"；基金会是指"利用自然人、法人或者其他组织捐赠的财产，以从事公益事业为目的，按照本条例的规定成立的非营利性法人"。

## （二）学术定义

在非营利组织的学术定义中，较为流行的是美国约翰斯·霍普金斯大学非营利组织比较研究中心莱斯特·M. 萨拉蒙等（2007）提出的五特征法，即将具有以下五个特征的组织界定为非营利组织：①组织性；②非政府性；③非营利性；④自治性；⑤志愿性。这一定义被用于萨拉蒙教授主持的对全球 42 个国家的非营利组织开展的国际比较研究项目，后来常为学界所引用。在这一定义的五个特征中，非政府性和非营利性被公认为是非营利组织的基本特征，组织性被视为一个不言而喻的前提，但对非营利组织的其他特征，有人针对不同国家、地区的情况提出了修正。

日本学者重富真一结合亚洲国家的实际情况，将上述定义修正为如下六个条件：①非政府性；②非营利性；③自发性；④持续性/形式性；⑤利他性；⑥慈善性（转引自王名，贾西津，2006）。他强调亚洲的多数国家属于发展中国家，从经济上和社会上救助弱势群体是非营利组织存在与发展的特殊背景，因而应将利他性作为一个重要指标，以区别那些以相互扶助为目的的社区非营利组织；进一步地，具有利他目的的非营利组织，其开展活动的主要资金不能来自受益者，而应主要来源于社会捐赠和受益者之外的其他主体。重富真一提出的标准突出了发展中国家非营利组织扶助救济的重要属性。

Anthony 和 Young（2002）基于组织运营特征界定非营利组织。他们认为，非营利组织具有以下九个方面的特征：①不以营利为目的；②税收和法律上有特殊的规定；③本质上是服务型的组织；④在目标和发展战略上相对于营利性组织有着更多的约束；⑤财务上对客户的依赖性较小；⑥专业技术人员占据主导地位；⑦存在组织治理的差异；⑧受政府影响较大；⑨存在管理控制失灵的痼疾。

我国社会组织与西方非营利组织不是完全等同的概念，但在既不同于政府又不同于企业这一特征上，社会组织与非营利组织是相似的。在具体定义上，孙伟林（2009）认为，作为人类社会的一种基本组织制度形式，社会组织有广义和狭义之分。广义的社会组织是指人们为实现特定目标而建立的有着共同活动的群体，与政府组织、经济组织相并列。狭义的社会组织仅指由自然人、法人和其他组织为满足社会需要或部分社会成员需要而建立的非营利组织，包括社会团体、基金会和民办非企业单位。王名（2010）认为，通常所说的社会组织，是指除政府和企业之外，向社会某个领域提供社会服务，并具有公益性、非营利性、自治性、志愿性等特点的组织机构，分为狭义和广义两种：狭义的社会组织即在民政部登记注册的社会团体、基金会和民办非企业单位；广义的社会组织还包括社区基层组织和工商注册的非营利组织两种。

基于政策和学术层面的理解，本书将社会组织界定为：公民自愿组成的，具有非营利性、非政府性、志愿性等特征的活跃在社会中的组织。在我国，根据法律规定，具有法人身份的社会组织，即狭义的社会组织，包括社会团体、民办非企业单位和基金会三种类型；广义的社会组织，除上述三类法人社会组织外，还包括八大人民团体、民政部规定免于登记注册的社会组织，以及不具有法人身份的备案的社区社会组织，单位内部的社会组织和在社区活动的群众团体，等等。由于社会组织在国际上的对应概念为非营利组织，因此在本书中，除特殊情况外，社会组织等同于非营利组织，不做详细区分。

### （三）与社会组织相关的概念

国际上与社会组织相关的概念有"非营利组织""非政府组织"（nongovernmental organization，NGO）、"第三部门"（the third sector）和"志愿组织"（voluntary organization）等。下面分别介绍这些概念，并与社会组织概念进行简要区分。

"非营利组织"和"非政府组织"在内涵与外延上基本一致，两者常常互换使用。不同的是，两者所强调的组织属性不同。非营利组织强调该类组织与企业的区别，即非营利特性；而非政府组织强调该类组织与政府的区别，即非政府特性。萨拉蒙等（2007）认为，凡是具备组织性、非政府性、非营利性、自治性、志愿性特点的组织，都可称为非营利组织，若在此基础上，一个组织再具有非宗教性和非政治性的特征，那么该组织就是非政府组织。由此可以看出两者的细微差别，即非营利组织相较于非政府组织更为广泛，非政府组织的定义更加严格。在我国，非营利组织包括民间非营利组织和事业单位，前者包括"依照国家法律、行政法规登记的社会团体、基金会、民办非企业单位和寺院、宫观、清真寺、教堂等"[《民间非营利组织会计制度》（2004 年）]；后者指国家为了社会公益目的，由国家机关举办或者其他组织利用国有资产举办的，从事教育、科技、文化、卫生等活动的社会服务组织。非政府组织常被用于"境外非政府组织"和"国际非政府组织"等语境中，在与社会组织相似的意义上，这一概念较少被使用。

"第三部门"的概念最早由美国学者 Levitt 于 1973 年提出。20 世纪 80 年代以来，随着对公民社会理论探讨的逐渐深入而被学者关注。Levitt（1973）认为，不能过于简单地将社会组织分为公共组织和私人组织，因为在两者之间还存在大量其他组织，这类组织从事的是前两者做不好或者不愿做的事情，Levitt 将这类组织统称为"第三部门"。"第三部门"有时也被称为"第三域""非营利部门"，无论使用什么名称，都是强调在政府与私人企业之间存在一个不同的领域。

"志愿组织"和"非营利组织"在内涵与外延上基本一致，但是这一概念更强调非营利组织的志愿性特征，在北欧和英国较为流行。志愿组织可以定义为由志愿者自愿组成的、从事志愿服务的非营利性的公益性组织。

综上可见，社会组织与"非营利组织""非政府组织""第三部门""志愿组织"等概念虽然存在名称上的差异，但是它们所指组织的性质是一致的，即都具有组织性、非营利性、非政府性、自治性、志愿性等特征。不同的是，这些名称强调的侧重点略有差异，非营利组织强调该类组织与企业的区别，突出不以营利为目的；非政府组织强调该类组织与政府的区别，不属于政府相关部门；第三部门强调组织的中间性，是介于政府与企业之间的组织；志愿组织则强调非营利组织的志愿性特征。

## 二、社会组织的特征

社会组织在本质上是一种非营利组织，因此具有非营利组织的一般特征。有关非营利组织特征的界定，目前得到广泛认可的是前文提到的由萨拉蒙等（2007）提出的五个特征：组织性、非政府性、非营利性、自治性和志愿性。我国学者王绍光（1999）在《多元与统一——第三部门国际比较研究》一书中提出了非营利组织的十大特征：非营利性、中立性、自主性、使命感、多样性、专业性、灵活性、开创性、参与性和低成本。本书倾向认为社会组织在一般组织所应具有的组织性、自治性等特征之外，还具有非营利性、非政府性、志愿性和公共性四个方面的特殊性。

### （一）非营利性

非营利性是社会组织的基本属性，也是区别于企业的根本特征。非营利性规定了社会组织不得从事以获取利润为目的的活动，并且所获取的利润不得进行分配。具体来说，社会组织的非营利性主要体现在以下三个方面。

### 1. 组织宗旨的非营利性

社会组织的宗旨、功能等尽管各不相同，但是不以营利为目的是所有社会组织的共有属性。与以营利为目的的经济组织不同，社会组织的宗旨是实现整个社会或者一定范围内的公共利益，这就决定了社会组织不需要像企业一样过于注重基于成本-收益分析模型进行的利润评价。

### 2. 组织资产的非私有性

社会组织不得将组织的资产以任何形式转变为私人财产。对于企业而言，资产归企业的所有者所有，其产权是明确的。社会组织的资产既不属于组织，也不属于捐赠者，而是"公益或互益资产"，属于社会。因而，社会组织在一定意义上是作为受托人来行使公益资产所有权的。这意味着，如果社会组织解散或破产，其剩余资产不能像企业那样在成员之间进行分配，而只能转交给政府或其他非营利组织。

### 3. 组织利润的非分配性

社会组织不得对所获利润进行分红。社会组织可以开展一定形式的经营性业务，并在这些业务中产生超出经营总成本的剩余收入。与企业可以对这些剩余收入进行分红不同，社会组织无论开展何种形式的经营业务，其经营收入都不能作为利润在成员之间进行分配，而只能用于组织所开展的各种社会活动及自身发展。

## （二）非政府性

非政府性又称"民间性""私有性"，是社会组织的第二大基本属性。相对企业来说，社会组织和政府都属于社会的公共部门，这是社会组织的共性。不同的是，社会组织不是政府机构或其附属部分，而是非政府的社会组织。具体来说，社会组织的非政府性体现在以下三个方面。

### 1. 独立自主的自治组织

社会组织既不隶属于政府，也不隶属于企业，而是一个个独立的组织，每一个组织都有独立自主的判断、决策和行为的机制。组织的自治性意味着社会组织一旦依法成立，就具有在法定范围内自主活动的权利，不受政府等部门的干预和影响。

### 2. 自下而上的民间组织

政府作为国家政权的组织形式，其基本的组建原则和权力行使方式是自上而下的，形成大大小小的金字塔结构。社会组织依靠的是广大公民，是公民基于共同需要和社会需求、通过横向的网络联系建立的民间组织，主要基于民众基础来动员社会资源。

### 3. 属于竞争性的公共组织

政府是以公共权力为基础的公共组织，无论是资源获取还是公共物品的提供，其基本方式都是垄断性的。社会组织则不同，它不拥有公共权力，只能采取竞争性的手段获取资源并提供竞争性的公共物品。

### （三）志愿性

志愿性是社会组织的第三个基本属性，也是社会组织最具特色的一个属性。社会组织的内在驱动力既不是利润也不是权力，而是以志愿精神为核心的利他主义和互助主义。正像企业是组织化的资本、政府是组织化的权力一样，社会组织可以说是组织化的志愿精神。具体而言，社会组织的志愿性主要体现在以下两个方面。

#### 1. 成员加入的自愿性

志愿者是志愿精神的直接体现或人格化，表现为那些为追求一定的价值观并无偿地参加各种社会公益或互益性活动的人。可以看出，社会组织的成员不是因法律要求而组成的，而是基于对组织宗旨的认同而加入的。即便与其他组织相比，社会组织成员的劳动报酬较低，但是仍然不影响成员的工作积极性。

#### 2. 社会捐赠的广泛性

企业主要以资本的形式获取社会资源，政府主要通过税收集中社会资源，而社会组织的主要社会资源是社会捐赠。社会捐赠是志愿精神货币化或物质化的体现，表现为人们为各种社会公益性或互益性活动无偿提供货币、物资或服务。

### （四）公共性

公共性主要体现为社会组织宗旨的公共性和提供产品与服务的公共性，前者是指社会组织通过组织章程明确其业务功能是提供互益性或公益性物品，后者是指社会组织实际提供的服务具有公共性。

#### 1. 组织宗旨的公共性

企业等经济性组织向社会提供个人物品，政府提供具有规模性的公共物品，介于两者之间的社会组织以提供互益性和公益性物品为宗旨，具体提供的物品类型由其章程决定。以提供互益性物品为宗旨的社会组织旨在解决组织成员面临的共同问题、提高成员共同福祉；以提供公益性物品为宗旨的社会组织旨在解决更加广泛的社会问题、提高社会福利。

#### 2. 组织服务的公共性

社会组织实际提供的服务所具有的性质，是判断其是否具有公共性的更为重要的依据。部分社会组织围绕服务会员开展活动，如社会团体为促进会员交流而举办联谊活动，属于为社会中的特定成员提供互益性公共物品或准公共物品，行业互助、会员福利等也属于此种类型的公共物品。部分社会组织向社会中的不特定多数成员提供公益性物品，如环保组织所开展的环保运动、教育公益机构所开展的乡村助学活动，都属于提供公益性服务。

综上所述，如果一个组织同时具备以上四个特征，就可以称为社会组织。需要特别指出的是，受生成路径与行政体制的影响，这些特征对我国社会组织而言，并不具有完全的适用性。例如，对于自治性，我国大量社会组织接受业务主管或指导单位的监督管理，在重大事项上并不拥有自主权或仅拥有有限的自主权。因此，在将这些特征应用于对我国社会组织的分析时，仍需视具体组织类型而有所区分。

# 第二节　社会组织的分类与功能

## 一、社会组织的分类

目前，对于非营利组织类型的划分，存在多种方式。萨拉蒙等（2007）按照活动领域，将42个国家的非营利组织划分为文化和娱乐、教育和研究、卫生保健、社会服务等12个大类、47个小类。耶鲁大学教授汉斯曼按照组织的收入来源和管理方式，将非营利组织划分为赞助型和商业型、自理型和企业型。下面介绍我国社会组织的官方和学界分类。

我国目前虽然还没有明确的法律法规对社会组织的外延进行规定，但是依据国务院颁布的三大条例，我国社会组织包括社会团体、民办非企业单位和基金会三种类型。

《社会团体登记管理条例》规定，社会团体是指"中国公民自愿组成，为实现会员共同意愿，按照其章程开展活动的非营利性社会组织"。关于社会团体的分类，主要按照1989年12月发布的《民政部关于〈社会团体登记管理条例〉有关问题的通知》，根据社会团体的性质和任务，我国将社会团体分为学术性社团、行业性社团、专业性社团和联合性社团四种。其中学术性社团一般以学会、研究会命名，其又可以分为自然科学类、社会科学类以及自然科学与社会科学的交叉科学类；行业性社团一般以协会（包括工业协会、行业协会、商会同业公会等）来命名，这类社团主要是经济类社团，可分为农业类、工业类和商业类等；专业性社团一般以协会、基金会命名，这类社团一般是非经济类的，主要由专业人员组成，以专业技术为基础成立的团体；联合性社团一般以联合会、联谊会、促进会命名，这类社团主要是人群的联合体或学术性、行业性、专业性团体的联合体。

《民办非企业单位登记管理暂行条例》规定，民办非企业单位是指"企业事业单位、社会团体和其他社会力量以及公民个人利用非国有资产举办的、从事非营利性社会服务活动的社会组织"。1999年12月发布的《民办非企业单位登记暂行办法》根据依法承担民事责任方式的不同，将民办非企业单位分为三类：由个人出资且担任民办非企业单位负责人的，为民办非企业单位（个体）；两人或两人以上合伙举办的，为民办非企业单位（合伙）；两人或两人以上举办且具备法人条件的，以及由企业事业单位、社会团体和其他社会力量举办的或由上述组织与个人共同举办的，均属法人性质的民办非企业单位。民办非企业单位按照行政事业可划分为十类（表1-1）。2016年5月发布的《社会服务机构登记管理条例》（《民办非企业单位登记管理暂行条例》修订草案征求意见稿）将社会服务机构统一为非营利法人。

表 1-1 民办非企业单位的分类

| 行政事业 | 举例 |
|---|---|
| 教育事业 | 民办幼儿园，民办小学、中学、大学，民办专修（进修）学校，民办培训（补习）学校或中心，等等 |
| 卫生事业 | 民办门诊部（所）、医院，民办康复、保健、卫生、疗养院（所）等 |
| 文化事业 | 民办艺术表演团体、文化馆（活动中心）、图书馆（室）、博物馆（院）、美术馆、画院、名人纪念馆、收藏馆、艺术研究院（所）等 |
| 科技事业 | 民办科学研究院（所、中心）、科技传播或普及中心、科技服务中心、技术评估所（中心）等 |
| 体育事业 | 民办体育俱乐部，民办体育场、馆、院、社、学校等 |
| 劳动事业 | 民办职业培训学校或中心、民办职业介绍所等 |
| 民政事业 | 民办福利院、敬老院、托老所、老年公寓，民办婚姻介绍所，民办社区服务中心（站）等 |
| 社会中介服务业 | 民办评估咨询服务中心（所）、民办信息咨询调查中心（所）、民办人才交流中心等 |
| 法律服务业 | 各类法律服务中心（所）等 |
| 其他 | 其他民办事业 |

资料来源：根据民政部 1999 年 12 月发布的《民办非企业单位登记暂行办法》第四条整理

《基金会管理条例》规定，基金会是指"利用自然人、法人或者其他组织捐赠的财产，以从事公益事业为目，按照本条例的规定成立的非营利性法人"。关于基金会的分类，2004年 6 月 1 日施行的《基金会管理条例》第三条规定"基金会分为面向公众募捐的基金会（以下简称公募基金会）和不得面向公众募捐的基金会"，公募基金会按照募捐的地域范围，可分为全国性公募基金会和地方性公募基金会。

2006 年，民政部参考国际通行统计分类体系并结合我国社会组织发展的特点，提出社会组织的新分类体系，并将之用于社会组织年度检查工作。新的社会组织体系将社会组织分为经济类（工商服务业、农业及农村发展、职业及从业组织）、社会类（社会服务）、环境类（生态环境）、文化类（文化、体育、法律、宗教、科技与研究、教育、卫生）、国际类（国际及涉外组织）和其他等 6 大类与 14 小类。

2015 年 9 月印发的《关于加强社会组织党的建设工作的意见（试行）》将社会组织划分为社会团体、民办非企业单位、基金会、社会中介组织和城乡社区社会组织等。这次分类扩展了社会组织的外延，在三大法定类型之外，社会中介组织和城乡社区社会组织也被纳入社会组织范畴。社会中介组织是指在我国社会经济体制转轨和政府职能转变过程中，独立成立或从政府中分化出来的，在政府、市场、公众之间发挥协调、服务等纽带中介职能，不以营利为目的的自治性非政府机构，具有中介性、非营利性、民间性等特征（陈德权，2014）。城乡社区社会组织是指由城乡居民自发成立的，主要在社区范围内开展活动的各种基层社会组织。在城市社区，主要表现为社区居民基于共同的兴趣、爱好、价值观以及共同需要成立的兴趣协会、文化团体等各种基层组织；在农村社区，主要表现为在村镇范围内活动的互助性、兴趣性和公益性的各种基层组织。

2016 年《中华人民共和国慈善法》（以下简称《慈善法》）出台后，为更好地与其进行衔接，民政部对"三大条例"进行了修订。在条例修订征求意见稿［《社会团体登记管理条例》（修订草案征求意见稿）、《社会服务机构登记管理条例》（《民办非企业单位登记管理暂行条例》修订草案征求意见稿）、《基金会管理条例》（修订草案征求意见稿）］中，社会团体的定义与分类和之前的规定基本一致；"民办非企业单位"改称为"社会服务机构"，并将社会服务机构定义为：自然人、法人或者其他组织为了公益目的，利用非国有资产捐助举办，按照其章程提供社会服务的非营利法人。基金会的定义被调整为："利用自然人、法人或者其他组织捐赠的财产，以开展公益慈善活动为目的，按照本条例的规定成立的非营利法人。"

国内学者从不同角度对社会组织进行了分类。例如，王颖等（1993）依据社会团体与政府的关系将社会团体划分为官办型、半官办型和民办型三类；王名（2010）依照组织构成和制度特征将社会组织分为会员制组织和非会员制组织，其中会员制组织被分为公益型组织和互益型组织，非会员制组织被分为基金型组织和实体型组织；康晓光（1997）将社会团体划分为四种类型：合法登记注册的社团、无法人地位的次级社团、以企业法人身份注册的社团、不进行注册的"非法"社团。这些分类具有一定的现实解释力，在学术研究中常被引用。

## 二、社会组织的功能

社会组织在政治、经济、社会和文化领域扮演重要角色。由于互益性社会组织与公益性社会组织在性质上存在一定差异，因此其功能目标也不完全相同。一般而言，互益性社会组织以实现组织成员的共同利益为目标，主要功能是为会员提供服务；公益性社会组织以实现更加广泛的社会公共利益为目标，主要功能为提供公共物品。从总体上看，社会组织能在政策倡导、促进就业、提供公共物品和服务、动员社会资源、促进社会和谐与推动共同富裕六个方面发挥作用。

### （一）政策倡导

社会组织在公共政策倡导方面发挥积极作用。首先，社会组织开展业务活动，推动特定领域事业的发展，本身是通过行动发出声音，进行政策倡议。例如，孤独症儿童关爱机构在孤独症儿童康复、教育等方面做出了巨大努力，有效促使政府对相关问题予以关注。其次，倡导型社会组织以影响公共政策制定、推进政策完善为宗旨，它们通过多种方式或直接或间接影响政策的制定。最后，社会组织是特定群体特别是弱势群体的代言人，在相关公共政策制定过程中，部分组织会积极参与决策意见征询会，与政策制定者进行沟通或交流，或通过媒体、社会舆论等表达政策意见，影响决策结果。

### （二）促进就业

社会组织在促进就业方面的作用日益凸显。社会组织可以直接提供就业岗位、吸纳就业人员。根据《2022 年民政事业发展统计公报》，截至 2022 年底，全国社会组织共吸纳社会各类人员就业 1108.3 万人，比上年增长 0.8%。社会组织还可以通过为失业人员提供就业咨询、就业培训、就业指导等服务，以间接促进就业。

### （三）提供公共物品和服务

社会组织能够凭借自身规模小、组织灵活、业务多样的优势，弥补政府在提供公共产品和服务中的不足，更好地满足人们日益多样化的公共服务需求。一方面，社会组织按照各自宗旨开展活动、提供服务，活跃于教育、环保、扶贫、体育、灾害救助等领域，是社会自治的重要力量；另一方面，社会组织通过接受政府委托或参与政府采购，加入政府公共服务体系，与政府合作，并为其提供公共产品和服务。

### （四）动员社会资源

社会组织具有重要的社会资源动员功能。一方面，社会组织通过招募会员和志愿者、开展公益慈善活动、向社会募款等方式动员公众参与，吸纳社会资源；另一方面，社会组织通过与商业组织、政府部门等合作撬动多方资源，共同实现社会公益目标。社会组织在资源动员上具有独特的优势，它们以公益、志愿、博爱、慈善等价值观和精神感召公众、影响社会，容易获得广泛的回应和信任，并因此能够有效动员和聚集社会资源。

### （五）促进社会和谐

社会和谐是指社会中的人、事、物处于一种相对稳定均衡的状态。社会组织在化解社会冲突和矛盾、维护社会稳定等方面具有突出作用。社会组织秉持志愿参与、利他互助、慈善公益等理念以推动人际沟通，在人与人、人与社会、人与自然之间搭建理解、对话、互动的桥梁，有助于化解人与人之间、不同群体之间、人与社会之间以及人与自然之间的各种矛盾和冲突。社会组织通过有组织的社会动员和社会参与，开展贴近生活的活动，解决公众面临的问题，提供公众所需要的产品和服务，这有利于在满足公众需求的基础上减少矛盾，促进社会和谐。

### （六）推动共同富裕

共同富裕是社会主义的本质要求，是中国式现代化的重要特征。党中央已将其作为"十四五"规划和2035年远景目标中经济社会发展主要目标之一。发挥第三次分配作用，是推动共同富裕的重要手段，而社会组织是第三次分配的重要主体。社会组织能够广泛动员社会资源，通过慈善捐赠、志愿服务等方式促进财富流动与分配，进而帮助弱势群体和提高社会福祉。不仅如此，社会组织还能够通过打造公益慈善品牌、弘扬现代公益慈善理念等方式形成追求共同富裕的社会风尚。

## 第三节　国外非营利组织发展概述

社会组织在国外的对应概念是非营利组织，本节在介绍国外发展情况时，使用"非营利组织"这一概念。当今非营利组织存在于各个国家和地区，在广阔领域中发挥重要作用。受文化背景、制度环境、经济发展水平、资源状况等因素的影响，不同国家和地区非营利组织的发展状况存在差异，相关管理制度也不尽相同。

# 一、发达国家非营利组织的发展情况

## （一）美国的非营利组织

美国是世界上非营利组织最为发达的国家之一。美国非营利组织数量庞大、种类繁多，活跃在社会的各个领域。早在 1998 年，美国登记在册的非营利组织已达 116 多万家，约占美国各类组织的 6%，这意味着，平均每 12 个就业人员当中就有 1 人在非营利组织中工作。美国国家税务局（Internal Revenue Service，IRS，以下简称美国国税局）统计，2006～2016 年，在美国国税局注册的非营利组织数量从 147 多万家增加到 154 多万家，增长率达 4.5%，其中，符合非营利组织税务管理代码 501（c）①条款的公共慈善机构 108 多万家，在美国非营利组织总量的占比超过 70%（表 1-2）。仅在 2016 年，非营利组织为美国经济贡献了约 1.047 万亿美元，约占国内生产总值（gross domestic product，GDP）的 5.6%②。

表 1-2　2006～2016 年美国非营利组织数量与增长情况

| 组织 | 2006 年数量/家 | 2011 年数量/家 | 2016 年数量/家 | 增长率（2006～2016 年）/% |
|---|---|---|---|---|
| 在美国国税局登记注册的非营利组织 | 1 478 533 | 1 447 471 | 1 544 812 | 4.5 |
| 符合 501（c）条款的公共慈善机构 | 904 672 | 966 573 | 1 081 969 | 19.6 |

资料来源：The Non-profit Sector in Brief 2019. http://https//nccs.urban.org/publication/nonprofit-sector-brief-2018#the-nonprofit-%20sector-in-brief-2018-public-charites-giving-and-volunteering

从不同类型公益慈善机构分布情况来看，数量最多的公益慈善机构是民生服务类机构，如食品银行、无家可归者收容所、体育组织、家庭法律服务组织，占所有公共慈善机构的 1/3 以上（35.2%）。教育机构是第二多的组织类型，占所有公共慈善机构的 17.2%，包括促进俱乐部、家长教师协会、学术机构、学校和大学等。医疗保健组织虽然只占公共慈善机构数量的 12.2%，但其收入和支出达到所有公益慈善组织的近 3/5。

总体而言，近年来，美国非营利行业保持相对健康的发展态势，非营利部门的财务持续增长，各个细分行业的非营利组织数量都在增加。从另一角度来看，虽然整体上非营利部门的财务在增长（收入、费用和资产都在继续增长），但慈善捐赠趋势所体现的细微差别值得进一步探索。2017～2018 年的年度捐赠水平保持相对稳定，捐赠总额增长了0.7%，但在剔除通胀因素后，私人慈善捐赠总额却呈现下降趋势。厘清这一细微差别将有助于更好地了解美国非营利部门的整体状况。

美国非营利组织发展得比较成熟，管理制度也相对完善。美国在联邦和州两个层

---

① 501（c）是美国国内税收法中的一项条款，该条款列出了 26 种享受联邦所得税减免的美国非营利性机构。

② The Non-profit Sector in Brief 2019. http://https//nccs. urban. org/publication/nonprofit-sector-brief-2018#the-nonprofit-%20sector-in-brief-2018-public-charites-giving-and-volunteering. 本节数据都来自该报告。

面对非营利组织进行管理，即每一个非营利组织不仅遵循联邦法律，而且受本州法律约束。对非营利组织的管理主要依靠两种手段——法律监督和税收控制，其具体包括以下内容。

（1）登记注册。美国非营利组织的登记注册是在符合公司法和税法等有关法律的前提下进行的，具体规定各州不尽相同。总体上看，登记注册较为简单，只需要提交机构章程，写明机构名称、目标等，并说明不以为任何私人谋取利益为宗旨。非营利组织可以自由选择是否注册，但不登记注册的不具有法人资格，不能享有免税待遇。

（2）税收管理。在美国，经过登记注册的非营利组织可以向美国国税局申请成为具有免税资格的非营利组织。美国联邦政府对非营利组织的税收优惠主要包括针对非营利组织的优惠和针对捐赠机构、个人的优惠。各州也对非营利组织设立了一些优惠税种。

（3）监督管理。美国对非营利组织的监督管理主要针对其受赠行为、经营活动。对于受赠的非营利组织，美国有一套具体的管理规范，包括收据管理、募捐管理等。在经营活动方面，如果存在违背组织宗旨的活动，美国国税局将剥夺其免税资格。

### （二）日本的非营利组织

日本的非营利法人制度滥觞于明治时期实施的民法（即《明治民法》）所规定的公益法人制度。《明治民法》第 33 条规定"法人须依据本法及其他法律的规定方可设立"[1]，此即法人形态法定主义。在此基础上，该法第 34 条和第 35 条分别对"非营利且公益之法人"（即公益法人）和"营利法人"进行了专门规定。换言之，虽然《明治民法》规定所有法人必须基于法律来确立，但它所能提供的法人类型仅限于"公益法人"和"营利法人"这两种。

关于公益法人，《明治民法》第 34 条做出如下规定："凡与祭祀、宗教、慈善、学术、技艺以及其他公益相关且不以营利为目的的社团或财团，必须经由政府主管部门（主务官厅）的许可，方可注册为法人。"[2]根据这项条款，《明治民法》通过列举之方式，明确了日本的公益事业包括"祭祀、宗教、慈善、学术、技艺以及其他"。然而，第二次世界大战结束后，日本政府基于现实需要，采取民法之特别法的方式，在"祭祀、宗教""慈善""学术、技艺"等领域分别出台《宗教法人法》（1951 年 4 月 3 日第 126 号法律）、《社会福祉事业法》（后更名为《社会福祉法》，1951 年 3 月 29 日第 45 号法律）、《私立学校法》（1949 年 12 月 15 日第 270 号法律），从而催生出宗教法人、社会福祉法人以及学校法人等广义公益法人。据此，作为民法法人的公益法人被剔除出"祭祀、宗教、慈善、学术、技艺"等领域，而仅能在"其他"公益领域发挥作用。事实上，在明治民法实施之初注册为公益法人的那些代表性法人，在第一次世界大战结束后基本上变更为学校法人、社会福祉法人或其他法人。

更加复杂的是，日本政府于 1998 年继续以民法之特别法的方式出台《特定非营利活

---

① 出口正之. 2018. 公益認定の判断基準と実務. 全国公益法人協会.
② 出口正之. 2018. 公益認定の判断基準と実務. 全国公益法人協会.

动促进法》（1998 年 3 月 25 日第 7 号法律，通称"NPO 法"），据此创设出特定非营利活动法人（通称"NPO 法人"）制度，从而扩大了与公益相关的社团法人制度之范畴。继而，日本政府于 2001 年颁布实施《中间法人法》，旨在为那些非营利且非公益的组织提供法人注册渠道，从而消除日本非营利法人制度长期存在的真空地带。由此，历经百余年制度演变之后，日本的非营利法人制度在法人类型上出现过度分化现象。有学者将这种现象称为"加拉帕戈斯化现象"①。

面对这种不断"加拉帕戈斯化"的非营利法人制度，日本政府终于意识到改革之必要性，并试图将公益法人、NPO 法人以及中间法人这三类非营利法人进行制度性整合。然而，对于诞生不久的 NPO 法人而言，它们并不愿意与公益法人等一道成为改革的对象，于是积极动员政治力量对当局进行游说，最终如愿以偿地免于改革。囿于此，日本政府通过修订民法的方式，仅对公益法人制度和中间法人制度进行整合，并于 2006 年颁布"公益法人制度改革关联三法案"，包括《关于一般社团法人和一般财团法人之法律》《关于公益社团法人和公益财团法人的认定等法律》《关于一般社团法人和一般财团法人之法律以及关于公益社团法人和公益财团法人的认定等法律的实施所需配套法律之整备等法律》。通过对这项具有里程碑意义的公益法人制度进行改革，日本政府将原有的公益法人和中间法人分别统称为"一般社团法人/一般财团法人"和"公益社团法人/公益财团法人"（俞祖成，2022）。

当然，根据日本国宪法第 21 条规定的结社自由权，日本市民在未经政府批准的情况下可以自由组建不具有法人资格的任意团体。这些任意团体通常以"市民活动团体"或"志愿者团体"等形式开展活动，在税法等法律上又被称为"无权利能力社团/财团"或"无人格社团/财团"。在遵纪守法的前提下，这些任意团体不但无须接受来自政府部门的监管或干涉，而且还能享受一定的税收优惠（俞祖成，2016）。

### （三）德国的非营利组织

随着 20 世纪 90 年代德国福利国家制度改革的深入，非营利组织受到越来越多的关注。德国非营利组织在法律形式上可以分为五类：①注册协会（亦可译为社团）；②私人基金会；③公益性质的有限责任公司；④公益合作社；⑤其他。德国非营利组织的数量目前并没有准确的统计数据。有关资料显示，2011 年，德国有注册协会 58 万多家，私人基金会 18 000 多家，注册合作社 9000 多家（张网成，黄浩明，2012）。据此可以推算，目前德国非营利组织的数量应该在 60 万~70 万家，其中，注册协会占非营利组织总数的 80% 以上。此外，德国还有数十万家未注册的非营利组织。德国非营利组织的规模多数不大，近 60% 的组织在 10 人以下，超过 50 人的占 10% 左右，超过 250 人的约占

---

① 加拉帕戈斯化（galapagosization），本意是指发生在孤立的加拉帕戈斯群岛（南美岛屿）上扭曲怪异的进化状况，后被转用为日本商业用语，特指在孤立的日本市场环境下，日本商品或技术独自进行"最适化"，进而逐渐丧失与外部环境进行互动的能力，最终不敌那些来自外国的适应性强且价格低廉的商品或技术而陷入被淘汰的危险境地。日本非营利法人的"加拉帕戈斯化"主要包括以下几点：第一，根据不同社会领域的需求，分别设立不同的非营利法人；第二，出现相互交叉和相互渗透的一般性非营利法人（一般社团/财团法人与 NPO 法人）；第三，不同的非营利法人采取不同的会计制度；第四，不同类型的非营利法人，其税收减免资格的认定基准也不尽相同。参见俞祖成. 2016. 日本非营利组织：法制建设与改革动向. 中国机构改革与管理，（7）：40-45.

1%（张网成，黄浩明，2012）。

德国非营利组织有非常清晰、自上而下的体系架构。几乎所有的非营利组织都是德国联邦志愿福利组织联合会下属的六大全国性志愿福利服务联合会的会员。这六大全国性志愿福利服务联合会包括：德国明爱联合总会、德国福音教社会服务联合总会、工人福利总联盟、德国红十字总会、德国平等福利联合会和德国犹太人中央福利办事处。这六大组织在世界范围内也属于大型非营利组织（张网成，黄浩明，2012）。

在德国，非营利组织可享受两类税收优惠：一是对非营利组织及其活动的税收优惠，二是对慈善捐赠行为的税收优惠。在对非营利组织及其活动优惠方面，非营利组织依法成立后，要将其章程寄给所在地政府财政部门，财政部门帮助其修改章程，使之符合公益原则并得到认可，之后即可到所在地法院登记注册为公益性民间组织，从而获得税收优惠待遇。对于慈善捐助行为的免税规定，德国采取的是税前扣除，一般不超过个人所得的5%，如果是用于教育、文化、科研和慈善等活动，则增加5%，即不超过个人所得的10%可获得税前免税。

德国没有专门从事非营利组织登记注册的行政管理机关，也未规定所有非营利组织都要进行登记。政府对非营利组织的管理重点是它们是否从政府获取资助，以及受资助项目的财务使用和执行情况，政府并不干涉组织的具体活动。

## 二、发展中国家非营利组织的发展情况

### （一）印度的非营利组织

印度虽然是发展中国家，但非营利组织十分发达，被称为"非营利组织大国"，这与印度悠久的慈善文化和志愿精神、宽松的政治环境密切相关。印度有着多元的宗教文化，但无论是基督教还是印度教，都倡导人们向善，鼓励人们参与志愿活动。根据印度统计和项目实施部的一项初步调查，2009年底，印度至少有330万家登记注册的非营利组织（只包括社团和公共慈善信托），其中，社团有290万家。平均而言，不到400个印度人就拥有1家非营利组织。印度非营利组织每年的筹款总额在80亿～160亿美元（王世强，2012b）。

印度非营利组织在民主政治和经济发展中发挥重要作用。这些非营利组织活跃在教育、医疗、妇女儿童等弱势群体保护领域。据统计，在登记注册的社团中，42%的社团从事社会服务，19%的社团从事教育和研究服务，12%的社团从事文化和娱乐服务，7%的社团是协会，5%的社团是宗教组织，此外是教育机构、环境机构、政治组织等（王世强，2012b）。

印度非营利组织依据不同的法律进行登记，主要分为五种类型：依据《社团登记法》登记为社团；依据各邦的《公益信托法》登记为公益信托；依据《印度公司法》登记为公司；依据《合作社法》登记为合作社；依据《工会法》登记为工会。

印度非营利组织的资金收入来源多样，政府和私营公司的资金支持是印度非营利组织的最主要资金来源，个人和企业捐赠金额一直在上升，非营利组织通过自身运营也会获得一部分收入。

印度政府对非营利组织所接受的国外捐赠监管得较为严格。这一方面的规定体现在《外国捐赠管理法》中。依据该法，印度的非营利组织如果要接受国外捐赠，就必须在中央政府登记注册，且要通过中央政府指定的银行接受捐赠。此外，接受国外捐赠的非营利组织必须在接受捐赠的30天内向中央政府通报接受捐赠的情况，包括接受国外捐赠的数额、来源、接受资金的方式、资金用途和使用方式等情况。

在对非营利组织的监管和税收优惠方面，印度制定了若干部法律。印度在1961年颁布的《所得税法》对非营利组织的税收优惠政策做出了规定，该法还拓展了传统的"慈善"概念，将其重新界定为"减轻贫困、教育、医疗救助以及推动其他任何不以营利为目的的公共事业"，这个界定一直沿用到今天。1863年颁布的《宗教捐赠法》和1890年颁布的《慈善捐赠法》也是当前印度非营利组织管理的重要法律（王世强，2012b）。

### （二）巴西的非营利组织

巴西非营利组织的产生可以追溯到16世纪，当时出现了专门为贫苦人提供医疗服务的医院。之后，学校、敬老院、救济院等迅速发展，针对贫困人口的救助制度也逐渐形成。20世纪二三十年代，巴西开始工业化和城市化建设，为解决相应的城市与社会问题，出现了大量与政府有关系的、致力于解决贫困等问题的非营利组织，如工会、专业协会、联合会、联盟等。这些组织在扶贫济困、社会救助、雇员权益维护等方面发挥了重要作用。

20世纪六七十年代，巴西在社区发展的基础上产生了一种新型组织——非政府组织。它们给巴西带来了一种新的理念，即通过组织自身表达社会思想，在实施项目时不受政治党派的干扰。这项"不受干扰工程"最初得到与欧洲天主教和新教有联系的欧洲公司的支持。这些组织自称"非政府组织"，以区别于政府组织，它们所采取的行动在强化公民意识、吸引国际基金会的资源等方面起到关键性作用。

巴西的非营利组织主要包括两种法律形式：一种是因某一非经济目的聚合而成的协会；另一种是为达成某一目的而设立的财产集合体，即基金会。政府对非营利组织的规范涉及巴西的各个立法层次，如宪法、普通法、授权立法、临时措施、法令等。巴西的非营利组织不实行强制登记，而是由非营利组织自愿选择是否登记。只有依法登记过的非营利组织才能接受捐赠，享受税收优惠，并拥有与政府进行项目合作的优先权。

## 第四节　改革开放以来我国社会组织的发展

自古以来，我国就有团结互助、慈善友爱的民族文化与精神传统。从先秦起，我国就有"会党""社会"之说，春秋战国时期的民间结社颇为盛行；宋代出现了各种互助性、慈善性的"合会""义仓""义社""善会"；明清时期不仅有罗教、大成教、天地会等秘密宗教和会社组织，还出现了徽商、晋商、潮商等经济类社团和"善会""善堂"等慈善组织。

从鸦片战争到中华人民共和国成立前，民间组织持续发展，对当时的社会产生了重要影响，在反侵略反殖民斗争和新民主主义革命中，一些民间组织积极行动，为民族独立和中华人民共和国的成立做出了重要贡献。中华人民共和国成立初期，政府对民间组织进行清理整顿，仅保留了少量的民间组织；"文化大革命"期间，民间组织的发展几近停滞。

改革开放后，民间组织开始恢复重建。1978年12月，党中央召开十一届三中全会，重新确立"解放思想、实事求是"的思想路线，停止"以阶级斗争为纲"的错误做法，将党和国家的工作中心转移到社会主义现代化建设上来；在经济上做出了实行改革开放的伟大决策。自此，政治生活逐渐走向正常化，市场经济建设步伐加快，人民的生活水平逐渐提高，这些都为社会组织的发展提供了有利环境。改革开放以来社会组织的发展可以划分为以下三个阶段。

## 一、民间组织的兴起与分散管理时期（1978～1997年）

### （一）民间组织的恢复与重建

改革开放后，民间组织的发展始于对原有社团的恢复和重建。最早恢复的是人民团体的活动。1977年，中华全国工商业联合会、中国科学技术协会开始恢复活动；1978年9月，中国妇女第四次全国代表大会在北京召开，选举了新的领导机构，这标志着中华全国妇女联合会开始恢复工作；同年10月，中国工会第九次全国代表大会在北京召开，工会恢复活动。其后，中国共产主义青年团、中华全国归国华侨联合会、中华全国青年联合会等相继恢复活动。

随着各项社会事业的蓬勃发展和政治民主化程度的不断加深，原有的社团已经不能满足人们的需求，新的学术类、经济类和公益类的民间组织相继建立。1977年，中国科学技术协会在恢复活动后开始学术组织的重建工作，到1987年，中国科学技术协会的下属学会、研究会等达到146家，地方性协会29家，会员人数达到171万多人（王世刚等，1994）。其中，分科学会达到1555家，这些学会、研究会、协会涉及各个专业领域，在科技领域发挥重要作用。在工商领域，除了中华全国工商业联合会及其下属组织以外，几乎各个工商业门类都建立了自己的协会，如食品行业建立了中国食品工业协会，纺织品行业建立了中国纺织工业联合会。在公益领域，1981年7月28日，中国儿童少年基金会成立，是中华人民共和国成立后的第一家国家级公募基金会。随后，宋庆龄基金会（1982年成立，2005年更名为中国宋庆龄基金会）、孙冶方经济科学基金会（1983年）、中国残疾人福利基金会（1984年）相继成立，涉及教育、文化、卫生、体育、环保、扶贫等多个领域。

### （二）民间组织的规范管理与发展

民间组织在迅猛发展的同时，也出现了一系列问题，对民间组织的规范管理重要而迫切。

1987 年，国务院将结社立法起草工作与社团管理工作交给民政部。1988 年，国务院在机构改革中，同意民政部建立社会团体管理司，专门负责社会团体的登记管理工作，迈出了对民间组织进行规范化管理的第一步。

改革开放后，民办非企业单位发展较快。1996 年，国务院办公厅印发《关于加强社会团体和民办非企业单位管理工作的通知》，不仅确立了"民办非企业单位"这一概念，而且将民办非企业单位的管理权划入民政部。相应地，1997 年 5 月，社会团体管理司更名为社会团体和民办非企业单位管理司。1998 年 3 月，社会团体和民办非企业单位管理司再次更名为民间组织管理局。自此，"民间组织"这个在我国历史文化传统中存在数十年的概念正式被政府接受。

在建立专门管理机构之后，加强对民间组织的建章立制被提上日程。1988 年 9 月 9 日，国务院第二十一次常务会议通过《基金会管理办法》，确立了由归口管理部门、中国人民银行和民政部门共同管理基金会的"三重管理"模式，结束了基金会无须统一登记的历史。1989 年 6 月，国务院发布《外国商会管理暂行规定》，对外国商会的成立条件、审批过程、年度活动报告等事项做出规定。1989 年 10 月，《社会团体登记管理条例》出台，规定有关业务主管部门和登记管理机关应当对经核准登记的社会团体进行日常管理，从而形成了"双重管理"体制。《基金会管理办法》和《社会团体登记管理条例》（1989 年）初步确立了以"双重管理"为主要内容的社会组织管理体制的基本框架。

## 二、"双重管理"体制时期的社会组织发展（1998～2011 年）

依据《社会团体登记管理条例》（1989 年），民政部门在 20 世纪 90 年代初期和末期分别对社会组织进行了两次清理整顿，初步厘清了社会团体的结构体系，并在第二次清理整顿过程中对《社会团体登记管理条例》（1989 年）进行修订，出台《社会团体登记管理条例》（1998 年）。与《社会团体登记管理条例》（1989 年）相比，该条例进一步提高了社会团体的登记门槛，并且加大了对社会团体的监管力度，这在一定程度上造成了社会组织数量的下降。同年，鉴于改革开放后民办非企业单位的发展迅速，但是却一直以"非国有事业单位"或"民办事业单位"的名义开展活动，没有合法身份，缺乏规范管理，国务院发布《民办非企业单位登记管理暂行条例》，该条例对民办非企业单位的管辖、登记和监督管理做出规定。

21 世纪初，政府和社会各界对公益性基金会的认识发生了巨大变化，原由中国人民银行监管基金会的做法已经不合时宜，基金会监管的具体政策规定也需要更新。2004 年 6 月，国务院颁布了《基金会管理条例》。与《基金会管理办法》相比，该条例遵循了社会团体和民办非企业单位登记管理的一般原则。

"三大条例"是社会组织管理最高层级的政策规定，它们秉承了《社会团体登记管理条例》（1989 年）的基本精神，以"归口分级管理""双重负责""一地一会"为主要内容。至此，社会组织的"双重管理"体制正式确立。

"双重管理"体制对建立统一有序的社会组织管理体系具有积极作用，但"双重负责""限制竞争"和较高的注册门槛等规定却不利于社会组织的发展。因此，在"双重管理"

体制确立之后，面对不断的批评和质疑，相应的改革和调整也随之展开。2005 年，民政部提出可以降低慈善类社会组织在登记注册方面的要求。2007 年，党的十七大召开后，对社会组织管理体制的改革进入全面试点阶段。2008 年，民政部设立了上海、深圳 2 个综合性和广东、云南、新疆、青岛 4 个单项的社会组织建设和管理改革创新观察点，鼓励各地探索社会组织建设与管理的新举措。

各试点地区积极开展社会组织体制改革，其中，广东省实施的部分社会组织直接登记制度对后续中央层面的改革产生了重大影响。2008 年，深圳市印发《关于进一步发展和规范我市社会组织的意见》，规定"工商经济类、社会福利类、公益慈善类的社会组织申请人均可直接向社会组织登记管理机关申请登记"。自 2010 年 1 月开始，广州市在市一级涉及领域范围广、不具有行业特征的科技类民办非企业单位中，开展取消业务主管单位、由民政部门直接登记管理的试点工作。2011 年，广州市民政局印发《关于进一步深化社会组织登记改革助推社会组织发展的通知》，规定行业协会、异地商会、公益服务、社会服务、经济、科技、体育、文化八类社会组织可依法直接向民政部门申请登记。

## 三、"混合管理"体制时期的社会组织发展（2012 年至今）

2012 年，党的十八大明确提出要"加快形成政社分开、权责明确、依法自治的现代社会组织体制"。随后，中央政府对社会组织管理体制进行了较大幅度的调整。在登记管理方面，民政部提出取消社会团体和基金会设立分支机构的审批，同时将异地商会和基金会登记成立的审批权从省级民政部门下放到县级以上部门。2014 年 4 月 1 日起，全国范围内开始开展行业协会商会、科技、公益慈善、城乡社区服务四类社会组织的直接登记工作。"直接登记"制度的实施具有重大意义，它标志着社会组织管理体制从"双重管理"进入"双重管理"与"直接登记"并存的"混合管理"时期。

登记管理方面的改革还包括 2014 年行业协会商会"一业多会"制度的出台，2015 年的行政机关与行业协会商会的脱钩改革，以及 2016 年取消社会团体申请筹备登记环节和对设立非地域性分支机构的行政审批要求。登记管理制度的调整带来了社会组织的数量增长。《2015 年社会服务发展统计公报》显示，2015 年底，全国共有社会组织 66.2 万家，比上年增长 9.2%。据《2018 年民政事业发展统计公报》，2018 年底，全国社会组织数量超过 81.7 万家，比 2014 年底增长 21.1 万家[①]。

在培育发展方面，2013 年 9 月 26 日，《国务院办公厅关于政府向社会力量购买服务的指导意见》充分肯定政府购买服务的意义。随后，政府购买社会组织服务迅速发展，社会组织在财政资金的支持下快速成长。2016 年 9 月 1 日，《慈善法》正式实施，社会组织可以通过申请和认定两种方式取得慈善组织身份，这为社会组织拓展资金来源和服务领域提供了法律基础，有力地促进了社会组织发展。《慈善蓝皮书：中国慈善发展报告（2020）》显示，自《慈善法》实施至 2019 年 8 月底，全国累计登记和认定慈善组织 5511

---

① 截至 2014 年底，全国共有社会组织 60.6 万家。2014 年数据来自：2014 年社会服务发展统计公报. https://www.mca. gov.cn/n156/n189/ c93348/content. html，2015-06-10.

家。2017年3月，《中华人民共和国民法总则》（以下简称《民法总则》）首次对"非营利法人"做出法律规定，明确了社会组织的法人地位和相应的权利和义务，给予社会组织极大鼓舞。2020年5月，第十三届全国人民代表大会第三次会议通过《中华人民共和国民法典》（以下简称《民法典》），将《民法总则》中对非营利法人的规定全文收入，2021年1月1日起《民法典》施行，《民法总则》同时废止。

随着政策的不断完善，社会组织得到快速发展。从数量上来看，自党的十八大召开以来，社会组织总体上呈现出平稳增长的趋势，不同类型社会组织的发展速度有所差异。其中，基金会增长速度最快，民办非企业单位次之，社会团体的增长最慢。根据《2022年民政事业发展统计公报》，截至2022年底，全国共有社会组织约89.1万家，其中社会团体37.0万家，民办非企业单位51.2万家，基金会9319家（表1-3）。2022年全国社会组织总量比上一年有所减少，主要因为2022年"僵尸型"社会组织清理整顿行动共撤销注销数万家社会组织。

表1-3 2012～2022年社会组织数量变化　　　　　　　　单位：万家

| 年份 | 2012 | 2013 | 2014 | 2015 | 2016 | 2017 | 2018 | 2019 | 2020 | 2021 | 2022 |
|---|---|---|---|---|---|---|---|---|---|---|---|
| 社会团体 | 27.1 | 28.9 | 31 | 32.9 | 33.6 | 35.5 | 36.6 | 48.7 | 37.4 | 37.1 | 37.0 |
| 民办非企业单位 | 22.5 | 25.5 | 29.2 | 32.9 | 36.1 | 40 | 44.3 | 37.2 | 51.9 | 52.2 | 51.2 |
| 基金会 | 0.3 | 0.4 | 0.4 | 0.5 | 0.6 | 0.6 | 0.7 | 0.8 | 0.9 | 0.9 | 0.9 |

资料来源：依据民政部历年发布的民政事业发展统计公报数据自行绘制

伴随数量上的增长，社会组织在各个领域的作用也更加突出，目前已经成为经济社会发展中的一支重要力量。从经济功能看，根据《2021年民政事业发展统计公报》，截至2022年底，全国社会组织共吸纳社会各类人员就业1108.3万人；从社会功能看，社会组织尤其是民办非企业单位，是科教文卫体等公益事业、城乡社区治理的重要参与者和贡献者，除发挥自治功能外，社会组织还通过承接政府购买服务的形式，与政府形成共治，共同促进社会发展。2013年11月，党的十八届三中全会通过《中共中央关于全面深化改革若干重大问题的决定》，提出要"创新社会治理体制"，"改进社会治理方式"，"激发社会组织活力"，"适合由社会组织提供的公共服务和解决的事项，交由社会组织承担"。2016年，为进一步加强社会组织建设，激发社会组织活力，中共中央办公厅和国务院办公厅印发《关于改革社会组织管理制度促进社会组织健康有序发展的意见》。这些政策的出台表明，社会组织的作用已经受到党和政府的充分肯定，社会组织的发展具有广阔空间。

社会组织的制度环境不断改善，数量快速增长，功能日渐凸显，总体发展趋势良好。然而从总体上看，社会组织发展还面临一些困难与挑战，主要体现在：①社会组织缺乏一部统一规范三种类型社会组织的法律，而社会组织立法多次被列入全国人民代表大会的立法议程，却迟迟未能出台，社会组织法律体系还有待进一步完善；②政府与社会组织的关系不清晰，社会组织面临的行政约束较多、培育扶持较少，而政府监管却又较为乏力；③社会组织自身的组织建设较为薄弱，容易出现内部人控制等违规行为。因而，为促进社会组织进一步发展，需要加快社会组织立法，厘清政府与社会组织的关系，引导社会组织加强自身建设。

## 本章小结

本章主要对社会组织的定义、特征、分类、功能以及国外非营利组织和我国社会组织的整体发展情况进行了介绍。社会组织是指公民自愿组成的，具有非营利性、非政府性、志愿性、公共性等特征的活跃在社会中的组织。法定社会组织包括社会团体、民办非企业单位和基金会。作为介于政府与市场之间的组织，社会组织主要具有政策倡导、促进就业、提供公共产品和服务、动员社会资源、促进社会和谐和推动共同富裕六大功能。受文化背景、制度环境、经济发展水平和资源状况等因素影响，国外非营利组织在登记管理、税收优惠等方面呈现出与我国不同的特征。改革开放以来，我国社会组织发展较快，作用日益凸显，社会组织政策和管理体制不断完善。当前，为促进社会组织进一步发展，需要加快社会组织立法，厘清政府与社会组织的关系，引导社会组织加强自身建设。

## 案 例

### "春蕾计划"：托起贫困女童上学梦①

中国儿童少年基金会成立于 1981 年 7 月 28 日，作为中华人民共和国成立后的第一家国家级公募基金会，一直致力于儿童少年公益事业的发展。它的使命是抚育、培养、教育儿童少年，辅助国家发展儿童少年教育福利事业。经过几十年的发展，中国儿童少年基金会已经培育出包括"春蕾计划""安康计划"等在内的多个著名公益品牌。其中，"春蕾计划"是开始最早、培育时间最长的公益项目。

1989 年开展的第四次人口普查显示，中国有 480 万名 7～14 岁学龄儿童由于家庭贫困不能入学，女童所占比重高达 83%。"这是一组令人忧虑的数字，至少可以反映出当时存在的两个问题：一是公共服务的供给不足，贫困孩子还不能公平享有受教育权利；二是社会性别意识落后，贫困女童受教育机会不平等。""春蕾计划"项目负责人胡文新表示。这一数据受到社会各界及专家的高度重视。事实上，贫困女童能否入学，不仅关系到她在社会上能否实现自身价值，而且会直接影响到下一代的素质，乃至影响整个中华民族的素质。如何找到一个突破口，让贫困女童平等享有受教育的机会和权利？1989 年，在中华全国妇女联合会领导下，中国儿童少年基金会从实际问题出发，契合国家、社会发展需求，发起并组织实施了旨在帮助失学女童重返校园的"春蕾计划"。

1992 年，"春蕾计划"迎来了重大发展机遇。党的十四大提出"基本普及九年制义

① "春蕾计划"：托起贫困女童上学梦. http://www.chinatoday.com.cn/zw2018/sh_4980/201806/t20180613_800132775.htm，2018-06-13.

务教育，基本扫除青壮年文盲"的"两基"战略目标。"春蕾计划"成为"两基"攻坚的重要补充，服务于这一战略的重点区域——贫困地区、重点人群——女童。

"春蕾计划"重点资助深度贫困地区、集中连片特困地区以及遭受灾害地区，以民政部建档立卡贫困家庭、因病致贫家庭、灾害突发家庭等贫困家庭学生为主要受助对象。以"春蕾计划"助学类项目为例，在前期进行项目规划，与捐助者确定资助地区范围后，通过学生申报，学校、中华全国妇女联合会逐级审核的形式具体实施，确保项目的公开透明和权威性。

经过 30 余年的培育，"春蕾计划"已经由项目推出之初的单一扶贫助学，逐步演进为助学行动、成才行动、就业行动、护蕾行动和关爱留守儿童特别行动"五位一体"的公益品牌。受益群体扩展至农村家庭贫困儿童和留守、流动儿童中的九年义务教育阶段女童、女高中生、女大学生，通过提供生活补助，让她们继续完成学业，接受良好的教育，成长成才。对没有考入大学的大龄女童进行实用技术培训，让她们掌握一技之长，顺利就业。同时"春蕾计划"还为农村贫困地区的教师进行春蕾教师培训，帮助基层教师提升教育技能，掌握先进的教育理念和方法，以更好地教书育人。

"春蕾计划"已经成为促进中国儿童发展的著名公益品牌并获得由民政部颁发的中国政府最高规格的慈善奖项——"中华慈善奖"。"春蕾计划"的实施，改变了失学女童的命运。如今昔日的"春蕾女童"已经长大成才，她们的生活也因"春蕾计划"而发生了巨变。在"春蕾计划"的哺育下，数百万春蕾女童改变了命运，实现了梦想。截至 2019 年 10 月，"春蕾计划"已资助女童 369 万人次，捐建春蕾学校 1811 所，对 52.7 万人次女童进行实用技术培训，编写发放护蕾手册 217 万套，现已有一大批春蕾女童成长成才，并在工作岗位上表现出色。在胡文新看来，"春蕾计划"不仅仅是给贫困女孩一个上学的机会，更重要的是给她们一种感恩的力量，一种积极向上、奋发有为的信念，它对促进性别平等，提高全社会对女童的关注、关爱起到了积极的推动作用。

2019 年 9 月，中国儿童少年基金会启动"春蕾计划——梦想未来"行动。作为"春蕾计划"升级版，"春蕾计划——梦想未来"行动坚守服务女童的初衷，把坚持立德树人作为根本任务，通过开展以女童助学为重点的求学圆梦行动、以女童研学为载体的社会实践行动、以女童保护为重点的安全健康行动、以女童结对帮扶为形式的牵手成长行动等，进一步动员、凝聚社会爱心力量，在新的历史起点上开启"春蕾计划"新征程。2021 年 10 月 11 日，在第 10 个国际女童日之际，彭丽媛教授发出倡议，号召大家行动起来，积极为"春蕾计划——梦想未来"行动提升推进工作贡献力量，社会各界掀起了关心支持"春蕾计划"的热潮。

**案例分析题：**

1. 中国儿童少年基金会属于哪种类型的社会组织？
2. 简述"春蕾计划"的背景与目的。
3. "春蕾计划"体现了社会组织的哪些功能？

**本章思考题**

❶ 简述社会组织的定义和基本特征。

❷ 简述社会组织与非营利组织、非政府组织、第三部门、志愿组织等概念的异同。

❸ 简述社会组织的主要功能。

❹ 分别简述美国、日本、德国、印度和巴西非营利组织的主要特点。

❺ 简述我国社会组织发展的历程。

❻ 简述当前我国社会组织的基本情况。

# 参考文献

陈德权. 2014. 社会中介组织管理概论. 沈阳：东北大学出版社.

康晓光. 1997. 创造希望——中国青少年发展基金会研究. 桂林：漓江出版社.

莱斯特·M. 萨拉蒙, 等. 2007. 全球公民社会——非营利部门视界. 贾西津等译. 北京：社会科学文献出版社.

孙伟林. 2009. 社会组织管理. 北京：中国社会出版社.

王名. 2010. 社会组织概论. 北京：中国社会出版社.

王名, 李勇, 廖鸿. 2007. 日本非营利组织. 北京：北京大学出版社.

王名, 贾西津. 2006. 中国非营利组织：定义、发展与政策建议. 2006 年度中国汽车摩托车配件用品行业年度报告：530-541.

王绍光. 1999. 多元与统一——第三部门国际比较研究. 杭州：浙江人民出版社.

王世刚, 李修松, 欧阳跃峰. 1994. 中国社团史. 合肥：安徽人民出版社.

王世强. 2012a. 日本非营利组织的法律框架及公益认定. 学会, (10)：48-53.

王世强. 2012b. 印度非营利组织：法律框架、登记管理和税收体制. 社团管理研究, (9)：54-58.

王颖, 折晓叶, 孙炳耀. 1993. 社会中间层：改革与中国的社团组织. 北京：中国发展出版社.

俞祖成. 2016. 日本非营利组织：法制建设与改革动向. 中国机构改革与管理, (7)：40-45.

俞祖成. 2022. 社会治理视域中的日本非营利组织. 上海：上海远东出版社.

郁建兴, 沈永东. 2017. 调适性合作：十八大以来中国政府与社会组织关系的策略性变革. 政治学研究, (3)：34-41, 126.

张冉. 2014. 非营利组织管理. 北京：北京大学出版社.

张网成, 黄浩明. 2012. 德国非营利组织：现状、特点与发展趋势. 德国研究, 27 (2)：4-15, 124.

周俊, 郁建兴. 2011. 2006 年以来中国公民社会研究的新进展. 思想战线, 37 (6)：42-47.

周俊, 张冉, 宋锦洲. 2017. 社会组织与慈善组织管理. 北京：北京大学出版社.

Anthony R N, Young D W. 2002. Management Control in Nonprofit Organizations. 7th. New York:

McGraw-Hill College.

Levitt T. 1973. The Third Sector: New Tactics for a Responsive Society. New York: AMACOM.

Salamon L M, Anheier H K. 2015. The Emerging Nonprofit Sector: An Overview. Manchester: Manchester University Press.

Young D R. 2000. Alternative models of government-nonprofit sector relations: theoretical and international perspectives. Nonprofit and Voluntary Sector Quarterly, 29（1）: 149-172.

# 第二章

## 社会组织政策
## 与管理体制

1. 掌握社会组织的政策演进过程和阶段性特征。
2. 了解现行社会组织政策体系的基本构成。
3. 了解现行社会组织政策的主要内容。
4. 掌握社会组织的法律法规及其中的重要规定。
5. 掌握社会组织管理体制的发展阶段和阶段性特征。
6. 了解当前社会组织管理体制的不足与改革思路。

● 改革开放以来，我国社会组织政策与管理体制经历了复杂的变迁。从总体上看，社会组织政策从无到有、从少到多、从不完善到相对完善，形成了较为完整的政策体系；社会组织管理体制经历了从分散多头管理到双重管理，再到双重管理与直接登记相结合的混合管理体制三个发展阶段。政策与管理体制直接奠定了社会组织行动的制度框架，影响了社会组织的发展，对此进行讨论具有重要意义。本章主要介绍和分析社会组织的政策演进、社会组织法律法规、社会组织管理体制。

## 第一节　社会组织政策演进

社会组织的有序发展离不开合理的政策支持和管理支撑。我国社会组织政策肇始于1950年的《社会团体登记暂行办法》，之后几经修订，最终形成了《社会团体登记管理条例》（2016年修正版）。我国对基金会和民办非企业单位的规范管理分别始于1988年和1998年，我国分别于1998年和2004年发布《民办非企业单位登记管理暂行条例》和《基金会管理条例》。"三大条例"奠定了社会组织的基本政策框架。在同一时期，《中华人民共和国公益事业捐赠法》（以下简称《公益事业捐赠法》）（1999年）、《民间非营利组织会计制度》（2005年）等与社会组织相关的政策陆续出台，逐渐形成了以"三大条例"为基础的社会组织政策体系。2016年8月，中共中央办公厅、国务院办公厅印发《关于改革社会组织管理制度促进社会组织健康有序发展的意见》，明确了社会组织健康有序发展的战略性方向和基本方针。同年9月1日开始实施的《慈善法》为慈善组织发展和管理提供了基本的法律框架。此后，为了与中共中央办公厅和国务院办公厅发布的意见和《慈善法》相衔接和匹配，社会组织的多项政策被调整或修订，新的政策不断涌现，《社会组织登记管理条例（草案征求意见稿）》也得以发布。2017年，《志愿服务条例》施行，这是我国第一部关于志愿服务的专门性法规。2021年，民政部印发《"十四五"社会组织发展规划》，对社会组织在2025年前应达到的发展目标进行了规定。2021年施行的《民法典》，明确了社会组织的法人形式和基本权利与义务。从总体上看，社会组织已经具备较为完整的政策体系，其政策定位和政策方向都十分清晰。

## 一、登记管理政策

### （一）社会团体登记管理政策

社会组织政策的发展始于对社会团体的规范，早在 1950 年，中央人民政府政务院就公布了《社会团体登记暂行办法》，确立了六类社会团体和社会团体的登记原则。

1989 年 10 月，国务院印发《社会团体登记管理条例》，该条例对社会团体的管辖、成立登记、变更注销以及监督管理等方面进行了规定。1998 年 10 月，《社会团体登记管理条例》完成修订，与 1989 年印发的《社会团体登记管理条例》相比，1998 年施行的《社会团体登记管理条例》进一步地提高了社会团体的登记门槛，并且加大了对社会团体的监管力度。

2000 年 2 月，民政部发布《民政部关于重新确认社会团体业务主管单位的通知》，进一步明确了社会团体业务主管单位的管理职责和应该具备的条件。2002 年 3 月，民政部发布《关于全国性社会团体异地设立分支（代表）机构问题的通知》，对社会团体异地设立分支（代表）机构的具体程序进行规定。2007 年 9 月，民政部发布《民政部关于社会团体登记管理有关问题的通知》，从规范社会团体章程等六个方面来改进和加强社会团体的登记管理。2009 年 4 月，民政部发布《民政部关于全国性社会团体应用网上办公平台办理登记、备案工作有关问题的通知》，对全国性社会团体应用网上办公平台办理登记、备案工作的有关事项做出了规定。

2016 年 2 月通过的《国务院关于修改部分行政法规的决定》，对《社会团体登记管理条例》（1998 年）进行部分修订，取消社会团体登记注册过程中的申请筹备环节，简化了登记程序。

2018 年 6 月 19 日，民政部和中央军委政治工作部发布了《关于加强非军队主管的社会团体涉军事项管理的通知》，对进一步加强非军队主管的社会团体涉军工作管理做出规定。

2020 年 6 月，民政部、全国工商联发布《关于加强乡镇、街道商会登记管理工作的通知》，提出为进一步发挥乡镇、街道商会积极作用，促进其健康有序发展，需要做好乡镇、街道商会登记工作（表 2-1）。

**表 2-1　社会团体登记管理主要政策列表**

| 政策时间 | 政策名称 | 核心内容 |
| --- | --- | --- |
| 1998 年 10 月 | 《社会团体登记管理条例（1998 年修订）》 | 相比 1989 年的《社会团体登记管理条例》，提高了社会团体的登记门槛，详细规定了社会团体成立的条件，增加了对社会团体的处罚条款，加强了对社会团体的监管 |
| 2000 年 2 月 | 《民政部关于重新确认社会团体业务主管单位的通知》 | 进一步明确了社会团体业务主管单位的管理职责和应该具备的条件 |
| 2002 年 3 月 | 《关于全国性社会团体异地设立分支（代表）机构问题的通知》 | 对社会团体异地设立分支（代表）机构的具体程序进行规定 |
| 2007 年 9 月 | 《民政部关于社会团体登记管理有关问题的通知》 | 从规范社会团体章程的修订及核准、加强社会团体民主程序的监督、健全社会团体负责人备案制度等六个方面来改进和加强社会团体的登记管理 |

| 政策时间 | 政策名称 | 核心内容 |
|---|---|---|
| 2016 年 2 月 | 《社会团体登记管理条例（2016 年修订）》 | 《国务院关于修改部分行政法规的决定》对《社会团体登记管理条例》进行修订，主要取消了社会团体登记注册过程中的申请筹备环节 |
| 2018 年 6 月 | 《关于加强非军队主管的社会团体涉军事项管理的通知》 | 加强对冠以涉军名称的非军队主管社会团体的登记管理，规范非军队主管社会团体开展涉军业务活动管理，严格对军队人员和单位参加社会团体及其活动的管理 |
| 2020 年 6 月 | 《关于加强乡镇、街道商会登记管理工作的通知》 | 做好乡镇、街道商会登记工作；推动乡镇、街道商会党的组织和工作全覆盖；全面履行监督管理责任；建立健全乡镇、街道商会法人治理结构；规范乡镇、街道商会费用收取及管理；发挥乡镇、街道商会职能作用 |

资料来源：作者根据政策文件整理

## （二）民办非企业单位的登记管理政策

1998 年 10 月，国务院发布《民办非企业单位登记管理暂行条例》，对民办非企业单位的法人身份、登记注册、监督管理等做出规定。1999 年 12 月，根据《民办非企业单位登记管理暂行条例》(1998 年)，民政部制定了《民办非企业单位登记暂行办法》(1999 年)，对民办非企业单位的分类、审核登记程序、登记事项、登记条件等做出详细规定。

2016 年 5 月，民政部公布《社会服务机构登记管理条例》[《民办非企业单位登记管理暂行条例（修订草案征求意见稿）》]。相较于 1998 年的条例，征求意见稿有多方面的重大变化。比如，将民办非企业单位改称为社会服务机构，规定对科技类、公益慈善类、城乡社区服务类社会服务机构实行直接登记，将社会服务机构统一为非营利法人等。

面对民办非企业单位登记数量快速增长和登记管理压力不断加大的新形势，2018 年 10 月 16 日，民政部发布了《民政部关于进一步加强和改进社会服务机构登记管理工作的实施意见》，对强化登记审查、严格管理和监督、提升登记管理质量、抓好组织实施四个方面做出明确规定，并强调参照《社会服务机构登记管理工作自查自纠指南》逐一排查（表 2-2）。

除了国务院和民政部出台的对民办非企业单位的一般性管理政策外，部分业务主管部门也出台了专业性的民办非企业单位管理办法。例如，2000 年 12 月，文化部与民政部联合印发《文化类民办非企业单位登记审查管理暂行办法》，对文化类的民办非企业单位进行界定和规范；2001 年 10 月，民政部与教育部联合印发《教育类民办非企业单位登记办法（试行）》，对教育类民办非企业单位进行界定。各业务主管单位出台的政策也是民办非企业单位政策体系中的重要内容。

### 表 2-2 民办非企业单位登记管理政策列表

| 政策时间 | 政策名称 | 核心内容 |
|---|---|---|
| 1998 年 10 月 | 《民办非企业单位登记管理暂行条例》 | 确立民办非企业单位的双重管理体制，并对其管辖、登记成立、监督管理等做出规定 |
| 1999 年 12 月 | 《民办非企业单位登记暂行办法》 | 详细规定民办非企业单位的登记内容，包括登记程序、登记类型、登记须具备的条件、登记事项、材料提交、变更、注销登记等 |

续表

| 政策时间 | 政策名称 | 核心内容 |
|---|---|---|
| 2018年10月 | 《民政部关于进一步加强和改进社会服务机构登记管理工作的实施意见》 | 加强和改进社会服务机构登记管理工作，推动各级民政部门严格依法履行登记管理职责、配合业务主管单位等部门加强日常管理 |

资料来源：作者根据政策文件整理

### （三）基金会登记管理政策

1988 年 9 月 27 日发布的《基金会管理办法》是改革开放以来我国第一部专门规范我国民间组织登记管理的行政法规。《基金会管理办法》对基金会的性质、建立条件、筹款方式、基金的使用和管理等一系列事项做出了规定。

2004 年 6 月，《基金会管理条例》开始施行，与《基金会管理办法》相比，新条例有一些显著变化，主要体现在遵从社会团体和民办非企业单位登记管理的一般原则。从总体上看，《基金会管理条例》在保持对基金会有力控制的同时，也鼓励基金会发展。

2016 年 5 月，民政部公布《基金会管理条例（修订草案征求意见稿）》，该草案与《慈善法》进行衔接，明确基金会应"以开展公益慈善活动为目的"，在登记证书中载明其慈善组织属性，同时明确基金会应当适用《慈善法》的有关规定。关于基金会的登记管理，《基金会管理条例（修订草案征求意见稿）》不但降低准入门槛，以鼓励基金会发展，而且将基金会的登记管理权限扩展为省、部、市、县四级。在监管方面，《基金会管理条例（修订草案征求意见稿）》构建了行业自律、社会监督、政府监督相结合的综合监管体系，并将年检制度改为年度报告制度，加强了对基金会的信用约束，提出探索建立信用记录、活动异常名录等制度（表 2-3）。

**表 2-3　基金会登记管理政策列表**

| 政策时间 | 政策名称 | 核心内容 |
|---|---|---|
| 1988年9月 | 《基金会管理办法》 | 对基金会的性质、建立条件、筹款方式、基金的使用和管理等一系列事项做出了规定 |
| 2004年6月 | 《基金会管理条例》 | 确定对基金会的双重管理原则，并就基金会的设立、变更、注销、组织机构、财产的管理和使用、监督管理和法律责任等做出了规定 |
| 2016年5月 | 《基金会管理条例（修订草案征求意见稿）》 | 降低基金会准入门槛，将登记管理机关下延至县级民政部门；要求各有关部门对基金会涉及本领域的事项履行监管职责，将年检制度改为年度报告制度 |

资料来源：作者根据政策文件整理

### （四）慈善组织登记管理政策

对慈善组织的规范管理始于 2016 年 9 月 1 日正式实施的《慈善法》。关于设立慈善组织，该法第十条规定："设立慈善组织，应当向县级以上人民政府民政部门申请登记，民政部门应当自受理申请之日起三十日内作出决定。符合本法规定条件的，准予登记并向社会公告；不符合本法规定条件的，不予登记并书面说明理由。"同时规定"本法公布前已经设立的基金会、社会团体、社会服务机构等非营利性组织，可以向其登记的民政部门申请认定为慈善组织"。这意味着慈善组织的登记注册统一归口于各级民政部门，实行直接登记，这与社会组织登记管理制度改革的方向是一致的。直接登记的管理制度促进了慈善组织的发展，推进了现代社会组织体制的建构。但是，《慈善法》所定义的慈善组织，并非社会组织的一种新的法人形态，而是一部分社会组织所具有的属性或者特征。

2016 年 8 月，民政部发布《慈善组织认定办法》，对《慈善法》公布之前已经设立的基金会、社会团体、社会服务机构申请认定为慈善组织的条件、审核流程等事项做出了规定。此外，民政部于 2016 年 8 月还发布《民政部关于慈善组织登记等有关问题的通知》，以切实保障慈善组织的登记管理工作（表 2-4）。

表 2-4　慈善组织登记管理政策列表

| 政策时间 | 政策名称 | 核心内容 |
| --- | --- | --- |
| 2016 年 8 月 | 《慈善组织认定办法》 | 对《慈善法》公布之前已经设立的基金会、社会团体、社会服务机构申请认定为慈善组织的条件、审核流程等事项做出了规定 |
| 2016 年 8 月 | 《民政部关于慈善组织登记等有关问题的通知》 | 在《慈善法》实施之前，就登记管理机关对有关慈善组织登记等问题进行说明 |
| 2016 年 9 月 | 《慈善法》 | 对慈善组织、慈善活动、慈善捐赠、慈善信托、慈善财产、慈善服务等内容进行规定 |

资料来源：作者根据政策文件整理

## 二、事中事后监管政策

早在 1988 年 7 月，国务院正式在民政部门下设立社会团体登记管理机关。1988 年 9 月实施的《基金会管理办法》第十二条，首次对基金会的事中事后监管做出规定，要求"基金会应当每年向人民银行和民政部门报告财务收支和活动情况，接受人民银行、民政部门的监督"。除登记管理机关之外，此办法赋予人民银行对基金会进行监管的权利。1989 年 10 月实行的《社会团体登记管理条例》中，第五章"监督管理"对登记管理机关的监管职责、对社会团体的年度检查和违法行为的处罚做出了规定。

嗣后，为适应社会组织发展的需要，国务院相继发布"三大条例"，形成了对社会组织进行管理的基本政策体系。"三大条例"分别规定了登记管理部门和业务主管单位的事中、事后监管职责，形成双重管理的基本体制。《民办非企业单位登记管理暂行条例》（1998 年）第二十二条明确规定了财政部门和审计机关的监管职责，《基金会管理条例》（2004 年）第三十七条规定了税务部门、会计主管部门的监督职责，第三十八条规定了媒体和社会公众对基金会的监督职责，第三十九条规定了捐赠人对所捐赠财产的监督权利。可以看出，除了登记管理机关和业务主管单位的监管职责以外，"三大条例"对财政、税务、审计等部门的监管职责做出了一定规定。

除了"三大条例"以外，国务院和民政部门还制定了一系列政策，加强和完善对社会组织的事中事后监管，主要包括对社会组织的年度检查、等级评估、执法监察和社会组织党建（社会组织党建政策将在本书第三章详细介绍）四个方面的内容。

## （一）社会组织年度检查

目前我国对社会组织运行管理、业务活动监管的主要方式是年度检查。1996年5月，民政部发布《社会团体年度检查暂行办法》，并于1997年依据此办法对社会组织进行清理整顿。2005年4月，民政部发布《民办非企业单位年度检查办法》，就检查的程序、材料提交、主要内容、检查标准等进行规定，加强了对民办非企业单位的监管。2006年1月，民政部发布《基金会年度检查办法》，规定基金会年度检查的程序、标准和惩处等内容（表2-5）。2022年11月，民政部公布《社会团体年度检查办法（征求意见稿）》，征求社会各界意见。

表 2-5　社会组织年度检查政策列表

| 政策时间 | 政策名称 | 核心内容 |
| --- | --- | --- |
| 1996年5月 | 《社会团体年度检查暂行办法》 | 对社会团体进行年度检查的内容、程序、处罚等做出规定 |
| 2005年4月 | 《民办非企业单位年度检查办法》 | 对民办非企业单位年度检查的主要内容、程序、结论及处罚做出规定 |
| 2006年1月 | 《基金会年度检查办法》 | 对基金会年度检查的内容、程序、标准及处罚做出规定 |

资料来源：作者根据政策文件整理

## （二）社会组织等级评估

社会组织等级评估工作是促进社会组织健康发展的手段之一。2007年8月，民政部发布《民政部关于推进民间组织评估工作的指导意见》和《全国性民间组织评估实施办法》，对社会组织的评估工作进行了全面部署。随后，民政部开始对基金会、民办非企业单位以及各类社团进行评估。2010年12月，民政部发布《社会组织评估管理办法》，该办法进一步对评估的对象、程序、方法和评估机构及其职责等做出了具体规定。2015年5月，民政部发布《民政部关于探索建立社会组织第三方评估机制的指导意见》，对评估机构的资格条件、组织形式、方式、活动准则等做出规定。2021年，民政部印发《全国性社会组织评估管理规定》的通知，规定了全国性社会组织评估的对象、内容、工作程序等（表2-6）。

表 2-6　社会组织等级评估政策列表

| 政策时间 | 政策名称 | 核心内容 |
| --- | --- | --- |
| 2007年8月 | 《民政部关于推进民间组织评估工作的指导意见》 | 包括开展民间组织评估工作的重要意义、开展民间组织评估工作的基本要求（包括指导思想、原则、评估机构、评估内容、评估程序、评估等级）、加强对民间组织评估工作的领导 |
| 2007年8月 | 《全国性民间组织评估实施办法》 | 包括评估机构、评估专家的资格及其职责、评估程序、评估结果及其公示等 |
| 2010年12月 | 《社会组织评估管理办法》 | 包括评估对象与内容、评估机构与职责、评估程序与方法、回避与考核、评估登记管理等事项 |

续表

| 政策时间 | 政策名称 | 核心内容 |
|---|---|---|
| 2015 年 5 月 | 《民政部关于探索建立社会组织第三方评估机制的指导意见》 | 对评估机构的资格条件、组织形式、方式、活动准则等做出了规定 |
| 2021 年 12 月 | 《全国性社会组织评估管理规定》 | 规定了全国性社会组织评估的对象、内容、工作程序、评估专家管理、监管管理等 |

资料来源：作者根据政策文件整理

### （三）社会组织执法监察

在社会组织执法监察方面，2000 年 4 月，民政部发布《取缔非法民间组织暂行办法》，规定"社会团体和民办非企业单位登记管理机关负责对非法民间组织进行调查，收集有关证据，依法作出取缔决定，没收其非法财产"。2012 年 8 月，民政部发布《社会组织登记管理机关行政处罚程序规定》，其中，对查处社会组织违法违规行为的程序等做出一系列规定，使登记管理机关的执法工作有法可依。为进一步加强社会组织的事中事后监管，2016 年 3 月，民政部印发《社会组织登记管理机关行政执法约谈工作规定（试行）》的通知。2016 年 8 月，民政部印发《社会组织登记管理机关受理投诉举报办法（试行）》的通知，对投诉举报做出规定。与此同时，民政部还设立举报邮箱，来调动社会公众对社会组织进行监督管理。2017 年 1 月，为贯彻落实《国务院办公厅关于推广随机抽查规范事中事后监管的通知》，规范社会组织抽查工作，民政部公布《社会组织抽查暂行办法（征求意见稿）》，对抽查主体、类别、内容、方式与程序及抽查结果的处理做出规定。随着执法监察制度的完善，社会组织执法工作得到不断加强。2021 年，民政部公布了新修订的《社会组织登记管理机关行政处罚程序规定》，对《社会组织登记管理机关行政处罚程序规定》的部分条款进行了修改，自 2021 年 10 月 15 日起施行（表 2-7）。2021 年全年共查处社会组织违法违规案件 8594 起，行政处罚 8024 起。2021 年 7 月，《民政部关于开展"僵尸型"社会组织专项整治行动的通知》发布，全年清理"僵尸型"社会组织数万家。

表 2-7　社会组织执法监察政策列表

| 政策时间 | 政策名称 | 核心内容 |
|---|---|---|
| 2000 年 4 月 | 《取缔非法民间组织暂行办法》 | 包括界定非法民间组织、规定调查主体、调查过程及非法民间组织被取缔之后的处理等事项 |
| 2012 年 8 月 | 《社会组织登记管理机关行政处罚程序规定》 | 对查处社会组织违法违规行为的程序等做出了一系列规定 |
| 2016 年 3 月 | 《社会组织登记管理机关行政执法约谈工作规定（试行）》 | 对发生违法违规行为的社会组织的负责人约谈相关内容进行了规定，包括约谈时间、约谈程序及约谈后的处理 |
| 2016 年 8 月 | 《社会组织登记管理机关受理投诉举报办法（试行）》 | 对适用主体及范围、投诉举报的管辖、受理条件、受理及不受理的后续处理等做出了规定 |
| 2017 年 1 月 | 《社会组织抽查暂行办法（征求意见稿）》 | 对抽查主体、抽查类别、抽查内容、抽查方式和程序、抽查结果的处理等进行了规定 |
| 2021 年 10 月 | 《社会组织登记管理机关行政处罚程序规定》 | 对立案、调查取证、行政处罚的决定、行政处罚的执行、送达、结案、归档等进行了规定 |

资料来源：作者根据政策文件整理

此外，国家还制定了一些并非直接针对执法监察，但对加强社会组织事中事后监管具有重要影响的政策。例如，2006年11月，国家民间组织管理局发布了《国家民间组织管理局关于加强民间组织财务管理工作的通知》；2014年11月，民政部、财政部发布了《民政部 财政部关于加强社会组织反腐倡廉工作的意见》；2015年12月，民政部发布了《民政部关于健全社会组织退出机制的意见（征求意见稿）》；2016年8月，中共中央办公厅、国务院办公厅印发了《关于改革社会组织管理制度促进社会组织健康有序发展的意见》；2018年1月，民政部发布了《社会组织信用信息管理办法》；2020年，国务院印发了《关于进一步规范行业协会商会收费的通知》；等等（表2-8）。

**表 2-8　社会组织其他监管政策列表**

| 政策时间 | 政策名称 | 核心内容 |
| --- | --- | --- |
| 2006年11月 | 《国家民间组织管理局关于加强民间组织财务管理工作的通知》 | 包括增强做好民间组织财务管理工作的责任感，贯彻《民间非营利组织会计制度》，加强对财务管理情况的监督、检查和指导，进一步提高民间组织财务管理信息化水平等 |
| 2014年11月 | 《民政部 财政部关于加强社会组织反腐倡廉工作的意见》 | 包括六方面内容：健全社会组织民主机制、加强社会组织财务管理、规范社会组织商业行为、实行社会组织信息公开制度、强化社会组织审计和执法监督、加强社会组织廉洁自律教育 |
| 2015年12月 | 《民政部关于健全社会组织退出机制的意见（征求意见稿）》 | 包括三方面内容：健全社会组织主动退出制度、依法严格实施社会组织退出制度、完善社会组织退出的清算制度 |
| 2016年8月 | 《关于改革社会组织管理制度促进社会组织健康有序发展的意见》 | 第六条规定对社会组织进行严格管理和监督，包括加强对社会组织负责人、资金、活动的管理，加强社会监督，等等 |
| 2018年1月 | 《社会组织信用信息管理办法》 | 要求登记管理机关依据社会组织未依法履行义务或者存在违法违规行为的有关信用信息，建立社会组织活动异常名录和严重违法失信名单制度 |
| 2020年7月 | 《关于进一步规范行业协会商会收费的通知》 | 全面清理取消行业协会商会违法违规收费，进一步提升行业协会商会收费规范性和透明度，建立健全行业协会商会收费长效监管机制 |

资料来源：作者根据政策文件整理

### （四）慈善组织事中事后监管政策

《慈善法》第十章对慈善组织的事中事后监管进行了规定，主要包括三方面内容。①登记管理部门的监督检查。《慈善法》第九十二条规定，"县级以上人民政府民政部门应当依法履行职责，对慈善活动进行监督检查"，对违反规定的慈善组织，有权采取处罚措施，此外，还规定民政部门应当建立慈善组织评估制度，鼓励和支持第三方机构对慈善组织进行评估，并向社会公布评估结果。②慈善组织自律。《慈善法》第九十六条规定，"慈善行业组织应当建立健全行业规范，加强行业自律"。③社会监督。国家鼓励公众、媒体对慈善活动进行监督，对假借慈善名义或者假冒慈善组织骗取财产以及慈善组织、慈善信托的违法违规行为予以曝光，发挥舆论和社会监督作用。

除了《慈善法》规定了对慈善组织的监督管理以外，民政部和其他相关部门还就慈善组织一些具体方面进行了规定。例如，2016年7月，民政部办公厅发布《民政部办公厅关于遴选慈善组织互联网公开募捐信息平台的通知》；2016 年 8 月，民政部、工业和信息化部、国家新闻出版广电总局、国家互联网信息办公室四部委印发《公开募捐平台服务管理办法》；同年 8 月，民政部发布《慈善组织公开募捐管理办法》；2016 年 10 月，民政部、财政部、国家税务总局联合印发《关于慈善组织开展慈善活动年度支出和管理费用的规定》；同年 8 月，民政部、中国银行业监管委员会发布《关于做好慈善信托备案有关工作的通知》。2017 年，银监会、民政部联合印发了《慈善信托管理办法》（表 2-9）。

表 2-9　慈善组织事中事后监管政策列表

| 政策时间 | 政策名称 | 核心内容 |
|---|---|---|
| 2016 年 7 月 | 《民政部办公厅关于遴选慈善组织互联网公开募捐信息平台的通知》 | 包括对慈善组织互联网公开募捐信息平台进行遴选的原则、范围、基本条件、遴选程序等内容 |
| 2016 年 8 月 | 《公开募捐平台服务管理办法》 | 界定为慈善组织开展公开募捐活动或发布公开募捐信息提供平台服务的范围、建立平台行为规范、明确各部门的监管职责 |
| 2016 年 8 月 | 《慈善组织公开募捐管理办法》 | 规定慈善组织获取公开募捐资格的条件，以及对公开募捐活动的管理 |
| 2016 年 8 月 | 《关于做好慈善信托备案有关工作的通知》 | 包括确定慈善信托备案管辖机关、明确慈善信托备案的程序和要求、对备案的管理与监督和信息公开等内容 |
| 2016 年 10 月 | 《关于慈善组织开展慈善活动年度支出和管理费用的规定》 | 对慈善组织慈善活动支出和管理费用的列支原则、列支范围、列支比例等内容进行明确和规范，并提出相应的监管要求 |
| 2017 年 10 月 | 《慈善信托管理办法》 | 主要内容包括慈善信托的设立、慈善信托的备案、慈善信托财产的管理和处分、慈善信托的变更和终止、促进措施、监督管理和信息公开等 |

资料来源：作者根据政策文件整理

## 三、培育和扶持政策

社会组织作为政府、市场之外的第三部门，在公共服务的提供、社会治理以及促进社会和谐等方面发挥着越来越重要的作用，相应地，国家对社会组织进行多种形式的培育和扶持，不断推出相关政策。2016 年 8 月，中共中央办公厅、国务院办公厅印发《关于改革社会组织管理制度促进社会组织健康有序发展的意见》，其中第四条明确指出，要完善扶持社会组织发展的政策措施，包括支持社会组织提供公共服务、完善财政税收支持政策、完善人才政策、发挥社会组织的积极作用共四方面内容。2020 年 12 月，《民政部办公厅关于印发〈培育发展社区社会组织专项行动方案（2021—2023 年）〉的通知》发布，为推动社区社会组织在创新基层社会治理中更好发挥作用，布置了工作任务。2022 年党的二十大报告提出"引导、支持有意愿有能力的企业、社会组织和个人积极参与公益慈善事业"。下面主要介绍政府培育与扶持社会组织的税收优惠政策、政府购买服务政策、政会分离政策和人才支持政策。

### （一）税收优惠政策

税收优惠是引导、规范社会组织发展的重要措施。我国目前还没有针对社会组织制定专门的税收政策，相关规定仅在所得税、财产税等实体法中有所体现，主要包括社会组织本身的税收优惠政策和公益捐赠的税收优惠政策两方面。

社会组织本身的税收优惠主要体现为所得税优惠。《中华人民共和国企业所得税法》（以下简称《企业所得税法》）（2018 年修正）第二十六条规定，"符合条件的非营利组织的收入"为免税收入。由于这一规定比较笼统，财政部和国家税务总局相继做出了一些具体规定。2007 年 11 月通过的《中华人民共和国企业所得税法实施条例》（以下简称《企业所得税法实施条例》）第八十四条详细规定了"符合条件的非营利组织"应满足的条件。2009 年 11 月，《财政部 国家税务总局关于非营利组织企业所得税免税收入问题的通知》规定了符合条件的非营利组织所得税免税收入的范围。有关免税资格的认定，2014 年 1 月，财政部、国家税务总局发布《关于非营利组织免税资格认定管理有关问题的通知》，对非营利组织的免税资格认定进行了具体规定，包括享有免税资格的条件、申请材料、资格复审及取消等事项（表 2-10）。

**表 2-10　社会组织税收优惠政策列表**

| 政策时间 | 政策名称 | 核心内容 |
|---|---|---|
| 2018 年 12 月 | 《企业所得税法》 | 对我国境内成立的企业的税收问题进行规定 |
| 2007 年 11 月 | 《企业所得税法实施条例》 | |
| 2009 年 11 月 | 《财政部 国家税务总局关于非营利组织企业所得税免税收入问题的通知》 | 对非营利组织企业所得税免税收入的范围进行明确 |
| 2014 年 1 月 | 《关于非营利组织免税资格认定管理有关问题的通知》 | 对《企业所得税法》中的"符合条件的非营利组织"的条件进行了详细界定 |

资料来源：作者根据政策文件整理

公益捐赠的税收优惠政策与社会组织高度相关。1999 年 6 月通过的《公益事业捐赠法》对公益事业、捐赠与受捐的机构、捐赠财产的使用管理等事项进行了规定。为进一步落实《企业所得税法》的规定，2008 年 12 月，财政部、国家税务总局、民政部发布《财政部 国家税务总局 民政部关于公益性捐赠税前扣除有关问题的通知》，对公益性捐赠所得税税前扣除的有关问题进行了规定。2015 年 12 月，财政部、国家税务总局、民政部发布《财政部 国家税务总局 民政部关于公益性捐赠税前扣除资格确认审批有关调整事项的通知》，取消社会组织捐赠税前扣除资格的申请程序，代之以相关部门根据社会组织情况确认其资格，并向社会公开。对于境外慈善物资的捐赠，2015 年 12 月，财政部、国家税务总局和海关总署发布《慈善捐赠物资免征进口税收暂行办法》，规定对境外捐赠人无偿向受赠人捐赠的直接用于慈善事业的物资，免征进口关税和进口环节增值税。对于股权捐赠，2016 年 4 月，财政部、国家税务总局发布《财政部 国家税务总局关于公益股权捐赠企业所得税政策问题的通知》，对企业向公益性社会团体实施股权捐赠等有关事项进行规定（表 2-11）。

表 2-11　社会组织公益捐赠税收优惠政策列表

| 政策时间 | 政策名称 | 核心内容 |
|---|---|---|
| 1999 年 6 月 | 《公益事业捐赠法》 | 对公益事业、捐赠与受捐的机构、捐赠财产的使用管理等事项进行规定 |
| 2008 年 12 月 | 《财政部 国家税务总局 民政部关于公益性捐赠税前扣除有关问题的通知》 | 对公益性捐赠所得税前扣除的有关问题进行明确,包括捐赠支出的范围、受捐主体的界定、申请程序等事项 |
| 2015 年 12 月 | 《财政部 国家税务总局 民政部关于公益性捐赠税前扣除资格确认审批有关调整事项的通知》 | 为减轻社会组织负担,合理调整公益性社会组织捐赠税前扣除资格确认程序,对社会组织报送捐赠前扣除资格申请报告和相关材料的环节予以取消,包括确认程序、条件等 |
| 2015 年 12 月 | 《慈善捐赠物资免征进口税收暂行办法》 | 规定境外捐赠人无偿向受赠人捐赠的直接用于慈善事业的物资,免征进口关税和进口环节增值税,对受赠人申报的有关事项进行规定 |
| 2016 年 4 月 | 《财政部 国家税务总局关于公益股权捐赠企业所得税政策问题的通知》 | 企业向公益性社会组织的股权捐赠以其股权历史成本为依据确定捐赠额,并依此按照《企业所得税法》有关规定在所得税前予以扣除 |

资料来源:作者根据政策文件整理

对于企业的公益捐赠税收优惠,《企业所得税法》第九条规定:"企业发生的公益性捐赠支出,在年度利润总额 12%以内的部分,准予在计算应纳税所得额时扣除。"对于现实中一次性捐赠数额较大的企业,其捐赠数额可能超出了当年利润的 12%,若不能结转,当年捐赠额超出扣除限额的部分就无法享受优惠政策,这不利于企业进行大额捐赠。《慈善法》在一定程度上解决了这一问题,该法第八十条规定:"自然人、法人和其他组织捐赠财产用于慈善活动的,依法享受税收优惠。企业慈善捐赠支出超过法律规定的准予在计算企业所得税应纳税所得额时当年扣除的部分,允许结转以后三年内在计算应纳税所得额时扣除。"

## (二)政府购买服务政策

为调动社会组织参与社会服务供给的积极性,发挥其在创新社会治理中的作用,自 2012 年起,财政部和民政部联合推出"中央财政支持社会组织参与社会服务示范项目",并印发《中央财政支持社会组织参与社会服务项目资金使用管理办法》的通知,安排专项资金,支持社会组织参与社会服务活动。2013 年 9 月,国务院印发《国务院办公厅关于政府向社会力量购买服务的指导意见》,明确了政府向社会力量购买服务的总体方向和目标任务。2014 年 11 月,财政部、民政部印发《关于支持和规范社会组织承接政府购买服务的通知》;同年 12 月,财政部、民政部和工商总局联合印发《政府购买服务管理办法(暂行)》的通知。2015 年 9 月,财政部印发《财政部关于做好行业协会商会承接政府购买服务工作有关问题的通知(试行)》,支持行业协会商会承接社会服务。2016 年 12 月,财政部、民政部发布《关于通过政府购买服务支持社会组织培育发展的指导意见》,对购买过程中的采购环节、绩效管理、信用建设以及监督管理进行规定。2018 年 7 月,财政部发布《关于推进政府购买服务第三方绩效评价工作的指导意见》,加强对购买服务评估的规范化管理。2020 年初,财政部修订《政府购买服务管理办法》,明确规定了政府购买服务内容的"负面清单"(表 2-12)。

表 2-12　政府向社会组织购买服务政策列表

| 政策时间 | 政策名称 | 核心内容 |
| --- | --- | --- |
| 2012 年 9 月 | 《中央财政支持社会组织参与社会服务项目资金使用管理办法》 | 对中央财政支持社会组织参与社会服务的项目资金的使用进行管理，包括项目资金的使用范围、社会组织申报项目资金的流程及审核 |
| 2013 年 9 月 | 《国务院办公厅关于政府向社会力量购买服务的指导意见》 | 肯定政府向社会力量购买服务的重要性，明确总体方向和目标任务，在购买主体、承接主体、购买内容、购买机制、资金管理、绩效管理等方面进行了规定，从组织领导、工作机制、监督管理、宣传引导等方面对政府购买工作进行了全面部署 |
| 2014 年 11 月 | 《关于支持和规范社会组织承接政府购买服务的通知》 | 加快转变政府职能，推广政府购买服务，包括加大对社会组织承接政府购买服务的支持力度、进一步建立健全社会组织承接政府购买服务信用记录管理机制等措施 |
| 2014 年 12 月 | 《政府购买服务管理办法（暂行）》 | 对政府购买服务的购买主体和承接主体、购买内容及指导目录、购买方式及程序、预算及财务管理、绩效和监督管理等做出规定 |
| 2015 年 9 月 | 《财政部关于做好行业协会商会承接政府购买服务工作有关问题的通知（试行）》 | 为实现行业协会与行政机关脱钩，促进行业协会健康稳定发展，对行业协会承接政府购买服务进行支持和规范，包括公平对待行业协会商会承接政府购买服务、科学确定政府购买服务内容等事项 |
| 2016 年 12 月 | 《关于通过政府购买服务支持社会组织培育发展的指导意见》 | 旨在通过政府购买服务支持社会组织培育发展，包括切实改善准入环境、加强分类指导和重点支持、完善采购环节管理、加强绩效管理等措施 |
| 2018 年 7 月 | 《关于推进政府购买服务第三方绩效评价工作的指导意见》 | 提高政府购买服务质量，规范政府购买服务行为，有序推进政府购买服务第三方绩效评价工作，不断提高规范化、制度化管理水平，逐步扩大绩效评价项目覆盖面，着力提升财政资金效益和政府公共服务管理水平 |
| 2020 年 3 月 | 《政府购买服务管理办法》 | 对购买主体和承接主体、购买内容和目录、购买活动的实施、合同及履行、监督管理和法律责任等作了规定 |

资料来源：作者根据政策文件整理

## （三）政会分离政策

　　除了税收优惠、政府购买服务之外，政府向社会组织的职能转移被认为是政府扶持社会组织的重要方式。1994 年 4 月，国务院办公厅发布《国务院办公厅关于部门领导同志不兼任社会团体领导职务问题的通知》，对社会团体的人事"去行政化"做出要求；1998年 7 月，中共中央办公厅、国务院办公厅联合发布《中共中央办公厅、国务院办公厅关于党政机关领导干部不兼任社会团体领导职务的通知》，进一步扩大了不得兼任社会团体领导职务的领导干部范围和社团领导职务范围，对政府和社会团体的人事关系进行了明确划分。

　　行业协会商会多为市场经济建设过程中由行业管理部门转制而来，因而与政府部门的关系密切，是政会分离的重要对象。2007 年 5 月，《国务院办公厅关于加快推进行业协会商会改革和发展的若干意见》提出："各级人民政府及其部门要进一步转变职能，把适宜于行业协会行使的职能委托或转移给行业协会。" 2015 年 7 月，中共中央办公厅、国务院办公厅印发《行业协会商会与行政机关脱钩总体方案》，提出实现行业协会商会在机构、职能、资产财务、人员管理、党建外事五个方面与行政机关脱钩，并且于同年 11 月和 2016 年 6 月公布了第一批 148 家、第二批 144 家参加脱钩试点的全国性行业协会商会名单。

"脱钩"并不等于"脱管"，脱钩后对行业协会商会仍要加强监管。2016 年 12 月，国家发展和改革委员会、民政部、中共中央组织部（以下简称中组部）等 10 个部门联合印发《行业协会商会综合监管办法（试行）》的通知，从资产与财务监管、服务与业务监管、纳税与收费监管、信用体系建设与社会监督、党建工作与执纪监督、监督问责机制等方面来对脱钩后的行业协会商会的监督管理进行了规定。2017 年 11 月，国家发展和改革委员会、民政部、财政部、国务院国有资产监督管理委员会发布《关于进一步规范行业协会商会收费管理的意见》，以改善营商环境，切实减轻企业负担，促进行业协会商会健康发展。2017 年 12 月，为规范脱钩后行业协会商会资产管理工作，维护脱钩后行业协会商会各类资产的安全完整，根据《行业协会商会与行政机关脱钩总体方案》和改革总体要求，财政部、民政部公布《财政部 民政部关于印发〈脱钩后行业协会商会资产管理暂行办法〉的通知》，对行业协会商会资产管理原则、内容、流程等做出明确规定。2019 年 6 月，国家发展和改革委员会等十部委发布《关于全面推开行业协会商会与行政机关脱钩改革的实施意见》，就全面推开行业协会商会与行政机关脱钩改革提出意见（表 2-13）。民政部社会组织管理局数据显示，截至 2020 年底共有 729 家全国性行业协会商会和 69 699 家地方性行业协会商会完成脱钩改革，完成率分别为 92% 和 99%（郁建兴等，2022）。

**表 2-13　社会组织政会分离政策列表**

| 政策时间 | 政策名称 | 核心内容 |
|---|---|---|
| 1994 年 4 月 | 《国务院办公厅关于部门领导同志不兼任社会团体领导职务问题的通知》 | 规定部门领导不再兼任社会团体领导职务，已兼任社会团体领导职务的，依照社会团体章程规定程序，辞去所兼职务 |
| 1998 年 7 月 | 《中共中央办公厅、国务院办公厅关于党政机关领导干部不兼任社会团体领导职务的通知》 | 规定党政机关领导干部不得兼任社会团体领导职务，因特殊情况确需兼任社会团体领导职务的，必须按照干部管理权限进行审批，并办理相关手续 |
| 2007 年 5 月 | 《国务院办公厅关于加快推进行业协会商会改革和发展的若干意见》 | 包括行业协会改革发展的指导思想和总体要求、积极拓展行业协会的职能、大力推进行业协会的体制机制改革、加强行业协会的自身建设和规范管理等内容 |
| 2015 年 7 月 | 《行业协会商会与行政机关脱钩总体方案》 | 对行业协会与行政机关脱钩进行指导，包括机构分离、职能分离、资产财务分离、人员管理分离和党建外事分离五方面 |
| 2016 年 12 月 | 《行业协会商会综合监管办法（试行）》 | 对脱钩后的行业协会和直接登记的行业协会进行监管，包括完善法人治理机制，加强资产与财务监管、服务与业务监管、纳税与收费监管等内容 |
| 2017 年 11 月 | 《关于进一步规范行业协会商会收费管理的意见》 | 为改善营商环境，切实减轻企业负担，促进行业协会商会健康发展，提出加强收费管理、治理违规收费、强化自律意识、推进信用体系建设等内容 |
| 2017 年 12 月 | 《财政部 民政部关于印发〈脱钩后行业协会商会资产管理暂行办法〉的通知》 | 为规范和加强脱钩后行业协会商会资产管理，维护各类资产安全完整，促进行业协会商会健康发展，坚持内部治理与外部监管相结合等四原则，涵盖完善资产管理体制、明晰管理职责等三项主要内容 |

续表

| 政策时间 | 政策名称 | 核心内容 |
| --- | --- | --- |
| 2019 年 6 月 | 《关于全面推开行业协会商会与行政机关脱钩改革的实施意见》 | 就全面推开行业协会商会与行政机关脱钩改革提出意见，主要包括总体要求、改革主体和范围、改革具体任务、全面加强行业协会商会党建工作、完善综合监管体制和组织实施等六方面内容 |

资料来源：作者根据政策文件整理

### （四）人才支持政策

社会组织的发展离不开专业人才队伍的建设，为加强社会组织的人才队伍建设，政府先后出台一系列政策。2011 年《关于加强社会工作专业人才队伍建设的意见》发布，从人才培养、人才评价与激励、人才使用等方面对社会组织人才队伍建设提出指导意见。2015 年 11 月，民政部发布《民政部关于加强和改进社会组织教育培训工作的指导意见》，提出要从教材建设、师资队伍建设、教学方法改进等方面改进社会组织的教育培训工作，为建设高素质的人才队伍提供保障。2016 年 6 月，民政部发布《民政部关于加强和改进社会组织薪酬管理的指导意见》，从合理确定薪酬标准、及时足额兑现薪酬、着力规范薪酬管理等七个方面对社会组织人才的薪酬管理进行规范（表 2-14）。

**表 2-14　社会组织人才支持政策列表**

| 政策时间 | 政策名称 | 核心内容 |
| --- | --- | --- |
| 2011 年 11 月 | 《关于加强社会工作专业人才队伍建设的意见》 | 包括大力加强社会工作专业教育培训、积极推动社会工作专业岗位开发和专业人才使用、切实推进社会工作专业人才评价和激励工作等六方面内容 |
| 2015 年 11 月 | 《民政部关于加强和改进社会组织教育培训工作的指导意见》 | 从课程与教材建设、师资队伍建设和教学方法等方面来加强和改进社会组织的教育培训工作 |
| 2016 年 6 月 | 《民政部关于加强和改进社会组织薪酬管理的指导意见》 | 旨在加强和改进社会组织的薪酬管理，包括合理确定薪酬标准、及时足额兑现薪酬、着力规范薪酬管理等措施 |

资料来源：作者根据政策文件整理

值得指出的是，为加强对在华活动的外国商会的管理，1989 年 6 月，《外国商会管理暂行规定》发布，对外国商会的成立条件、登记成立须递交的文件等做出了规定。2013 年，这一规定的部分内容被修订。近年来，除外国商会以外，大量境外非政府组织在我国开展活动，为加强规范管理，2016 年 4 月，《中华人民共和国境外非政府组织境内活动管理法》（以下简称《境外非政府组织境内活动管理法》）发布，其后又出台一些配套政策。

此外，有一些政策虽然不是直接针对社会组织做出的，但却与社会组织密切相关。例如，1999 年颁布的《公益事业捐赠法》、2002 年颁布的《中华人民共和国民办教育促进法》（以下简称《民办教育促进法》）（2013 年、2016 年、2018 年修正）、2007 年通过的《企业所得税法》（2018 年第二次修正）、2017 年通过的《民法总则》《志愿服务条例》等。

综上可见，社会组织政策随着经济社会环境的变化而不断调整、修订和补充，政策体系日益完善。但是，相较于实践发展的需要，当前的政策仍然有较大的发展空间。一直以来，社会组织政策是以登记管理政策为主导的，事中事后监管、培育和扶持、税收优惠、人才等政策相对滞后。近年来，随着直接登记、一业多会等政策的实施，情况有所改变，但仍然存在登记管理之外的政策供给不足或可操作性不强等问题。如何进一步加大政策供给力度、加强政策创新，仍然是社会组织发展中面临的重大问题。

## 第二节　社会组织法律法规

### 一、社会组织法律基础

#### （一）《民法典》

《中华人民共和国民法通则》（1986年）（以下简称《民法通则》）将法人分为企业法人、机关法人、事业单位法人和社会团体法人。随着社会组织的发展，《民法通则》对法人的划分难以适应新形势。在过去的多年中，我国出现了四种非营利法人，即社会团体、基金会、民办社会服务机构、事业单位，在立法层面上，迫切需要对它们进行合理总结。

2017年3月，《民法总则》通过，并于10月1日正式施行。《民法总则》对法人制度进行了重大调整，"非营利法人"正式登上历史舞台。《民法总则》规定，为公益目的或者其他非营利目的成立，不向出资人、设立人或者会员分配所取得利润的法人，为非营利法人。非营利法人分事业单位法人、社会团体法人、捐助法人三种类型，包括事业单位、社会团体、基金会、社会服务机构四种组织实体，其中，社会团体可注册为社会团体法人，基金会和社会服务机构可注册为捐助法人。2022年5月28日第十三届全国人大第三次会议通过《民法典》，第一编《总则》将《民法总则》中除了第十一章《附则》（共2条）之外的内容收入其中，章节数量、名称、条文数量、顺序均未改动，部分条文内容有所修改。《民法典》第八十七条至九十五条对社会团体等非营利法人进行了具体规定，主要内容包括以下几点。

##### 1. 非营利法人及其构成

为公益目的或者其他非营利目的成立，不向出资人、设立人或者会员分配所取得利润的法人，为非营利法人。非营利法人包括事业单位、社会团体、基金会、社会服务机构等。

##### 2. 社会团体法人和捐助法人资格的取得

具备法人条件，基于会员共同意愿，为公益目的或者会员共同利益等非营利目的设立的社会团体，经依法登记成立，取得社会团体法人资格；依法不需要办理法人登记的，从成立之日起，具有社会团体法人资格。具备法人条件，为公益目的以捐助财产设立的基金会、社会服务机构等，经依法登记成立，取得捐助法人资格。

### 3. 社会团体法人和捐助法人的机构设置

设立社会团体法人、捐助法人应当依法制定法人章程；社会团体法人、捐赠法人应当设权力机构或决策机构、执行机构和法人，捐助法人应当设监督机构。

### 4. 捐助法人的权利和义务

捐助人有权向捐助法人查询捐助财产的使用、管理情况，并提出意见和建议，捐助法人应当及时、如实答复。捐助法人的决策机构、执行机构或者法定代表人做出决定的程序违反法律、行政法规、法人章程，或者决定内容违反法人章程的，捐助人等利害关系人或者主管机关可以请求人民法院撤销该决定，但是捐助法人依据该决定与善意相对人形成的民事法律关系不受影响。

### 5. 社团法人和捐助法人终止时剩余资产处置办法

为公益目的成立的非营利法人终止时，不得向出资人、设立人或者会员分配剩余财产。剩余财产应当按照法人章程的规定或者权力机构的决议用于公益目的；无法按照法人章程的规定或者权力机构的决议处理的，由主管机关主持转给宗旨相同或者相近的法人，并向社会公告。

将非营利法人作为一类法人，既能涵盖事业单位法人、社会团体法人等传统法人形式，还能够将基金会和社会服务机构纳入非营利法人体系。创设非营利法人类别，有利于健全社会组织法人治理结构，加强对社会组织的引导和规范，促进社会健康有序发展。但是，从现实看，我国关于非营利法人从事营利活动的立法目前还不成熟，难以满足非营利法人发展的需要。为与《民法典》相协调，还须建立非营利法人法，全面规定非营利法人的法律地位、权利和义务，对其所从事的营利性活动进行合理规制，为行政机关有效监管非营利组织提供法律依据。

## （二）《慈善法》

2016 年 3 月 16 日，第十二届全国人大第四次会议通过《慈善法》，这是自 2005 年民政部提出慈善事业立法建议以来，历时近 11 年出台的第一部关于慈善事业的基础性、综合性法律。《慈善法》第一次从法律层面明确了"慈善组织"的概念、范围以及慈善活动等内容，系统规范了慈善行为，对慈善事业发展具有重要意义。

在过去几十年中，随着我国经济社会的快速发展，公益慈善事业取得巨大进步，在推动财富再次分配和社会公平正义等方面发挥了重要的作用。特别是在 2008 年汶川地震后，我国各地、各界纷纷向灾区捐款、捐物，这股捐赠浪潮将我国慈善事业推向高潮。然而，在快速发展的同时，"郭美美事件""天使妈妈事件"等负面事件频频被曝光，公益组织和慈善事业无法可依、管理不到位等问题日益凸显。慈善事业发展的成就和问题并存，构成了慈善立法的原初动力。

《慈善法》对慈善组织、慈善募捐、慈善捐赠、慈善信托、慈善财产、慈善服务、信息公开、促进措施、监督管理、法律责任等内容做出了规定，核心内容包括以下几方面。

（1）慈善组织的界定：依法成立、符合本法规定，以面向社会开展慈善活动为宗旨的非营利性组织。

（2）慈善活动的范围与内容：①扶贫、济困；②扶老、救孤、恤病、助残、优抚；③救助自然灾害、事故灾害和公共卫生事件等突发事件造成的损害；④促进教育、科学、文化、卫生、体育等事业的发展；⑤防治污染和其他公害，保护和改善生态环境；⑥符合本法规定的其他公益活动。

（3）慈善组织应具备的条件：①以开展慈善活动为宗旨；②不以营利为目的；③有自己的名称和住所；④有组织章程；⑤有必要的财产；⑥有符合条件的组织机构和负责人；⑦法律、行政法规规定的其他条件。

（4）慈善组织及参与慈善活动应注意的原则：慈善组织不得从事、资助危害国家安全和社会公共利益的活动，不得接受附加违反法律法规和违背社会公德条件的捐赠，不得对受益人附加违反法律法规和违背社会公德的条件。开展慈善活动，应当遵循合法、自愿、诚信、非营利的原则，不得违背社会公德，不得危害国家安全、损害社会公共利益和他人合法权益。

（5）对慈善组织募捐活动的管理：慈善组织开展公开募捐，应当取得公开募捐资格。依法登记满二年的慈善组织，可以向其登记的民政部门申请公开募捐资格。慈善组织符合内部治理结构健全、运作规范的条件的，发给公开募捐资格证书；不符合条件的，不发给公开募捐资格证书并书面说明理由。法律、行政法规规定自登记之日起可以公开募捐的基金会和社会团体，由民政部门直接发给公开募捐资格证书。

（6）慈善财产的使用：慈善财产包括发起人捐赠、资助的创始财产，募集的财产和其他合法财产。慈善组织的财产应当根据章程和捐赠协议的规定全部用于慈善目的，不得在发起人、捐赠人以及慈善组织成员中分配。

（7）慈善信托：是指委托人基于慈善目的，依法将其财产委托给受托人，由受托人按照委托人意愿以受托人名义进行管理和处分，开展慈善活动的行为。慈善信托的受托人，可以由委托人确定其信赖的慈善组织或者信托公司担任。慈善信托的受托人违反信托义务或者难以履行职责的，委托人可以变更受托人。变更后的受托人应当自变更之日起七日内，将变更情况报原备案的民政部门重新备案。慈善信托的受托人管理和处分信托财产，应当按照信托目的，恪尽职守，履行诚信、谨慎管理的义务。

（8）慈善组织信息公开：慈善组织应当向社会公开组织章程和决策、执行、监督机构成员信息以及国务院民政部门要求公开的其他信息。慈善组织应当每年向社会公开其年度工作报告和财务会计报告。具有公开募捐资格的慈善组织的财务会计报告须经审计。具有公开募捐资格的慈善组织应当定期向社会公开其募捐情况和慈善项目实施情况。公开募捐周期超过六个月的，至少每三个月公开一次募捐情况，公开募捐活动结束后三个月内应当全面公开募捐情况。慈善项目实施周期超过六个月的，至少每三个月公开一次项目实施情况，项目结束后三个月内应当全面公开项目实施情况和募得款物使用情况。慈善组织开展定向募捐的，应当及时向捐赠人告知募捐情况、募得款物的管理使用情况。慈善组织、慈善信托的受托人应当向受益人告知其资助标准、工作流程和工作规范等信息。涉及国家秘密、商业秘密、个人隐私的信息以及捐赠人、慈善信托的委托人不同意公开的姓名、名称、住所、通讯方式等信息，不得公开。

（9）慈善组织的监督管理：任何单位和个人发现慈善组织、慈善信托有违法行为的，可以向民政部门、其他有关部门或者慈善行业组织投诉、举报。民政部门、其他有关部门或者慈善行业组织接到投诉、举报后，应当及时调查处理。国家鼓励公众、媒体对慈善活动进行监督，对假借慈善名义或者假冒慈善组织骗取财产以及慈善组织、慈善信托的违法违规行为予以曝光，发挥舆论和社会监督作用。

随着我国经济社会的快速发展，特别是以互联网为代表的信息化的迅猛发展，慈善事业面临许多新情况、新问题。近年来，修改《慈善法》的呼声不断。2020年，全国人大常委会对《慈善法》开展执法检查并提出适时修改《慈善法》。2022年3月，《全国人民代表大会常务委员会工作报告》将修改慈善法列入预安排审议40件法律案之一，这意味着《慈善法》的相关修订稿将进入审议流程。

### （三）《境外非政府组织境内活动管理法》

1989年6月，《外国商会管理暂行规定》公布，该规定将外国商会界定为"外国在中国境内的商业机构及人员依照本规定在中国境内成立，不从事任何商业活动的非营利性团体"，并对外国商会的成立条件、登记成立须递交的文件等做出规定。2013年12月，《外国商会管理暂行规定》被修订，外国商会解散不再需要报审查机关备案。

近年来，境外非政府组织在我国境内的活动日益增多，商会之外的非政府组织的行为得不到有效规范，为解决这一问题，《境外非政府组织境内活动管理法》于2016年4月发布。该法对境外非政府组织在华的登记与备案、活动规范、监督管理等做出了规定。与此相配套，一系列相关政策陆续出台，如《境外非政府组织代表机构登记和临时活动备案办事指南》《境外非政府组织在中国境内活动领域和项目目录、业务主管单位名录（2017）》等。2017年11月，全国人民代表大会常务委员会对《境外非政府组织境内活动管理法》进行修订，删去第二十四条中"聘请具有中国会计从业资格的会计人员依法进行会计核算"的规定。

《境外非政府组织境内活动管理法》规定了登记备案、活动规范、便利措施、监督管理、法律责任等内容，核心要求如下。

（1）境外非政府组织界定。境外非政府组织是指在境外合法成立的基金会、社会团体、智库机构等非营利、非政府的社会组织。

（2）境外非政府组织在华开展活动的领域。境外非政府组织依法可以在经济、教育、科技、文化、卫生、体育、环保等领域和济困、救灾等方面开展有利于公益事业发展的活动。

（3）境外非政府组织在华开展活动的途径。境外非政府组织在中国境内开展活动，应当依法登记设立代表机构；未登记设立代表机构需要在中国境内开展临时活动的，应当依法备案。国务院公安部门和省级人民政府公安机关是境外非政府组织在中国境内开展活动的登记管理机关。

（4）代表机构的设立登记。设立登记所需提交的材料包括："（一）申请书；（二）符合本法第十条规定的证明文件、材料；（三）拟设代表机构首席代表的身份证明、简历及其无犯罪记录证明材料或者声明；（四）拟设代表机构的住所证明材料；（五）资金来源证明材料；（六）业务主管单位的同意文件；（七）法律、行政法规规定的其他文件、材料。"

（5）临时活动的备案。境外非政府组织开展临时活动，中方合作单位应当按照国家规定办理审批手续，并在开展临时活动十五日前向其所在地的登记管理机关备案。备案应当提交下列文件、材料："（一）境外非政府组织合法成立的证明文件、材料；（二）境外非政府组织与中方合作单位的书面协议；（三）临时活动的名称、宗旨、地域和期限等相关材料；（四）项目经费、资金来源证明材料及中方合作单位的银行账户；（五）中方合作单位获得批准的文件；（六）法律、行政法规规定的其他文件、材料。"

（6）法律责任。未经登记、备案，以境外非政府组织代表机构、境外非政府组织名义开展活动的，"由设区的市级以上人民政府公安机关予以取缔或者责令停止违法行为；没收非法财物和违法所得；对直接责任人员给予警告，情节严重的，处十日以下拘留"。"中国境内单位和个人明知境外非政府组织未登记代表机构、临时活动未备案，与其合作的，或者接受其委托、资助，代理或者变相代理其开展活动、进行项目活动资金收付的，依照前款规定处罚。"

除前述法律以外，还有一些法律法规对特定类型或某种社会组织进行规定。例如，1992年颁布的《中华人民共和国工会法》（2001年、2009年、2021年修正）对工会组织、工会的权利与义务、基层工会组织、工会的经费和财产等做出规定，以保障工会在国家政治、经济和社会生活中的地位，从而有效发挥工会作用；1993年颁布的《中华人民共和国红十字会法》（2009年、2017年修订）对红十字会的职责、标志、财产与经费等事项做出规定，规定了自然人、法人或其他组织违反本法的情形和责任，以及红十字会及其工作人员违反本法的行为及相应责任，以保障红十字会依法履行职责。

## 二、社会组织法规

### （一）《社会团体登记管理条例》

《社会团体登记管理条例》于1998年10月25日发布，并根据2016年2月6日《国务院关于修改部分行政法规的决定》修订。修订后的条例对社会团体的概念、管辖、成立登记、变更注销、监督管理、罚则等内容做出了明确规定，核心内容如下。

（1）概念界定。社会团体是指中国公民自愿组成、为实现会员共同意愿、按照其章程开展活动的非营利性社会组织。国家机关以外的组织可以作为单位会员加入社会团体。成立社会团体，应当经其业务主管单位审查同意，并依照本条例的规定进行登记。社会团体应当具备法人条件。

（2）登记管理机关和业务主管单位。国务院民政部门和县级以上地方各级人民政府民政部门是本级人民政府的社会团体登记管理机关（以下简称登记管理机关）。

国务院有关部门和县级以上地方各级人民政府有关部门、国务院或者县级以上地方各级人民政府授权的组织，是有关行业、学科或者业务范围内社会团体的业务主管单位（以下简称业务主管单位）。

（3）管辖权。全国性的社会团体，由国务院的登记管理机关负责登记管理；地方性的社会团体，由所在地人民政府的登记管理机关负责登记管理；跨行政区域的社会团体，由所跨行政区域的共同上一级人民政府的登记管理机关负责登记管理。登记管理机关、业务主管单位与其管辖的社会组织的住所不在一地的，可以委托社会组织所在地的登记管理机关、业务主管单位负责委托范围内的监督管理工作。

（4）成立登记。社会团体成立登记应当具备的条件包括以下几类。①有50个以上的个人会员或者30个以上的单位会员；个人会员、单位会员混合组成的，会员总数不得少于50个。②有规范的名称和相应的组织机构。③有固定的住所。④有与其业务活动相适应的专职工作人员。⑤有合法的资产和经费来源，全国性的社会团体有10万元以上注册资金，地方性的社会团体和跨行政区域的社会团体有3万元以上注册资金。⑥有独立承担民事责任的能力。

（5）变更注销。社会团体的登记事项需要变更的，应当自业务主管单位审查同意之日起30日内，向登记管理机关申请变更登记。社会团体修改章程，应当自业务主管单位审查同意之日起30日内，报登记管理机关核准。

（6）监督管理。社会团体应当于每年3月31日前向业务主管单位报送上一年度的工作报告，经业务主管单位初审同意后，于5月31日前报送登记管理机关，接受年度检查。工作报告的内容包括：本社会团体遵守法律法规和国家政策的情况、依照本条例履行登记手续的情况、按照章程开展活动的情况、人员和机构变动的情况以及财务管理的情况。

（7）罚则。社会团体在申请登记时弄虚作假、骗取登记的，或者自取得《社会团体法人登记证书》之日起1年未开展活动的，由登记管理机关吊销法人登记证书。

### （二）《民办非企业单位登记管理暂行条例》

《民办非企业单位登记管理暂行条例》于1998年9月25日国务院第八次常务会议通过，自1998年10月25日起施行。该条例对民办非企业单位的概念、管辖、登记、监督管理、罚则等内容做出了具体规定，核心内容如下。

（1）概念界定。民办非企业单位是指企业事业单位、社会团体和其他社会力量以及公民个人利用非国有资产举办的，从事非营利性社会服务活动的社会组织。

（2）登记管理机关和业务主管单位。国务院民政部门和县级以上地方各级人民政府民政部门是本级人民政府的民办非企业单位登记管理机关。国务院有关部门和县级以上地方各级人民政府的有关部门、国务院或者县级以上地方各级人民政府授权的组织，是有关行业、业务范围内民办非企业单位的业务主管单位。

（3）登记条件。申请登记民办非企业单位，应当具备下列条件：①经业务主管单位审查同意；②有规范的名称、必要的组织机构；③有与其业务活动相适应的从业人员；④有与其业务活动相适应的合法财产；⑤有必要的场所。

（4）监督管理。登记管理机关履行的监督管理职责包括：①负责民办非企业单位的成立、变更、注销登记；②对民办非企业单位实施年度检查；③对民办非企业单位违反本条例的问题进行监督检查，对民办非企业单位违反本条例的行为给予行政处罚。业务主管单位履行的监督管理职责包括：①负责民办非企业单位成立、变更、注销登记前的审查；②监督、指导民办非企业单位遵守宪法、法律、法规和国家政策，按照章程开展活动；③负责民办非企业单位年度检查的初审；④协助登记管理机关和其他有关部门查处民办非企业单位的违法行为；⑤会同有关机关指导民办非企业单位的清算事宜。民办非企业单位应当于每年 3 月 31 日前向业务主管单位报送上一年度的工作报告，经业务主管单位初审同意后，于 5 月 31 日前报送登记管理机关，接受年度检查。工作报告内容包括：本民办非企业单位遵守法律法规和国家政策的情况、依照本条例履行登记手续的情况、按照章程开展活动的情况、人员和机构变动的情况以及财务管理的情况。

（5）罚则。民办非企业单位有下列情形之一的，由登记管理机关予以警告，责令改正，可以限期停止活动；情节严重的，予以撤销登记；构成犯罪的，依法追究刑事责任。①涂改、出租、出借民办非企业单位登记证书，或者出租、出借民办非企业单位印章的；②超出其章程规定的宗旨和业务范围进行活动的；③拒不接受或者不按照规定接受监督检查的；④不按照规定办理变更登记的；⑤设立分支机构的；⑥从事营利性的经营活动的；⑦侵占、私分、挪用民办非企业单位的资产或者所接受的捐赠、资助的；⑧违反国家有关规定收取费用、筹集资金或者接受使用捐赠、资助的。

### （三）《基金会管理条例》

《基金会管理条例》于 2004 年 2 月 11 日国务院第 39 次常务会议通过，自 2004 年 6 月 1 日起施行。该条例对基金会的概念、组织机构及其设立、财产使用、监督管理、法律责任等内容做出了具体规定，核心内容如下。

（1）概念界定。基金会是指利用自然人、法人或者其他组织捐赠的财产，以从事公益事业为目的，按照本条例的规定成立的非营利性法人。

（2）组织类型。基金会分为面向公众募捐的基金会（以下简称公募基金会）和不得面向公众募捐的基金会（以下简称非公募基金会）。公募基金会按照募捐的地域范围，分为全国性公募基金会和地方性公募基金会。

（3）登记管理机关和业务主管单位。国务院民政部门和省、自治区、直辖市人民政府民政部门是基金会的登记管理机关。国务院有关部门或者国务院授权的组织，是国务院民政部门登记的基金会、境外基金会代表机构的业务主管单位。省、自治区、直辖市人民政府有关部门或者省、自治区、直辖市人民政府授权的组织，是省、自治区、直辖市人民政府民政部门登记的基金会的业务主管单位。

（4）设立条件。①为特定的公益目的而设立；②全国性公募基金会的原始基金不低于 800 万元人民币，地方性公募基金会的原始基金不低于 400 万元人民币，非公募基金会的原始基金不低于 200 万元人民币；原始基金必须为到账货币资金；③有规范的名称、章程、组织机构以及与其开展活动相适应的专职工作人员；④有固定的住所；⑤能够独立承担民事责任。

（5）组织结构。基金会设理事会，理事为 5 人至 25 人，理事任期由章程规定，但每届任期不得超过 5 年。理事任期届满，连选可以连任。用私人财产设立的非公募基金会，相互间有近亲属关系的基金会理事，总数不得超过理事总人数的 1/3；其他基金会，具有近亲属关系的不得同时在理事会任职；在基金会领取报酬的理事不得超过理事总人数的

1/3。理事会设理事长、副理事长和秘书长，从理事中选举产生，理事长是基金会的法定代表人。

（6）财产的管理和使用。基金会组织募捐、接受捐赠，应当符合章程规定的宗旨和公益活动的业务范围。境外基金会代表机构不得在中国境内组织募捐、接受捐赠。公募基金会组织募捐，应当向社会公布募得资金后拟开展的公益活动和资金的详细使用计划。公募基金会每年用于从事章程规定的公益事业支出，不得低于上一年总收入的70%；非公募基金会每年用于从事章程规定的公益事业支出，不得低于上一年基金余额的 8%。基金会工作人员工资福利和行政办公支出不得超过当年总支出的10%。

（7）监督管理。基金会、境外基金会代表机构应当于每年 3 月 31 日前向登记管理机关报送上一年度工作报告，接受年度检查。年度工作报告在报送登记管理机关前应当经业务主管单位审查同意。年度工作报告应当包括财务会计报告、注册会计师审计报告，开展募捐、接受捐赠、提供资助等活动的情况以及人员和机构的变动情况，等等。

（8）法律责任。未经登记或者被撤销登记后以基金会、基金会分支机构、基金会代表机构或者境外基金会代表机构名义开展活动的，由登记管理机关予以取缔，没收非法财产并向社会公告。基金会、基金会分支机构、基金会代表机构或者境外基金会代表机构有以下情形之一的，登记管理机关应当撤销登记：①在申请登记时弄虚作假骗取登记的，或者自取得登记证书之日起 12 个月内未按章程规定开展活动的；②符合注销条件、不按照本条例的规定办理注销登记仍继续开展活动的。

## 三、《志愿服务条例》

志愿服务与社会组织密切相关，志愿服务组织在身份上属于社会组织，部分社会组织也招募志愿者提供服务。2017 年 6 月 7 日国务院第 175 次常务会议通过《志愿服务条例》，对志愿服务组织的法律地位、规范管理、活动开展、促进措施等进行了系统规定。该条例自 2017 年 12 月 1 日起施行。

（1）法律概念。志愿服务是指志愿者、志愿服务组织和其他组织自愿、无偿向社会或者他人提供的公益服务。志愿者，是指以自己的时间、知识、技能、体力等从事志愿服务的自然人。志愿服务组织，是指依法成立，以开展志愿服务为宗旨的非营利性组织。志愿服务组织可以采取社会团体、社会服务机构、基金会等组织形式。

（2）管理部门。县级以上人民政府应当将志愿服务事业纳入国民经济和社会发展规划，合理安排志愿服务所需资金，促进广覆盖、多层次、宽领域开展志愿服务。国家和地方精神文明建设指导机构建立志愿服务工作协调机制，加强对志愿服务工作的统筹规划、协调指导、督促检查和经验推广。国务院民政部门负责全国志愿服务行政管理工作；县级以上地方人民政府民政部门负责本行政区域内志愿服务行政管理工作。县级以上人民政府有关部门按照各自职责，负责与志愿服务有关的工作。工会、共产主义青年团、妇女联合会等有关人民团体和群众团体应当在各自的工作范围内做好相应的志愿服务工作。

（3）志愿服务活动。志愿者可以参与志愿服务组织开展的志愿服务活动，也可以自行依法开展志愿服务活动。志愿服务组织应当为志愿者参与志愿服务活动提供必要条件，解决志愿者在志愿服务过程中遇到的困难，维护志愿者的合法权益。志愿服务组织安排志愿者参与可能发生人身危险的志愿服务活动前，应当为志愿者购买相应的人身意外伤害保险。任何组织和个人不得强行指派志愿者、志愿服务组织提供服务，不得以志愿服务名义进行营利性活动。

（4）促进措施。县级以上人民政府应当根据经济社会发展情况，制定促进志愿服务事业发展的政策和措施。县级以上人民政府及其有关部门应当在各自职责范围内，为志愿服务提供指导和帮助。国家鼓励企业事业单位、基层群众性自治组织和其他组织为开展志愿服务提供场所和其他便利条件。学校、家庭和社会应当培养青少年的志愿服务意识和能力。高等学校、中等职业学校可以将学生参与志愿服务活动纳入实践学分管理。各级人民政府及其有关部门可以依法通过购买服务等方式，支持志愿服务运营管理，并依照国家有关规定向社会公开购买服务的项目目录、服务标准、资金预算等相关情况。自然人、法人和其他组织捐赠财产用于志愿服务的，依法享受税收优惠。

## 第三节　社会组织管理体制

中华人民共和国成立之后，社会组织经历了从初期的清理整顿，到"文化大革命"期间的"瘫痪"，再到改革开放以后迅速发展的曲折过程。社会组织管理体制也经历了从分散多头管理转向双重管理，再转向混合管理的发展阶段。

在《社会团体登记管理条例》（1989年）施行之前，社会组织的管理体制一直处于相对混乱的状态，尽管有1950年《社会团体登记暂行办法》和1951年《社会团体登记暂行办法实施细则》，但是从根本上说，社会组织管理依旧是以政府的意志为转移。1989年，《社会团体登记管理条例》施行，社会组织管理体制才得以明确。1998年《社会团体登记管理条例》的修订和《民办非企业单位登记管理暂行条例》的施行，最终确立了社会组织的双重管理体制。2013年，四类社会组织直接登记制度开始在全国范围内实施，产生了双重管理与直接登记相结合的混合管理体制。从总体上看，改革开放以来社会组织管理体制的发展可以划分为以下三个阶段。

### 一、分散多头管理时期（1978～1997年）

1949年中华人民共和国成立后，党和政府开始清理整顿民间组织。1969年1月，主管社团工作的内务部被撤销，其主管的大部分工作由财政部、公安部、卫生部和国家计划委员会承担，社会团体的管理工作形成多部门管理的状态，许多从内务部分立出的部门都可以审批和管理社会团体。多头管理造成了社会团体注册登记和日常管理的混乱，各级政府部门都在审批社会团体，甚至出现了社会团体审批社会团体，以及未经批准社会团体自行成立的情况。

1978年2月，民政部成立，但社会团体管理格局并没有随之改变，之前内务部的社会团体管理权限分散至包括民政部在内的各部门，未设立专门针对社会团体的管理机关。

改革开放后，社会结构发生了巨大转变，一元化的传统社会格局逐步瓦解，且形成了多元利益获得承认、社会自主性不断增长的新格局。在此背景下，党和政府大力推动社会组织的复兴和重建，一些部门积极创立社会组织。但在改革开放初期，尽管社会组织发展较快，但是新组建的民政部还没有完全恢复其应有职能，所以一时形成了社会组织"万马奔腾、各行其道"的现象，有学者称之为社会组织"无所拘制、遍地开花的原始生长期"（王名，2007）。

1988 年，国务院公布《基金会管理办法》，对 20 世纪 80 年代初期开始出现的基金会进行规范管理；次年，国务院发布《社会团体登记管理条例》（1989 年）、《民办非企业单位登记管理暂行条例》，对民政部门归口分级登记、登记管理机关和业务主管单位共同负责管理社会团体、民办非企业单位，"一地一会"原则等做出规定，初步形成了社会组织的双重管理体制。

总的来说，与中华人民共和国成立初期相比，社会组织管理基本摆脱了阶级斗争等意识形态的影响，走上了规范发展的正轨。1989 年之前，政府对社会团体的管理相对松散，社会团体发展较快。1965 年，全国性社会团体只有近 100 家，地方性社会团体 6000 家左右。1989 年，全国性社会团体达到 1800 家左右，地方性社会团体近 20 万家（徐家良，2011）。20 世纪 90 年代初期，受《社会团体登记管理条例》（1989 年）和 1990 年清理整顿工作的影响，社会组织发展速度有所减缓，20 世纪 90 年代中期，社会组织又逐渐恢复到正常发展速度。然而，在"井喷式"发展的同时，一些社会组织暴露出一些较为严重的问题，如未经登记私自设立、组织规章空白、没有业务主管单位等现象较为普遍，社会组织管理体制面临新的挑战。

## 二、双重管理时期（1998～2011 年）

国务院于 1998 年 10 月发布《民办非企业单位登记管理暂行条例》和修订《社会团体登记管理条例》（1989 年），进一步明确了以归口登记、双重负责、分级管理为主要内容的双重管理体制。2004 年，《基金会管理条例》公布，双重管理体制正式确立。

### （一）双重管理体制的主要内容

#### 1. 归口登记、分级管理

所谓"归口登记"，是指除了根据政策规定免于登记和实施备案管理的以外，所有社会组织都应到县级以上民政部门进行登记注册，由登记管理机关颁发登记证书。经合法登记的社会组织具有法人地位，具备民事主体资格，依法享有民事权利，承担民事义务。

免予登记。《民政部关于对部分社团免予社团登记的通知》规定经国务院批准可以免予登记的社会团体，如中国文学艺术界联合会、中国作家协会、中华全国新闻工作者协会、中国人民对外友好协会、中国人民外交学会、中国国际贸易促进会、中国残疾人联合会、宋庆龄基金会、中国法学会、中国红十字总会、中国职工思想政治工作研究会、欧美同学会、黄埔军校同学会、中华职业教育社等。

备案管理。从 2002 年开始，我国部分地区开始探索建立未达到登记条件的社区社会组织的备案管理制度。2017 年印发的《民政部关于大力培育发展社区社会组织的意见》规定，"对未达到登记条件的社区社会组织，按照不同规模、业务范围、成员构成和服务对象，由街道办事处（乡镇政府）实施管理，加强分类指导和业务指导"。至此，备案管理成为社区社会组织准入管理的一种方式。

所谓"分级管理"，是指根据社会组织开展活动的范围和级别，实行分级登记、属地管理。例如，1998 年颁布的《社会团体登记管理条例》第七条规定："全国性的社会团体，由国务院的登记管理机关负责登记管理；地方性的社会团体，由所在地人民政府的登记管理机关负责登记管理；跨行政区域的社会团体，由所跨行政区域的共同上一级人民政府的登记管理机关负责登记管理。"

### 2. 双重负责

所谓"双重负责"，是指每一个登记注册的社会组织都要接受登记管理机关和业务主管单位的双重管理。登记管理机关是国务院民政部门和县级以上地方各级人民政府民政部门，业务主管单位是国务院组成部门和县级以上地方各级人民政府有关部门、国务院或者县级以上地方各级人民政府授权的组织。"三大条例"在有关条款里明确了登记管理机关和业务主管单位的职责。

### 3. 限制竞争

限制竞争是指在同一行政区域内已有业务范围相同或者相似的社会组织，一般情况下不能再成立新的社会组织。例如，2016 年修正的《社会团体登记管理条例》第十三条规定"有下列情形之一的，登记管理机关不予登记"，其中第二款规定为"在同一行政区域内已有业务范围相同或者相似的社会团体，没有必要成立的"。

## （二）双重管理体制存在的问题

双重管理体制的最大特点是重前置审批、轻事中事后监管。双重管理体制自产生起便面临诸多质疑和批评，它的主要问题体现在以下四个方面。

（1）许多社会组织由于落实不了业务主管单位而无法登记注册。由于主管社会组织意味着要承担一定的责任和风险，许多政府部门或授权单位担任业务主管单位职责的积极性不高。不但如此，随着公共需求日益多元化，一些新型社会组织的业务范围无法与政府部门的职能完全对应，出现了找不到业务主管单位的问题。

（2）限制竞争原则阻碍社会组织发展。"一地一会"原则上不允许在同一行政区域内成立业务范围相同或者相似的社会组织，这形成了已登记社会组织对未登记社会组织的排斥，两者之间存在零和博弈，不利于社会组织的数量增长和质量提升。

（3）对社会组织的监管难以到位。在双重管理体制中，登记管理机关和业务主管单位共同对社会组织承担监管责任。登记管理机关同时要管理大量社会组织，面临人员不足、专业性欠缺的问题；业务主管单位则因为与所管辖的社会组织存在连带关系，缺乏监管动力。不但如此，两个机构之间的监管职能存在交叉重叠，权责划分模糊不清，这在一定程度上降低了它们的监管积极性，容易形成监管真空。

（4）有损法律权威。由于获得合法身份的门槛太高，大量社会组织或者在市场监督管理部门登记，或者干脆在"地下"开展活动，无法受到应有的约束和监管。这种现象不仅有损法律权威，而且刺激了其他的不守法行为的产生。

## 三、混合管理时期（2012年至今）

为减少双重管理体制对社会组织发展造成的阻碍，广州、深圳、温州等地先行先试，开展了管理体制改革。在地方试验的基础上，中央层面的改革陆续推进，其中最引人注目的是直接登记制度的实施。直接登记制度规定四类社会组织可以直接向登记管理机关申请登记注册，而不需要获得业务主管单位的批文，这是对双重管理体制的重大突破。因此，这一时期被称为双重管理与直接登记并存的混合管理体制时期。

### （一）直接登记等制度的实施

2013年，党的十八届三中全会通过的《中共中央关于全面深化改革若干重大问题的决定》提出，要"重点培育和优先发展行业协会商会类、科技类、公益慈善类、城乡社区服务类社会组织，成立时直接依法申请登记"。随后，民政部宣布从2014年4月1日起在全国范围内开始四类社会组织的直接登记工作。2015年初，全国新增直接登记的社会组织多达3万多家（王勇，2015）。

与此同时，行业协会商会的"一业多会"制度正式建立。2015年，中央启动行政机关与行业协会商会的脱钩改革，推进管办分离，为完善监管创造条件。2016年2月，国务院修订《社会团体登记管理条例》，取消申请筹备登记环节和对设立非地域性分支机构的行政审批要求。这些围绕登记管理的改革减少了政府管制，一定程度上实现了政府还权于社会，很大程度上鼓励了社会组织的发展。《2018年民政事业发展统计公报》显示，2018年底，全国共有社会组织81.7万个，比2014年底增长近20万家。

对事中事后监管的改革也在不断推进，关于信息公开、行政执法、第三方评估、投诉举报等多个具体方面的政策陆续出台。2016年8月，《关于改革社会组织管理制度促进社会组织健康有序发展的意见》发布，对社会组织监管体制改革做出全面部署，特别要求建立社会组织"异常名录"、"黑名单"和联合执法制度。《关于改革社会组织管理制度促进社会组织健康有序发展的意见》印发后，各地的相关工作快速推进，目前信息公开、信用监管已经成为社会组织监管的重要方式。

《慈善法》和《行业协会商会综合监管办法》的印发，也是这一时期社会组织管理体制改革中的重大事件。前者对部分申请为慈善组织的社会组织提出了更为严格的监管要求，如要求建立慈善组织及其负责人信用记录制度和慈善组织评估制度；后者是社会组织领域中第一份综合监管政策，提出要"健全专业化、协同化、社会化的监督管理机制，完善政府综合监管体系"，进一步明确了社会组织监管体制的发展方向。

### （二）混合管理体制的局限性及其完善

混合管理体制在一定程度上解决了双重管理体制带来的社会组织登记难、缺乏竞争性、独立性不强等问题，但仍然具有较大的局限性。

（1）直接登记制度缺乏相应的法律依据。按照依法治国、依法行政的理念，任何对社会组织登记管理的政策安排都应该有明确的法律法规依据。但是，四类社会组织的"直接登记"是由效力层级相对较低的部门规章规定，与现行行政法规的要求不一致甚至相冲突。

（2）直接登记制度的内容不明确。直接登记制度存在较多界定不明、规定不清的内容。例如，直接登记制度实施之初，登记管理机关没有对公益慈善类社会组织的范围进行界定，各地基本按自己的理解操作，为了鼓励社会组织发展，一般采取较为宽泛的界定。《关于改革社会组织管理制度促进社会组织健康有序发展的意见》发布后，可直接登记的公益慈善类社会组织被限定为扶贫、济困、扶老、救孤、恤病、助残、救灾、助医、助学服务9类，范围明确缩小，而且与《慈善法》对慈善活动的界定不一致。又如，直接登记制度下的业务指导单位应对社会组织承担哪些指导职能，原业务主管单位的职能应如何转移，诸如此类的问题一直缺乏规定。

（3）社会组织登记注册的门槛依旧较高。四类社会组织直接登记、基金会登记权下沉、行业协会商会"一业多会"等政策的实施使社会组织的登记管理变得相对宽松，但是从当前政策看，社会组织登记注册的门槛依然不低。一是社会组织登记注册在经费、住所等方面有较高要求。相比较而言，2013年的《公司法》规定公司注册资本采取认缴制，对住所的要求也仅仅为"有住所"，社会组织登记注册的要求明显高于公司。广州、温州等地认识到这一问题，曾在特定领域试行社会组织"零元注册""一元注册"等制度，并规定只要能够联系上的地址都可以作为社会组织登记注册的住所，但这些做法也缺乏政策依据，可推广性不强。二是除四类直接登记之外的社会组织仍然面临双重管理的问题。双重管理体制中广受诟病的难以找到业务主管单位的问题只是在局部范围内得到了解决，大多数社会组织的登记注册还是比较困难的。

（4）"一业多会"、政会分离改革目前还主要在行业协会商会领域实施。除行业协会商会之外的大量社会组织同样有解除竞争限制的要求，所有依附或半依附于党政机关、群团组织的社会组织都需要实现组织独立。如何在更大范围内推进社会组织竞争和政会分离，是混合管理体制时期不可回避的问题。与此相关，政府如何帮助社会组织进入竞争性市场，如何帮助在政会分离中独立出来的社会组织进行组织转型，也是需要认真对待的问题。

总之，我国社会组织管理体制远未成熟，当前正从重入口管理向入口管理和过程管理并重、从控制型管理向规范和发展并重转型。在这种大趋势下，社会组织管理制度改革的方向已经基本明确，但具体管理制度的设计仍然是一项系统性工程，需要多方努力、精心规划。

基于上述四方面问题，从近期来看：一是要加快立法，赋予直接登记制度以相应的法律依据，明确直接登记社会组织的具体范围；二是要尽快制定出台政策，明确登记管理机关和业务指导单位对直接登记社会组织的监督管理职责，以避免监管缺位和监管职能交叉；三是要加快行业协会商会改革，落实"一业多会"制度。从长期来看：一是要逐步扩大直接登记社会组织范围，进一步降低社会组织的登记门槛；二是将行业协会商会改革的经验扩展到其他类型的社会组织，在更大范围内促进竞争、管办分离改革；三是加大对社会组织的培育和扶持力度，尤其是要为在政会分离改革中独立出来的社会组织、初步进入竞争性市场的社会组织提供帮助和引导。

## 本章小结

本章对社会组织的政策体系、主要法律法规和管理体制进行了梳理与分析。社会组织政策主要包括登记管理、事中事后监管、培育和扶持、税收、人才政策等内容。改革开放后，为顺应时代发展的要求，社会组织政策不断变革，迄今为止，已经初步建成了较为完整的政策体系，但仍存在事中事后监管、培育和扶持、税收、人才等政策供给不足、操作性不强等问题，需要进一步完善。社会组织管理体制经历了分散多头管理、双重管理、混合管理三个发展阶段，呈现出从重入口管理向入口管理和过程管理并重，从控制型管理向规范和发展并重的转型趋势。关于社会组织管理体制的未来发展，当前特别需要加快立法，赋予直接登记制度以相应的法律依据，明确直接登记社会组织的具体范围；尽快制定出台政策，明确登记管理机关和业务指导单位对直接登记社会组织的监督管理职责，以避免监管缺位和监管职能交叉；加快行业协会商会改革，落实"一业多会"制度；从长期来看，则要扩大直接登记社会组织范围，促进竞争、管办分离改革，以及加大对社会组织的培育和扶持力度。

## 案 例

### 深圳市社会组织登记管理体制改革[①]

2010 年 1 月 17 日，深圳市民间组织管理局申报的"深圳市社会组织登记管理体制改革"项目经过全国权威专家严格的初选、实地考察评估和现场陈述答辩等程序，从全国 358 个申报项目中脱颖而出，荣获第五届"中国地方政府创新奖"，"深圳市社会组织登记管理体制改革"作为中国地方政府创新奖的获奖项目，具有一定的代表性。

深圳市党政领导特别是民政部门，较早就认识到双重管理体制是制约社会组织发展的一个重要因素，率先开始改革现行的社会组织登记管理体制。他们从 2004 年起，采取三个"半步"走的改革策略，选择行业协会中敏感度较低、风险较小的领域作为突破口，从民间化入手改革行业协会登记管理体制，随后逐步扩大直接登记和无业务主管单位制度适用领域，逐步探索社会组织由民政部门直接登记、规范管理、无业务主管单位的新体制。

第一个"半步"：2004 年，市委、市政府联合下发了《深圳市行业协会民间化工作实施方案》，明确了深圳行业协会改革发展的总体思路，强力推进行业协会民间化改革。2004 年，深圳市成立行业协会服务署，统一行使行业协会业务主管单位的职责，并积极推动行业协会在机构办公场所、人员、经费等方面与原业务主管单位脱钩。2004 年，在

---

① 何增科. 2010. 深圳市社会组织登记管理体制改革的案例研究. 甘肃行政学院学报，（4）：35-43，有改动.

市委市政府的要求下，共有 201 名党政机关公职人员辞去了在行业协会所兼任的领导职务。这项改革切断了行业协会与原业务主管单位之间的利益联系，使行业协会获得了独立的社团法人地位和内部管理的自主权，从此，深圳市的行业协会从官办协会依附性生存走上了民间化自主发展的道路。

第二个"半步"：2006 年底，深圳市将行业协会服务署和市民间组织管理办公室合并，组建市民间组织管理局，在全国最早建立了行业协会由民间组织管理部门直接登记、无业务主管单位的新型管理体制。它实际上是在行业协会这种特殊类别的民间组织上将原有的双重管理体制转变为一种单一登记、统一监管的新的制度安排。

第三个"半步"：2008 年 9 月，深圳市出台了《关于进一步发展和规范我市社会组织的意见》，进一步扩大了直接登记、无业务主管单位的新体制适用的社会组织的类别。该意见明确规定工商经济类、社会福利类、公益慈善类的社会组织申请人均可直接向社会组织登记管理机关申请登记，对主要在社区范围内开展活动的社区社会组织实行登记备案双轨制，适度放开异地商会的登记和管理，适度突破"一业一会"的限制，鼓励行业协会专业化和细分。深圳市还在政府职能转移委托、实行政府购买服务、社会化评估等方面进行了积极的探索。

深圳市社会组织登记管理体制改革离不开各级党政领导及相关职能部门领导的支持与推动。深圳作为中央确定的经济特区，被中央授予了先行先试的改革自主权并获得了特区立法权，深圳市利用这些权力推动行业协会民间化改革，并利用特区立法权制定了《深圳市行业协会暂行办法》，将第一个"半步"的改革成果加以制度化。在 2005 年《广东省行业协会条例》出台后，深圳市又利用这一条例所提供的制度空间和隐性授权，成立民间组织管理局。在深圳市民政部门领导积极争取下，2008 年 4 月 14 日，国家民间组织管理局确定深圳市为"社会组织改革创新综合观察点"；2008 年 6 月，广东省民政厅将深圳确定为"社会组织综合改革观察点"，并明确了社会组织综合改革的主要内容；2009 年 7 月，民政部和深圳市签署了《民政部、深圳市人民政府推进民政事业综合配套改革合作协议》，民政部授权深圳市在民政改革方面先行先试，并充分肯定了此前的改革举措和下一步改革的战略构想。这些外部授权，为深圳市启动第三个"半步"改革以及进一步深化社会组织登记管理体制改革并巩固改革成果，提供了必要的自主权和制度创新空间。

实行社会组织登记管理体制改革后首先受到影响的是行业协会等社会组织，这些社会组织均从这项改革中受益。

登记管理体制改革使行业协会等类社会组织获得了自主权和更大的发展空间。据统计，2004 年之前，深圳市共有 146 家行业协会登记注册，平均每年 7.7 家；随后 5 年中，新增行业协会 82 家，平均每年新增 16.4 家。2007 年以来，深圳市社工机构和社会福利服务组织从无到有，再到 2009 年 9 月已登记注册 36 家社工机构和 101 家社会福利服务组织，各个社会组织的规模和实力也在提升。以深圳市物流与管理链管理协会为例，2003 年，该协会只有 7 名专职工作人员，至 2010 年，已扩展到 61 名专职工作人员，每年来自政府购买服务的资金高达 450 多万元。

政府购买服务和沟通协调机制的建立使行业协会等社会组织获得了发展所需的资源并感到自身受到了尊重。2008 年，全市社工机构共获得市、区两级政府购买社工服务经费高达 5000 多万元，各社区老年人组织通过"老有所乐"和"居家养老"项目获得的资助达 8966.4 万元。政府购买服务、政府资助使政府与社会组织之间建立了良性的互动关系。

**案例分析题：**

1. 深圳市社会组织登记管理体制改革成功的原因有哪些？
2. 深圳市社会组织登记管理体制改革为全国层面的改革提供了哪些借鉴？
3. 深圳市社会组织登记管理体制改革解决了哪些问题？还有哪些改革空间？

**本章思考题**

❶ 简述社会组织政策体系的构成。
❷ 三类社会组织登记注册政策有何异同？
❸ 简述社会组织管理体制发展历程及阶段性特征。
❹ 简述双重管理体制形成的原因、主要内容和存在的问题。
❺ 简述混合管理体制形成的原因、主要内容和存在的问题。
❻ 简述进一步完善混合管理体制的方向。

# 参考文献

邓正来,丁轶.2012. 监护型控制逻辑下的有效治理——对近三十年国家社团管理政策演变的考察. 学术界,（3）：5-26，257-265.

关信平.2014. 当前我国增强社会组织活力的制度建构与社会政策分析. 江苏社会科学,（3）：83-89.

黄晓勇.2014. 中国民间组织报告（2014）. 北京：社会科学文献出版社.

靳东升，原泽文，凌萍.2014. 支持社会组织发展的税收政策研究. 财政研究,（3）：24-28.

康晓光，韩恒.2005. 分类控制：当前中国大陆国家与社会关系研究. 社会学研究,（6）：73-89.

刘鹏.2011. 从分类控制走向嵌入型监管：地方政府社会组织管理政策创新. 中国人民大学学报,（5）：91-99.

陆明远.2010. 培育与规制——中国政府的社会组织管理模式研究. 天津：天津人民出版社.

王名.2007. 改革民间组织双重管理体制的分析和建议. 中国行政管理,（4）：62-64.

王名.2016. 学习慈善法 建构新体制. 中国机构改革与管理,（6）：21-25.

王名，董文琪.2010. 社会组织财税政策研析. 税务研究,（5）：8-14.

王名，孙伟林.2011. 社会组织管理体制：内在逻辑与发展趋势. 中国行政管理,（7）：16-19.

王勇. 2015. 全国直接登记社会组织已超 3 万. http://www.gongyishibao.com/html/zhengcefagui/7843. html, 2015-03-18.

徐家良. 2011. 社会团体导论. 北京：中国社会出版社.

余德华. 2010. 改革双重管理完善监管机制——广州市科技类民办非企业单位直接登记的实践与思考. 中国管理研究,（6）：10-11.

俞可平. 2006. 中国公民社会：概念、分类与制度环境. 中国社会科学,（1）：109-122, 207-208.

郁建兴, 等. 2013. 后双重管理体制时代的行业协会商会发展. 浙江社会科学,（12）：53-61, 77, 156-157.

郁建兴, 等. 2022. 脱钩改革如何影响行业协会商会政策参与？——基于 795 家全国性商协会的实证研究. 管理世界,（9）：145-157.

郁建兴, 沈永东, 周俊. 2014. 从双重管理到合规性监管——全面深化改革时代行业协会商会监管体制的重构. 浙江大学学报（人文社会科学版）, 44（4）：107-116.

周俊. 2019. 走向"合规性监管"——改革开放 40 年来社会组织管理体制发展回顾与展望. 行政论坛, 26（4）：133-139.

周俊, 张冉, 宋锦洲. 2017. 社会组织与慈善组织管理. 北京：北京大学出版社.

# 第三章

## 社会组织党建工作

1. 了解社会组织党建工作的发展历程。
2. 掌握各个时期社会组织党建工作的主要政策。
3. 了解社会组织党建工作的主要模式及其特点。
4. 掌握社会组织党建工作的成效与问题。

● 加强社会组织的党建工作，对于引领社会组织坚持正确的发展方向，激发社会组织活力，促进社会组织在国家治理体系和治理能力现代化进程中更好地发挥作用，具有重要意义。社会组织的党建工作始于 20 世纪 90 年代，进入 21 世纪后逐步加强，全面强化于党的十八大以后。当前，党政部门对社会组织党建工作的管理呈现出属业化、属地化、部门化三种模式，社会组织在党建工作实践中形成了"党建＋服务""党建＋治理""党建＋公益"等模式。党的十八大以来，我国社会组织党建工作在取得显著成效的同时，也面临着体制机制不健全、党建与业务"两张皮"等问题，党和政府需要不断完善制度以规范社会组织党建工作。

## 第一节　社会组织党建工作发展历程

党建工作是社会组织内部治理与外部监管的重要内容。社会组织中党的建设是指对中国共产党建立在社会组织的各级组织及其所属党员进行组织化管理，旨在将党的理念贯穿于社会组织的日常运行与业务活动之中（王名，2010）。开展社会组织党建对确保社会组织坚持正确的政治方向、加强党对社会组织的领导、引导社会组织遵纪守法、强化社会组织自律，具有重要作用。社会组织中的党建工作，是一个从无到有、由初步探索到快速发展的改革创新过程，经历了初步探索、逐步强化和全面加强三个发展阶段。

### 一、社会组织党建工作初步探索时期（1994～2000 年）

在社会组织中建立党组织始于 20 世纪 90 年代。1994 年 9 月，党的十四届四中全会通过的《中共中央关于加强党的建设几个重大问题的决定》明确指出："各种新建立的经济组织和社会组织日益增多，需要从实际出发建立党的组织，开展党的活动。"这是党的文件第一次对社会组织党建工作提出要求，拉开了社会组织党建的序幕。1996 年，中共中央办公厅、国务院办公厅联合印发的《关于加强社会团体和民办非企业单位管理工作的通知》再次重申：清理整顿现有各类社会团体和民办非企业单位。要在社会团体和民办非企业单位中建立党组织，接受挂靠单位、业务主管部门的党组织或所在地方党组织领导，以加强领导班子建设，做好思想政治工作，保证党的政策和国家的各项法律法规的贯彻执行。中央的顶层设计使得社会组织党建工作的重要性日益凸显，但是，这一时期社会组织党建工作主要停留在政策倡导阶段，还没有形成具体的操作方法（廖鸿，2017）。

随着社会组织在经济社会生活中的作用不断增强，社会组织党建工作的重要性越发凸显，党和政府开始探索如何采取措施逐步落实社会组织党建工作要求。1998 年 2 月，中共中央组织部和民政部专门下发《关于在社会团体中建立党组织有关问题的通知》（以下简称《通知》），对社会组织党建工作提出了具体的操作要求："经社会团体登记管理机关核准登记（原有社会团体经清理整顿换发新的证书）的社会团体，其常设办事机构专职人员中凡是有正式党员 3 人以上的，应建立党的基层组织。社会团体建立党组织，由其业务主管部门或挂靠单位的党组织审批"，该《通知》还要求"社会团体在筹备过程中就应考虑建立党组织问题"。2000 年 7 月，中共中央组织部发布的《关于加强社会团体党的建设工作的意见》进一步规定："正式党员不足 3 人的，可与同一业务主管单位所属的其他社会团体或其他邻近单位建立联合党支部，或将党员组织关系转入其业务主管单位或挂靠单位的党组织，参加党的活动。对暂不具备建立党组织条件的社会团体，上级党组织可向社会团体选派、输送、推荐符合条件的党员，为社会团体单独建立党组织创造条件；或指派党的建设工作联络员，负责社会团体的思想政治工作，做好党员的教育、管理和发展工作及党组织的建立工作。"这一阶段，社会组织党建工作真正开始起步，党委、政府在探索如何开展社会组织党建工作的道路上，取得了较大进步。然而，社会组织党建工作辐射范围还不够，主要是针对社会团体，没有涵盖所有社会组织，也没有形成制度化和常规化的工作模式（孔卫拿，2018）。

## 二、社会组织党建工作逐步强化时期（2001～2011 年）

进入 21 世纪以后，为了进一步扩大社会组织党建工作的覆盖面，中央反复强调推进社会组织党建工作。2004 年 9 月，党的十六届四中全会通过的《中共中央关于加强党的执政能力建设的决定》要求："加大在新社会组织中建立党组织的工作力度，探索党组织和党员发挥作用的方法和途径。"2006 年 10 月，党的十六届六中全会通过的《中共中央关于构建社会主义和谐社会若干重大问题的决定》进一步提出："推进新经济组织、新社会组织党建工作，扩大党的工作覆盖面，发挥基层党组织凝聚人心、推动发展、促进和谐的作用。"2007 年 10 月，党的十七大指出："要落实党建工作责任制，全面推进农村、企业、城市社区和机关、学校、新社会组织等的基层党组织建设。"2009 年 9 月，党的十七届四中全会通过的《中共中央关于加强和改进新形势下党的建设若干重大问题的决定》，从"做好抓基层打基础工作，夯实党执政的组织基础"的高度，对社会组织党建工作作了全方位部署：①扩大基层党组织覆盖面。加大在中介机构、协会、学会以及各类新社会组织中建立党组织力度，以党的基层组织建设带动其他各类基层组织建设，活跃基层，打牢基础。②推进基层党组织工作创新。新社会组织中的党组织要围绕贯彻党的方针政策、引导和监督遵守国家法律法规、团结凝聚职工群众、维护各方合法权益、促进健康发展等职能探索发挥作用的途径和方法。③增强党员队伍生机活力，积极做好在非公有制经济组织、新社会组织中发展党员的工作。④建设高素质基层党组织带头人队伍，选好配强街道社区、非公有制经济组织、新社会组织等党组织负责人。

这一时期，不同领域社会组织的党建工作逐步强化。在行业协会商会组织党建方面，2007 年 5 月，国务院办公厅印发了《关于加快推进行业协会商会改革和发展的若干意见》，提出要"建立健全党的基层组织，充分发挥党组织的监督保障作用"。在律师行业组织党建方面，中共司法部党组先后下发了《关于加强新形势下律师队伍党的建设工作的指导意见》和《关于进一步加强和改进律师行业党的建设工作的通知》，明确指出要进一步加大律师行业党组织的组建力度，不断推进律师队伍的党建工作。在会计师行业组织党建方面，2009 年 10 月，中共中央组织部、财政部党组联合印发《关于进一步加强注册会计师行业党的建设工作的通知》，要求加大会计师事务所党组织组建力度，健全党组织设置，理顺党组织隶属关系。这一阶段，社会组织党建的政策环境越来越好，党建工作的辐射范围也越来越广，党对各领域的实际下沉程度也越来越深（孔卫拿，2018）。

## 三、社会组织党建工作全面加强时期（2012 年至今）

党的十八大以来，我国社会组织快速发展，其作为党的工作和群众工作重要阵地的作用也进一步凸显，社会组织党建工作更加受到党和政府的重视，社会组织中的党组织和党的工作得到全面加强。2012 年 11 月，党的十八大报告重申了对社会组织党建工作的要求，提出要"加大社会组织党建工作力度，全面推进各领域基层党建工作，扩大党组织和党的工作覆盖面"。为贯彻党的十八大精神，2015 年 9 月，《关于加强社会组织党的建设工作的意见（试行）》明确提出，"社会组织党组织是党在社会组织中的战斗堡垒，发挥政治核心作用"，并且要求"推进社会组织党的组织和党的工作有效覆盖"。这是社会组织党建历史上具有里程碑意义的文件，它是对全体社会组织党的建设工作的规范，为社会组织党建提供了依据（廖鸿，2017）。

为贯彻落实"推进社会组织党的组织和党的工作有效覆盖"等要求，2016 年 7 月，中央国家机关工委印发了《关于落实两个全覆盖要求 加强社会组织党的建设专项工作实施方案》的通知，从理顺社会组织党员组织关系、实现社会组织党的组织全覆盖、实现社会组织党的工作全覆盖三方面开展工作。2016 年 8 月，《关于改革社会组织管理制度促进社会组织健康有序发展的意见》再次明确党组织对于社会组织健康发展的重要作用，提出要加强党对社会组织工作的领导，确保社会组织发展的正确政治方向，要努力走出一条具有中国特色的社会组织发展之路。次月，民政部发布《关于社会组织成立登记时同步开展党建工作有关问题的通知》，要求"申请新成立社会组织，应当同时向登记管理机关提交《社会组织党建工作承诺书》，登记管理机关批准社会组织登记后，社会组织申领证书前，应当由社会组织向登记管理机关提交《社会组织党员情况调查表》"。2018 年 4 月，民政部《关于在社会组织章程增加党的建设和社会主义核心价值观有关内容的通知》要求，"正在办理成立登记和已经登记的社会组织尽快按照通知有关要求，将党的建设和社会主义核心价值观有关内容写入章程"。这意味着社会组织党建开始落到实处，体现在社会组织管理的各个方面。

2019 年 1 月，《中共中央关于加强党的政治建设的意见》强调要"将坚持党的全面领导的要求载入人大、政府、法院、检察院的组织法，载入政协、民主党派、工商联、人民团体、国有企业、高等学校、有关社会组织等的章程"。2019 年 5 月，中共中央办公厅印发了《关于加强和改进城市基层党的建设工作的意见》，具体提出要"推动党的建设有关要求写入社会组织章程，善于使党组织推荐的人选通过法定程序成为社会组织负责人，善于使党组织意图成为社会组织参与治理的行动"。2020 年 6 月，中共中央印发的《中国共产党基层组织选举工作条例》规范了社会组织等基层党组织的选举工作，是新时代基层党组织选举工作的基本遵循。2021 年 5 月，中共中央印发了《中国共产党组织工作条例》，提出"以提升组织力为重点，大力加强……社会组织等基层党组织建设，推进组织设置和活动方式创新，增强党组织政治功能"。2021 年 11 月，十九届六中全会通过的《中共中央关于党的百年奋斗重大成就和历史经验的决议》明确提出，要"健全党的领导制度体系，完善党领导……基层群众性自治组织、社会组织等制度，确保党在各种组织中发挥领导作用"。2022 年 10 月，党的二十大报告提出，"理顺行业协会、学会、商会党建工作管理体制。加强新经济组织、新社会组织、新就业群体党的建设"。可见，中共中央更加强调党在社会组织中的领导地位以及社会组织党建工作的规范化。在这一阶段，从党中央对社会组织党建工作宏观图景的绘制，再到政府部门具体政策的制定、执行，社会组织党建工作更为成熟，党在社会组织中的领导地位进一步得到巩固，党建工作已然成为我国社会组织发展过程中的重要内容。

## 第二节　当前社会组织党建工作的要求

在党和政府多项政策文件和制度规范的推动下，我国社会组织党建工作不断发展，社会组织党建工作的要求、社会组织中的党组织的功能和社会组织党建组织方式也在不断细化和明晰。社会组织党建要实现党的组织与党的工作在社会组织领域的全覆盖，通过独立党支部、联合党支部、独立党委等党组织组建方式，确保社会组织在保证政治方向、团结凝聚群众、推动事业发展、建设先进文化、服务人才成长、加强自身建设等方面发挥重要功能。

### 一、社会组织党建工作目标

社会组织党建全覆盖是指社会组织中党的组织和党的工作全面覆盖。《关于加强社会组织党的建设工作的意见（试行）》提出要"实现全领域覆盖"，要"本着应建尽建的原则，加大党组织组建力度。暂不具备组建条件的社会组织，可通过选派党建工作指导员、联络员或建立工会、共青团组织等途径开展党的工作，条件成熟时及时建立党组织。新成立的社会组织，具备组建条件的，登记和审批机关应督促推动其同步建立党组织。街道社区、乡镇村党组织要加强对城乡社区社会组织的领导和指导。通过各种方式，逐步实现党的组织和党的工作有效覆盖"。社会组织的党组织在党建工作方面要承担起"指导基层党组织建设、党员队伍建设、思想政治工作、党的群众工作和党风廉政建设；督促指导所属社会组织党组织按期换届，审批选出的书记、副书记；审核社会组织负责人人选"等方面的主要职责。

　　首先，理顺社会组织党员组织关系是推进两个全覆盖的前提条件。根据党员身份不同，按照应转尽转的要求，可以分五种情况理顺党员组织关系，具体包括以下内容。①对于社会组织专职领导人员党员。一般应将其正式党员组织关系转入所在社会组织党组织。所在社会组织未成立党组织的，可转入有关联合党支部或待成立党组织后及时转入。离任时，可根据有关规定和其意愿，将其党员组织关系转至原单位党组织或其他符合条件的党组织。②对于社会组织兼职领导人员党员。要按照"一方隶属、参加多重组织生活"的方式，鼓励其参加所在社会组织党组织的组织生活。③对于社会组织正式工作人员党员。按照规定及时将党员组织关系转移到所在社会组织党组织。若社会组织未建立党组织的，应当将其党员组织关系转移到有关联合党支部或社会组织临时党委。离职时，应当将党员组织关系转移到所去单位组织或居住地党组织。④对于社会组织兼职工作人员党员。主要工作时间在社会组织的兼职工作人员是党员的，一般应将其正式组织关系转移到社会组织党组织。所在社会组织未建立党组织的，可转入有关联合党支部。⑤对于社会组织临时聘用人员党员。按照聘用时间长短，超过 6 个月的，要及时转入正式组织关系；6 个月以内的，鼓励其凭临时组织关系参加所在社会组织党组织组织生活。

　　其次，在党的组织全覆盖方面，要在有条件的社会组织中普遍建立党的组织，做到"成熟一个，建立一个，巩固一个，提高一个"，拓展党组织覆盖面，巩固党在社会组织中的组织基础。2016 年 7 月，中央国家机关工委印发了《关于落实两个全覆盖要求　加强社会组织党的建设专项工作实施方案》，提出以下六种方式实现党的组织全覆盖。①强化党委建设。对于已经设立党委的社会组织，党建工作以完善组织架构和组织体系为主，成立专职党务部门，配备专职党务工作人员。同时，完善纪委设置。②组建联合党委。对于未成立党委的社会组织，可按照"业务相关、地域相近"的原则，依托规模相对较大、党建工作基础相对较好的党支部组建联合党委，下设若干党支部或联合党支部。每个联合党委派驻 1 名专职党建工作联络员，任联合党委书记或副书记，指导开展党建工作。联合党委所属社会组织党组织根据自身实际情况，轮流派人到联合党委兼职做党的工作。组建联合党委的同时，设立联合纪委。③强化党支部建设。对于已经成立党支部的社会组织，要从强化党支部功能的角度出发，完善支部设置，同时明确一名纪检委员。④成立党支部。对于有正式党员 3 人以上尚未建立党支部的社会组织，按照党章规定，本着应建尽建的原则，及时建立党支部。⑤组建联合党支部。对于正式党员不足 3 人的社会组织，按照"业务相关、地域相近"的原则，依托党建工作热情高、便于开展工作的社会组织，组建联合党支部，同时明确一名纪检委员。⑥派驻党建工作指导员。对于没有党员的社会组织，每 4—5 家选派 1 名党建工作指导员，指导开展党的工作。党建工作指导员日常开展工作所需经费列入部门机关党委预算。

　　最后，在党的工作全覆盖方面，所有社会组织都必须开展党的活动，发挥党在社会组织中的引领作用。社会组织要学习党的重要思想，严格落实"三会一课"、民主评议党员、党员党性定期分析等制度，认真开展党内组织生活。更重要的是，社会组织中的党组织活动应与社会组织发展紧密结合：一是深入开展主题党建活动，推动学习教育与服务发展有机结合；二是积极探索开展主题实践活动等，与社会组织执业活动、日常管理、文化建设等相互促进。社会组织中党的工作全覆盖的具体要求可分为加强政策建设、参与脱贫攻坚、严肃组织生活、夯实基础工作、落实党建工作责任、强化正风肃纪和突出党建工作特色七大方面。简而言之，社会组织党的工作全覆盖就是要把党的工作融入社会组织运行和发展过程，更好地组织、引导、团结社会组织从业人员，充分发挥社会组织党组织的战斗堡垒作用和党员的先锋模范作用。

## 二、社会组织党建组织方式

在社会组织中设立党组织，一要依照法律规定和党章要求以及中央的有关决定建立党组织并积极开展党建活动；二要符合社会组织的实际，坚持改革创新精神，避免社会组织党建与业务"两张皮"；三要注重发挥实效，努力发挥党建作用以促进社会组织发展，这样做既有利于社会组织和行业的健康发展，也有利于基层党建工作的推进，有利于服务大局与和谐社会的建设。2015年，中共中央办公厅印发的《关于加强社会组织党的建设工作的意见（试行）》提出按单位建立党组织、按行业建立党组织、按区域建立党组织三种方式，最终实现全领域覆盖。

第一，"按单位建立党组织。凡有三名以上正式党员的社会组织，都要按照党章规定，经上级党组织批准，分别设立党委、总支、支部，并按期进行换届。"一般情况下，党员人数超过100名的成立基层党委；超过50名、不足100名的成立党总支；正式党员超过3名、不足50名的成立党支部。在社会组织中，"规模较大、会员单位较多而党员人数不足规定要求的，经县级以上党委批准可以建立党委"。只要社会组织专职工作人员中有3名以上正式党员，都必须按照要求成立独立党支部，开展党的活动；对于正式党员人数不足3人或有3人以上，但党员人数相对不稳定、组织关系不便转接和无法单独设立党的基层组织的社会组织，可以以业务主管（指导）部门或属地党组织为单位，坚持业务相近或地域相邻原则，建立党的联合党支部。

第二，按行业建立党组织。行业特征明显、管理体系健全的行业，可依托行业协会商会建立行业党组织。行业党组织对会员单位党建工作进行指导。

第三，按区域建立党组织。在社会组织相对集中的各类街区、园区、楼宇等区域，可以打破单位界限统一建立党组织。规模小、党员少的社会组织可以本着就近就便原则，联合建立党组织。

## 三、社会组织中党组织的功能

科学定位社会组织中党组织的功能，是提高社会组织党建工作有效覆盖的重要基础，是实现党的领导作用的重要保证。党章规定："社会组织中党的基层组织，宣传和执行党的路线、方针、政策，领导工会、共青团等群团组织，教育管理党员，引领服务群众，推动事业发展。"《关于加强社会组织党的建设工作的意见（试行）》也明确指出："社会组织党组织是党在社会组织中的战斗堡垒，发挥政治核心作用。要着眼履行党的政治责任，紧紧围绕党章赋予基层组织的基本任务开展工作，严肃组织生活，严明政治纪律、政治规矩和组织纪律，充分发挥党组织的政治功能和政治作用。"可见，社会组织党组织的主要功能是发挥政治作用。具体而言，社会组织中党组织的功能定位体现在六大方面：

保证政治方向、团结凝聚群众、推动事业发展、建设先进文化、服务人才成长、加强自身建设。

（1）保证政治方向。社会组织党建就是要通过社会组织中党组织的政治和思想引领作用，增强党对社会组织的政治影响力，引导它们自觉认同和拥护党的政治领导，确保党的路线、方针、政策和决议在社会组织中的贯彻实施，保证社会组织发展的正确政治方向，巩固和扩大党的执政基础。所以，社会组织中的党组织要宣传和执行党的路线方针政策，宣传和执行党中央、上级党组织和本组织的决议，组织党员群众认真学习中国特色社会主义理论体系，深入学习习近平总书记系列重要讲话精神，教育引导党员群众遵守国家法律法规，引导监督社会组织依法执业、诚信从业。

（2）团结凝聚群众。在社会主义市场经济条件下，随着社会分工的日益细化和社会结构的日益复杂，社会组织从业人员等新的社会阶层发展壮大，人民群众的具体利益更加细化，这就要求社会组织党组织积极主动地反映不同社会阶层和群体的利益诉求，成为团结凝聚群众的政治核心。所以，社会组织党组织要做好思想政治工作，教育引导职工群众增强政治认同，关心和维护职工群众的正当权利与利益，汇聚推进改革发展的正能量。

（3）推动事业发展。社会组织党组织要紧紧围绕推动社会组织发展来加强和改进党的建设，以党的建设带动社会组织事业发展，通过把党组织和党员的活力转化为社会组织发展的动力，把党的组织资源转化为社会组织的发展资源，从而形成社会组织发展的强大动力，充分发挥好党建引领带动社会组织事业发展的作用。所以，社会组织党组织要激发从业人员工作热情和主人翁意识，帮助社会组织健全章程和各项管理制度，引导和支持社会组织有序参与社会治理、提供公共服务、承担社会责任。

（4）建设先进文化。富有社会组织特点、符合社会组织宗旨的先进文化是社会组织发展的精神支柱和动力源泉，也是社会主义先进文化的重要组成部分。在社会组织中大力推进先进文化建设，有利于激发社会组织的生机活力，增强社会组织从业人员对社会组织的归属感和对党组织的认同感。所以，社会组织党组织要坚持用社会主义核心价值观引领文化建设，组织丰富多彩的文化活动，营造积极向上的文化氛围，教育党员群众自觉抵制不良倾向，坚决同各种违法犯罪行为做斗争。

（5）服务人才成长。随着越来越多相关领域的管理人才、专业技术人才和技能人才向社会组织汇集，社会组织已经成为吸纳就业的重要渠道、培养人才的有效途径和评价人才的重要平台。只有不断优化人才成长的环境和制度，引导各类人才更好地发挥作用，才能把各类人才紧紧凝聚在党组织周围。所以，社会组织党组织要关心关爱人才，主动帮助引导，不断提高从业人员的思想和业务素质，支持和保障各类人才干事创业。

（6）加强自身建设。社会组织党组织地位的取得和作用的发挥，要取决于自身的能力和素质，这要求社会组织党组织不断加强自身建设。所以，社会组织党组织要创新组织设置，健全工作机制，严格执行组织生活各项制度，做好发展党员和党员教育管理服务工作。维护和执行党的纪律，监督党员切实履行义务，做好党风廉政建设工作。领导本单位基层组织工作，强化自身能力建设，通过发挥社会组织中骨干成员的先锋模范作用，促进社会组织整体专业能力的提升；向地方党组织建言献策，发挥社会组织的政策倡导功能。

## 第三节　社会组织党建工作的新实践

社会组织党建的良好运行需要建设理念与规划、管理主体与体制、运转制度与机制、方法技术与保障。社会组织党建工作有多种模式，依据社会组织党建管理体制，社会组织党建基本管理模式可分为属业化、属地化、部门化三种模式。同时，社会组织通过党建工作凸显社会组织"党建＋"的创新价值，引导社会组织党组织在经济发展转型中发挥作用、推动社会组织参与社会特色治理、加强社会组织公益服务功能等。

### 一、社会组织党建的基本管理

社会组织党建管理是指社会组织党建的建设理念与规划、管理主体与体制、运转制度与机制、方法技术与保障等方面形成的相对定型化、标准化和常规化的总体性建构（孔卫拿，2018）。依据社会组织党建管理体制、实际建构内容、与非公党建相比较而言的独立程度，以及党组织对社会组织的渗透程度四个标准或概念，社会组织党建基本管理模式可划分为以下若干类型，如表 3-1 所示。

**表 3-1　社会组织党建基本管理模式**

| 序号 | 分类标准 | 类型细分 | 核心特征 |
|---|---|---|---|
| 1 | 管理体制 | 部门统合型 | 组织部门牵头、业务主管单位负责、民政部门居间协调 |
| | | 区域统合型 | 横向联合，以块为主，属地管理 |
| | | 枢纽统合型 | 单设机构，以条为主，枢纽管理 |
| | | 行业统合型 | 主管部门负责，行业协会协助，会员参与 |
| 2 | 建构内容 | 单项突破型 | 完成规定动作，集中就某一领域/方面突破与创新 |
| | | 系统推进型 | 强化战略规划，创新领域/方面的多元化与多样性 |
| 3 | 独立程度 | 交织混同型 | 无独立地位与专门特色，与非公党建交织缠绕、混合打造 |
| | | 独立自为型 | 有独立地位与专门特色，与非公党建并驾齐驱、相得益彰 |
| 4 | 渗透程度 | 互嵌型 | 党建与社会组织建设互为条件、相互嵌入，以共赢为目标 |
| | | 悬浮型 | 党组织游离于社会组织之外，党建与社会组织建设"两张皮" |
| | | 内卷型 | 政党刚性嵌入却遭遇社会组织的内部排斥，基层党组织的社会信任感下降 |

资料来源：孔卫拿.2018.社会组织党建研究.芜湖：安徽师范大学出版社

其中，依据管理体制划分是常见、易于理解的一种分类方法，其核心是社会组织党组织的隶属关系和具体党建工作的管理架构。《关于加强社会组织党的建设工作的意见（试行）》中指出："全国性社会组织党建工作分别归口中央直属机关工委、中央国家机关工委、国务院国资委党委统一领导和管理。地方社会组织党建工作由省、市、县级社会组织党建工作机构统一领导和管理。城乡社区社会组织党建工作由街道社区和乡镇村党组织兜底管理。有业务主管单位的社会组织党建工作，由业务主管单位党组织负责领导和管理，接受社会组织党建工作机构的工作指导。"在社会组织党建工作的长期探索中，各地形成了许多有益的经验模式，可将其概括为部门统合型、区域统合型、枢纽统合型、行业统合型四种类型（孔卫拿，2018）。

## （一）部门统合型

部门统合型是一种"组织部门牵头、业务主管单位负责、民政部门居间协调"的建设模式。这是目前地方运用最广的一种建设模式，由于社会组织党建一般由地方党委的组织部门领导和牵头，所以差异主要体现在业务主管单位与民政部门之间的关系结构上，因此部门统合型又被认为是"借助于社会组织的登记和管理部门——民政、工商部门开展党建工作"（陈家喜，2012）。截至2022年9月，天津、山西等19个省份建立党委常委或政府分管负责同志牵头的社会组织领导和协调机制①，实行业务主管单位、行业党组织、属地党组织等协同配合的管理方式；有的实行主要以业务主管单位为责任机构，民政提供兜底，其他各有关部门党组织协助的管理方式；有的实行登记管理机构与工商等业务主管单位"双报双推"的管理方式，等等。

这里仅以山东为例，在调整管理体制之前，山东省委非公经济组织和社会组织依托省工商联、省民政厅而组建，2017年5月非公经济组织和社会组织工委改为依托省委组织部设立。2017年7月，中共山东省委办公厅、山东省人民政府办公厅《关于改革社会组织管理制度促进社会组织健康有序发展的实施意见》再次就社会组织党建管理体制进行了明确，提出省、市、县（市、区）依托组织部门设立非公有制经济组织和社会组织党建工作机构，做到有专职人员、有工作经费，在同级党委组织部门的指导下，负责统筹谋划、宏观指导、协调推动本地非公有制经济组织和社会组织党建工作，并依托省、市、县（市、区）民政部门设立社会组织党委（总支），结合社会组织登记、年检、评估等工作，同步做好摸清党员底数、督促落实党建工作重点任务、指导推动党组织组建等工作，对在本级登记且没有落实主管部门的社会组织党建工作实行兜底管理。

## （二）区域统合型

区域统合型是一种"横向联合，以块为主，属地管理"的建设模式。区域统合型社会组织党建是转型期我国基层区域化党建的重要组成部分，后者是指针对转型期的社会结构形态，通过"调整党内体制，打破党内区隔，改变运作逻辑，以在新的历史时期重新理顺执政党与社会之间的关系，重构执政党的社会整合功能"的一套有别于单位制党建的模式（唐文玉，2012）。区域统合型社会组织党建借鉴了这种思路，很多地方将社会组织挂靠在所属街道、社区或人才中心等，由这些区域组织的党委机构领导和协调党建工作，其他党组织机构提供配合与协助。

以江苏苏南地区为例，当地为适应经济社会结构多元发展、社会组织领域党建的新要求，采取突破所有制类型与单位接线，以产业关系为纽带，在"两新"组织②和流动党

---

① 民政工作这十年·社会组织篇. https://www.163.com/dy/article/HH5S7FHQ0514D4BV.html, 2022-09-13.

② "两新"组织，是指新经济组织和新社会组织的简称。新经济组织是指私营企业、外商投资企业、港澳台商投资企业、股份合作企业、民营科技企业、个体工商户、混合所有制经济组织等各类非国有集体控股的经济组织。新社会组织是指社会团体和民办非企业单位的统称。

员较集中的社区、商务楼宇、工业园区、生产基地、行业协会、经济合作组织、专业市场等关键环节和产业链上构建基层党建组织网络。例如，无锡市结合"两新"组织发展的特点，在省内率先构建了市、县（市、区）、镇（街道）三级"两新"组织党建工作管理体系，并确保组织机构、编制、人员和经费到位（程勉中，2013）。

上海针对特大型城市的社会组织党建，在区域统合上也进行了大量探索。一是依托区域、健全组织格局，即充分依托"两级政府、三级管理、四级网络"的管理格局，按照"区域性、网格化、全覆盖"的要求，明确各区县、街委（党工委）在本辖区的工作责任；积极推进"布总划片、网格化管理"，依托商务楼宇、经济园区、专业市场、商业街城等建立综合党委，领导、管理区域内社会组织党建工作。二是创新组织设置形式，突破传统单位制的组织设置方式，依托街道、乡镇等区域党组织和党建服务平台，形成"支部建在楼上""支部建到园区""支部建在商贸市场"等做法，对不具备独立建立党组织的社会组织进行党组织覆盖。三是强化区域统筹，为适应社会组织与社区互为融合的趋势，撤销居民区党委、综合党委，新建社区党委，构建新的"1+2"体制和格局，进一步打破区属与区域、社区与楼宇的界限。

### （三）枢纽统合型

枢纽统合型是一种"单设机构，以条为主，枢纽管理"的建设模式（石国亮，廖鸿，2012）。也就是说，在区县级党委以上层面统一设立社会建设工作委员，作为同级党委的派出机构，负责社会组织建设、管理与服务的协调工作和社会组织党建工作。同时，在同类别、同性质、同领域社会组织的发展、服务和管理工作中，认定一批在政治上发挥桥梁纽带作用、业务上处于龙头地位、管理上担业务主管职能的联合性、枢纽型社会组织，枢纽型社会组织行使部分政府授权或委托的管理职能，并承担本领域社会组织的党建工作。当然，枢纽统合型党建还需要其他各有关部门和单位的配合，具体业务主要依靠业务主管单位、挂靠单位和行业协会开展，登记管理机关在登记、年检过程中协助，街道社区属地管理配合。

枢纽统合型模式普遍出现在社会组织发育较好的地区（张波，2014），这里以最具代表性的北京枢纽型统合模式为例进行分析。根据《中共北京市委关于进一步加强和改进社会领域党建工作的意见》，市党建工作由中共北京市委社会工委具体负责，市委社会工委则主要通过枢纽型社会组织抓基层党建工作。自2009年以来，北京市先后分5批认定了以工、青、妇等人民团体为骨干的51家市级枢纽型社会组织，由其对相关社会组织实行分类管理，并在社会组织党建管理中开展党建工作，形式为"3+1"，"3"是指在枢纽型社会组织中建立党建工作委员会、社会组织联合会党支部、社会组织工作部门三个机构，"1"是指建立枢纽型社会组织党建工作例会制度，负责指导、宣传和教育所属社会组织党建工作。同时，还在全市的区县、街道（乡镇）推动成立社会工作党委，并不断加大枢纽型社会组织的认定力度，推动形成市、区、街三级枢纽型社会组织工作网络，进而不断强化社会组织党建的纵向深度与扩大横向辐射范围。

### （四）行业统合型

行业统合型是一种"主管部门负责，行业协会协助，会员参与"的建设模式（张燕，许晨龙，2015）。这种模式在与市场经济距离较近的社会中介组织领域运用得最为广泛，这些行业的党建工作由主管各行业的业务主管部门领导和负责，在相对成熟的、具有代表性的行业协会商会设立党组织，具体负责所属行业的社会组织的党建工作，同时，其他有关单位党组织进行配合与协助。

行业统合型的典型有辽宁大连、广东深圳等地。大连从 2003 年开始，就先后出台文件并逐步探索出了"协会 + 党委"的社会组织党建模式，主要内容包括：一是依托行业协会建立党组织，对尚未成立行业协会的，采取"先建行业协会，后组建协会党委"的两步走的方式；二是理顺党组织管理关系，指导市直部门依托行业协会建立健全党组织体系，形成以业务主管部门或行政挂靠单位党组织管理为主、行业协会党组织为依托、市县分级负责的体制；三是将原有街道（乡镇）党组织管理的新社会组织党组织进行剥离，转入行业协会党组织系统归口管理。由于行业协会与行政机构脱钩改革力度较大、进程较快，深圳市对行业协会党建工作的探索非常重视，2015 年深圳市社会组织党委、深圳市社会组织管理局先后制定了《关于加强异地商会党建工作的意见（试行）》《关于加强行业协会党建工作的意见（试行）》，内容概括如下：一是明确具体负责行业协会商会党建的专门机构是市"两新"组织党工委和市民政局党委指导下成立的市社会组织党委；二是要求行业协会商会采取从单位单独建、依托行业建、产业联盟联合建、分级分类建等各种方式，扩大行业协会商会党组织的有效覆盖；三是通过党建指导、群团建设、"商会 + 会员单位"的开放式工作模式，补充和完善党建基础较薄弱的环节，最终促进党组织在行业协会商会的全覆盖。

## 二、社会组织"党建 +"创新模式

### （一）"党建 + 经济"，助力经济高质量发展

助推经济高质量发展是社会组织党建工作服务经济转型的现实要求，也是社会组织深化党建融合的生动实践。在以党的组织工作建设推动民营经济高质量发展方面，我国社会组织在探索党建助推经济高质量发展中积累了一系列宝贵经验。截至 2019 年，浙江省嘉兴市近 1000 家行业协会积极开展行业自律和诚信建设，开通党员红色代办服务，助推"最多跑一次"改革，嘉兴市进出口商会在行业党组织领导下，认真做好反倾销、反补贴等行业性集体谈判工作，在应对国际贸易摩擦中发挥了重要作用。浙江省温州市创新行业协会商会党建工作，培育和发展中国特色商会组织先行区，助推温州产业转型升级，温州市行业协会商会以党建为引领，参与制定产业规划 20 多项，申报并获批"中国鞋都""中国电器之都""中国服装名城"等 40 多张"国字号"金名片，倾力打造产业集群，推动行业转型提升。

### （二）"党建 + 社会治理"，促进社会和谐发展

社会组织通过党建工作引领其积极参与民生保障、社区建设、矛盾调处等社会治理

事务，促进了基层社会和谐稳定。浙江省社会组织通过党建引领积极采取"村民说事""老娘舅调解""新时代'枫桥经验'"等先进做法，推动城乡基层治理取得新成效。宁波市温州商会支部成立"温暖四明"专项基金，2016~2017年，40万元资金"落户"梁弄镇东溪村，主要用于关爱抗战老兵、"三老"人员和居家养老服务事业，有效推动了和谐社会建设[1]；上海市静安区白领驿家"两新"组织促进中心（以下简称白领驿家）积极吸纳域内所有白领党员，在党建引领下广泛开展社会化动员，积极开展各项服务活动，关注白领社交需求和身心健康，引导白领参与社会公益。截至2020年底，白领驿家的援疆项目已有注册志愿者83人，28家成员单位直接参与，为巴楚地区青年干部、妇女干部、社区干部、青年教师、在校学生开展专项培训22场，培训各类群体1141人次，跨两地开展共建活动13场，1338人直接参与其中[2]。截至2023年1月，白领驿家累计发展会员10万名，培育白领自治社团30个，成立社团活动型党支部12个，共举办各类活动5000场次，服务人次50万[3]。

### （三）"党建＋公益"，关爱弱势群体

社会组织不断发挥党组织和党员的专业优势，探索"党建+公益"的实现路径，依托公益创投、福彩项目等载体，为高龄空巢老人、癌症患者、留守儿童、智障儿童、孤独症儿童、困难家庭等各类群体提供服务，体现党建引领社会组织关怀多元群体的公益理念。浙江省永康市阳光爱心义工协会党支部与永康市装饰装修协会党支部共建结对模式，推动"梦想改造家"公益项目，为困难家庭进行房屋改造，整合各自优势，实现党建与公益服务品牌的双促进、共进步。四川省成都市新都区金东社会工作服务中心坚持党建引领公益事业项目之路，打造了金牛村"无人菜摊"、桂东社区"爱心菜园"、北街社区"爱心食堂"、430驿站、木兰失独家庭关怀等多个品牌项目，积极在社区发展治理工作中贡献力量，为弱势群体提供更加优质的服务。

### （四）"党建＋乡村振兴"，实现农业农村现代化

社会组织通过党建引领其积极参与到乡村振兴伟大战略中，各地逐渐探索出"党建＋乡村振兴"的宝贵经验。在脱贫攻坚取得全面胜利、物质生活日益富足的同时，满足人民群众对美好生活的向往就成为党建引领乡村振兴的重要目标。内蒙古自治区伊金霍洛旗在推进乡村文明提升行动的过程中，通过党组织引领、财政资金购买、社会组织提供服务的方式，创新政府购买社会组织服务载体，充分发挥社区自治活力，最大限度地满足居民群众日益增长的个性化、专业化服务需求。阿勒腾席热镇全域推出"社区暖心事"，将其作为创新基层党建和社区治理的制度载体，重点围绕社区基础设施建设、扶贫

---

① 社会组织党建如何抓？宁波的做法来了！. https://k. sina. cn/article_1708763410_65d9a91201900hp67. html，2018-07-05.

② 上海白领与新疆娃娃跨越一万里的"山海情". https://sghexport.shobserver.com/html/baijiahao/2021/03/02/372227.html，2021-03-22.

③ 复旦人·公益情关注需求、完善服务、组织凝聚、政治引航. https://mp. weixin. qq. com/s?__biz=MjM5MDk1NDM2MQ==&mid=2650113346&idx=1&sn=70dbe1ac3063b801de94f5331295cca9&chksm=bebdc35489ca4a4229482e0a39d1bb585d04ceef31ff72ce5e1638945bdbdb74163e21703a4a&scene=27，2023-01-25.

救助、文化素质教育、创业就业帮扶等多个领域，以解决居民群众身边的小事、急事、难事为切入点，不断提升社区居民幸福指数。广西玉林市构建新型"党建+社会组织+帮扶"模式，以"一村一会""一村多会""一会多村"等形式开展结对帮扶工作，以开展专项行动为载体，进一步整合社会资源、挖掘社会组织潜力，不断提升帮扶对象"造血"能力，打造乡村振兴特色品牌。

### 三、社会组织党建工作的成效与问题

党的十八大以来，我国社会组织党的建设工作取得了显著成效。中国共产党党内统计公报显示，2012 年，全国共有 4.03 万家社会团体建立党组织，占具备建立党组织条件的社会团体数的 99.21%，3.95 万家民办非企业单位建立党组织，占具备建立党组织条件的民办非企业单位数的 99.61%；2016 年，全国社会组织法人单位中已建立党组织的有 28.9 万个，比 2015 年增加 8.5 万个，所占比例比 2015 年提高 17.3 个百分点；2017 年，全国 30.3 万家社会组织已建立党组织，占社会组织总数的 61.7%；2019 年，全国社会组织基层党组织 14.2 万个。截至 2021 年 6 月 5 日，社会组织基层党组织 16.2 万个，基本实现应建尽建[①]。

尽管如此，党和政府推动社会组织开展党建工作仍存在一些问题。这主要表现为：一是部分社会组织与党组织之间缺乏必要的互动，而且社会组织党建工作一旦被纳入各级党委的任务体系，上级党委对社会组织的要求多、检查多、评比多，这一定程度上增加了部分社会组织的党建压力。二是一些地区的社会组织党建存在多头领导问题，导致了党建主体间责任模糊，部分社会组织还存在党建脱节和空心化的问题。三是社会组织党建与部分社会组织自身发展之间可能存在利益冲突，社会组织在参与党建的动力上存在"俘获资源""淡化党建"的问题，在组织活动上，存在党建建设"热"、党建活动开展"冷"等问题（陈亮，2022），从而导致党和政府推动社会组织党建缺乏实效或者难以落到实处。这在一定程度上表明，党和政府大力推动社会组织党建还有很大的提升空间，需要设计更好的制度来规范社会组织党建工作。

加强社会组织党建是新时代强化基层党组织建设、巩固基层战斗堡垒作用的重要体现。社会组织党建的目标是保持社会组织运行的正确政治方向。然而，在社会组织党建工作的实践过程中，还可能会出现制度契合和资源拓展的偏差，前者表现在社会组织通过党建获取政治正当性，后者则意味着社会组织通过党建提升资源拓展能力（沈永东，虞志红，2019）。因此，党和政府在推进社会组织党建工作中要加大规范管理力度、引导其正确方向，社会组织也需要增强党建的政治性，实现党建活动与业务发展的"双强"。一方面，党和政府需要从社会组织视角去寻找社会组织积极开展党建的动力来源，要立足不同类型、规模的社会组织的实际情况，创新方式方法，从而可以更好地进行制度设计和资源匹配，更平稳地推进社会组织党建工作，推动形成社会组织健康有序发展的新格局。另一方面，对于社会组织自身而言，党建应成为其"常规活动"，社会组织不能仅仅因为"党建里面有资源"而将党建作为一种链接资源的策略，而是要实现"党建引领"，

---

① 中国共产党党内统计公报. https://news.12371.cn/dzybmbdj/zzb/dntjgb/.2021-06-05.

保持正确的政治方向，借助党建的机遇进一步改善内部治理结构，提升自身的规范化管理与运营水平；拓展党组织和党员作用发挥途径，深化领导班子队伍建设和党员教育管理，大力推进党建业务深度融合。所以，社会组织自身在开展党建工作的过程中要摆正心态，真正将党建做实，尤其是需要将党建与业务相融合，实现在社会组织中建立党组织、开展党建活动的同时助推社会组织自身业务的发展，真正实现"双强"。

## 本章小结

本章介绍了社会组织的党建工作。社会组织党建的发展历程是一个从无到有、由初步探索到快速发展的改革创新过程，经历了初步探索、逐步强化和全面加强三个发展阶段。当前，社会组织党建工作的目标是党的组织和党的工作全覆盖，要求社会组织按照党章规定并结合组织自身特点成立党组织，并开展党建活动，发挥党组织在社会组织中的战斗堡垒和政治引领作用。各地在探索如何更好地开展社会组织党建工作的过程中，形成了许多有益的经验和模式，社会组织党组织的功能不断增强。党的十八大以来，社会组织党建工作在取得显著成效的同时，也面临社会组织党建的体制机制不健全、党建与业务"两张皮"等问题，党和政府需要设计更好的制度来规范社会组织党建工作，社会组织也需要纠正党建认知偏差，从而确保党建工作的正确政治方向和切实推进党建工作。

## 案 例

### 构建社会组织大党建格局，推动县域社会组织健康发展[1]

### 一、基本概况

2014 年 10 月，长兴县成立浙江省湖州市首个社会组织综合党委，在全省率先成立社会组织联合工会和综合妇联，率先在社会组织综合党委的党委成员中设立统战委员，在全省率先成立社会组织统战工作站，在全省率先实践综合党委总协调下多部门联动的公益创投机制，在全省率先通过党建群团工作引入社会资本参与公益创投，成立党建专家委员会、专业成长和评价委员会和标准化技术委员会，有力地推动县域社会组织党建工作。先后获得"全省城乡社区治理和服务成绩突出集体""浙江省巾帼文明岗""浙江省首批社会组织党群服务中心示范点""浙江省品牌社会组织""浙江省先进妇女组织""湖州市文明单位"、湖州民政系统"最美窗口""湖州市工人先锋号""全县民政工作先进集体"、湖州市"五星级党群服务中心"等多项殊荣。

---

① 2022 年 6 月 1 日课题组在浙江省湖州市长兴县所做的实地调研。

## 二、经验做法

### （一）构建社会组织大党建格局

利用"实体化运行""统群并重""赋权直属"的"三模式"，打造社会组织基层党建动力引擎，确保长兴县社会组织在党建引领下健康有序发展。一是实体化运行，夯实全域社会组织党建基础。固定 5 个综合党委专职工作岗位，经费分别由县委组织部、县委统战部、县民政局、县总工会、县妇联等部门协商保障。按照"1+4+X"模式，以综合党委为核心，根据"公益慈善、文化体育、社区服务、社会事务"四大领域，分设 4 个党总支，覆盖若干同类型的社会组织，完善立体化的组织结构。二是统群并重，构建全域社会组织党建格局。根据社会组织发展特点，建立县委组织部和统战部，在县社会组织综合党委委员中单设统战委员，成立社会组织统战工作站。主动与县总工会、团县委和县妇联商讨，在全省率先建立了县级的社会组织联合工会、联合团委和综合妇联，不但充实了社会组织党建的基本内涵、主要工作，还初步形成了党建促工建、带妇建团建、党工团建设等齐抓共促的大党建工作局面。三是赋权直属，引领全域社会组织党建方向。长兴县社会组织综合党委直接隶属于县委"两新"工委，除了兜底管理外，还被直接赋予领导和指导全县社会组织党建、县域社会组织党员发展审批、县域社会组织党组织（负责人）发展审批、县域社会组织党建工作的评优评先等四大职权。

### （二）组建社会组织专业智库

成立"党建专家指导委员会""专业成长和评价委员会""标准化技术委员会"的"三委会"，提升社会组织参与社会治理专业水平。一是成立党建专家指导委员会。建立以属地行业主管部门的分管领导、社会组织领域专家教授及与社会组织开展业务相关的行业和领域的专家教授为主要成员的党建专家指导委员会，指导县域内社会组织的发展与规划，为社会组织各项工作开展和标准化建设提供意见指导，为社会组织的各项理论（课题）研究及咨询项目提供支持；二是成立专业成长和评价委员会。社会组织综合党委的专业成长与评价工作由专业成长与评价委员会负责执行，评价结果与建议由专业成长与评价委员会定期向党委书记和党组织成员进行汇报，使党的监督通过社会组织参与治理的全过程得到切实体现。三是成立标准化技术委员会。积极探索推动社会组织健康有序发展的标准化工作，累计起草有关社会组织领域的市级地方标准 17 部，县级地方标准 4 部，内容覆盖社会组织党群、培育、内部治理、项目运作和参与社会治理等方面，初步形成了较为完整的社会组织健康发展标准体系，促进了社会组织规范化发展。

### （三）实施社会组织全方位培育

实施"谁主管谁培育""模范双育""分段培育"的"三培育"，建立湖州市最大规模的社会组织培育基地。一是坚持"谁主管谁培育"的培育模式。部门主管的社会组织由部门单位推荐并与其签订培育协议，属地街道主管的社会组织由属地街道推荐与其签订培育协议，主体单位负责专业培育。基础培育工作由平台型社会组织长兴县南太湖社会创新中心运营。二是坚持"模范双育"的培育模式。在强化党建引领的基础上采用"双培育"模式，即加强对社会组织的培育的同时，还加强对社会组织党群组织的培育。在具体培育工作中，通过在培育社会组织建立临时党支部，适度增加社会组织党员入党名额、开展党建培训、指派党建指导员等方式，强化社会组织党建培育工作。在全省率先实行培育积分月度社会公示制，在全省率先提出党建培育不合格、整体培育不合格的一票否决培育制度，坚持"宽进严出"的培育原则，在全省率先探索培育社会组织退出机制，4 家在培育社会组织因未达到党建培育标准，已被清退。三是坚持"分段培育"模式。对未正式登记注册的社会组织实行预培育，预培育到期后进行考核，通过后可转正式培育；对正式登记注册的社会组织实行正式培育。在全省范围内，率先尝试由行业属地主导，民政兜底的社会组织培育制度（行业与属地申请，民政负责基础培育，行业和属地负责专业培育，培育主体责任由行业属地承担），在培育中明确社会组织培育方向，有针对性地提供符合培育主体需求的服务。

### （四）探索创新多部门联动合作

创新"联动开展公益创投""联动培养人才""联动打造'红邻自治'社区治理品牌"的"三联动"，在开展公益创投、培养人才、打造"红邻自治"社区治理品牌方面实现多部门共同参与，以激发全域党建活力。一是联动开展公益创投。在承办公益创投过程中，全市率先实践以党组织为协调平台的公益创投联动机制，由县社会组织综合党委牵头，构建起了多家联动的公益创投机制，吸引更多的政府部门关注社会组织的发展，这为社会组织发展提供了切实的物质保障。截至 2022 年 5 月，在综合党委的领导下，已经整合12 家单位，筹措资金近 200 万元，开展公益创投，共落实项目 50 多个。二是联动培养人才。综合党委联合县委组织部（"两新"工委）、县委统战部、县民政局、县总工会、团县委、县妇联、雉城街道、龙山街道、太湖街道等部门启动了红治人才的培养计划，择优选取县域内优秀的党员社工和社会组织党员负责人（管理人员）、群团组织中从事社会工作和社会组织的人员进行培养，开展科学系统培训，内容涉及党建融合、专业成长、内部治理、监事体系、财务治理、作用发挥等六个方面，积极为党培养基层治理型人才。红治人才认证后，建立"优秀红治人才库"，可享受专项补贴奖励。三是联动打造"红邻自治"社区治理品牌。综合党委联合城区主要街道，在激活社区治理活力方面，从顶层设计出发，协调与社区关联的党组织和党员，建立以红邻长、红邻指导员、红邻自治社会组织为主要服务载体和平台，以党建引领基层治理自治，坚持以党建凝聚社会力量，以党建引领专业参与社区治理和服务的社区治理方式开展红邻自治服务，形成了长兴县特有的社区治理品牌。

## 三、工作成效

（1）社会组织党建群团工作常态化。通过探索党建工作和社会组织发展的利益结合点，厘清自身与社会组织定位并明确党建工作的责任主体，让社会组织在思想上真正认同党的领导，从而最大限度地凝聚政治共识，促进政治认同，实现社会组织人士自觉自愿听党话、跟党走。截至 2022 年 5 月，长兴县社会组织党组织有 97 家（单建 63 家，联建、挂靠 19 家，功能型 15 家），共有党员 382 名；直接隶属于长兴县社会组织综合党委下的社会组织党支部有 30 家，有党员 66 名。综合党委所指导建立的 30 家社会组织党组织，没有一家是被动建立的，真正做到了社会组织党建工作的实效化。综合党委结合社会组织党组织的实体运行经验建立了 20 多项社会组织党建工作制度，每年投入近 50 万元的社会组织综合党委专项工作经费。在推动县级社会组织综合党委实体化运行的基础上，相继实现了社会组织统战工作站、社会组织联合工会、社会组织联合团委和社会组织综合妇联的实体化运行，成为全省首批社会组织党群服务中心示范点。

（2）社会组织内部治理规范化。通过加大社会组织培育力度，优化社会组织发展环境，探索开展适合社会组织作用发挥的"党建+"工作模式，充分发挥社会组织党支部的战斗堡垒作用和党员的先锋模范作用，实现了社会组织党建强，引领服务强。社会组织内部治理逐步规范，能力显著增强。培育成功孵化的社会组织 6 家，目前平均每年承接项目不少于 4 个，最高一家社会组织一年可承接项目 11 个，项目经费总额达 50 万。第二期入驻培育的社会组织共 15 家，经过一年的培育，已提供涉及失独家庭、学龄前儿童、心智障碍者等 10 类不同人群的项目，开展服务次数达 250 次，落地在 10 余个社区、2 个学校等，服务人次达 2000 人次。截至 2022 年 5 月，长兴县共有 13 家社会组织获评 5A，有 21 家社会组织获评 4A，有 65 家社会组织获评 3A，3A 以上社会组织数量，位居湖州市首位。

（3）社会组织参与社会治理专业化。通过"党建+项目""党建+公益""党建+创投"等，积极引导社会组织参与社会治理并承接政府职能，如指导百灵公益以众筹的形式创办公益素食餐厅，通过社会爱心人士募股集资，增加了运转经费来源，加强了与企业和社会爱心人士的联动，设立爱心代餐券，为弱势群体提供"免费的午餐"；长兴县南太湖社会创新中心党支部开发设立了 6581890 社区服务热线、智慧居家养老系统、志愿者积分系统。另外，长兴携手社工服务中心党支部推出的幸福邻里会等 20 多个党建服务品牌已经深入人心。公益创投项目质量逐年提升，参与公益创投的资金量和项目数都位居全市各县之首。此外，通过县社会组织联合妇联，在县妇联的支持下，综合党委承办了社会资本介入公益创投项目的路演会，10 个历年来的优秀公益创投项目，得到了长兴县女企业家 60 万元的资助。通过工会组织与新经济组织党组织互动，发挥党的群团组织作用，引入社会资本，目前已经有"焕新乐园"等 4 个项目长期得到企业近 100 万元的资助。这都源于有效整合了组织部门、民政部门、县级群团部门和主要属地街道的资源力量，推动社会组织党建工作落到实处，从而实现了长兴县社会组织党建工作从"有形覆盖"到"有效覆盖"的提升。

**案例分析题：**

1. 长兴县是如何将党建与社会组织发展相融合的？
2. 长兴县党建实践为其他社会组织开展党建工作提供了哪些借鉴？

**本章思考题**

❶ 请简述社会组织党建的发展历程。
❷ 请简述社会组织党建的主要政策要求。
❸ 请简述社会组织党建的主要管理模式和工作模式。
❹ 请简述社会组织党建的主要成效和未来的发展思路。

# 参考文献

陈家喜.2012. 我国新社会组织党建：模式、困境与方向. 中共中央党校学报,（2）：36-40.

陈亮.2022. 社会组织党建嵌入式创制：一个初步的分析框架. 求实,（1）：58-67, 111.

程勉中.2013. 区域化党建的组织网络架构思路——基于苏南区域实践的视角. 学习与实践,（7）：56-60.

孔卫拿.2018. 社会组织党建研究. 芜湖：安徽师范大学出版社.

廖鸿.2017. 以改革创新精神推动社会组织党的建设"两个全覆盖". 中国社会组织,（3）：1, 10-12.

沈永东.2019. 浙江省社会组织党建特色、问题与发展路径. 浙江民政,（7）：53.

沈永东.2023. 社会组织参与社会治理创新：理论与实践. 杭州：浙江大学出版社.

沈永东，虞志红.2019. 社会组织党建动力机制问题：制度契合与资源拓展. 北京行政学院学报,（6）：13-21.

石国亮,廖鸿.2012. 社会组织党建的现状、难题与对策——基于一项全国性调查的深入分析. 长白学刊,（3）：35-40.

宋晓清.2019. 加强社会组织党建工作的内涵建设. 浙江民政,（7）：56.

唐文玉.2012. 区域化党建与执政党对社会的有机整合. 中共中央党校学报, 16（1）：58-61, 76.

童志锋.2019. 加快推进党建工作与社会发展融合发展. 浙江民政,（7）：55.

王名.2010. 社会组织概论. 北京：中国社会出版社.

徐越倩.2019. 实现社会组织党建与业务融合的动力与路径. 浙江民政,（7）：54.

尹德慈，武三中.2017. 社会组织党的建设. 广州：广东人民出版社.

张波.2014. 我国新社会组织党建工作若干问题研究——基于 2000—2013 年相关文献的分析. 长白学刊,（1）：45-50.

张燕，许晨龙.2015. 北京市社会组织党建管理体制的问题和建议. 中国社会组织,（23）：49-50.

周俊.2019. 从嵌入到整合：浙江社会组织党建工作新进展. 浙江民政,（7）：52.

# 第四章

## 社会组织法人治理

1. 掌握法人、委托代理关系、法人治理、法人治理结构等概念。
2. 了解社会组织法人治理的内涵、特殊性与重要性。
3. 掌握社会组织法人治理体系的基本内容。
4. 了解社会组织法人治理的发展现状、面临的挑战和路径。

● 社会组织如何能够始终如一践行使命，如何能够赢得会员、捐赠人、志愿者、社会公众和政府机构的信任，如何能够确保内部决策的民主与管理的规范？这些问题都与社会组织法人治理结构有关。我国社会组织正处于蓬勃发展期，在公益慈善、社会治理和社会服务等领域发挥着重要作用。然而，一些社会组织内部管理不规范、监督机制不完善，时而出现乱收费、非法营利、工作人员挪用捐赠资金等失范、失序、违规、违法行为。出现这些现象的根本原因是社会组织法人治理机制的缺失或不完善。党的二十大报告指出，要"健全人民当家作主制度体系""坚持全面依法治国"。建立并完善社会组织法人治理体系，正是在社会组织领域发展基层民主、加快建设法治社会的重要内容与应有之义。本章将介绍社会组织建立法人治理机制的必要性与重要性，规范的社会组织法人治理体系应包括的基本内容，社会组织法人治理建设的总体进展、面临的挑战以及完善路径。

# 第一节 社会组织法人治理概述

## 一、法人组织中的委托代理

### （一）法人的概念与社会组织法人的分类

法人（corporation）是具有民事权利能力和民事行为能力、依法独立享有民事权利和承担民事义务的组织，或者说是具有民事权利主体资格的组织。在大陆法系国家中，根据法人组织的设立方式，可分为公法人、私法人等类别；在英美法系国家中，通常根据法人组织是否具有营利性质，分为营利法人和非营利法人。根据2021年1月1日起正式实施的《民法典》，以取得利润并分配给股东等出资人为目的成立的法人，为营利法人；为公益目的或者其他非营利目的成立，不向出资人、设立人或者会员分配所取得利润的法人，为非营利法人；机关法人、农村集体经济组织法人、城镇农村的合作经济组织法人、基层群众性自治组织法人，为特别法人。《民法典》规定的非营利法人包括事业单位、社会团体、基金会、社会服务机构等。根据《民法典》第九十条，"具备法人条件，基于会员共同意愿，为公益目的或者会员共同利益等非营利目的设立的社会团体"可依法取得社会团体法人资格；根据《民法典》第九十二条，"具备法人条件，为公益目的以捐助财产设立的基金会、社会服务机构"可依法取得捐助法人资格。

### （二）法人组织中的委托代理关系

出于专业分工的需要，在现代组织中经常会出现组织所有者、经营者和受益者相分离的情况。在营利性组织中，特别是在现代股份制公司中，主要表现为企业所有者、受益者与企业经营者的分离。在非营利性组织中，不仅存在类似于企业中的组织所有者与经营者相分离的情况，而且存在组织所有者和受益者相分离的情况。法人组织中的委托代理关系就是因组织所有者、经营者和受益者的分离而产生的，其实质是组织所有者通过协议将经营决策权授予经营者来行使。

从产权理论的视角来看，法人组织中的委托代理关系是组织所有权与控制权相分离的外在表现。组织"所有权"有两种定义：第一种是"剩余索取权"，是指对组织收入在扣除所有固定的合同支付后的余额要求权；第二种是"剩余控制权"，即指在契约中没有特别规定的活动的决策权。在营利性组织中，如采取公司制的企业存在组织所有权与控制权之间的两权分离，而剩余索取权与剩余控制权合一且互相匹配，即企业所有者同时是公司的最终受益者，只是通过契约将部分组织的控制权授予公司的经营者。

非营利性的社会组织的产权结构更为复杂，互益性社会组织的产权结构类似于企业，其组织所有者也是组织的受益者，区别在于互益性社会组织受非营利或利润非分配原则的约束，因此无法享有充分的剩余索取权；而在公益性的基金会、社会服务机构中，其产权结构特征不仅表现为组织所有权与控制权的两权分离，而且体现为未剩余索取权与剩余控制权的分离（周美芳，2005）。事实上，在公益性社会组织中，并不存在一个完整产权的拥有者（王名、贾西津，2003）。具体而言，捐赠是一种无偿的财产转移行为，这意味着公益性社会组织捐赠人已经将剩余索取权让渡给了该组织的受益群体，因此不再是组织的所有者。公益组织的受托者或受赠人也并不享有捐赠财产的完全控制权，在未征得捐赠人许可的情况下，不能擅自改变捐赠财产的性质、用途；公益组织的受益人是符合该组织资助、服务范围或捐赠人捐赠意愿的可能受益个体所构成的集合，这意味着公益性社会组织的实际受益主体是虚拟化的，因此也无法行使组织的剩余控制权。

### （三）法人组织的委托代理问题

引起委托代理问题的主要原因是委托人和代理人之间存在的信息不对称以及两者签订契约的不完备，由此还产生了两类问题。一是"逆向选择"（adverse selection）问题。由于委托人通常只能根据不完善的信息来评价代理人，而寻求代理业务或职位的管理人员可能会倾向夸大自身的技能、能力和才干，并且为了获得新的业务或职位可能会做出过度承诺（Davies and Prince，2010）。这种代理人夸大其词的行为可能导致委托人选择错误的代理人。二是"道德风险"（moral hazard）问题（Ellis and Johnson，1993），即代理人为了以最小的努力获得最大的报酬，可能出现低于承诺水平的现象。代理人的自主性越大，工作所需的专业知识和信息越多，道德风险也就越大（Holmstrom，1979）。

当法人组织的所有者、受益者与其经营者（受托人）相分离时，如何解决逆向选择和道德风险问题，确保经营者（受托人）能够像管理自己所有的组织或资产那样，认真负责地履行组织的经营管理职能，维护组织所有者、受益者的权益，由此形成了法人组织的委托代理问题。

## 二、法人组织的治理

### （一）作为法人治理的"治理"内涵

"治理"（governance）一词的英文源于拉丁文，具有控制、引导和操作等内涵。20世纪 90 年代以来，随着治理理论的兴起，"治理"的概念已在经济学、管理学、社会学和政治学等学科中被广泛运用，这也导致"治理"一词的多义性。作为公司（法人）管理的治理，主要是指指导、控制和监督企业运行的组织体制（罗茨，1999）。

"治理"的内涵有别于"统治"和"管理"。治理与统治的区别在于：统治的主体是政府，其权力运行方向是自上而下的；而治理的主体可以是包含但不限于政府的多元主体，其权力的运行可以是上下双向或水平互动的。相较于管理，治理的内涵更为宽泛，包括组织使命的界定、决策过程和政策建构等（金锦萍，2005）。如果说管理的核心是业务经营管理，那么治理的核心则在于组织是否被恰当地经营。

### （二）法人治理

为了有效解决法人组织中的委托代理问题，有必要在法人组织中建立合理的机制，从而协调委托人和代理人的权利义务关系，平衡两者的风险偏好与利益诉求，法人治理（corporate governance）[①]由此产生。

在经济学中，对法人治理的研究主要侧重于如何激励与监管代理人，让委托人的利益最大化。其关注的焦点是综合考虑人的有限理性、自利性、风险规避倾向，以及法人组织产出结果的不确定性、可衡量性等因素，对约束委托人和代理人关系的合同进行机制设计，从而尽可能地减少组织中的委托代理问题。有研究表明，给予管理者（代理人）股权，有助于让组织的所有者和管理者的利益达成一致，从而对管理者起到激励作用（Jensen and Meckling，1976）；高效的资本和劳动力市场可以作为信息机制来预防高层管理人员出现自利行为（Fama，1980）；股东可以通过董事会来监控高层管理人员的不当行为（Fama and Jensen，1983）。在法学中，对法人治理的研究主要侧重于通过法律规范来维护委托代理关系中各方的权益，划定法治治理的规则底线，因而可以将"公司治理"界定为"现代公司赖以平衡公司利益相关者之权益的基本规范"（梅慎实，2003）。

### （三）法人治理结构的含义

法人治理结构（corporate governance structure）的定义有两种：狭义的定义关注法人组织的所有者和经营者之间的利益均衡关系，从而把法人治理结构定义为股东、董事会和高级经理人三者之间的一种组织机制和均衡机制，如"股东即所有者（本人）确保（代

---

① 在英语中，由于"corporate"一词兼有"公司的"和"法人的"含义，"法人治理"（corporate governance）有时也被译作"公司治理"。本章中采用的是广义的"法人治理"概念，即同时包括具有营利性的企业法人的治理（公司治理），以及非营利的社会组织法人治理。

理人）的行为能够为本人带来与其投资风险相一致的一系列措施或机制"（梁能等，2000）。广义的定义还关注其他利益相关者的权利和职责，以及他们之间的相互关系。如"公司治理机制明确了董事、经理、股东和其他利益相关者之间的利益均衡权利和责任的分配，规定了公司决策的规则和程序，并提供了制定公司目标的组织结构"（Demise，1999）。

法人治理与法人治理结构这两个概念既有联系又有区别。法人治理的目的是确保法人组织被恰当地经营，因此涉及提出组织使命、设置机构、议事决策等一系列活动，是一个形成合理的治理结构的动态过程；而法人治理结构主要是指维护法人组织中各治理主体间权益的平衡与制约机制，是法人组织内静态的组织架构与权力配置体系。

## 三、社会组织的法人治理

### （一）社会组织法人治理的内涵

对现代社会组织法人治理的关注最早源于对高等教育机构董事会的研究（Nason，1982），并在之后的研究中，不断吸取企业法人治理的研究成果。较早的研究者认为，非营利组织的诸多治理功能与营利组织是相似的。治理是指"董事会为了治理免税组织所采取的集体行动"（Gies et al.，1990）。稍后的研究开始关注社会组织董事会的角色界定，即董事会与经理层关系协同及监督机制的建立（Carver，1990）。萨拉蒙建议将非营利组织治理与社会责任联系起来，从而把治理范围扩展到非营利组织外的其他主体（Salamon，1997）。之后的研究者进一步将社会组织的高级管理层、董事会和利益相关者共同置于社会组织的法人治理框架中（Wood，1995）。

社会组织法人治理的狭义定义是指，"非营利团体的高层政策领导或管理的活动和过程，通常情况下是董事会的主要职能，更具体一些，是董事会会议、执行董事或董事会主席以及委员会的职责。"（史密斯，2016）广义的社会组织法人治理还包括社会组织与政府、企业、其他社会组织、捐助人、志愿者、服务对象、社会公众、媒体等利益相关者的治理。

### （二）社会组织法人治理的特殊性

社会组织法人治理是法人组织治理的一个分支，具有法人组织治理的核心要素与功能，即通过建立合理的组织架构、权力配置与制衡机制，确保委托人对代理人的监督与激励，降低解决委托代理关系中的交易成本，克服逆向选择、道德风险等共性问题。同时，社会组织的目标与性质决定了其法人治理具有一定的特殊性，主要表现在以下四个方面。

#### 1. 组织的非营利性

有别于营利性的法人组织，社会组织的组织性质与组织目标都是非营利性的，主要体现在社会组织的目标设置与管理运营受到"利润非分配"原则的约束。社会组织可以通过募款、收取会费、经营性活动、服务收费等方式获得收入，并可享有税收减免、财政补贴等优惠政策。在经营得当的情况下，社会组织有可能获得超出其成本支出的收入，但是超出部分不能作为社会组织的"利润",不得在社会组织的所有者、管理者、会员、工作人员中进行分配①。因此,营利法人治理中追求法人所有者利益最大化的目标不适用于社会组织法人治理。社会组织法人治理追求的终极目标应该是特定群体(如社团法人的会员)集体利益的最大化,或者是不特定的社会群体(如公益基金会、社会服务机构的服务对象)共同利益乃至社会公共利益的最大化。

### 2. 产权结构的特殊性

非营利性造成了社会组织特殊的产权分离结构。在社会组织中,所有人、经营者(受托人)和受益人三方是分离的。相较之下,企业的所有者一般也是其所产生效益的受益者。法人治理的根本目的在于对代理者进行有效的激励和监督。法人组织中主要有两种代理者:董事会(理事会)②是法人所有者的代理者,高级管理层是董事会(理事会)的代理者。在社团法人中,社会组织所有者的剩余控制权和剩余索取权受到了一定的限制;在基金会、社会服务机构等捐助法人中,捐赠人甚至不再是组织的所有者,不具有对获得其捐赠的社会组织的剩余控制权和剩余索取权。这使得社会组织的所有者和捐赠者缺乏充分的经济动机来监督董事会(理事会)与高级管理层。社会组织也不得向包括理事会和秘书处在内的任何组织成员分配利润。换言之,社会组织的理事会和秘书处在行使法人控制权时,并不与组织所有者分享剩余索取权,他们无法像企业中的董事会和高管那样,获得分红、股权激励等经济收益。因此,如果仅从经济角度来看,权责不匹配制约着社会组织所有者对其代理人进行激励和监督的能力。

### 3. 组织使命的引领作用

组织使命是对组织成立宗旨、价值观和愿景的集中论述。无论是营利性组织还是社会组织都会设置组织使命。组织目标是对组织使命的持续践行,由于社会组织无法像营利法人组织那样设立诸如利益、产值、销售额、股票市值等明确、可量化的经营性指标,这使得社会组织在法人治理中要比营利法人更依赖组织使命的引领,以确保治理方向的正确性。从委托代理关系中的激励机制来看,由于缺乏类似公司企业中的那些强有力的经济绩效考核等奖惩手段,社会组织在治理中无法通过经济手段来有效激励成员。同时也必须看到,人们加入社会组织的主要目的在于追求非经济性的目标。这一方面要求社会组织中包括其代理人在内的组织成员必须具有更强的责任心和奉献精神,另一方面社会组织也可以通过一些非经济性收益(如荣誉、声望、自我价值实现等)来替代经济收益对成员进行有效激励。因此对组织使命、集体与公共利益的宣扬与追求,在社会组织法人治理中就显得格外重要,是增强组织成员认同感、凝聚力和工作积极性的根本保障。

### 4. 利益相关者的重要性

利益相关者是组织外部环境中受组织决策和行动影响的任何相关者,通常包括所有者和股东、银行和其他债权人、客户、管理人员与一般雇员、政府、媒体、社会公众等。

---

① 全职或兼职的社会组织管理者和普通工作人员可以根据其职位与工作业绩获得合理的报酬。
② 英语"board"在指称法人组织中的决策管理机构时,通常被翻译为"董事会"或"理事会"。在中文语境中,通常在营利性法人中使用"董事会",而在非营利法人中使用"理事会"。

相对而言，营利法人的利益相关者关系较为明确，且以经济利益关系为主，而社会组织的利益相关者关系更为复杂，且存在多元化的非经济性利益关系。在利益相关者的治理方面，营利法人一般以经济活动（投资、借贷、雇佣、收益分配）为主要内容，以结果为导向。而社会组织不仅与其广泛的利益相关者之间存在募款、捐赠、会费收缴等经济活动，还存在大量的非经济性活动，如志愿者招募、政策倡导、参与社会治理等。由于社会组织无法像企业那样通过营利来获得组织存在的合法性，因此，必须更加注重法人治理的民主性、开放性、参与性和问责性，从而获得组织成员和利益相关者的支持。

### （三）社会组织法人治理的重要性

完善的法人治理体系是社会组织健康发展的基石。社会组织法人治理的重要性主要表现在三个方面。一是确保社会组织的非营利属性和组织使命。通过法人治理，社会组织可以建立有效的监督与制约机制，确保社会组织的管理者严格遵守"利润非分配"原则、坚持组织使命。一旦社会组织的管理者偏离非营利性和组织使命所确立的发展方向时，法人治理将成为社会组织所有者、捐赠者进行问责纠偏的有效机制。二是规范社会组织内部管理。法人治理为社会组织提供了组织决策、管理和运营的完整制度框架，明确了社会组织的内部架构、内设机构的权力与职责，并对其议事规则、重大决策、人事任命、财务管理等重大经营管理问题提出了明确的要求，有利于社会组织内部组织架构、监督机制和各类规章制度的完善。三是获得利益相关者的支持。规范的法人治理不仅有助于社会组织建立内部民主决策机制，在制度上是保障社会组织所有者、管理者和受益者参与组织自治的有效渠道，而且有助于提升社会组织治理的透明度，赢得政府、社会公众及其他社会组织等利益相关者的信任。

建立并完善法人治理体系也是我国社会组织按照党的二十大部署要求，奋力推进中国式现代化的重要实践。首先，是对发展基层民主的实践。党的二十大报告明确指出，要"健全基层党组织领导的基层群众自治机制，加强基层组织建设，完善基层直接民主制度体系和工作体系，增强城乡社区群众自我管理……自我监督的实效。……保障人民依法管理基层公共事务和公益事业"。建立并完善法人治理体系正是对社会组织内部民主决策与监督的基础性制度建设。其次，是对法治社会建设的重要支撑。建立并完善法人治理体系既是社会组织实现依法自治、提升社会治理法治化水平的关键举措，也是在社会组织中弘扬社会主义法治精神、传承中华优秀传统法律文化的重要抓手，有利于引导社会组织成员做社会主义法治的忠实崇尚者、自觉遵守者、坚定捍卫者。最后，是社会组织融入中国式现代化进程的组织保障。党的二十大报告做出"扎实推进共同富裕""全面推进乡村振兴""构建初次分配、再分配、第三次分配协调配套的制度体系""引导、支持有意愿有能力的企业、社会组织和个人积极参与公益慈善事业"等战略性部署，极大拓展了社会组织参与经济社会建设的空间。社会组织只有加强自身的组织建设、完善法人治理体系，提升组织治理能力与公信力，才能更好地在推进中国式现代化的各项事业中担当作为。

# 第二节 社会组织的法人治理体系

## 一、社会组织的法人治理结构

### （一）社会组织法人治理结构的基本架构

营利法人的治理结构通常是指股东、董事会和高级经理人三者之间的一种组织机制和均衡机制。以营利法人的典型形态—公司的治理结构为例，公司通常建立内部机构与权力的制衡机制，即股东会作为权力机构行使最终控制权，董事会作为股东会的执行机构行使经营决策权，董事会设置内部管理机构、聘任经理（经理层）以行使管理权，监事会作为监督机构行使监督权。

社会组织的法人治理结构与营利法人的治理结构有共通之处，即都是以理事会（董事会）为核心构建的组织治理体系。为了适应非营利性的组织性质以及特殊的组织目标，不同类别社会组织的法人治理结构在组织架构、权力配置等方面需要有特殊的安排。根据社会组织的法人性质，社会组织法人治理结构可以分为两大类：一是社团法人的治理结构，主要由会员、会员大会、理事会和秘书处构成；二是捐助法人（如基金会、社会服务机构）的治理结构，主要由理事会、监事等机构组成。以下将分而述之。

### （二）社团法人的治理结构

社团法人的治理结构主要包括三个要素：会员的权利与义务；作为最高权力机构的会员大会；作为执行机构的理事会及其下设办事机构。

#### 1. 会员

社团法人的会员资格包括会员的权利与义务两方面。一般而言，会员资格的细则主要由社团按照全体会员的意志在章程中确定。但是，在各国的具体法律环境中会有所变化。我国《社会团体登记管理条例》并没有对社团会员的权利与义务做明确的规定，但是在《社会团体章程示范文本》（以下简称《示范文本》）中做出了某些原则性的规定。虽然《示范文本》并非法律规定，却是社团申请登记时必须遵循的样本。因此，《示范文本》对当前社团法人的章程制度具有一定的规范效力。参照《示范文本》，社团法人的会员至少具有下列这些基本的权利和义务。

（1）本团体的选举权、被选举权和表决权。会员有权选举或被选举为社团法人的执行机构—理事会的成员。《示范文本》并未明确理事、理事会的产生方式。现实中的做法大致有两种：①由会员大会选举产生理事、组成理事会，再由理事会选举产生常务理事、正副理事长（会长）、秘书长；②由会员大会直选产生正副理事长（会长），常务理事由理事会选举产生。此外，部分设有监事或监事会的社团法人还规定由会员大会选举产生监事，监事不得由理事兼任。社团法人的理事、监事都必须从会员中产生，因此，无法像股份制公司那样设立从非股东中产生的独立董事。作为一种替代性的方式，社团可以聘请一些名誉理事、会长，但这些人一般不应享有普通理事的权利，因为这些职务仅具有顾问或荣誉的性质。

（2）参加本团体活动的权利。社团会员参与社团事务是其区别于公司股东和公益性社会组织的显著特征。公司股东最关心的是公司的盈利情况，一般无意也无力参与公司具体管理事务；公益性组织虽然有时需要大量志愿者的参与，但是志愿者并非组织的所有者。公益性社会组织大多通过信托、捐赠等方式设立，除非组织明显偏离其设立时的目的和宗旨，否则委托人或捐赠人无权干预其内部管理事务。而社团法人设立的根本目的就在于解决会员的共性问题，实现会员的集体目标。因此，会员参与社团法人的活动，是实现这一目的的重要途径，也是其一项重要的基本权利。会员参加社团法人活动，还表现在参与社团的自我管理，特别是对社团内部章程、规则以及社团重大事项决策的建议、讨论和表决。

（3）获得本团体服务的优先权。会员的会费和捐赠是大多数社团法人最主要的收入来源，这是会员享有社团法人服务优先权的重要依据。会员的优先权主要体现在会员在原则上可以无偿享有社团法人所提供的基本服务。在社团法人所从事的一些经营性服务活动中，会员有时未必能完全免费地享受。这时，会员优先权可以体现为会员与非会员在获得服务的价格、质量上的差异性。

（4）对本团体工作的批评建议权和监督权。我国现有法律、法规并未对社团设立内部监督机构做出明确规定，社团法人内部监督机制缺乏制度性保障，因此会员的批评建议权和监督权就显得格外重要。会员的这一权利主要通过在会员大会上对理事会工作和重大决策的审议与表决来实现，同时还包括对社团日常工作中的人事、财务、活动等方面的监督。

（5）入会自愿、退会自由的权利。会员入会在原则上应出于自愿。按照《示范文本》的规定，会员入会必须拥护本团体的章程，有加入本团体的意愿，在本团体的业务（行业、学科）领域内具有一定的影响。此外，社团法人还可以自行规定一些额外的入会条件。会员有自由退会的权利，会员退会应书面通知本团体，并交回会员证。会员如果1年不缴纳会费或不参加本团体活动的，视为自动退会。会员如有严重违反本章程的行为，也可经理事会或常务理事会表决通过，予以除名。一般而言，会员退会后不得要求归还此前所缴纳的会费和捐赠。

社团法人会员的基本义务，至少应有以下三项。

（1）遵守社团法人章程、规定的义务。社团法人的章程是阐明社团宗旨、治理结构、管理原则的重要规范文件，是社团正式制度的核心。社团法人的规定是指章程以外的规范性文件，是对社团管理方式、职能等方面的具体制度安排。遵守社团法人的章程、规范，是获得并保有会员资格的必要条件，因此也是会员所必须履行的义务。

（2）执行社团法人决议的义务。在会员大会上，经由合法、民主程序通过的决议，对社团的所有会员都具有约束力。社团法人决议的事项大致可以分为两种。一种是对社团章程、规定等正式制度的制定与修改。对这类决议的执行即前述会员遵守社团法人章程、规定的义务。另一种是对社团法人重大决策、人事安排等具体事务所做出的决议。

（3）缴纳会费的义务。会费是社团法人最根本的资金保障，定期缴纳会费不仅是会员向社团法人必须履行的财产性义务，也是会员能够免费享有社团所提供服务的前提条件。在具体实践中，担任理事、常务理事、正副会长等职务的会员一般要缴纳高于普通会员的会费，有时还要缴纳一定的赞助费。这些额外的缴费方式只要被会员大会表决通过，也可视作针对特定会员的附加性缴费义务。

### 2. 会员大会

会员大会是社团法人的最高权力机构，是会员行使权利、维护利益、汇集意见的最重要机构。在《示范文本》中，对会员大会做了以下规范。

职权：制定和修改章程；选举和罢免理事；审议理事会的工作报告和财务报告；审议会费收缴标准及办法；决定终止事宜；决定其他重大事宜；等等。

召开条件和决议效力：会员大会（或会员代表大会）须有 2/3 以上的会员（或会员代表）出席方能召开，其决议须经到会会员（或会员代表）半数以上表决通过方能生效。

换届：会员大会（或会员代表大会）每届 4 年。因特殊情况需提前或延期换届的，须由理事会表决通过，报业务主管单位审查并经登记管理机关批准同意，但延期换届最长不超过 1 年。（除政治、外交、宗教、意识形态等特殊属性或特殊行业的社会团体可以 5 年/届之外，其余社团每届不超过 4 年）

### 3. 理事会

会员大会是社团法人的最高权力机构，而从其中派生出的执行机构——理事会则是社团法人的权力中枢。理事会是社团法人治理的关键机构。理事会成员由会员大会选举产生，再由理事会选举或罢免理事长（会长）、副理事长（副会长）、秘书长。在实践中，也存在由理事会推举、会员大会表决通过，或者由会员大会直选理事长（会长）、副理事长（副会长）的情况。

担任社团法人理事长（会长）、副理事长（副会长）、秘书长必须具备下列条件：坚持党的路线、方针、政策，政治素质好；在本团体业务领域内有较大影响；理事长（会长）、副理事长（副会长）、秘书长最高任职年龄不超过 70 周岁，秘书长为专职；等等。理事长行使以下职权：召集和主持理事会（或常务理事会）；检查会员大会（或会员代表大会）、理事会（或常务理事会）决议的落实情况；代表本团体签署有关重要文件。

理事的义务[①]。理事作为其所在社团法人的受托人，对其负有信义义务，即一方承诺为了另一方最佳利益或者双方的共同利益而行为，信义义务又可具体化为：注意义务，要求理事应当像一名谨慎的普通人在同样的地位和相似的环境下那样,关注法人的利益；忠实义务，要求理事忠实地谋求自己所服务的组织的利益，而不是个人、任何其他的人或组织的经济与其他利益；顺从义务，指理事应该忠实地贯彻组织章程中所规定的宗旨。

《示范文本》明确了会员大会（会员代表大会）每届不超过 5 年，而理事会是由会员大会选举产生的，因此理事会的任期一般也不超过 5 年。理事长（会长）、副理事长（副会长）、秘书长任期最长不得超过两届，因特殊情况须延长任期的，须经会员大会（或会

---

① 我国现行法律法规和政策文件中尚未明确规定社团法人的理事义务，此处参考国外相关法律条文，选取了其中较为通行的理事义务规范。参见：金锦萍. 2005. 非营利法人治理结构研究. 北京：北京大学出版社.

员代表大会）2/3以上会员（或会员代表）表决通过，报业务主管单位审查并经社团登记管理机关批准同意后方可任职。

理事会的职权包括：执行会员大会（或会员代表大会）的决议；选举和罢免理事长（会长）、副理事长（副会长）、秘书长；筹备召开会员大会（或会员代表大会）；向会员大会（或会员代表大会）报告工作和财务状况；决定会员的吸收或除名；决定设立办事机构、分支机构、代表机构和实体机构；决定副秘书长、各机构主要负责人的聘任；领导本团体各机构开展工作；制定内部管理制度；决定其他重大事项；等等。除了上述这些对理事会基本职权的规定外，社团还须根据自身的情况，自行扩充理事会的职能。

理事会的职能可以分为外部职能和内部职能两大类：外部职能中，最主要的是对外代表职能，由社团法定代表人承担；此外其职能还包括募款、开拓社团的收入来源、管理社团的公共关系、提升社团的公共形象、与政府和其他利益相关者建立良好关系、积累社团的社会资本等。理事会的内部职能又包括战略规划和日常事务管理两个层面。战略规划旨在确定或重新评估社团的宗旨和远景规划、制订社团的中长期发展计划；日常事务管理主要涉及对维持社团日常运营的常规性事务的管理，包括对社团管理者（秘书长）的选拔、支持和绩效评估、财务管理、项目管理等。

社团法人的理事会一般下设秘书处，负责社团的日常管理事务，并专设秘书长一职，对理事会负责并报告工作。秘书长在社团法人中的角色类似于企业中的高级职业经理人，行使以下职权：主持办事机构开展日常工作，组织实施年度工作计划；协调各分支机构、代表机构、实体机构开展工作；提名副秘书长以及各办事机构、分支机构、代表机构和实体机构主要负责人，交理事会或常务理事会决定；决定办事机构、代表机构、实体机构专职工作人员的聘用；处理其他日常事务；等等。

规模较大的社团法人还会在理事会下设立若干专业委员会来处理一些较为复杂和专业化的问题。

### （三）捐助法人的治理结构

社会组织中的基金会和社会服务机构，如果具备法人条件，为公益目的以捐助财产设立的，经依法登记成立，就取得了捐助法人资格。捐助法人与社团法人同属于非营利法人，在法人治理结构上既有相似之处，也存在明显的差异：两者理事会、秘书处的机构与职能设置十分接近；捐助法人一般没有会员、不像社团法人那样要设立会员大会；我国《民法典》第九十三条规定，"捐助法人应当设立监事会等监督机构"，而对社团法人无类似的强制要求。

根据民政部印发的《基金会章程示范文本》和《民办非企业单位（法人）章程示范文本》①，捐助法人的决策机构是理事会，监督机构是监事或监事会。

---

① 2021年1月1日，《民法典》正式实施后，民办非企业单位被归入捐助法人中的社会服务机构。但此前民政部印发的《民办非企业单位（法人）章程示范文本》尚未更改原有的名称，故本书中提到的"民办非企业单位"主要就是指"社会服务机构"。

**1. 理事会**

理事的产生方式：捐助法人一般不采取会员制，无法像社团法人那样设立最高权力机关——会员大会，从而能从法人内部产生理事机构。因此，捐助法人的理事一般由其内外部的相关主体共同产生。根据《基金会章程示范文本》，我国基金会的第一届理事由业务主管单位、主要捐赠人、发起人分别提名并协商确定；在理事会换届改选时，由业务主管单位、理事会、主要捐赠人共同提名候选人并组织换届领导小组，组织全部候选人共同选举产生新一届理事；罢免、增补理事应当经理事会表决通过，报业务主管单位审查同意；理事的选举和罢免结果报登记管理机关备案。社会服务机构的理事由举办者（包括出资者）、职工代表（由全体职工推举产生）及有关单位（业务主管单位）推选产生。

捐助法人理事的权利和义务与社团法人理事相似，参看前文。

理事会的职权：制定、修改章程；选举、罢免理事会和管理层的主要负责人；决定重大业务活动计划，包括资金的募集、管理和使用计划；年度收支预算及决算审定；制定内部管理制度；决定设立办事机构、分支机构、代表机构、内部机构；决定执行管理机构主要负责人的聘任；听取、审议执行管理机构的工作报告；决定组织的分立、合并或终止。基金会与社会服务机构理事会的职权总体上十分相似，主要区别在于管理机构主要负责人的任命方式。基金会的秘书长一般由理事会选举产生，而社会服务机构的理事会可以直接聘任或解聘本单位的院长（或校长、所长、主任等）。

**2. 监事**

监事的产生和罢免。基金会须设监事，3 名以上监事可设监事会。监事任期与理事任期相同，期满可以连任。基金会监事由主要捐赠人、业务主管单位分别选派，登记管理机关根据工作需要选派，监事的变更依照其产生程序；社会服务机构监事在举办者（包括出资者）、本单位从业人员或有关单位推荐的人员中产生或更换；基金会的理事、理事的近亲属和财会人员不得任监事，社会服务机构的理事、院长（或校长、所长、主任等）及财务负责人，不得兼任监事。

监事的权利和义务。依照章程规定的程序检查基金会财务和会计资料，监督理事会遵守法律和章程的情况；列席理事会会议，有权向理事会提出质询和建议，并应当向登记管理机关、业务主管单位以及税务、会计主管部门反映情况；遵守有关法律法规和基金会章程，忠实履行职责；等等。社会服务机构的监事还有权对本单位理事、院长（或校长、所长、主任等）违反法律、法规或章程的行为进行监督，并在其行为损害本单位的利益时，要求其予以纠正。

## 二、社会组织的议事规则

### （一）规范社会组织法人议事规则的重要性

无论是在社团法人还是捐助法人的治理中，理事会始终处于核心的地位。理事会的良好运行是实现社会组织法人治理的根本保障。理事会会议是理事会履行其职能的最主要方式，其议事制度主要包括会议召开和议事规则两部分。现行各类社会组织的示范文本均对理事会会议召开的频次、召开的条件、出席人数等有明确要求。而议事规则属于社会组织内部自治范畴，故示范文本并未做出规范。尽管如此，社会组织制定规范的议事规则，并按规则议事，对完善其法人治理依然有重要意义。

首先，议事规则是对理事权利的切实保障。理事是社会组织法人治理的关键群体。理事履行其治理职责，集中表现为其出席理事会会议，并参与重大事项的讨论和决策。规范的议事规则可以保障理事享有充分、平等的发言权和表决权，令其免受各种不文明、不规范的议事行为的侵扰。

其次，议事规则有助于提升理事会的决策效率。议事规则以"动议"为中心，按规则"一时议一事"，可以有效避免跑题、偏题等不良议事行为，同时对每位理事成员的发言权有"限时限次"的约束，从而在充分议事的前提下，顺利推进议程，提高会议效率。

最后，议事规则有利于理事会形成良好的治理文化。通过议事规则，可以将参会人员置于制度化、程序化的对话框架下，令其以文明的方式充分表达、相互交流，逐渐达成共识。长期坚持按规则议事，有助于理事在议事决策过程中，逐步形成规则意识、平等意识和妥协意识。

## （二）社会组织法人议事规则的根本原则

议事规则指被会议组织正式采纳的有关在会议中主持、提议、陈述、辩论、商议、表决等活动的成文规则。这些规则规定了成员和官员在组织的会议中所必须遵循的程序与应承担的责任。议事规则的目标是保证会议的公平和效率，维护会议秩序，并为解决程序上的分歧提供基准。议事规则在构建时的一个核心原则，就是要谨慎仔细地平衡组织和会议中个人与群体的权利，使组织的全体成员通过自由、充分的辩论协商，表达并形成全体的意愿。

## （三）社会组织法人议事规则的主要规范

议事规则最早源自英国议会协商议事时所遵循的规则和管理，后来这些规则和管理被带到美洲，演变为美国立法机构运作与发展的基本原则，继而扩展到非立法的领域，形成了"通用议事规则"。许多学者、政治家都出版过"通用议事规则"类成文手册。从其流传范围来看，《罗伯特议事规则》是目前最有影响力的议事规则之一。该书自1876年首次发行，截至2020年，已历经12次修订扩充，形成了较为完备的议事规则体系。其中，直接涉及议事的主要规范有以下几个。

（1）会议官员的设置与职责。协商会议至少需要有两名会议官员：一是主席或主持人，负责主持会议，秉持规则，自身保持中立立场，一般不参与对会议议程内容的直接讨论；二是秘书，负责形成会议的书面记录。

（2）礼节规范。主席和其他与会人员在会议中对自己及他人的称呼应仅限于第三人称，避免直接称呼与会成员的姓名；任何成员只能对着主席发言，即使要对另外一位成员发言，也只能通过主席来传达。会议礼仪的目的是保证主席的中立立场和会议的客观公正。

（3）发言权的申请与分配。与会成员在提出动议或进行辩论时，需要经主席"准许"才能取得发言权。主席必须对任何要求发言又不违规的成员给予准许。在有多人同时要求发言的情况下，主席须根据事先约定的规则，正确分配优先发言权。

（4）以动议为议事基本形式。任何成员要在会上讨论问题，都必须以动议的形式提交会议予以考虑，在获得至少一位其他成员的附议后，即成为正式的建议或主张，必须得到会议的响应。主席通过"陈述议题"将其正式提交会议考虑，并允许各成员展开充分辩论，最后由主席将议题提请表决，并宣布表决结果。

（5）多数票决定原则。多数票决定原则，即过半数可通过具有全体约束力的议案，重大事项应提高多数通过的量化标准（如获得 2/3 的人支持可通过议案）。

（6）提高议事效率的机制。"一时一件"原则，即在一个动议尚未完成表决前，不得讨论其他动议；"一事一议"原则，即已经决议的事项不再重复讨论，除非有 2/3 以上多数赞成再议。

## 三、社会组织利益相关者的治理

### （一）社会组织的利益相关者

利益相关者是指"那些能够影响法人目标实现，或者能够被法人实现目标的过程影响的任何个人和群体"（Freeman，1984）。在企业法人治理中，传统的股东治理理论主要关注对法人组织所有者利益的维护，而利益相关者理论强调股东只是法人组织诸多利益相关者中的一类，只有能处理协调好与不同利益相关者群体之间的关系，才能够有效达成组织的目标（田凯，2012）。社会组织中同样存在众多利益相关者，根据相关者群体与法人组织联系的紧密性，可以将其分为首要的利益相关者（primary stakeholders）和次要的利益相关者（secondary stakeholders）（Clarkson，1995）。前者是指那些直接影响社会组织存续或受其直接影响的组织或个人，包括社会组织的设立人、业务主管单位（政府部门）、工作人员、志愿者、服务和受助对象、社团法人中的会员，以及捐助法人中的捐助人、捐赠人和受益人，等等。后者是指那些与社会组织运作存在间接互影响的组织或个人，如政府部门、其他社会组织、社会公众、媒体等。

在社会组织的诸多利益相关者中，与其法律关系最为紧密的有两类人——捐助人和受益人。社会组织的捐助有两类：第一类捐助人就是通过捐助行为设立捐助法人（基金会、社会服务机构）的捐助法人设立人；第二类是在社会组织设立后，向其捐赠财产的人与组织。后者的行为在法律上不能称为捐助行为，而应适用赠予的有关规定（金锦萍，2005），可称之为捐赠人。受益人是指按照社会组织法人设立目的而享有利益的人。受益人可以在法人章程或信托契约中明确规定，也可以委托理事会来选定。

### （二）利益相关者的治理机制

利益相关者治理的实质就是扩大社会组织法人治理的主体范围，通过多种机制让不同层次的利益相关者参与到社会组织的治理结构中，从而协调好利益相关者的利益及其与社会组织的关系。

#### 1. 利益相关者直接纳入法人治理的机制

对于那些与社会组织有较直接联系的利益相关者，可以将其纳入理事会等核心治理

机构或参与组织重大的治理事项。这种方式比较适用于捐助法人，如社会服务机构的理事由举办者（包括出资者）、职工代表及业务主管单位推选产生；基金会理事的产生和任命也是由业务主管单位、主要捐赠人、发起人来提名的；社会服务机构的监事在举办者（包括出资者）、本单位从业人员（由单位从业人员民主选举产生）或有关单位推荐的人员中产生或更换。

### 2. 利益相关者的依法维权机制

当捐助人或捐赠人将其财产捐献给某个社会组织时，这些财产已经不能再由他按照自己意愿任意处置。因此，一般而言，捐助人或捐赠人是无权干涉其所捐赠的社会组织的内部治理与决策的。但是，当接受捐赠的社会组织没有遵照捐赠人的意愿与事前约定使用其所捐赠的财产时，捐赠人可以通过多种途径来维护自身权益。如《基金会章程示范文本》就指出："本基金会违反捐赠协议使用捐赠财产的，捐赠人有权要求基金会遵守捐赠协议或者向人民法院申请撤销捐赠行为、解除捐赠协议。"

### 3. 信息公开机制

会员、捐赠人、受益人乃至社会公众都享有对社会组织内部治理和管理情况的知情权。特别是当社会组织具有较强公益、慈善属性时，更应及时主动地公开相关信息。如在基金会法人治理中，捐赠人有权向基金会查询捐赠财产的使用、管理情况，并提出意见和建议。对于捐赠人的查询，基金会应当及时如实答复；基金会组织募捐时，应当向社会公布募得资金后拟开展的公益活动和资金的详细使用计划；开展公益资助项目，应当向社会公开所开展的公益资助项目种类以及申请、评审程序；基金会通过登记管理机关的年度检查后，将年度工作报告在登记管理机关指定的媒体上公布，接受社会公众的查询、监督。

### 4. 政府监管机制

政府是对社会组织生存与发展有重大影响的利益相关者。为了促进社会组织健康有序发展，同时维护公共利益，我国已构建起了较为完善的社会组织监管体系。其中，涉及对社会组织法人治理进行监管的领域包括：对社会组织负责人的管理；对社会组织财务管理、税务管理、账户、资金往来的监管；对社会组织财务收支情况、国有资产管理使用情况的审计监督；等等。

## 第三节　我国社会组织法人治理的现状与发展

### 一、我国社会组织法人治理的现状

#### （一）社会组织法人治理的理念与规范形式逐步普及

自改革开放以来，我国社会组织的法人治理建设总体上取得了长足进步，主要表现在两个方面。一是契约精神和依法自治的理念逐渐成为社会组织法人治理的基本共识。

兼具非营利性和民间性的社会组织与传统的党政机关和企事业单位的治理逻辑存在很大差异。可以说，基于法人治理的现代社会组织是一种有别于我国传统单位制组织的新形态。伴随着社会组织的蓬勃发展，社会各界对社会组织性质、作用、治理方式等方面的认识经历了从陌生到熟悉、从知晓到认可的渐进过程。支撑社会组织法人治理的核心理念——契约精神、法治精神、自治精神也逐渐被其从业人员、负责人和政府管理机构乃至社会公众广泛接受。二是社会组织法人治理的规范形式已基本普及。社会组织实践工作者的自觉探索、政府管理部门对社会组织章程的示范与评估引导、学者对国外非营利组织法人制度的引介，以及社会公众对社会组织内部治理的关注与期待，共同推动了我国社会组织法人治理建设。至少在制度文本上，我国社会组织法人治理已经基本达到了形式规范的水平。

### （二）社会组织法人治理的外部环境逐渐改善

随着我国进入全面深化改革的新时期，社会组织法人治理建设的制度环境正在不断改善。首先，党的十八大报告中提出要"加快形成政社分开、权责明确、依法自治的现代社会组织体制"，从而明确了社会组织完善法人治理的基本方向与要求。其次，社会组织管理体制的改革不断深化，为社会组织法人治理提供了更广阔、更优化的制度环境。近年来，相关政府部门实施的行业协会商会、科技、公益慈善、城乡社区服务四类社会组织直接登记，行业协会商会与行政机关脱钩，政府向社会力量购买服务，社会组织承接政府职能转移等改革举措，正在重塑政府与社会组织的关系，推进政会关系由行政附属关系向契约关系转变。这些改革对社会组织去行政化、实现依法自治具有十分重要的意义，也为社会组织实现依法自治、提升内部治理的自主性创造了良好的外部条件。最后，规范社会组织法人治理的法律制度不断完善。如 2016 年 9 月 1 日起正式实施的《慈善法》中，对慈善组织的法律性质、行为准则和内部治理进行了明确规定；2021 年 1 月 1 日起正式实施的《民法典》中，将各类社会组织与事业单位一同归入非营利法人，将原来社会组织中的民办非企业单位调整为社会服务机构，同时明确了非营利法人的性质，以及各类非营利法人组织及相关主体的权利与义务。这些法律的出台，为社会组织法人治理体系的进一步完善奠定了法制基础。

### （三）社会组织法人治理的内涵建设与实践有待深化

当前我国社会组织法人治理建设虽已取得巨大进步，但是与落实依法自治、实现有效治理和善治的理想状态依然有较大差距。特别是社会组织法人治理在形式规范上普及后，如何推进其内涵建设，让制度文本落地，让治理机制运转起来，从而能对社会组织的治理行为真正起到约束作用，依然是我国社会组织法人治理建设中面临的重大挑战。

在进一步完善社会组织法人治理的进程中，有三个方面的问题亟待关注。一是理事会的有效治理。理事会是社会组织法人治理的核心机构，是保障法人治理有效的根本。当前有些社会组织的理事会空有制度和组织架构，但实际运转不灵、治理无效、权威性不足，甚至被架空，这是导致社会组织诸多治理问题的根源。二是法人治理内外部监督体系的完善。目前，我国法律仍未要求社团法人必须设立监事或监事会。社会组织已经

设立监事机构的，在实际运行中也经常处于"虚位"状态。政府的外部监督机制虽然日趋完善，但相对于社会组织的快速发展，政府部门实际的监管力量较为有限。第三方的独立监督机构尚未获得充分发展，社会公众与媒体的监督力度还比较有限。在内外部监督体系不完善的情况下，社会组织法人治理失范、违规、违法的情况难以得到有效约束。三是社会组织内在的治理规则生成机制。不少社会组织的法人治理的原则、功能、运转机制只是在形式上、文本上符合相关政策法规和治理规范，而在实际工作中未被认真对待，归根结底就是缺乏内在的规则生成机制，以及能够根据社会组织的实际情况来设计和运作的治理规则。这是导致社会组织法人治理有形无实、形实不符的根本原因。

## 二、社会组织在法人治理建设中面临的挑战

法人治理是现代社会组织内部治理的理想模式，但绝非唯一模式。在法人治理不健全的情况下，社会组织的实际治理模式就有可能被精英治理、内部人控制和组织科层化等非法人治理模式所侵袭，甚或被取代。随着我国政会脱钩改革的推进，原来在社会组织的实际治理模式中占有较大比重的行政化治理模式正受到一定程度的限制。然而，精英治理、内部人控制和组织科层化依然是社会组织实现法人治理面临的重大挑战。

### （一）精英治理模式的挑战

精英治理模式是指社会组织的主要负责人（理事长、秘书长等）凭借自身的资源、威望或者人格魅力，主导社会组织内部事务决策和执行的治理模式。在社会组织的实际治理中，精英治理模式的广泛存在有一定的现实合理性。吸收拥有某些资源或特质（如资本、技术、行政权力、社会人脉、影响力、管理能力、领袖魅力）的精英人物加入社会组织，能够迅速弥补社会组织在资源、能力与权威性等方面的缺失，成为不少社会组织为求生存与发展的现实选择。精英治理的另一个优点在于治理的组织成本低。精英治理符合奥尔森所说的"小集团"组织的集体行动行为，由于精英已经负担了集体行动的成本，无须支出额外的成本来建立选择性激励机制以阻止别人"搭便车"。精英成员有限，也大大降低了相互间协调和组织的成本（奥尔森，1995）。当精英同时是社会组织的主要出资者和经营者时，委托代理关系只发生在精英和其余出资者之间，总体的交易费用也会因此大为缩减。

精英治理的局限在于：首先，组织规模越大的社会组织，对精英的能力、权威和拥有资源的要求就越高，实行精英治理的门槛也越高。其次，精英治理的稳定性不如法人治理，精英治理一旦变得专断，其治理的合法性基础就会不断消失；精英治理还受法律制度的约束，我国各类社会组织的示范文本都对社会组织的理事长（会长）、副理事长（副会长）、秘书长的任期有限制，这就决定了精英治理模式难以持久，最终会丧失合法性。再次，一旦精英退出，会在短期内对社会组织的资源、权威性造成巨大损失。最后，在当前社会背景下，精英治理的组织合法性要低于法人治理，公开地、正式地实施精英治理的社会组织更容易受到合法性方面的质疑。

总之，精英治理是一种过渡性的治理模式。当社会组织自身资源与影响力不足时，精英治理可以作为一种临时性的替代制度；但在现代社会，精英治理非制度化的人治模

式注定其难以持久，有悖于现代社会组织体系的治理原则。采取精英治理模式的社会组织最终都要向法人治理模式转型，然而，如果精英拒绝放权、变革，或是社会组织难以割舍对精英所掌控资源的依赖，这种转型将会变得异常艰难，甚至形成治理模式的路径依赖与锁定。精英治理模式转型难成为不少社会组织法人治理建设面临的重大挑战。

### （二）内部人控制的挑战

"内部人控制"最早是指公司管理中的一种缺陷，即独立于所有者（外部人）的经理人员掌握企业的实际控制权，在公司经营中充分体现自身利益，甚至与职工"合谋"牟取各自利益，从而架空所有者控制和监督的情况。在社会组织中，同样会出现"内部人控制"的现象，如管理或工作人员在职期间过度消费，滥发工资奖金，信息披露不规范、不及时、不真实，转移组织资产，权力腐败，等等。

造成社会组织"内部人控制"现象的原因是多方面的，包括：社会组织中的委托代理问题相较企业更为突出，使得社会组织的内部管理工作人员具有更大的信息不对称优势；社会组织法人产权不清晰，所有人缺位，使内部管理工作人员有可乘之机；相关法律制度不健全、内外部监督机制缺失，缺乏对内部管理工作人员行为的有效约束；等等。其中最根本的原因还是不少社会组织的理事会、监事会没有切实发挥治理和监督职责，甚至形同虚设，常年不开会，交由秘书处全权负责大小事务，使得秘书长成为社会组织的实际决策者与管理者。在社会组织缺乏有效监督和激励机制的情况下，无法仅凭道德感召，让秘书长放弃自身信息不对称的优势，主动披露信息、接受监督，自觉地将社会组织的利益置于个人利益之上。况且，在社会组织从业者的个人报酬和经济收益处于社会较低水平的情况下，还要求他们多做贡献，少考虑个人得失，这是既不可取也不可持续的。

精英治理转型只是一部分采取这种治理模式的社会组织所面临的挑战，而"内部人控制"则有可能是社会组织在实际治理中存在的较为普遍的现象。"内部人控制"是社会组织内部治理机制失效的集中表现，也是完善社会组织法人治理过程中，亟待解决的问题。

### （三）组织科层化的挑战

社会组织的科层化治理是指社会组织法人治理活动被科层制替代或影响的现象。社会组织从创立到发展成熟，通常会经历组织不断规范化的过程。在此过程中，社会组织的结构会有两个重要的变化：一是纵向等级化，主要表现为社会组织内部治理机构等级层次的增加。比如，社团组织中的权力机构在会员大会内部产生会员代表大会，作为执行机构的理事会内部进一步分化出理事代表大会、常务理事会、理事长办公会议等新的层级；二是横向专业化，主要表现为社会组织在各治理层级上横向分支机构的扩张，如在理事会中设立各类专业委员会，秘书处下各专业办事机构、业务单位的增设等。上述变化可以统称为社会组织的科层化，这是社会组织在正规化过程中伴生的常见的组织现象。

问题在于，如果社会组织过度科层化，或者受制于相关政府部门等外部的科层组织，就有可能对其法人治理产生干扰或负面影响。首先，社会组织内部层级增加导致其组织治理链条的拉长，在此情况下，如果社会组织严格遵循流程，就可能会影响其决策与执行效率；反之，如果社会组织为了提高效率，只在形式上通过甚至跳过流程中的一些环节，就可能让会员大会等治理机构的功能在实践中被架空。其次，社会组织横向分支机构的增加也会带来组织的横向协调问题，一些涉及募款、财务、项目管理、公共关系等事务的内设机构由于其专业属性，较容易在内部治理中取得话语权，它们过度强调资金、舆论等社会组织发展资源要素的重要性，影响了社会组织在践行使命与生存发展之间的平衡。最后，外部组织会通过科层化来影响社会组织的内部治理。有些社会组织与政府机构、企业保持了较为紧密的合作与联系，并存在着一定程度的资源依赖关系，容易在组织结构上逐渐趋同于政府、企业的科层制结构，或被其纳入科层化的治理框架中。这在组织学中被称为"制度性同形"现象（迪马吉奥，鲍威尔，2008），在我国的社会组织管理实践中表现为社会组织的行政化与办公室化（常见于企业基金会）。

组织科层化对社会组织法人治理而言是一个两难问题。一方面，社会组织法人治理的规范化需要通过组织科层化来实现；另一方面，过度的科层化也会影响社会组织的决策与执行效率，会破坏其内部治理机构之间的权力制衡机制。因此，如何处理组织科层化问题是任何社会组织在规范化过程中均须面临的治理挑战。

## 三、完善我国社会组织法人治理的路径

当前我国社会组织法人治理建设的成就与局限性可以概括为"形易似，神难符"，即在形式规范上，社会组织已经普遍引入法人治理模式，而在治理实践中，社会组织法人治理模式的有效运转依然面临诸多困难与挑战。因此，需要超越以往只重视制度规范设计的静态视角，从制度演进的视角，将法人治理看作社会组织寻求良好治理的动态过程。继而，从外部环境、内生机制和创新社会组织法人治理模式三个方面来完善社会组织法人治理。

### （一）优化社会组织法人治理的外部环境

社会组织实现法人治理的前提条件是能够独立行使依法自治的权利：一方面不受外部组织或个人的任意干涉；另一方面能够有必要的资源汲取能力，从而无须依附于外部组织或个人。法人治理绝非社会组织唯一的治理模式，而是与精英治理、行政化治理等其他备选模式存在竞争关系。尽管后两种模式存在很大的局限性与弊端，但是仍然被相当一部分社会组织在治理实践中所采用。究其原因，是这些社会组织在资源上的不自足，或是其依法自治权利受到其他组织或个人的过多干涉。近年来，我国政府大力推进政社分开改革，逐渐理顺政社关系。在此背景下，许多社会组织在与政府行政机关脱钩后，逐渐摒弃了原有的行政化治理模式。由此可见，只要外部环境调整得当，社会组织在实际治理中是愿意选择法人治理模式的。要转换精英治理模式，同样可以从改善社会组织经营的外部环境着手，提升其自身的资源汲取能力，减少对特定组织或个人的资源依赖，实现治理模式的顺利转型。

### （二）激活社会组织法人治理建设的内生机制

法人治理包含静态的制度规范和动态的治理实践两个部分。两者关系应辩证看待：

制度规范是对治理实践经验的凝练与抽象，又反过来指导法人治理的实践。对大多数中国社会组织而言，法人治理并非自发形成，而是外生给定的。国家法律法规和民政部等政府部门的政策文件特别是各类社会组织的示范文本确实起到了规范作用，但这仅仅是实现社会组织法人治理的必要条件。因为每个社会组织遇到的治理情境与问题都是具体的、差异化的，难以简单套用抽象的治理规范。许多社会组织的法人治理之所以流于形式，就在于只是照搬了国家法律法规明确的法人治理规范，而没有在治理实践中，进一步在法人治理的规范框架下，生成更为具体的治理规则与策略。让社会组织内部治理有效运转起来，可以从三个方面着手：一是完善社团组织的会员大会民主机制，通过引入竞争性选举、轮换选举、累进投票制等机制，增强会员大会作为社团权力机构的民主性，夯实社团内部治理的合法性与民意基础。二是强化社会组织的理事会制度建设，理事会是社会组织内部治理与变革的关键所在。应着重完善理事会的会议召开制度，让理事会的运转规范化、常态化；同时，可以参照《罗伯特议事规则》等规范，制定理事会的议事规则，让理事成员在基于规则的治理实践中创制新的治理策略与制度，让理事会的运转更加民主、文明和高效。三是建立并完善内部监督机制。社会组织在条件具备时，可以设立监事或监事会等内部监督机构，独立行使监督权力，在理事会下设立财务审计委员会等具有监督功能的专委会，对秘书处进行监督。社会组织还应建立并完善信息披露和公开制度，及时向会员或公众公开会议纪要、财务状况等治理信息。

### （三）创新社会组织法人治理模式

社会组织法人治理的制度规范与正规化的组织结构，都是社会组织在现代社会或者说工业化社会中逐步产生并成熟的治理与组织形态。它既是我国社会组织在治理现代化过程中需要达到的目标，也是社会组织为适应新的社会变化，在将来要进一步超越的对象。首先，社会组织要探索新的组织形态。为了解决过度科层化的问题，社会组织应在扁平化、弹性化、整体化等方向上推进组织结构的创新，以减少组织纵向的层级数，破除横向的专业壁垒、形成以项目或服务对象为中心的新运营模式；其次，社会组织可以通过数字技术实现组织赋能，特别是在沟通决策、信息发布、资金筹集方面，现有的数字技术已经能在相当程度上替代甚至增强原来需要有科层组织才能实现的功能；最后，应创新社会组织利益相关者的多元治理机制，进一步构建与完善新型政会关系，探索枢纽型社会组织、社区社会组织、虚拟社会组织、企业基金会、公益项目等社会组织新形态、新领域中的治理模式。

## 本章小结

社会组织法人治理是法人组织治理的一个分支，具有法人组织治理的核心要素与功能，即通过建立合理的组织架构、权力配置与制衡机制，确保委托人对代理人的监督与激励，降低交易成本，解决逆向选择、道德风险等共性问题。完善的法人治理体系是社会组织健康发展的基石。因此，规范的社会组织法人治理体系应包括三个部分：确立内部组织架构与权力配置的法人治理结构；规定组织机构正式会议程序、权责的议事规则；建立社会组织内外部利益相关者的治理机制。当前，我国社会组织在形式规范上已经普遍引入法人治理模式，而在治理实践中依然面临精英治理模式、内部人控制与组织科层化的挑战。从外部环境、内生机制和创新社会组织法人治理模式三个方面来完善社会组织法人治理。

## 案　例

### 阿拉善 SEE 生态协会引入议事规则[1]

阿拉善 SEE 生态协会（以下简称 SEE 生态协会）成立于 2004 年 6 月 5 日，是中国首家以社会责任为己任、以企业家为主体、以保护生态为目标的社会团体。

（1）协会组织决策的重大挑战。SEE 生态协会成立之初，在其章程中就确立了平等参与、民主决策、权力制衡、公开透明、会员与公众监督的组织原则。然而，SEE 生态协会在将这些组织原则贯彻落实到组织的实际运作，特别是内部重大决策时，却遭遇到了巨大的挑战。SEE 生态协会采用会员制，吸纳企业家参与生态公益事业，每位会员每年缴纳 10 万元的会费。等额会费使得会员之间的关系也趋于平等。当协会内部议事时，与会成员更倾向接受较为平等的会议决策模式，即每个人都有同等的发言权，一把手说了算、一言堂式的会议组织方式行不通。与此同时，在较为平等的氛围下，会议召开得并不顺利，时常会受到会员不文明、不规范的议事行为的困扰，诸如：会议过程中随意打断别人说话，未经举手申请就讲话，讲话不控制时间，讲话不围绕动议展开，讲的过程中跑题，等等。会议经常给人一种凌乱的感觉，以致影响企业家会员的参会积极性。因此，如何在尊重平等参与原则的前提下拥有组织效率，成为 SEE 生态协会亟待解决的内部治理问题。

（2）《SEE 议事规则》的产生过程。2008 年 4 月，SEE 生态协会与《罗伯特议事规则》（第 10 版）的译者袁天鹏签订协议，委托他以《罗伯特议事规则》为基础，配合协会起草《SEE 议事规则》。袁天鹏在研究 SEE 生态协会历次理事会会议记录和视频资料后，结合罗伯特议事规则原理，于 2008 年 7 月 3 日提交了由 100 条规则组成的初稿。SEE 生态协会秘书长组织秘书处各部主管进行讨论，多次与对方进行逐条讨论，根据简单易行的原则，将初稿的 100 条压缩为 43 条。2008 年 8 月 6 日，SEE 生态协会秘书处将《SEE 议事规则》草案提交协会章程委员会审议，并由时任章程委员会主席的王维嘉提出修改意见。2008 年 10 月 10 日，SEE 生态协会二届一次理事大会讨论了由章程委员会提出的《SEE 议事规则》，并由部分理事提出修改建议，表决通过了由章程委员会提出的"将《SEE 议事规则》作为 SEE《章程》的附件"的动议。2008 年 12 月 20 日，在 SEE 生态协会二届六次执行理事、监事联席会议上，正式讨

---

[1] 杨鹏. 2012. 为公益而共和：阿拉善 SEE 生态协会治理之路. 北京：中信出版社. 有改动.

论表决通过了《SEE 议事规则》。

（3）《SEE 议事规则》的主要内容。《SEE 议事规则》由 1 个宗旨、7 条根本原则和 35 项规则共计 43 个条款构成。其宗旨是"在尊重每位参会者平等权利的前提下，使会议有效率地进行，形成有行动效力的会议决议"，遵循"多数决定"的表决形式，参会者依规则和程序表达个人意见并形成会议决议，会议授权主持人分配发言权，参会者须申请发言权，讨论必须面向主持，以"动议"为议事中心单元，参会人充分表达后进行表决等七条根本原则，并就辩论、动议、表决、选举大会、会议议程等议事事项做出了详尽的规定。

（4）《SEE 议事规则》的作用与成效。SEE 生态协会自主引入现代法人组织议事规则，带来的直接效果就是提高了议事决策的效率，原来开会时常见的随意插话、跑题等现象减少了，所议事情被更为充分地讨论，开会用时反而缩短了。通过引入议事规则，SEE 生态协会将依法自治、民主决策的理念，落实为具体的治理行为规范和可操作的议事程序，维护并规范了每位会员的议事权利与行为规范，实质性地提升了协会内部的治理水平。

**案例分析题：**

1. SEE 生态协会为何要引入议事规则？
2. 为什么 SEE 生态协会不直接引入《罗伯特议事规则》，而是重新编制规则？
3. 社会组织是否都有必要引入议事规则？
4. SEE 生态协会引入议事规则的做法在其他社会组织中是否具有可推广性？

**本章思考题**

❶ 法人治理的根本目的是什么？社会组织法人治理有哪些特殊性？
❷ 简述社会组织法人治理体系的基本构成。
❸ 简述社团法人和捐助法人治理结构的异同。
❹ 采取精英治理模式的社会组织应如何转型为法人治理模式？
❺ 如何解决社会组织法人治理中的内部人控制问题？
❻ 如何评价社会组织法人治理建设已取得的成就和存在的局限？

# 参考文献

奥尔森 M. 1995. 集体行动的逻辑. 陈郁, 郭宇峰, 李崇新, 译. 上海: 上海人民出版社.

沃尔特·W. 鲍威尔, 保罗·J. 迪马吉奥. 2008. 组织分析的新制度主义. 姚伟, 译. 上海: 上海人民出版社.

金锦萍. 2005. 非营利法人治理结构研究. 北京: 北京大学出版社.

梁能, 等. 2000. 公司治理结构: 中国的实践与美国的经验. 北京: 中国人民大学出版社.

罗茨 R A W. 1999. 新的治理. 本易, 编译. 马克思主义与现实, (5): 42-48.

梅慎实. 2003. 现代公司治理结构规范运作论. 修订本. 北京: 中国法制出版社.

史密斯 D H, 斯特宾斯 R A, 多弗 M A. 2018. 非营利管理辞典. 吴新叶, 译. 北京: 北京大学出版社.

史密斯 M R F. 2016. 非营利组织的治理: 联邦与州的法律与规制. 金锦萍, 译. 北京: 社会科学文献出版社.

田凯. 2012. 西方非营利组织治理研究的主要理论述评. 经济社会体制比较, (6): 201-210.

王名, 贾西津. 2003. 基金会的产权结构与治理. 经济界, (1): 40-45.

周俊, 张冉, 宋锦洲. 2017. 社会组织与慈善组织管理. 北京: 北京大学出版社.

周美芳. 2005. 论非营利组织治理理论与我国非营利组织治理的方向. 经济纵横, (8): 58-61.

Carver J. 1990. Boards That Make a Difference: a New Design for Leadership in Nonprofit and Public Organizations. San Francisco: Jossey-Bass.

Clarkson M E. 1995. A stakeholder framework for analyzing and evaluating corporate social performance. Academy of Management Review, 20 (1): 92-117.

Davies M, Prince M. 2010. Advertising agency compensation, client evaluation and switching costs: an extension of agency theory. Journal of Current Issues & Research in Advertising, 32 (1): 13-31.

Demise N. 1999. OECD principles of corporate governance. Sourceoecd OECD Industry, (42): 1-42.

Ellis R S, Johnson L W. 1993. Agency theory as a framework for advertising agency compensation decisions. Journal of Advertising Research, 33 (5): 76-80.

Fama E F. 1980. Agency problems and the theory of the firm. Journal of Political Economy, 88 (2): 288-307.

Fama E F, Jensen M C. 1983. Separation of ownership and control. The Journal of Law & Economics, 26 (2): 301-325.

Freeman R E. 1984. Stakeholder Management: Framework and Philosophy. Boston: Pitman.

Gies L, Ott S, Shafritz M. 1990. The Nonprofit Organization: Essential Readings. Pacific Grove: Brooks/Cole Pub. Co.

Holmstrom B. 1979. Moral hazard and observability. The Bell Journal of Economics, 10 (1): 74-91.

Jensen C, Meckling H. 1976. Theory of the firm: Managerial behavior, agency costs and ownership structure. Journal of Financial Economics, 3 (4): 305-360.

Nason J W. 1982. The nature of trusteeship: the role and responsibilities of college and university boards. Washington: Association of Governing Boards of Universities & Colleges.

Salamon L. 1997. The International Guide to Nonprofit Law. New York: John Wiley & Sons, Inc.

Wood M. 1995. Nonprofit boards and leadership: Cases on governance, change, and board-staff dynamics. San Francisco: Jossey-Bass, Inc. Pub.

# 第五章

## 社会组织战略管理

1. 理解社会组织环境与战略管理的基本内涵。
2. 掌握社会组织战略管理过程。
3. 了解社会组织合作战略。
4. 从战略视角分析中国社会组织发展问题。

● 战略是为实现组织使命和目标而采取的途径与方式，战略管理则是为实现组织的使命和目标，制定战略决策、实施战略方案、控制战略绩效的动态管理过程。社会组织的利益相关者、战略环境与企业组织不同，这决定了社会组织的战略管理过程、主要战略模式和战略重点与企业战略存在显著差别。本章在介绍社会组织环境的基础上，分析社会组织的环境匹配战略，重点阐述社会组织战略管理过程和社会组织的合作战略。

# 第一节　社会组织环境与环境匹配战略

## 一、社会组织环境及其基本类型

每个组织都存在于某一特定的，而且是必须与自身适应的物质、科技、文化和社会环境中。没有一个组织是自给自足的，所有组织的存在都有赖于其与外部环境的关系，社会组织更是如此。社会需求的变化会影响社会组织的发展，要求它们采取行动、做出反应，以满足新的社会需要，同时也为催生新的社会组织、创新社会组织服务形式提供新条件和新手段。例如，近年来出现的水滴筹、蚂蚁森林等公益平台和公益项目，就是在移动互联网快速发展的社会背景下产生的新的公益组织形式。

对于社会组织发展而言，对组织环境的分析和把握具有长期性、全局性的重大意义，是战略分析的起点。一般而言，组织环境是指存在于组织边界之外，对组织的总体或局部产生影响的所有要素。

我们可以通过分析组织外部领域认识组织环境。环境领域是由若干方面组成的，每个方面都包含存在相似要素的外部环境子系统。社会组织的环境领域可以从以下九个方面加以分析：行业、人力资源、社会服务需求、资金、技术、经济形势、政府与政策、社会文化以及国际环境。对于大多数社会组织而言，环境领域可以分为任务环境和一般环境两个层次，不同方面的环境要素可分别被归到这两大层次。

### （一）任务环境

任务环境是指与组织发生直接的相互作用，并且对组织实现目标的能力有直接影响的环境要素。任务环境一般包括行业、人力资源、社会服务需求等方面，对跨国社会组织而言，还可能包括国际环境。下面将举例简要说明这几个方面的环境要素是如何影响组织的。

（1）在行业方面，最直观的例子是行业协会。行业协会关注的是本行业及其从业人员的发展情况和前景，因此行业对其影响是直接且明显的。如果脱离行业这一环境领域，行业协会就失去了存在的意义。此外，其他类型的社会组织，也都有特定的行业类型，如社区服务、公益慈善、科技、环保类等不同行业，并可以根据业务活动做进一步细分。

（2）在人力资源方面，人力资源已经成为许多社会组织关注的重点，并体现社会组织的组织能力。当前，我国社会组织人力资源还较为匮乏，大部分社会组织都面临吸引人才难、留住人才难的困境。在一些社会组织中，人才的作用尤为重要，例如，对于基金会而言，高素质的金融人才能够促进基金会开源节流，创造和连接更为丰富的公益资源。

（3）在社会服务需求方面，社会服务机构能够填补政府服务空白，提供社会服务以满足社会各群体需求。例如，社会工作组织通常面向特定的人群提供专业的社会服务，社会服务需求直接决定了社会工作组织的服务对象和服务内容。

### （二）一般环境

一般环境是指那些对社会组织的日常工作可能没有直接影响，但会产生间接影响的各种环境要素，通常包括经济形势、政府与政策、社会文化、技术等。

（1）在经济形势方面，虽然社会组织不像私人组织那样重视经济收益，但是经济形势仍然是社会组织的重要影响因素。例如，在经济转型的形势下，就业服务组织针对年轻群体推出定制化的互联网创业指导服务，正是顺应了新的经济发展形势。

（2）在政府与政策方面，社会组织受政府引导和监督，受政策法律规范和约束。例如，近年来，政府主导的城市社区垃圾分类开始在各地试点，为了回应城市社区垃圾分类和减量的问题，沃启公益基金会承接万科公益基金会"城市社区零废弃"项目的管理运营工作，资助8家社会组织开展环境治理项目；还有一些社会组织针对疫情防控，在社区开展了应急管理的培训和服务活动。

（3）在社会文化方面，社会组织发展受到社会文化的影响。例如，女权组织的发展受到女权运动这一社会文化思潮的影响，同时在某种程度上，一些社会组织也积极推动社会文化的发展，如一些环保组织针对保护环境问题做了一些宣传教育工作，有效提升了公众的环保意识。

（4）在技术方面，最显著的是互联网的飞速发展及其相关技术的扩展应用。远程教育是一个典型的例子。以前，针对欠发达地区的教育支援往往是安排支教队伍直接到该地区服务，而现在远程教育提供了更多的可能性，社会组织可以通过互联网实现对欠发达地区的教育帮扶。

## 二、社会组织环境的不确定性

不确定性是外部环境的重要特征。不确定性意味着决策者不能得到关于各环境要素的完全信息，因而难以准确地预见外界的变化。不确定性增加了组织战略失败的风险，并使决策方案成本和成功概率的估算变得困难。环境的不确定性是由外部环境的复杂性和不稳定性共同决定的（图5-1）。

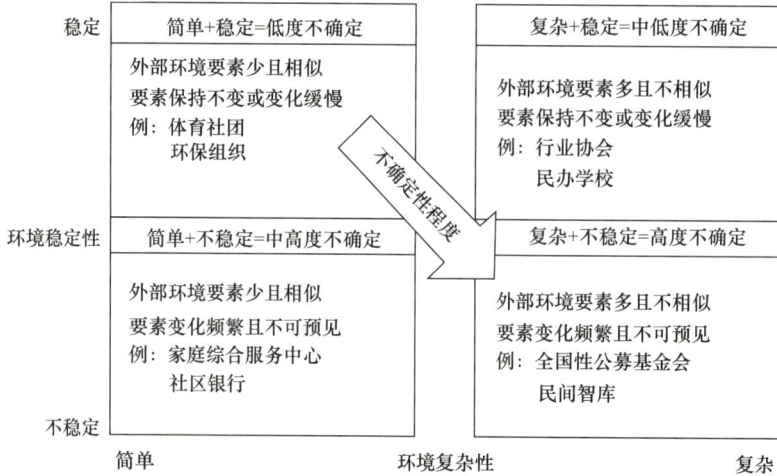

图 5-1　社会组织环境不确定性分析框架

资料来源：Duncan R B. 1972. Characteristics of perceived environments and perceived environmental uncertainty. Administrative Science Quarterly,（17）：313-327

　　简单-复杂维度指环境的复杂性，即与社会组织运营有关的外部环境要素的数量和不相似程度，通常也被称作环境的异质性。例如，全国性公募基金会面临的是复杂的环境，因为各地的社会服务需求、经济形势、支持政策以及社会文化等环境要素复杂且各不相似。而像家庭综合服务中心一般面对的是一个社区，对它而言外部环境因素相对简单。

　　稳定-不稳定维度指环境要素是否是动态、多变。如果在几个月或几年时间内环境领域一直保持不变，那就是相对稳定的环境。例如，体育社团面对的就是相对稳定的环境，虽然会有技术上的进步，但是各要素还是基本保持稳定的。而民间智库只有跟紧日新月异的社会发展脚步，才能够根据实际问题有针对性地建言献策，因此民间智库面对的就是更加不稳定的环境。

## 三、社会组织环境匹配战略

　　有关组织战略的理论和学说众多，但主要以企业组织为研究对象。如前所述，社会组织性质及其面对的环境都有其独特性，因而社会组织的战略有着与企业组织不一样的特征。对此，本书主要借鉴纳特和巴可夫《公共部门战略管理》一书中的基本框架，对社会组织战略展开分析。

　　对社会组织而言，社会组织不但可以对竞争者的行动做出反应，也可以改变它和利益相关者以及与其他组织（这两者构成了社会组织的环境）的关系。组织可以以此建立或维持与环境的适应、妥协或协作的关系。图5-2中，加号表示可能有效的战略，减号表示倾向无效的战略，箭头表示增加战略有效性的路径。如果组织总是像过去一样对所有需求都做出回应，就会限制它们选择的战略，从而继续采取老一套的战略。如果组织根据利益相关者的需要来决定回应方式，则它们不但会有更大的选择范围，而且更有可能选择与实际情形最相符的战略。

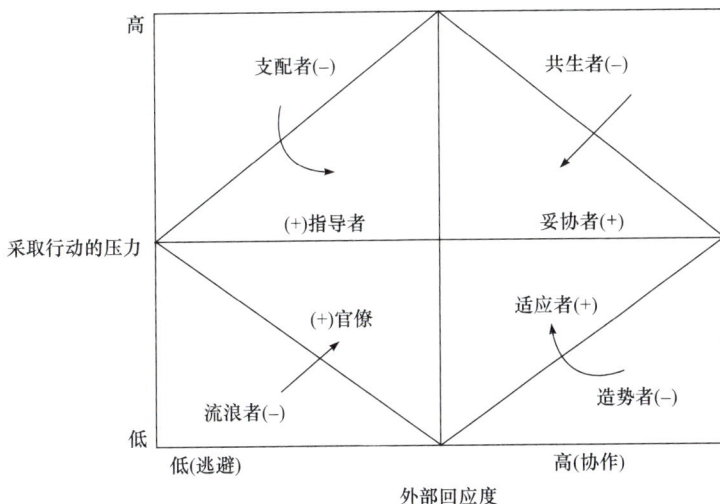

图 5-2 与社会组织环境相匹配的战略

资料来源：纳特 P C，巴可夫 R W. 2016. 公共部门战略管理. 陈振明，等译校. 北京：中国人民大学出版社

最成功的战略是图中箭头所显示的那些向对角线上方移动的战略，这些战略要求组织的回应度应与采取行动的压力的变化情况相一致；反之，对角线外部的战略有效性较低，因为回应度与采取行动的压力情况不一致。

## （一）高行动性战略

### 1. 支配者战略

支配者采用的战略强调用快速行动应对出现的新需要，极少考虑对合法权威的回应。图 5-2 左上方的象限属于这一类型，这一战略的动机是，自由选择行动并使行动与责任分开。

### 2. 指导者战略

在动荡的环境中，社会组织应尽力将支配者战略转变为指导者战略，如图 5-2 所示，这一战略性转变能增强组织对重要需求的回应度。指导者战略属于中等到高度行动取向的战略，它对其行动承担中等的责任。

如果环境仍然允许，组织可以不为自己的行动负全责，那么，实行指导者战略的组织可以生存很长一段时间。但是，如果环境改变，要求组织为自己的行动负更多的责任，组织的战略则要向共生者战略转变，即向图中的对角线上方移动。通常来说，新的指令（如为组织增加新使命的立法）是组织需要进行转变的信号。

## （二）低行动性战略

### 1. 造势者战略

不采取行动的战略被称为造势者战略。这种战略的制定者研究每一个信号，以确定

行动能否得到充分的保障，并且不断告示将要采取的行动。但是他们很少将这些行动付诸实践。主要是因为他们的工作日程已经被一大堆不重要的问题塞满，单是对这些问题的研究就已经使他们不可能再有时间和精力去采取其他行动。这种战略不能给问题定性，也没有任何关于确定问题优先顺序的标准，因而不如那些针对性战略有效。

采取造势者战略的组织不停地列出问题清单，并交由其他人去处理。由于不能对问题定性，组织显得没有一致性和不负责任。想要做的事情和能做的事情之间有着差距，而对差距的漠视是产生不一致的根源。那些无法解决或需要极高成本才能解决的问题会引发矛盾，而组织不愿为这些问题寻找解决方法，这就更加加剧了矛盾，给人造成组织不负责任的形象。

### 2. 适应者战略

适应者战略中包含了一些造势者战略成分，不同的是，它为问题议程注入了更多的行动成分。这使得适应者战略比造势者战略更为有效。图 5-2 中向对角线方向的移动显示了这一点。一些行业协会会采取这一战略，因为这类组织有特定的服务对象，如果有人对行业提出改革建议，行业协会就会带头表明该行业的立场并采取一定行动。

当组织能对外界需求做出适度回应，并且它面临的环境仍处于可预测状态时，组织的适应者战略将是一种有效的战略。这一战略将促使组织用一系列行动管理它所熟悉的局部环境。当环境变得更为动荡时，组织需要采取妥协者战略。而采取妥协者战略并向共生者战略转换的组织更有可能生存下去。

### （三）行动与回应度的结合

图 5-2 所显示的对角线反映了社会组织要获得成功所必须采取的移动方式。图 5-2 左下侧的象限中，组织在一种没有议程的状态中运作。为了让组织沿着对角线方向移到适当的位置，组织必须向对角线的上方移动，以便它能更加主动地认识到环境的变化，并做出合理安排。

### 1. 流浪者战略

如果环境对组织的要求很少，组织可以采取流浪者战略，这一战略使得组织可以偷懒。利益相关者对组织要求的不明确可能会使组织的使命非常模糊，从而导致这类组织经常采用流浪者战略。组织内的人员逐渐习惯于无所事事，导致他们仅做一些表面工作以营造他们正在做某种工作的气氛。每隔一段时间，由于新领导者上任，或由于害怕自己的表面化的工作被人发现，这类组织往往会努力寻找能赋予组织某种目的的战略。

流浪者战略也有可能是组织正处于高能量消耗之后的恢复期，在超负荷紧张工作一段时期后，有些组织为了嘉奖员工，可能在一段时期内放松对员工的工作要求。而"过于舒适"的工作可能会成为一个陷阱，因为长此以往，低活动水平将逐渐成为一种为缓慢的节奏和低水平努力做辩护的标准（Bardach，1977）。

### 2. 官僚战略

那些只为非常明确的需求采取适度行动的组织采用的是官僚战略。在平静的环境中，这是最能够被接受的战略。

与企业的监护人战略相似，官僚战略依赖常规和标准程序。这一战略者往往采取防御姿态，通过预算最大化和隐瞒未用资金以便为将来公共资金减少时做准备等手段，保护这些常规和标准程序。他们将这些常规和程序作为组织的独特能力，其动机是为了保护组织，使组织的预算不会像其他组织一样，在资金紧缩时期被削减。

### 3. 妥协者战略

当组织面临明显的行动需求时，必须采用比官僚战略更为积极的战略。妥协者战略就是组织应对动荡环境中几个局部领域的行动需求，并将这些需求和可能的组织行动按优先顺序排列的战略。通常，组织的每一个局部领域都有一些利益相关者，他们又都会有一些非常特定的需要，但组织却并不一定有足够的资源满足所有领域的全部需要。妥协者战略通常按照利益相关者的重要性向各局部领域分配资金，但这些标准经常会变得十分复杂，这也是组织者制定战略时所要考虑的重要因素。

为了支持只向某些局部领域而不向其他局部领域投入资源的决定，妥协者战略通常会将监督机构拉入决策过程。由于每一个局部领域都要求特别的计划和服务，妥协者战略通常比官僚战略要复杂得多。将各局部领域的需要与组织将要做出的回应（如服务项目）相匹配，构成了组织战略的主要内容。在动荡环境中的组织经常将紧急需要当成要处理的局部领域，如果这些需要特别紧迫，就需要对资源重新分配并制定出新的计划。当新的需要以越来越快的速度出现时，采取行动的要求会变得非常紧急，从而会打乱各个局部领域的排列顺序。最初，组织会试图重新分配资源和使用闲置的资源以满足这些需要，但当新的需要以更快的速度出现，使得重新分配资源变得不可能时，组织则需要采取共生者战略。

### 4. 共生者战略

所有战略中最主动的一类叫共生者战略。如果环境处于动荡状态，而且各种需要变化迅速，必须合作才能对形势做出回应，那么，组织就需要采取这一战略。图 5-2 显示了这一点。共生者战略通过为多种多样且不断变化的需要设计不同的行动，来回应和满足这些需要。对社会组织来说，竞争并不是必需的，相反，它们更加强调相互合作以满足人们的需要。

共生者战略来源于组织对内外部利益相关者支持的整合。这一过程既可以从在组织内部中处于重要位置的领导要求采取行动开始，也可以从外部立法机构或其他利益相关者认为必须满足的新需要开始。共生者战略要求内外部人员进行对话，在对话过程中，内部人员要向外部人员做出回应，或向外部人员坦白自己的观点。一旦这一对话开始，战略就会随着合作方逐步达成行动共识而得到发展。

共生者战略与企业中的探索战略相似，都要求对变化的需要做出回应，且这些需要以相似的紧急程度和强度出现，这一点就像顾客的偏好迅速改变，从而形成了企业所面临的不断变化的市场一样。为了应对紧急需要，组织发展出一套特别的结构和政策。组织读取外界的信号并对它们做出解释，通过寻找新的解决方法，组织发起了一些以这些需要为基础的战略制定活动，并通过协作来实现目标。

### （四）环境匹配战略转换

社会组织可能会经历不同战略之间的转换，如从适应者战略转向妥协者战略，或从指导者战略转向妥协者战略，一般来说，要证明向共生者战略转变的正当性相对困难，要维持共生者战略也很难。要转向共生者战略，组织必须让权威网络的关键人物清楚地认识到行动需求的紧迫性，一旦外部人员被动员起来，那么内部人员和外部人员就开始对话，并产生对行动的要求，促使组织采取行动并解决问题，而问题一旦解决，组织就可以转向妥协者战略。只有组织所处的环境仍然非常动荡而且其权威网络中的关键人物也认识到这一情形时，组织才可以继续维持共生者战略。高效的社会组织会在认识到环境的动荡时，选择以共生者战略取代妥协者战略。

如果采取共生者战略的组织试图巩固已有成果或重拾它的传统，它就会定期转向妥协者战略，组织的领导者可能会面临向传统顾客提供服务的压力，为此，他们向这部分顾客分配更多的组织资源。共生者战略可能要求组织采取一些不在其章程内、可能受到监督机构质疑的行动。以上两种情形都会将社会组织从共生者战略拖向妥协者战略，正如企业中的探索战略和利用战略一样，妥协者战略和共生者战略两者都非常有用。但相对来说，共生者战略比妥协者战略更有可能带来突破性成果。

处于转变期的社会组织会在服务内容、顾客、扮演的角色、义务、人员等方面产生巨大的变化，为了完成这一转变，社会组织需要采取共生者战略，这种转变一般发生于外界需求变化极快、组织间必须通力协作才能做出回应的时候。协作能给组织带来戏剧性的变化，产生新的关于组织未来的愿景。组织只有认识到需求的变化性，并以合作的态度做出回应，才有可能获得转变的成功。在另一种情况下，有些组织会忽视因需求变化以及由此带来的行动压力，这类组织既不可能是有效的组织，也不可能是有创新的组织，这些组织往往采用适应者战略或妥协者战略来处理紧急需求，采用这类战略的组织原本可以更有效，但由于采取不当的战略，它们难以体现这种有效性。

## 第二节　社会组织战略管理过程

本节重在阐释社会组织进行战略管理的过程。为了使战略管理过程更为直观，我们把战略活动分为六个阶段，包括描述历史背景、进行形势评估、提出议题议程、制定战略、评估可行性和实施战略，这六个阶段中每一阶段都需要重复地进行探究、综合和选择三个步骤。其中，战略管理小组是领导战略管理活动的主体，他们在员工的支持下，完成对每个过程阶段所需信息的收集和概括，在战略管理的早期阶段，其工作重心是战略的制定，而在后期阶段，其重点渐渐转向战略的实施。

### 一、描述历史背景

在第一阶段中，战略管理小组要识别出那些反映了社会组织所承受压力的外部环境的变化，并在此基础上确定组织的愿景和目标。战略管理小组要重建组织有特殊意义的历史，对趋势事件和方向进行分析，了解它们过去的变化，并预测将来可能发生的变化。

根据系统的四个组成成分，即市场、项目、资源和管理实践，战略方向的变化可以相应地分为四类。社会组织的市场由监督主体向组织提出要求和组织察觉到服务对象的要求两部分组成。这些要求不但指明了组织要回应的事情，而且表明组织重视委托人或公众希望和期望所产生的需要。项目是社会组织所提供的服务及其所指向的服务对象。资源是组织执行项目时可以使用的手段，包括财务手段、人员手段和物质手段。管理实践是指应用组织能力实施战略的过程。组织行政机制就是以它们为中心而构建的。系统中可能出现的变化包括：市场从按需求提供服务转向按配额提供服务；资源由政府预算转向社会捐赠；项目中由针对低收入群体的非专业化服务，转向针对地方工商企业的专业化服务；管理实践由被动反应转向主动出击；等等。

### （一）收集描绘趋势、重大事件和方向的信息

在战略管理小组举行第一次会议之前，管理人员需要通过调查，采取多种手段来收集历史背景的信息。例如，咨询战略管理小组成员，以及询问他们参与小组的过程，往往可以收集到非常丰富的信息，管理人员要将事件趋势和方向进行合并，并将它们评出等级，从而得出能够描述历史背景的重要信息。

### （二）确定愿景

战略管理小组成员依据对趋势事件和方向清晰的认识，创设组织未来几年内的发展愿景。愿景包括对组织将来可能面对的最好以及最坏情形的认识，最好的情形指明了前进的目标，最坏的情形则是组织要努力远离的最低起点，战略管理小组应该为组织描述这两种愿景的特征。许多服务机构把平衡张力作为它们的目标，这些张力包括：既满足特殊用户的需要，又保持整体的高服务水准；既能处理好收入来源，又能协调不同项目间的资源配置。组织的理想愿景反映了这些处于相反的力量间的张力（以议题的形式出现）。愿景还提供了目标，使组织可以据此评估战略活动，以及组织实现愿景的能力。清楚准确地说明未来可能出现的结果是一件非常困难的事情，但用愿景取代目标就可以克服这一困难，因为愿景只提出组织发展方向及其意义，并不要求对结果做出详尽说明。

### （三）与私人组织的区别

社会组织与工商企业所处的环境不同。企业通过选择其所属产业的市场或细分市场，为其业务发展制定战略，战略管理者从销售利润获得各种反馈信息，并据此检验特定战略的适宜性。然而，社会组织不但要回应政府部门的监督，还必须就提供的服务向其委托人做出回应。因此它们的战略重点就从简单的市场依赖转到更复杂的政治、经济和法律考虑上来。

社会组织网络表明，许多个体和团体都与组织的战略利益相关，这就要求在社会组织的战略管理中，利益相关者能够直接参与到战略管理过程中，并发表意见和建议。对于工商企业来说，它们最主要的利益相关者就是其股东，因此企业最重要的任务就是获得较高的短期利润。而对于社会组织来说，重构历史有着特殊的用处，它可以帮助这些

组织应对各种困难，如权威限制和宽泛的所有权等。因此，确定战略的前提是战略管理者必须明确权威网络中关键人物的影响和需求，这些因素都是组织历史背景的一部分，组织设计新的行动方案时，必须考虑这些因素。

人员的流动、环境的变化等因素使得社会组织必须定期对事件的趋势和方向做出评估，以把握外部环境所提出的各种要求。这种评估不仅能帮助战略管理小组挖掘新的服务，改变服务内容，识别用户认为没有价值的服务，同时对权威网络背景的分析也有助于找出可能导致战略无效的关键性制约因素。

在社会组织战略管理过程中，用愿景代替目标的主要原因是社会组织的目标往往模糊而且无法澄清。私人组织，如工商企业，可以将利润数作为目标，绝大多数企业的战略管理都使用了某种形式的利润衡量方法，并在众多的行动方案中做出选择。对社会组织而言，不存在与利润等同的目标，相对而言，社会组织的目标更加模糊。如果目标不明确，修改或者评价当前活动就存在困难。此外，当组织缺乏目标时，利益相关者就会对任何变革提出异议，这样一来，组织往往会根据过去实践和传统智慧来确定其战略，这会阻碍组织的战略变革。为了提出可表明意图的目标，本书采用"愿景"这个概念，愿景阐释的目标能够以具体的词语来表述，它可以反映出组织的使命和长远目标，从而为各方提供一条折中的途径。

## 二、开展形势评估

对历史背景的详细说明使战略管理小组对过去有所了解，并由此产生一条关于组织未来发展的理想途径。在下一阶段中，管理者要考虑的是组织当前面对的形势。为了完成这一阶段的活动，战略管理小组要明确当前的优势、弱点以及未来的机会、威胁，并将它们分成不同的等级。这一阶段使战略管理小组直面组织的压力，这些压力可能包含了完全相反的趋势。只有经过第一阶段的历史回顾和第二阶段的形势评估，战略管理小组才有可能正视组织的弱点和威胁，而不是去指责其他各方（Ansoff，1984）。明确组织的优势，可以让战略管理小组看到组织所拥有的能力，从而增强其处理弱点和威胁时的信心，这一理想化过程使人更加积极地寻找有助于实现组织愿景的各种机遇。

### （一）收集 SWOT 信息

SWOT[strengths（优势）、weaknesses（弱点）、opportunities（机会）、threats（威胁）]信息最初是通过调查收集的，在收集描述历史背景信息的时候，被调查者也被要求填写这些信息。SWOT 信息很有启发性，它们通常为确定后续行为提供重要的依据。表 5-1总结了某精神康复中心、儿童服务办公中心优先考虑的 SWOT 因素。

**表 5-1　两家社会组织的 SWOT 分析**

| 因素 | 精神康复中心 | 儿童服务办公中心 |
|---|---|---|
| S | 1. 地方社区讨论会<br>2. 具有较强洞察力的高级职员<br>3. 明确的目标和使命 | 1. 例外和上诉机制<br>2. 内部检查<br>3. 职员的专长<br>4. 公众对委托人的承诺 |

续表

| 因素 | 精神康复中心 | 儿童服务办公中心 |
|---|---|---|
| W | 1. 与媒体和立法机构的关系较差<br>2. 约 50% 的预算被用于患者较少的医院<br>3. 部分工作人员不能胜任工作<br>4. 公务员式的工作制度对雇员没有激励作用 | 1. 预算削减导致服务减少<br>2. 外部机构对儿童服务办公中心的影响<br>3. 不断增加的护理费用<br>4. 无法评估项目的影响 |
| O | 1. 关闭医院，并将资金用于精神康复中心<br>2. 培训不能胜任工作的人员<br>3. 培训以前的患者<br>4. 对患者进行跟踪服务 | 1. 立法<br>2. 基层的支持<br>3. 要求创新和变革的呼声<br>4. 有效的游说<br>5. 公众的支持 |
| T | 1. 预算不稳定<br>2. 社区人员对出院患者的恐惧<br>3. 有特殊利益的集团<br>4. 监狱里有以前的患者 | 1. 预算和资助削减<br>2. 立法机构和行政官员对儿童服务办公中心的作用理解不够<br>3. 立法和规章不明确<br>4. 与服务机构身份接近 |

资料来源：纳特 P C，巴可夫 R W. 2016. 公共部门战略管理. 陈振明，等译校. 北京：中国人民大学出版社

## （二）与私人组织的区别

SWOT 的重点因组织所属部门不同而有显著差异。首先，企业有界定清晰的市场，与政治的关联度不高；社会组织的情况则与此相反，它们的市场界限较宽泛，权威网络给它们施加了各种压力。其次，企业由机会拉动。对企业而言，战略管理面临的挑战是找出无数机会中隐藏的威胁；而社会组织则由威胁推动，外部环境要求社会组织尽量少花钱，对资金精打细算，其挑战则是在各种威胁中发现机会。

# 三、提出议题议程

## （一）议程管理

建立问题议程是第三阶段要处理的核心问题，前两个阶段已为它做了铺垫。本书认为，议题是一种困难，对组织运作方式或组织达到其向往的目标的能力有重大影响，而且人们对这种困难没有一致的看法（Ansoff, 1980），议题既可以是组织内部的，也可以是外部的，或二者兼有。一般情况下，社会组织的战略管理小组需要找出当前管理中要优先考虑的几个议题，从而创建一个问题议程，同时，组织的动态性以及它所处环境的动态变化，使得战略问题议程会在一两年内发生变化，使新的议题将进入议程，不合时宜的议题将退出议程，战略管理者必须定期检讨和修正问题议程。

问题议程是战略管理过程的转折点，因为余下的活动较少集中于历史背景，而较多集中于确定处理主要议题的实质性活动。需要注意的是，不是一定要有了目标才能进行战略思考。相反，参与者可以利用重构的历史和理想化的未来目标，构建组织发展的目标，通过把重点转移到组织目标与现实情景的差距，战略管理小组可以确定一个当前必须处理的议题、议程。

有几种研究潮流支持议题管理。第一，"议题"正成为人们更喜欢使用的概念，人们在这一概念的基础上制定战略，议题管理与高效管理者制定战略的方法一致（Kingdom，1984）。第二，张力是矛盾的一种特殊情形，是一种紧张关系，张力及其两面思考法和认知学习的基本步骤相吻合，通过把议题表述为张力，议题管理能带来良好的效果（荆世群，王文兵，2020）。以国际某知名期刊为例，该期刊 2016 年创刊，经过短短 4 年时间，该期刊就被国际知名文献检索系统《社科科学引文索引》（social sciences citation index，SSCI）收录，使该期刊发展早期面临稿源少、组稿难的问题得到了极大缓解，但不到一年的时间，主编发现个别与期刊主题不符、质量不是很高的论文也通过了匿名评审程序，为此主编将这一问题纳入议程，专题召开编辑部会议，重申建设领域顶刊的发展愿景，讨论期刊愿景与潜在的论文质量之间的紧张关系，并由此形成了包括加强编辑部投稿论文主题把关、组织主题学术研讨会、组织专题征稿等一系列提高论文质量的措施。

### （二）与私人组织的区别

用张力构建议题特别适合社会组织。因为这类组织所面对的政府和市场力量会在同一时刻把它们拖向不同的方向。如果组织对一个张力做出反应而不应对另外的张力，那么组织有可能会陷入困境。例如，要满足潜在的需求，就会和要求削减预算的财政机构发生冲突。如果不处理好这些张力，组织就会受到权威网络中财政机构的制约。另外，社会组织采取的行动常常会引发不同部门对同一议题支持或反对的意见，这些部门包括媒体、利益集团和政府机构等，而在企业中，这些张力就不会这样复杂，企业面临的张力主要产生于竞争者的行动，以及对这些行动的反应。

## 四、制定战略

在第四阶段中，战略管理小组确定可行的战略行动，以处理每个议题，这一过程从要处理的最重要的议题开始，我们可以发现，不同的议题来源于对优势、弱点、机会和威胁的不同配置，在每种配置中，它们的相对重要性都不一样。SWOT 重要性的变化可以使战略管理小组看到各种复杂的、作用于组织的动态因素，以 SWOT 为指导方针产生行动理念，有助于组织把握这些复杂的动态因素。

### （一）战略主题与战略原则

为了确定组织将采取的战略行动，战略管理小组需要一份清单，上面列出组织需要优先考虑的议题，以及组织的优势、弱点、机会和威胁。

战略由具有共同主题的行动理念组成。各种行动方式，如实施一项新计划，确定行动的结果和影响，或描述一个由一系列行动组成的过程，等等，都可以产生主题。用于确定各种议题间的关系的方法，同样可以用来确定各种战略间的关系。战略管理小组把每个战略同其他所有战略相比较，以确定战略的相互影响度和这些影响的大小。图 5-3 显示了一个战略行动如何变得依赖于其他战略的可行性，这些议题与战略管理者所关注的中心战略有着紧密联系，很难将它们分离开来。

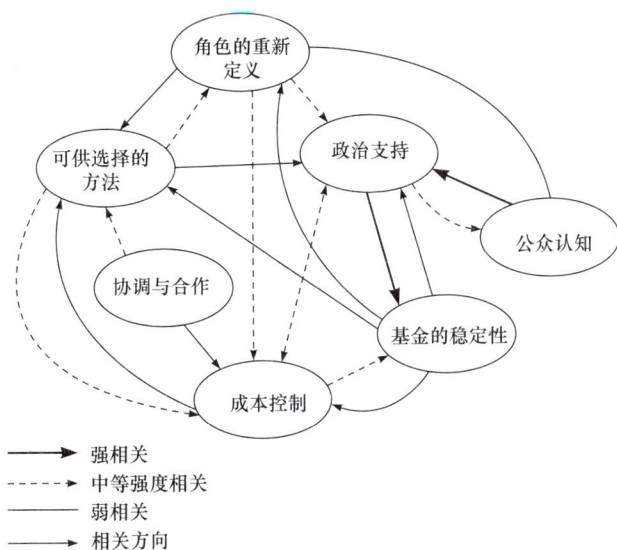

图 5-3　某公共服务机构战略中的原因-结果关系

资料来源：纳特 P C，巴可夫 R W. 2016. 公共部门战略管理. 陈振明，等译校. 北京：中国人民大学出版社

可行的战略行动源于战略原则，这些原则包括依托优势、克服弱点、利用机会、遏制威胁等，将 SWOT 与议题相结合所得出的推论，有助于引发更多具有创新性的战略行动。

### （二）与私人组织的区别

企业可以采取出售横向和纵向整合、并购及其他能改变企业领域的积极战略，而社会组织则更倾向于采取反应性的战略，原因之一是这些组织一般都受到管辖权或领域上的限制。一般来说，战略应该采取渐进的形式，以便在机会和威胁之间取得平衡。如果战略太过激进，则可能激化各种反对意见，进而对将来要做的工作造成损害，但如果战略太过于被动，则组织会被迫使用威胁处理策略，忙于四处扑火。小心谨慎地处理议题和 SWOT 中的内在张力，能帮助社会组织以可行的方式回应各种关切。

## 五、评估可行性

对社会组织战略的评估不同于传统的可行性评估。战略评估需要进一步探讨新战略会对哪些人造成影响，其他团体将如何影响新战略的成功执行。需要关注与战略有政治、财政、管理、职业利益或利害关系的人和组织，并预测他们在战略制定和实施中的反应。

同时，战略评估还需要评估执行战略所需的资源，这里，不仅需要对所需的财政资源进行评估，还需要对所需的政治法律制度、职业资源和那些能分配这些资源的人进行评估。利益相关者和资源分析揭示了成功执行战略所需要的外部关键支持，高层管理者对获取这些外部关键支持负主要责任，而操作性和技术性的工作则可以委以下属，第五阶段的可行性评估要确定组织必须加以管理的关键利益相关者，并明确执行过程中必不可少的资源。

### （一）利益相关者分析

时间及资源的有限性要求我们找出需要优先考虑的利益相关者。战略管理小组要列出拟定中的战略的利益相关者，他们通常包括服务对象、重要的支持者、合作单位和服务提供者。列出利益相关者清单之后，战略管理小组按照议题的重要性和其在议题中所处的位置将利益相关者分成不同的等级。对利益相关者进行等级鉴定，可以明确他们各自有何种能力及其能力的大小，从而体现每个利益相关者对战略行动的影响程度，在下一阶段中，这一分析将被用于利益相关者管理。

### （二）资源分析

资源分析与上述过程相似，首先列出执行重点战略所需的资源及资源供给者，内外部资源及其供给者常常是相关的，他们提供帮助的形式可以是财政的，也可以是非财政的，如劳动力、权力和合法性、地位、知识或经验等。列出实施某一战略所需的资源及其所属的种类和提供者之后，便可对以获取所需资源为目的的行动进行评估。战略管理小组按战略所需资源的重要性和潜在的可获得性对它们进行评估，对资源的评估可以分为四个层次：要素匮乏（关键但不会得到）、核心支持（关键且易得到）、辅助支持（不关键但易得到）和不相关（不关键且不易得到）。这种等级鉴定可以找出要成功实施战略所必须获得的资源，在转向实施战略阶段之前应用这个检验，可以保证战略执行有成功的机会。

### （三）与私人组织的区别

相较于企业而言，社会组织利益相关者众多且对组织发展影响巨大，因此，社会组织必须对利益相关者影响战略实施的动机及其能力进行详细的评估，以争取利益相关者的支持，共同推动战略的实施。

## 六、实施战略

### （一）利益相关者管理

战略的任何变化都会引起广泛的关注，我们实施战略的主要目的是回应这些关注，而不是论述建立新程序的步骤。战略管理涉及许多项目，以监控和评估利益相关者可预见的活动，并需要对资源提供者加以管理。战略管理小组要检查每一类的利益相关者，包括反对的、拥护的、未决的和不重要的，要确定每一类中的利益相关者的数量和比例，然后对他们进行进一步分析，以得出每个利益相关者的支持或反对程度，确定每一类中相关者的同质性，以及他们结盟的可能性，并识别出可作为游说对象的、持中立态度的利益相关者，进而选择出管理每一类利益相关者的策略。

对于潜在的持反对意见的利益相关者，可以考虑采用如下策略：①未决的和不重要的利益相关者类型中的中立者，通过找出这部分中立者可以发现潜在的联盟；②采取措施，防止支持反对意见的利益相关者与上述未决的利益相关者结盟；③防止持反对意见的利益相关者在暗中削弱拥护者；④确定必须对哪些持反对意见的利益相关者进行突袭，以防止他们调动反对力量；⑤挑出部分持反对意见的利益相关者，并针对他们采取应对措施；⑥与持反对意见的利益相关者讨价还价，以确定一个至少可以保证他们采取中立态度的战略。

对潜在的拥护者应采取的管理方法包括：①向他们提供增强其信念的信息；②吸收关键的支持者加入战略管理小组进行讨论，或让他们成为团队成员；③请持拥护态度的利益相关者将战略介绍给那些不热心的人；④当需要在各种态度之间寻求平衡时，要求中立的利益相关者表明态度，在支持者和反对者都表明自己的立场后，再对战略做出反应。

未决的利益相关者提出的管理问题较少，但适度的防范还是有益的，管理这部分利益相关者的方法则有：①准备一些防御策略，以防止未决的利益相关者联合起来公开反对战略；②尝试对中间派进行沟通和教育；③重新解释战略，以消除过于消极的利益相关者的隐忧。

不重要的利益相关者仅在特殊条件下（如他们同质且数量较大）才需要适当地加以管理，主要策略如下：①以较低的成本对处在重要和不重要边缘的利益相关者进行沟通和教育；②通过支持者来争取不重要利益相关者的参与，以表明战略的受支持度。

### （二）资源管理

战略管理小组要对每一类资源进行分析，以决定每类资源中各种资源的数目和比例，尤其是将"要素匮乏"与"核心支持"两类资源中的资源数目进行对比。一般情形下，依赖于匮乏资源的战略是危险的，组织必须采取相应策略管理资源：第一，改变目标用户，其资源可以从辅助支持转变为核心支持，这个方法可能需要组织外部权威网络的同意；第二，内部资源再分配，重新制定预算，将一些不重要项目的预算调整到战略发展项目上来；第三，请求那些拥护组织战略的重要利益相关者为组织筹划资金，或从其他项目中再争取分出一部分资金，从而使组织的战略变得可行。一般来说，争取关键用户和组织权威网络中重要人物的支持，是战略实施的关键。

如果核心支持的利益相关者提供了充足的资源（或是可以用上面提到的战略，将这些资源转入其中），战略管理小组便可以着手实施战略，以确定将这部分资源用于该战略。

## 第三节　社会组织的合作战略

### 一、社会组织合作关系概述

任何单个组织在解决社会问题时难免会遇到资源匮乏的情况，在很多情况下，社会组织往往需要通过与其他组织合作以创造更大的社会价值。社会组织之间、社会组织与企业之间、社会组织与政府机构之间建立起战略联盟，已经成为社会组织的重要发展战略。

### （一）合作的重要性

通过建立合作关系，社会组织及其合作伙伴能够更有效地利用各自的资源。对于社会组织管理者而言，与其他组织合作至少有以下几个方面的好处（张远凤等，2016）。

首先是获得合法性。在社会组织注册登记的双重管理时代，创办社会组织必须有业务主管单位才能获得在民政部门进行登记注册的资质，由此才可能取得合法身份。党的十八届三中全会后，对于行业协会商会类、科技类、公益慈善类和城乡社区服务类四类社会组织，开始取消业务主管单位要求，直接由民政部门登记注册。然而，不管是否有对业务主管单位的要求，社会组织管理者如果能够与政府部门进行良好沟通，得到政府的信任和支持，对于自身取得合法身份是十分重要的。

其次是获取资源。社会组织往往面临资源缺乏的难题。即便是在国家和市场力量较为强大的共同体中，社会组织在资源的结构和规模方面也存在缺陷，因而将社会组织资源来源的不稳定和不可靠概括为"志愿不足"。出现这一现象的主要原因在于组织的慈善资源受到社会经济波动的影响。当经济处于繁荣时期，社会组织获得的资源总量大，来源稳定；当经济处于下行时期，社会组织获得的资源总量小，来源不稳定，易受到重大社会经济事件的影响（崔月琴，张冠，2014）。因此，与外部组织，包括企业、政府机构、基金会和其他社会组织保持合作是社会组织获得资源的重要渠道。

最后是获得公众的信任和支持。公众的信任是社会组织的生命线，获得公众的信任不仅需要好的管理和服务，而且需要有效的沟通和宣传。社会组织可以借助合作伙伴的力量来扩大宣传和影响，推动事业的发展，促进组织使命的达成。

此外，通过与合作伙伴的合作，还能分享合作伙伴的经验，提升自己的管理和服务水平。

### （二）社会组织之间的合作

社会组织的合作对象可以是其他社会组织，也可以是政府、企业、媒体或其他机构。在实际运作中，社会组织往往同时与多个组织合作（张远凤等，2016）。例如，盖茨基金会与默克公司以及博茨瓦纳政府合作，以阻止艾滋病在这个国家的蔓延。再如，敦和基金会发起的"公益优才计划"与北京市银杏公益基金会、深圳壹基金公益基金会、成都市慈善总会、北京市西部阳光农村发展基金会等合作开展联合资助，以支持公益组织招聘筹款、传播专岗信息为切入口，探索公益领域专业人才培养和机构的可持续发展。

社会组织的有效性取决于其专业化程度，而一个社会组织所能达到的专业化程度取决于整个非营利部门乃至整个社会分工达到的水平，社会组织之间的分工首先是资助型、服务型及平台型组织的分工，然后是各组织在服务领域和服务对象上的进一步分工。社会组织之间的分工不仅可以使各个组织更加专业、更有效率，而且可以使服务覆盖地区、覆盖人群、覆盖领域，更加符合现实需求，也更加公平。

近年来，我国社会组织逐渐意识到分工协作的重要性，开始探索组织间的分工协作。例如，公众环境研究中心（Institute of Public and Environmental Affairs，IPE）为方便公众了解身边的排污不达标企业，与北京"绿家园志愿者"、甘肃"绿驼铃"、河南"淮河卫士"和安徽"绿满江淮"等环保组织携手，对当地公布的污染企业和超标污水处理厂进行定位。根据采集到的经纬度，IPE 把这些不达标企业标注到数字地图上，以便社区公众了解身边的风险源，共同参与污染源的监督治理。

但从总体上看，社会组织之间的专业化分工还有待深化。目前，我国的社会组织尚未形成资助型、服务型和平台型组织的合理分工。在社会组织发达的国家，基金会往往扮演资助型组织的角色，由它们资助服务型组织使其直接为会员或公众提供服务，而平台型组织则为资助型组织和服务型组织提供人力资源、技术培训、信息服务以及评价监督等服务。其中，基金会与服务型组织之间的分工是第一步。然而，目前来看，我国基金会的功能分化程度还比较低，大部分基金会的主要精力仍然用在自己运作项目上，而不是资助其他运作型组织上。美国不仅有基金会这样专业化的筹款机构，还有专业化的人力资源供给机构。我国的基金会应该逐步由运作型向资助型组织转型，功能应该定位在筹款、理财、项目资助和监督评估等方面，减少直接项目运作，通过资助其他服务型社会组织来推动自身的可持续发展，并成为社会部门的金融机构和服务型社会组织的"孵化器"（高功敬，2012）。

由于我国社会组织分工程度比较低，因此一些个人采取的是亲力亲为的慈善捐助行为。这种行为虽然有利于推动慈善事业的发展，但没有充分体现专业化分工的优势。如果捐助者能够通过基金会和其他社会组织分工合作来实现其慈善意愿，将会大大提高其善款的使用效率和有效性。

社会组织之间合理分工的实现有赖于行业服务组织或支持性平台的建设。美国有许多基金会行业服务机构，如以提供信息服务为主的美国基金会中心（US Foundation Center），以促进行业自律为主的美国基金会理事会（Council on Foundations）和美国全国慈善信息局（National Charities Information Bureau），以专业化开展公益资金投资活动为主的美国共同基金（Mutual Fund），以及其他众多专业化的研究机构。这些行业服务机构为美国基金会的繁荣提供了必不可少的专业化支持。同理，我国也可以通过行业整合、内部协调及外部联合等方式积极推动各类行业服务组织的建立与发展，从而为社会组织和公益事业的发展提供支持平台。例如，中国国际民间组织合作促进会等机构就扮演了支持平台的角色。

另外，由于民政部门尤其是基层民政部门的人、财、物资源有限，因此难以对社会组织的日常活动和运作情况进行有效的监控，通过行业组织建立有效的行业自律机制，可以弥补政府监管的不足。此外，行业组织还可以助推社会组织发展，提升社会组织能力。社会组织管理者所面临的主要问题之一是他们的孤立化和小型化。行业组织可以将分散孤立的社会组织管理者联系起来，建立广泛的人际网络，可以使社会组织管理者分享创意和资源，并进行信息交流，相互学习经验和教训。比如，2005 年 10 月成立的企业公益伙伴网络，就是为我国的民间公益组织和有志于为社会服务的企业提供信息与资源交流的平台，该网络通过举办民间公益组织和企业合作的各种培训交流活动，帮助民间公益组织获得资源、提升能力。

## 二、社会组织与政府的合作关系

### （一）政府与社会组织合作的类型

与政府合作是社会组织取得成功的关键因素。例如，2009 年，李嘉诚基金会捐资 5000 万元人民币与民政部合作，率先在青海、甘肃和宁夏三地推行"西部贫困家庭疝气儿童手术康复计划"项目，免费帮助该地区贫困家庭中患疝气、年龄在 2 ~ 14 周的儿童解除疾患。这是李嘉诚基金会继与民政部合作开展"重生行动——全国贫困家庭唇腭裂儿童手术康复计划项目"后的另一个社会公益项目。该项目首年治愈病例约 6000 个，整个项目期内西北地区数万名疝气患者得到救助。另外，很多民间环保组织如"自然之友"通过与政府部门合作，取得了独立行动所不能取得的成绩。

美国学者科斯顿（Coston，1998）建立了一个从国家层面理解政府与社会组织之间关系的框架，提出了一个由八种关系模式组成的连续图谱，如图 5-4 所示。

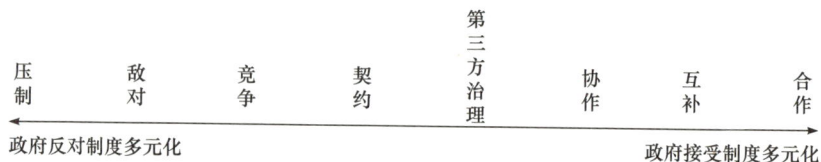

图 5-4　政府与社会组织之间关系的连续图谱

资料来源：Coston J M. 1998. A model and typology of government-nonprofit organization relationship. Nonprofit and Voluntary Sector Quarterly, 27（3）：358-382

政府与社会组织之间究竟是分离的关系还是整合的关系，在实际运作中并非泾渭分明。它们是关系谱上的一个阶段或一个过程，并且始终处于变化和演进之中。

党的十八届三中全会以来，我国社会组织蓬勃发展，政府职能转移、四类社会组织直接登记、行业协会商会脱钩改革等改革实践稳步推进，使社会组织从数量增长、规模扩张向能力提升、治理作用的发挥转型，并在社会建设中发挥着越来越重要的作用。特别是党的二十大和《党和国家机构改革方案》对社会组织党建做出新的部署，使政府与社会组织的关系不断向"整合型关系"迈进。在"整合型关系"模式下，政府与社会组织的沟通往来频次增加，政府对社会组织的信任度和资源开放程度提高，逐步构建起功能互补、彼此合作的新型关系。在这种关系模式下，社会组织可以进一步参与公共服务决策，共同参与公共事务治理，合作构建"共建共治共享"的社会治理新格局。

### （二）社会组织与政府合作关系管理

官方背景的社会组织与政府有着天然的联系，比较容易建立和维护合作关系。尽管如此，社会组织要在与政府的合作中长期保持良好关系并且保持自身的独立性，在依附性和自主性之间取得平衡，也并不是一件容易的事。而草根组织想要建立与政府的合作关系则更具挑战性。

官方背景的社会组织，其创办人和管理者往往曾经是某行政官员，熟悉政府的运作方式，建立了政府部门的人脉关系，取得了政府部门的信任。这样的社会组织与政府的合作过程往往比较顺利。但合作的代价可能是牺牲组织的独立性和自主性。

　　缺乏官方背景的草根组织与政府的合作越来越广泛。一般来说，草根组织在与政府的合作中，一方面要理解政府在与社会组织关系中的主导地位，懂得与政府合作的重要性，清楚自身在合作关系中的地位，另一方面社会组织要积极主动地与政府沟通，掌握公共政策导向，赢得政府的信任。"草根大哥"徐文财的经历就是一个很好的例子。2006 年，徐文财在杭州创办了致力于提高农民工素质、维护农民工权益的"草根之家"网站，尽管没有在政府部门工作的经验，但他十分明白争取政府支持的重要性。为此，他参加了中国社会科学院社会政策研究中心等五家学术研究机构联合主办的第三届"社会政策国际论坛暨系列讲座"，论坛上有关民间组织如何与政府良性沟通的内容令他大开眼界。他积极与政府沟通，取得了杭州市总工会、共青团和精神文明建设办公室等机构的支持，举办了一系列活动，如 2007 年 9 月在杭州市总工会的支持下成功举办草根文化艺术节，2008 年 1 月在杭州市青少年活动中心的支持下成功举办农民工春晚。

## 三、社会组织与企业的战略联盟

　　20 世纪 90 年代以来，社会组织与企业之间的联系越来越多。一方面，社会组织苦于资源匮乏，需要开辟新的资金来源；另一方面，由于社会上逐渐形成关注和参与公益事业的氛围，企业的社会责任日益成为企业发展的重要议题。在这种背景下，越来越多的社会组织通过与企业合作来获得资金、技术和经验，以及回应公众对社会问题的关注。同时，企业也可以获得更高的销售额、更好的公众形象、更高涨的士气。当然，社会组织与企业合作也存在风险。

### （一）社会组织与企业合作关系的类型

社会组织与企业之间的合作关系主要包括以下几种基本类型。

#### 1. 交易

当企业向社会组织购买或出售商品、服务技术设备时，两者之间的交易就发生了。

#### 2. 许可经营

社会组织可以出售自己的名称或商标、使用权或者按销售额的一定比例提成来获得收入，类似于许可经营。例如，美国癌症协会与一家生产戒烟产品的公司——史密斯·克莱恩公司合作，在广告中介绍它们作为合作伙伴来帮助人们戒烟，克莱恩公司为此付给美国癌症协会 250 万美元商标使用费。

#### 3. 联合推广

联合推广也被称为事业关联营销（cause-related marketing）。事业关联营销是企业为了增加销售收入而向社会组织进行捐赠的营销活动。事实上，许多营销活动并不能马上刺激销售，但是可以通过提高企业或品牌的形象、鼓舞员工士气来产生长远影响。

事业关联营销与传统的慈善捐赠不同，因为在传统捐赠中，企业并不通过大张旗鼓地宣传来获得利益。此外，区分传统捐赠和事业关联营销的重要标准是看捐赠是否出自企业的营销预算。事业关联营销始于 1982 年，当时美国运通公司（American Express）的首席营销官韦尔什（Jerry Welsh）推出一项促销活动，承诺每当顾客使用一次美国运通卡就为旧金山的艺术界捐赠 5 美分，每增加一名新卡使用成员就捐赠 2 美元。3个月内，该活动筹集了 10.8 万美元。这个方法很快被其他公司模仿，并在全球范围流行开来。

#### 4. 伙伴关系

社会组织与企业结成伙伴关系，一起开展活动，社会组织实现使命，企业增加利润。这也是一种双赢的合作模式，能够发挥社会组织和企业各自的比较优势。例如，支付宝与中国绿化基金会及其他公益组织一起推出的"蚂蚁森林"项目，就是企业与社会组织持续合作，结成伙伴关系以寻求持续性地解决社会问题的一种方式。

### （二）社会组织与企业合作关系的风险管理

社会组织与企业合作可能存在风险，社会组织管理者对此要有充分的认识和考量，通过风险管理来降低风险。

社会组织与企业的合作可能存在合作失败的风险，即使合作成功，也可能面临活动受限、声誉受损等风险。如果合作失败，社会组织付出的时间、金钱和精力都会受损。且与一家企业合作，就意味着丧失与该企业的竞争者合作的机会。合作企业还可能通过合作限制社会组织的活动，因为企业可能希望"控制"慈善活动或者只是对社会组织提出要求而不承担风险。合作行动的商业味太浓或者对合作企业的过度宣传行为，都可能会给社会组织的声誉带来负面影响。当合作企业出现问题或丑闻时，社会组织可能会受到牵连，使社会组织的声誉受损，这不仅妨碍社会组织完成其使命，甚至危及社会组织的生存和发展。

因此，社会组织在与企业合作时，应该建立一套风险管理机制，通过有效的风险管理降低或避免合作可能带来的风险，真正实现双赢。一般来说，社会组织在管理合作风险时，应该坚持以下基本原则。

首先，要审慎选择合作伙伴。社会组织首先要评估组织自身的实力和不足，了解能增加合作伙伴价值的所有途径，考虑机会成本，谨慎选择并严格审查合作伙伴，采取有利于双方达成长期战略的合作途径。社会组织要确定企业合作伙伴在理解社会问题和解决办法方面与自己具有相似的兴趣和利益，明确各自在合作中扮演的角色。不要选择兴趣和利益与组织相冲突的合作伙伴。

其次，坚持坦诚面对公众。合作双方应该与公众进行坦诚的交流，避免让公众以为企业在利用社会组织的正面形象掩盖其劣质产品。企业必须坦诚地在合作开展的活动中公布投入了多少、捐赠了多少、获得了多少。只有坦诚对待公众，才能赢得他们的信任，合作双方才能真正获益。

再次，不要过分受制于企业合作者。企业一般喜欢控制和利用慈善活动，有时甚至做出超出双方约定的合作范围的举动。因此，社会组织应该在合作协议中严格界定双方合作的领域、内容和权责关系，避免冲突。例如，公募基金会可以与企业合作建立以公益为目的的营销联盟，为了避免自身的公益形象在合作中受损，基金会应当与企业合作者建立平等的伙伴关系，并明确约定权利和义务。

最后，要公正地评估合作成果。对合作成果进行客观公正的评估，对于从每次合作中吸取经验、改进未来绩效具有重要意义。仔细的评估工作也能为将来吸引和选择企业合作者奠定基础。

## 本章小结

战略管理对于社会组织发展具有重要意义。社会组织的战略管理者要评估组织发展的内外部环境，制定议题议程；为要优先考虑的议题制定备选战略，分析执行重要战略所需的利益相关者和资源，以评估其可行性；参与利益相关管理和资源管理，以实施战略管理。与企业战略侧重竞争战略不同，社会组织的利益相关者特征决定了合作战略是社会组织战略的重点。社会组织的合作战略体现为社会组织之间、社会组织与政府之间、社会组织与企业之间建立起战略联盟。社会组织与企业合作可能存在风险，社会组织管理者对此要有充分的认识和衡量，通过风险管理来降低风险。

## 案 例

### 壹基金的合作战略[①]

壹基金成立于 2007 年 4 月，由著名影星李连杰创立，2011 年 1 月落户深圳。壹基金主要关注灾害救助、儿童关怀与发展、公益支持与创新三大领域。近年来，壹基金发展迅速，社会影响力不断扩大，以 2018 年为例，壹基金全年共开展救灾 56 次，与公益伙伴和志愿者团队合作 1 万余次，参与项目活动志愿者达 13 万多人，在全国的 3975 个学校/社区开展项目活动，直接受益人群达 240 多万人，捐赠收入同比增长 25%。

依靠创始人李连杰强大的个人影响力，壹基金在创始之初就在理事会建设上获得了众多知名企业家和社会人士的支持，根据壹基金 2018 年年报，壹基金第三届理事会成员包括马蔚华、马化腾、李连杰、马云、王石、牛根生、冯仑、柳青、周惟彦、俞敏洪、李弘等。从基金会中心网可以检索到，马蔚华、马化腾、李连杰、马云、王石、牛根生、冯仑、柳青、周惟彦、俞敏洪等都身兼多家基金会理事，基于这样的连锁理事关系，壹基金与其他基金会形成了如图 5-5 所示的连锁理事网络，通过进一步分析我们发现，连

---

① 吴妍. 2021. 我国基金会连锁理事网络及其绩效影响. 杭州：浙江大学.

锁理事网络为基金会的发展做出了重要贡献，如阿里巴巴公益基金会、腾讯公益基金会与壹基金在募资和公益项目方面广泛开展合作，这对壹基金的资源获取和公益发展具有重要的推动作用。例如，壹基金与腾讯公益基金会合作，2018 年"99 公益日"活动总计筹款 7600 余万元；阿里巴巴公益基金会多次向壹基金捐赠，2018 年联动爱心企业开展"特定商家捐赠特定项目"以及海外商家公益宝贝支持等活动，筹款 600 多万元；2020 年 1 月捐赠 300 万元用于乡村图书馆项目；在公益项目方面，壹基金联手阿里巴巴公益、菜鸟裹裹共同发起的"一 JIAN 公益联盟"，与百度公益基金会合作开展旧衣回收、母婴知识公益巡讲等一系列的公益活动。

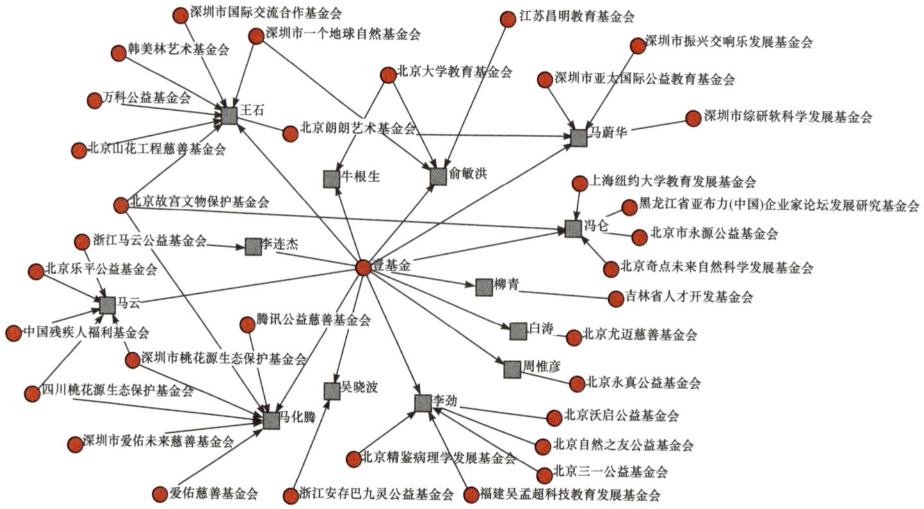

图 5-5  深圳壹基金公益基金会连锁理事网络

除了连锁理事网络，壹基金还根据不同的组织类型和自身需求将合作关系分为四种类型：①爱心合作伙伴，即以善款捐赠形式支持壹基金的企业以及团体，如微软中国有限公司、星河集团、招商银行；②专业合作伙伴，即利用本身所具有的财务、法律、市场等专业技能或资源，无偿提供相关服务的企业、团体，如空中网、优酷；③推广合作伙伴，即无偿提供自身宣传推广平台和渠道，与壹基金开展深度合作的媒体协会，如网易财经、新浪、腾讯网、淘宝；④公益合作伙伴，即与壹基金整合各自资源达成合作，共同推进公益慈善事业发展的非营利性公益组织或团体，如北京富平学校、兰州绿地志愿者协会。

**案例分析题：**

1. 壹基金为什么采取合作战略？

2. 针对合作关系，壹基金进行了怎样的战略管理？

3. 从跨部门合作的角度谈谈壹基金面临哪些合作风险？如何有效控制这些风险？

**本章思考题**

❶ 与企业组织相比，社会组织的战略环境有哪些突出特征？

❷ 社会组织有哪些环境匹配战略？

❸ 社会组织战略管理包括哪些基本阶段？简述它们之间的关系。

❹ 社会组织为什么要重视对合作关系的管理？

❺ 社会组织如何管理战略合作中的风险？

# 参考文献

崔月琴，张冠. 2014. 社会组织管理模式变迁及创新路径. 江海学刊，（1）：99-106.

高功敬. 2012. 中国非公募基金会发展现状、困境及政策思路. 济南大学学报（社会科学版），22（3）：63-71，92.

荆世群，王文兵. 2020. 张力：概念、方法与意义. 教学与研究，（12）：48-56.

纳特 P C，巴可夫 R W. 2016. 公共部门战略管理. 陈振明，等译校. 北京：中国人民大学出版社.

吴妍. 2020. 我国基金会连锁理事网络及其绩效影响. 杭州：浙江大学.

詹少青，胡介埙. 2005. 西方政府——非营利组织关系理论综述. 外国经济与管理，27（9）：24-31.

张远凤，邓汉慧，徐军玲. 2016. 非营利组织管理：理论、制度与实务. 北京：北京大学出版社.

Ansoff H I. 1980. Strategic issue management. Strategic Management Journal, 1（2）：131-148.

Ansoff H I. 1984. Implanting Strategic Management. Englewood Cliffs: Prentice Hall.

Bardach E. 1977. The Implementation Game: What Happens After a Bill Becomes Law. Cambridge Mass: MIT Press.

Coston J M. 1998. A model and typology of government-NGO relationships. Nonprofit and Voluntary Sector Quarterly, 27（3）：358-382.

Kingdom J W. 1984. Agendas, Alternatives and Public Policies. Boston: Little,Brown,and Company .

# 第六章

## 社会组织领导力与人力资源管理

1. 了解社会组织领导力的界定、定位与培育。
2. 了解社会组织人力资源管理的岗位构成以及团队性质。
3. 熟悉社会组织人力资源选、用、育、留的特征与方法。
4. 掌握合理配置人力资源、激发员工工作热情和激励志愿者的基本技能。
5. 掌握社会组织志愿者管理的内容和方法。

● 人力资源管理的关键要素包括领导力和人才管理机制。领导力的科学发挥是人力资源管理优化的前提，当下有些社会组织的领导力缺失，需明确其定位并制定合理的培育措施。人才是社会组织最宝贵的资源，能否对人才进行科学有效的管理，取决于社会组织是否进行了合理的人力资源管理规划与执行。目前，有些社会组织存在专业人才缺乏、人力资源管理不成体系、组织领导青黄不接等问题。社会组织应提高对人才管理的重视，寻求适应组织自身发展状况的管理办法，完善人事制度，壮大人才队伍，激发员工热情，发挥领导潜能。本章重点介绍社会组织人力资源的构成、社会组织人力资源的职能，为社会组织人力资源的选、用、育、留提出建议。

## 第一节　社会组织领导力

### 一、社会组织领导力的界定

社会组织领导力具有概念的内涵与外延。狭义的领导力是指明确组织方向、创建一致性，在共同工作的团队中提出愿景，并引领团队实现愿景的过程（Van Velsor et al.，2010）。我国社会组织在党的指挥下，大部分领导工作由主管及理事会等领导机构完成。一个正常运行的、健全发展的理事会，可以保障社会组织具有明确的发展方向，监督社会组织日常的各项行为，带领社会组织成员共同奋斗、携手合作，从而实现组织目标。

社会组织的人力资源具有公益性动机，因此领导力在这方面显得尤为重要。社会组织成员怀有社会责任感与个人爱心，围绕组织共同的公益使命与目标，发扬志愿精神，团结合作。鉴于社会组织的公益性运作方式，社会组织的领导层在组织内外沟通、项目监督、绩效评估、战略规划、财务管理等工作中，都需要考虑社会组织的特殊性，并做出合理的预估和判断，从而获得令各方满意的结果。领导层既需要对社会组织的复杂性有充分的认识，还需要组建具备高素质与较强能力的专业执行团队。

当下社会组织领导面临复杂的情境。一方面，我国社会组织成长的历程较短、发展较快，大多由政府组织改制而成，这种自上而下的半官方背景导致社会组织反映的多是政府意志，这类组织往往对于个体领导力的发掘不足，行政色彩较为浓郁，习惯按章办事；另一方面，草根组织因为组织规模和资源供给等问题，往往很难匹配到高质量的领导群体，还容易产生对初创期发起人依赖过重的心理，导致后者背负巨大的组织生存压力和自我约束责任，面临重重考验。领导力缺失的根本原因是社会组织整体不强大和不独立，以及相关制度的不完善和不规范。

## 二、社会组织领导力的定位

在管理学大师德鲁克看来，社会组织的最大潜能就是发掘外部资源和人才。社会组织与企业相比，没有雄厚的财力资本；与政府相比，没有强大的国家机器。社会组织对人才的挖掘是其成长与发展的核心竞争力，就这一点来说，社会组织寻求高效的领导团队或领导个体很有必要。

理事会是社会组织的领导团队，承担的责任十分重大。一个合理发挥领导力的理事会才能保证社会组织的欣欣向荣，保证社会组织整体人才作用的发挥。作为领导团体，社会组织的理事会要学会以理性的思考与客观的评估为依据做出决策，同时兼具感性的价值观传递，时刻坚守以人为本的理念，为员工考虑、为社会考虑。领导团队要具备积极性、主动性、公正性，要对人才潜力进行挖掘，发挥对员工行为的积极带动作用，主动吸纳整合组织内外广泛的社会资源，打造目标清晰、团结一致、公正廉洁、不断奋进的管理班子，以及具有较强凝聚力的社会组织团队。

每个领导个体都具有自身特质。根据魅力型领导理论，不同的领导会展现自我不同的魅力风格，在支配欲、影响欲、自信心和道德价值观等方面都有突出体现。社会组织中的领导个体，在施展自己的领导才华时应尽情释放自身魅力。由于社会组织的领导背景迥然，因此其领导风格多样。根据领导情境理论，领导力效能的发挥主要取决于下属的接纳程度，领导应根据情境特征确定合适的领导风格，即个体在社会组织中发挥领导力时，应当根据组织的具体要求，结合自身的特点，有的放矢、因地制宜地采取合理措施。各类社会组织在为各领域服务时设立的领导目标不尽相同，组织内包括政府官员、企业家、社会知名人士、媒体人士、专家学者等具有不同背景的兼职领导人士，与社会组织专业管理者所侧重的领导要点和发挥的领导力作用必然是不尽相同的。

基于上述定位，我们提出发挥社会组织领导力的几个思路引领，以帮助社会组织负责人确认领导目标、拓展领导思路，从而展现高效的领导力量。

（1）以人为本，重视对人力资源的管理。建立适宜的人才招揽、培养、激励方案，塑造社会组织的爱才形象，最大化地吸纳外来人才、留住内部人才，培育候选梯队，壮大组织力量。

（2）跨界沟通，搭建社会组织对外交流平台，为社会组织获取外界信息、吸纳外界资源力量、整合链接社会资源做准备，塑造开放的、交流的、包容的社会组织形象。

（3）战略引领，因地制宜地规划组织战略，及时处理组织内部存在的财务、规划、项目等问题，完善组织内部关于日常管理的规章制度，使组织绩效突出，为组织赢得荣誉。

（4）发挥魅力，展现个体领导风格，有智慧地对员工施加影响，带领社会组织成员挖掘自身潜力，追逐组织与个体共同目标，打造团结奋进的社会组织团队，塑造学习成长型的组织文化。

（5）形象维护，清醒地认识自我责任和义务，保持良好的道德操守和个人品德，遵纪守法，遵循社会主流价值体系，定期培训学习，与时俱进，重视自身领导力的创新。

### 三、社会组织领导力的培育

社会组织领导力的培育和施展需要一个长期的过程。对于组织来说，需要制订长期的领导力培养方案，这包含对未来领导人员的发掘、考察、培育、选拔、任用及评估等一系列管理行为，涉及大量成本投入。大部分社会组织迫于组织规模限制，在领导力培育手段上并不能做到尽善尽美。但是，社会组织仍应当重视领导力培育机制的设立，尽可能地避免出现"领导断层"现象。随着社会组织规模的不断扩大和资源的不断丰富，社会组织可以尝试从以下几个方面入手，制订组织的领导力培育计划。

（1）增加对现有员工的培训。从内部关注人才，培养一批适合组织的候选领导队伍，在聘用管理人员时，考量其领导潜能。在现任领导离任前，要对候选人进行评估，同时提出使用建议。

（2）组织可根据自身的要求与特点，从外部寻找合适的领导人选。外来领导要熟悉并认可组织使命，组织也要信任领导的能力，放手让新领导组建自己的班子，并且给予其一定的适应与调整的时间。

（3）对已经在职一定时期的领导，要及时给予考评和监督，确保其职能履行到位，并根据需要为其安排领导力课程培训。

随着全球化进程的加快和社会组织地位的提高，社会组织的领导类型似乎也脱离了传统领导的刻板套路，展现出全新的风貌。无论性别、年龄、职业，只要怀有社会责任感并具备相应的领导能力，人人都可以加入社会组织，寻求个人领导力的施展空间。对于已经在社会上占据某一行业领导地位的精英人士来说，社会组织是他们步入人生新舞台的绝佳选择。

## 第二节　社会组织人力资源的构成

### 一、社会组织成员的岗位构成

自德鲁克提出"人力资源"概念以来，对人力资源管理的重视已经体现在各行各业，社会组织自然不能例外。人力资源管理的对象是人，而人正是社会组织中最为宝贵的资源。如何对社会组织的人力资源进行管理，关系到社会组织人力资本的最大限度发挥和人才价值的最大化使用，对社会组织的日常运作和未来发展具有重要意义。

学习人力资源管理，首先要了解组织内的成员构成。广义的社会组织人力资源的类型构成包括理事会成员、秘书处成员、监事会成员和志愿者。狭义的社会组织人力资源包括有酬员工和志愿者。

### （一）理事会成员

理事会是社会组织的领导团队，也是社会组织的最高决策机构。理事会成员中大部分是社会组织的发起人、负责人或核心骨干，他们负责确定社会组织的宗旨和使命、规划组织战略目标、努力拓展社会资源、招聘下属人员，以及监督组织运作等工作。

### （二）秘书处成员

秘书处成员是指在社会组织中拥有固定岗位、领取工资收入的管理人员，负责执行理事会的决定，进行组织项目方案的策划、执行与反馈，以及具体财务工作、行政工作、市场营销和公关工作，还负责对志愿者进行具体管理。

### （三）监事会成员

监事会是社会组织中的监督机构，负责对社会组织的日常业务活动进行监督和检查，并且对社会组织的管理人员进行监督，防止滥用权力、工作懈怠等现象的发生，从而保障社会组织的健康有序运行。并不是所有的组织都会设立监事会，有一些组织由于规模较小，因此不设立监事会，但可以委派个人担任监事以履行相关职能。

### （四）志愿者

志愿者是指自愿加入社会组织，不以获取报酬为目的的成员。鉴于志愿者的重要性，本章第四节将针对志愿者进行专门讨论。

社会组织的成员间分工有所不同，工作内容也有所侧重。一般而言，秘书处成员和普通志愿者都要服从理事会的领导，普通志愿者还需要服从具体管理人员的指挥。但是在实际工作中不论是志愿者还是管理层，都须相互监督、共同协作，及时制定解决方案。

社会组织中不同类型成员的工作各有侧重，但是理事会成员、秘书处成员和志愿者的身份不是完全割裂的，而是可以相互转换的。换言之，理事会成员也可以作为一名普通的志愿者，参与到社会组织的日常项目中，而志愿者经过训练成长和专业经验的累积，也可以被正式聘用为有酬劳的工作人员，参与对社会组织的管理。

## 二、社会组织成员的主要来源

由于我国社会组织发展历程较短，过去我国社会组织人力资源构成较为单一，大多是兼任，具备社会组织管理知识和技能的专业人员占比较少。我国的第一批社会组织大多是由国家机构转变而来的，这些在民政系统注册的具有半官方背景的社会组织，其很大一部分管理者是退休或在职兼任的高级公务员。他们怀有社会责任感和公益热忱加入组织，为社会组织的初创成长做出了重要贡献。同时，我国许多地方性社会组织，受双重管理体制的影响，选择挂靠在当地的事业单位或社会团体中，这间接导致了这类社会组织的管理层中，很大一部分管理者拥有官方组织或者机关单位的工作背景。这类人员在拥有相关政府背景的同时，还对公共事业饱含热情，他们可以起到连接各方资源、架构对话渠道等作用，在社会组织发展的扩散阶段发挥了重要作用。

随着市场经济的不断发展和社会成员整体素质的提高，越来越多的企业家、学者、演员等社会名流，出于社会责任意识和公共事业情怀，自发组建社会组织，主要目的在于回馈社会。例如，浙江企业家成立的浙江敦和慈善基金会、明星李连杰发起的壹基金杭州滴水公益等，都是由民间力量发起的非营利组织。伴随社会组织的规模的不断壮大和社会化程度的加深，人们对社会组织使命的了解和认可度也在不断增加，专业化学习的开展以及国内外行业交流的增加，也为社会组织培养出一批有社会工作实际经验或者专业背景的人才。社会组织不断扩大的人才储备库，为社会组织招募专业管理人员降低了难度。

除了管理层人力资源构成的不断丰富，越来越多的普通市民在接触到社会组织后，也选择加入社会组织的活动中。例如，近年来我国就出现了"全民公益"热潮。我国社会组织人力资源来源日益多样化、社会化、民间化。

## 三、社会组织的团队

团队是基层人员和管理层所组成的一个共同体，能够合理利用每一名成员的知识和技能，协调合作，解决问题，以达成团队的共同目标。团队需要以集体目标为导向、以相互协作为基础、以技能互补为优势、以规范制度为保障，从而努力成为优秀集体的代名词。社会组织的团队类型多样。与一般团队相比，社会组织的团队成员既具有同质性，也具有异质性。

### （一）团队的同质性

一支高效的团队，需要成员对团队表现出高度的忠诚，为了团队的共同目标做出最大限度的努力。这种忠诚和奉献也被称为一致性承诺。社会组织的团队成员，出于对团队使命的认同感，在浮华和诱惑下，选择了踏实和坚守；放下了懒惰和享受，付出了艰辛和努力；抛却自私与冷漠，坚守互助与友爱。这一系列"舍"与"得"，体现出社会组织成员为了团队的公共目标而选择放弃部分私利的高尚行为。组织团队遵循的是社会组织的公共使命与宗旨，在执行任务时，所产生的社会影响远远超出团队本身的工作范围，工作也由此得到升华。社会组织需要重视对团队一致性的开发，从而提高团队的整体素质，提升组织的社会影响力。

### （二）团队的异质性

不同于一般组织的团队构成，社会组织的团队成员来自五湖四海，在年龄、身份、职业等方面具有显著的差异性。

#### 1. 团队成员类型多样化

由于社会组织在初期招聘时，准入门槛并不高，所以组织成员在年龄、职业等基本信息上差异化比较大，团队成员构成呈现多样性和广泛性的特点。这告诫我们，在管理时严禁"一刀切""想当然"，要多一分耐心，多一分理解。在给予团队成员基本尊重和权利维护的基础上，应当采取柔性化的人本管理方式，注重发挥不同类型成员的特长，实现团队优势互补。例如，涉及体力劳动，青壮年更能展现自身体能优势；在护老爱老活动中，少年儿童的天真可爱更容易打动对方；在慈善捐赠活动中，具备一定社会地位的精英人士往往可以带动更多外界资源的投入；在救助活动中，专业的医务志愿者是团队的核心与关键；在支教活动中，学生志愿者一般是最佳人选。团队成员的优势引领，并不代表选择固化；相反，通过对差异化团队的科学分析和合理匹配，团队成员可以实现技能互补、优势叠加，使得组织整体质量稳健提升，达成 1+1>2 的效果。

### 2. 管理层与志愿者的差异化

社会组织的管理层与普通志愿者之间也存在差异。团队管理人员的专业技能水平要求较高，并具备相当的管理水平，而志愿团队要听从安排，参与和执行社会组织的各项任务。管理者和一般志愿者之间，要学会相互理解、相互配合。管理者擅长的是团队的领导和管理工作，而普通志愿者则主要是跟从与配合整体。社会组织的人力资源管理要注意到这种差异性：对于普通志愿者应该积极鼓励其参与到团队活动中来，以增强团队力量和扩大其规模。对于专业的管理人员，社会组织需要仔细审查其任职资格，在团队中给予他们密切的关注和监督，对其给予合理的岗位激励，从而保障团队前进方向的正确性和日常管理的有效性。

## 第三节　社会组织人力资源管理的职能

## 一、社会组织人力资源规划

### （一）社会组织人力资源管理面临的问题

社会组织的人力资源管理，是指为实现组织的宗旨，运用现代人力资源管理理论，不断获得人力资源，并且对所得人力资源进行整合、调控及开发，给予各种形式的报酬，从而有效地加以开发利用并使之可持续发展的过程（王名，2002）。

社会组织属于人力资源密集型机构，需要在理事会、管理人员和普通志愿者的协作配合下共同完成社会组织的目标。组织所处理的工作涉及大量的沟通合作，对志愿者主动参与的依赖程度较高。从本质上来说，社会组织人力资源管理的成效，决定了社会组织所提供的公共服务的质量以及服务对象的满意度，这一点凸显了社会组织人力资源管理的重要性。由于社会组织不以营利为目的，因此社会组织的人力资源管理过程与普通部门相比，更具特殊性。所以，如何制定科学的人力资源规划，对社会组织的人力资源进行合理管理，以最大限度地发挥人力资本效用，是社会组织亟待关注的内容。

Taylor 和 McGraw（2006）指出，国外社会组织面临专业的人力资源人才不足与日益增加的人力资源管理压力的窘境。国内社会组织同样面临人力资源管理人才匮乏的困境。我国有些社会组织缺乏有效的人力资源规划，对于招聘没有计划性，这使得这些社会组织很难找到合适的人才（陈诗璇，2020）。

一方面，组织现存的人才队伍较为薄弱。社会组织背负筹措资金难的压力，很难将大量精力投入到人力资本的培养中。组织初期成长过程中的低门槛、高需求，也导致社会组织成员大多是社会兼职人士，团队技能参差不齐，队伍的专业性、稳定性、整体素质无法保障。对此，罗拾平（2009）提出，社会组织专职人员的专业化应当依靠完善的人才培养机制、人员的技能培训、科学的专业理念来提升，并应努力提高人员的待遇。

另一方面，社会组织还存在人才流失现象。优秀的专业人员所对应的人才价值也较高，因为薪资与福利等方面的局限，社会组织在激烈的人才市场竞争中很难占据优势，越来越多的社会组织陷入留不住人的尴尬境地。社会组织人力资源管理的目标之一就在于吸引、招募到合适的员工，挖掘员工的工作潜能，激励员工的工作斗志，最终留住所需员工，达成组织长远目标。

近年来，人力资源管理对于社会组织发展的重要性已在全球范围内逐渐达成共识（Bartram et al., 2017）。优秀人才培养与供给的不足，以及组织对人才持续性吸引的失败，使组织的人力资源紧张，其中的根本原因是社会组织的人力资源规划存在缺陷，导致组织对优秀人才吸引力差以及对现有人力资源管理成效微弱。上述问题的背后，反映出社会组织在人力资源规划、招聘与配置、培训与开发、绩效管理、薪酬福利管理、劳动关系管理这六大传统模块上规划不到位。社会组织存在的上述的问题关乎组织的生命力和创新力。唯有时刻自省组织内人力资源的状况，才有可能补齐短板。

### （二）社会组织人力资源管理规划要点

对应社会组织目前较为单一的组织结构，为完善社会组织的人力资源布局，提升社会组织人力资源效能，我国需要为社会组织制订合理的人力资源发展方案，在人才的选、用、育、留四个方面进行有针对性的调整。

#### 1. 人力资源的选拔

社会组织在过去一贯缺乏有效的人力资源供给，非专业从业者缺乏相应的知识和技能，今后要从人才的招聘和甄选方面入手，注重人才储备，专注扩大社会组织的规模和发展相关业务。对于领导人才要制定合理的选拔机制，注重专业性的选拔和个人素质的提高，保障团队的协调性和合作性。

#### 2. 人力资源的使用

过去对于社会组织的成员往往存在"大材小用"或"小材大用"问题，很多时候出现人岗不匹配的问题，导致社会组织人力资源效用无法得到有效发挥。今后要对各类型员工进行合理的岗位匹配，依据其能力、态度、特点为其提供双向选择的机会，将人才潜力发挥到最大。

#### 3. 人力资源的培育

社会组织的长久发展，需要组织内部建立合适的培养路径。过去常见的"体验式志愿者""一次性参与"等形式，让社会组织的人才队伍难以为继。社会组织要努力制定人才培育机制，为相关人员提供对口的培训课程与晋升通道，保障志愿者与管理人员都可以在社会组织中获得个人素质和价值的提升。

### 4. 人力资源的留存

社会组织由于组织自身问题或员工个人问题，优秀人才往往容易流失，组织必须对人才给予适当的激励，增强与员工的心理契合度，尽力提高人才的持续留任率。社会组织应依据自身组织特点与工作要求，构建合理的组织人事框架，在人才的招聘与甄选、配置与利用、培训与开发、激励与持续方面协同配合，制定合理的策略以保障人才发展的持续性。

下面我们将社会组织人力资源管理的内容分为人才"招聘与甄选""配置与利用""培训与开发""激励与可持续"等四大模块展开论述。

## 二、社会组织人力资源的招聘与甄选

人才招聘主要是为了满足组织未来生存与发展的需求，依据组织战略与人力资源规划，进行相关人才的寻找与吸引，并通过科学的甄选方法遴选出合适的岗位人才，最终加以录用与配置的过程。招聘工作有利于组织发现人才，实现组织人才与待聘岗位的有效匹配，最大限度地发挥组织人力资源管理的效用。人员选聘的过程要坚持公平公开原则、任人唯贤原则、双向选择原则以及依法招聘原则。

在正式录用之前，传统的招聘主要包括三个环节，即制订招聘计划、发布招聘信息、筛选和选拔应聘人员。具体而言，在对组织自身与外部人才市场情况做出合理判断后，组织应当初步明确招聘的具体人数、岗位要求、招聘方式、招聘团队构成、经费预算等基本信息。招聘手段分为内部招聘与外部招聘。内部招聘可以从组织内部提拔优秀的人才接替空缺，多出现在管理层岗位的招聘中。更多情况下，需要利用外部招聘渠道，如常见的大型招聘网站、组织主页、人才市场、校园招聘会等进行人员招聘。

在搜集到候选人信息后，需要对其进行有效甄选，一般包括初步审查、笔试面试以及心理测试等环节。为甄别应聘者是否满足聘用资格，第一步需要对其资质进行初步筛选，以清除不符合要求的简历。在此过程中，一般需要注意对应聘者教育背景、职业资格、专业程度、综合素质、是否违纪等方面进行筛选。此外还要对通过初步审查的应聘者进行笔试和面试。笔试可以帮助组织考核应聘者的专业技能、知识水准、分析能力以及文字表达能力等。面试则可以判断应聘者的形象谈吐、心理状态等。在此过程中，部分组织可以采取无领导小组讨论、角色扮演等方式对人才进行遴选。

### （一）社会组织招聘难问题

招聘是组织获得人才的第一步，人才是 21 世纪最重要的资源，因此招聘对于社会组织的重要性不言而喻。随着经济社会的发展，大众对于社会组织的认识度和认可度越来越高，这在无形中增强了社会组织招募的热度。社会组织在这种热度的烘托下，业务能力与社会地位都在不断提升，组织规模也日趋扩大，对应的人才需求也在增加，与之不匹配的是目前社会组织专业人才缺口巨大。然而与传统机构相比，社会组织的招聘难度更大。一方面，作为不以获取利益为目的的独立机构，社会组织同样发挥了推动社会事业发展的作用。社会组织招聘的对象，需要具备较高的职业素质，这种职业素质是指社会组织的成员要兼具较高的道德素质和较强的奉献精神。除此之外，部分管理人员还应具备较为专业的业务能力和较为杰出的管理水平。这些多元化的内外要求，为社会组织的招聘增加了难度。另一方面，社会组织无法自谋私利，依靠的是政府捐助和社会支持，难以给出较高的薪资待遇，自然在招募过程中缺乏吸引力。社会组织在使用公共资源进行内外招募时，还必须保障公开、透明，超越行业一般待遇的招聘条件，容易受到社会的质疑，这也会给社会组织争取人才带来了较大的压力和顾虑。以上因素都对社会组织的招聘提出了挑战。

### （二）社会组织招聘准备

为了吸引优秀人才的加入，解决招聘难的问题，社会组织需要从自身出发，做好充足的前期准备，以不变应万变。

一方面，社会组织需要提升组织的公共形象，增强社会公信力。为了引进优秀人才，社会组织需要树立健康可信的社会公众形象，提高社会影响力。过去的经验表明，一旦社会组织出现不符合大众心理预期的表现，会对大众参与的积极性造成很大打击。社会组织需要保持公开透明的运作模式，接受社会各界的舆论监督，严厉打击任何破坏组织形象的行为。社会组织在薪酬待遇方面是弱势，吸引人才的最大亮点，在于公共事业的社会影响力及其具有的高尚情怀，所以组织需要维护良好的外在形象，突出组织对发展社会事业的不懈追求，这有利于帮助员工实现人生价值，也能吸引到更多的有识之士。

另一方面，社会组织需要明确人才对于组织的重要性，重视对专业人才的招聘选拔，有可能的话要组建专业的招聘团队，在招聘之前认真分析组织内外环境、组织框架、岗位需求、人力预算等因素，制订合理的招聘方案，方案需要解决以下三个主要问题：组织需要招募什么样的人才，如何才能招募到组织想要的人才，什么样的受众会来应聘。此外，管理层尤其是理事会要积极地募集社会各类资金，整合社会资源，从而可以匀出更多资源用以提高管理人才的待遇，使社会组织在激烈的人才争夺战中获得一席之地。

### （三）社会组织甄选要求

组织在做好招聘准备后，需要重点考虑人才甄选的问题。不论社会组织招聘何种岗位的员工，良好的道德素养、团队意识及认同组织的目标，都是社会组织甄选员工的重要标准，社会组织成员在今后的工作中需要发扬奉献的精神，将公共事业置于个人私利之上，这一点在招聘时就应当予以说明。

社会组织面向社会招聘环保、医疗、经济、教育等领域的专业人才时，需要认真鉴定其专业水平，辨别其是否能够胜任。对于保证组织正常运转的管理者和普通执行任务的志愿者，组织的招聘甄选应因类而异：对于管理者，要考察其管理才能和对社会组织的了解认识，严格把关；对于普通志愿者，则只需要甄选基本的健康状况、职业背景等信息。

### （四）社会组织招聘方式

社会组织进行人才招募的形式有很多种，从招聘渠道来说，有内部招聘和外部招聘：外部招聘可以广泛吸引社会各界人才，为组织发展注入新鲜血液；内部招聘更为方便，成本也更低，内部人员与组织相互有较深的了解，企业能够在保持组织稳定的同时促进员工的发展。对社会组织来说，招聘需求最大的是志愿者，从外部招聘志愿者是首要选择。社会组织管理人员可以采用内部招聘和外部招聘相结合的方式，保障人才的充足供给。

外部招聘的常见手段有：通过报纸、杂志等纸质媒体发布招聘广告；通过微信、微博、相关 App（如志愿汇软件）发布招聘信息；在社会组织的官网和相关网站（如公益服务网、中国志愿服务网等）、专业的招聘网站（前程无忧、智联招聘等）上发布招聘信息；在校园、社区内张贴招聘广告、分发传单；到校园参加招聘宣传会，与相关社团合作招聘学生；通过员工的人脉引荐外部人才。这些外部招聘渠道大多只需要较低的成本即可维持，因此社会组织要善于整合社会资源，宣传公共形象。内部招聘的常见手段有以优带优、内部晋升、工作轮岗、返聘等。内部人才选拔离不开社会组织合理的人才晋升和培养机制，因此在选拔过程中要特别注意观察志愿者中具备管理潜能的人才。

## 三、社会组织人力资源的配置与利用

人员配置是指通过协调人与岗位的适配度，充分开发与利用人才潜能从而实现组织目标。组织人力资源的匹配度往往可以反映出组织人力资源管理的状态。最佳的人力资源配置效果应当达到人尽其才、各尽所能的状态。人员配置与利用得不合理往往会给组织人力资源带来较大的损失：一方面，会使辛苦招聘而来的人才流失；另一方面，也使组织后续工作无法顺利开展。人员配置一般需要遵循人岗匹配原则、以人为本原则、互补双赢原则以及整体效益原则。开展人力资源配置与利用工作，需要将人员安排到合适的岗位上，在此过程中要制定岗位职责，以便为人岗匹配提供方向。此外还要了解成员的个体偏好与个性技能特征等，以帮助其匹配适应的工作岗位，实现人岗相宜。最后需要对人才进行岗前培训以及绩效考核，帮助其尽快适应岗位，充分发挥潜能，并依据其表现进行及时的轮岗、调动等。

### （一）社会组织的人岗不匹配问题

招聘到合适的员工后，如何将其安置在合适的岗位上，使得人尽其才，是组织人力资源管理接下来需要考虑的问题。在评估人才的基础上，将其放置在合适的岗位上，才能最大限度地发挥人才的价值，"大材小用"与"小材大用"都是一种盲目配置资源的表现。对此，社会组织需要健全用人机制，制定合理的岗位考察与流转制度，观察成员在组织中的成长与发展，做到"任人唯贤""知人善任"，使员工在工作中可以扬长避短、游刃有余。

在社会组织实际的人才配置中，往往会出现人岗不匹配的问题。例如，我国有些社会组织由政府主导其生存发展，管理岗位多由一些政府的离退休干部或冗余岗位人员兼任，这些人员占有编制，可能使组织的部分关键岗位无法获取新鲜血液，阻碍了优秀人才的加入。同时，少部分人员可能因为职业背景的转化，从而对组织"水土不服"，如业余人士无法洞悉社会组织的运作模式而丧失融入感；一小部分社会精英忽视社会组织的公益性特质，在社会组织的岗位上进行牟利求名等不当操作；个别社会组织领导将组织发展为"一言堂"，甚至任人唯亲。对此，社会组织需要制定完善的用人方案，对于那些不合格、不作为、不道德的管理人员，要及时将其清除出组织，换一批有志于推动组织健康有序运营的人员。为社会组织每个岗位配置高素质人才，有利于保障每个岗位功能的合理发挥和组织整体的协调运作。

### （二）社会组织人才利用的最大化

社会组织需要认识到自身和普通企业组织的不同，借鉴商业管理的经验，分析成员的性格特点和技能优势，帮助其制定长期职业发展规划，带领其走上专业化道路，从而最大化地发挥人才的价值。

社会组织人才类型具有多样化和广泛化的特点。从人员来源来看，社会组织成员在年龄、性别、特长等方面类型多样，如果能够发挥人才自身的优势，就可以最大限度地节省社会组织的培养成本，也使得人才在工作中更游刃有余。社会组织要根据岗位的需求和人才的特点，实现人才与岗位的高度匹配。例如，一些员工擅长人际沟通和处理公共关系，他们可以在社会组织内外沟通与资源获取等岗位上发挥重要作用；一些员工擅长财务、人事、行政等专业工作，可以让其负责相应的工作模块；一些兼职志愿者，如教育行业、医疗行业的兼职者在专业领域有一定特长，如果能使他们的特长在不同项目中发挥作用，就能实现社会组织与个人的双赢。对于兼职或业余人士，组织需要为其留置合理的成长空间，挖掘其特长潜能，安排合适的岗位，辅之以必要的培训手段，使得每一个加入社会组织的人都能在组织中产生存在感和成就感。

根据皮格马利翁效应，在组织对员工产生积极期待并进行正面沟通时，员工往往更能增强工作信心，提升工作热情。社会组织在安排员工工作的同时，为了了解员工的心声，以便传达社会组织的意愿，设立有效的双向沟通机制是非常必要的，这既能保障组织用人机制出现问题时得到及时解决，也能为员工和组织开辟对话空间。组织建立与员工可持续的沟通路径，不是一朝一夕之事，更不是在用人问题产生后的亡羊补牢；相反，这种沟通路径应是多样化、常态化、持续化的。组织可以通过定期谈话、邮件问卷、反馈信箱、上下级打分、同事互评、绩效分析等方式，了解员工对岗位的态度和评价，了解员工工作的收获与不足，为员工排忧解难，给予员工支持与鼓励，以增强员工的工作胜任力。需要注意的是，沟通机制的有效运行需要配备专业的运作团队在背后予以支持，只有如此，沟通机制才可以真正落地。例如，设置反馈信箱后，如果领导不及时查看并处理来信内容，那么员工的问题仍将存在。只有通过建立合理的对话路径，及时解决用人问题，增强社会组织从业者对组织的信任感、认同感和归属感，才能坚定其在社会组织中长期工作的决心。

### 四、社会组织人力资源的培训与开发

组织成员的培训与开发是现代组织人力资源管理的重要组成部分。有效的培训与开发手段可以提升组织成员的工作能力与综合素质，从而有利于组织效益的提高与组织目标的最终实现。组织内部的培训与开发工作，应当遵循理论联系实际原则、因材施教原则、重点提高与全员培训原则以及主动学习原则。

培训与开发的步骤一般可以分为：需求分析、制订计划、实施培训、效果评估与反馈。为实现组织发展战略，必须要对所有员工进行必要的培训，依靠人员分析等技术手段，结合组织岗位差异以及员工个人心态，拟订合理的培训计划。在制订培训计划时，培训组织者还要对课程设计进行调研，以充分了解学员的关注点，从而设计出更受欢迎的课程。实施培训的过程中，需要确定培训讲师团队，应聘用专业度、知名度以及性价比方面均合适的培训师。针对培训师所设计的培训内容，培训组织者应当认真审核，不当之处要及时修改，并帮助其选择合适的培训场所。培训师所采用的较为常见的培训方法包括案例法、讲授法、角色扮演法、在职培训法、视听教育与互联网指导等。最后，当培训与开发工作进行一段时间后，培训组织者应当及时对培训活动进行评估测试，整理培训的相关资料并进行跟踪反馈，对于学员所提出的意见应查漏补缺、及时总结、不断改进，为之后的培训做良好铺垫。

#### （一）社会组织人才培训的重要性

培训能够帮助员工拓宽眼界和思路、加深其对组织的了解，提升员工的具体的业务能力。对于社会组织来说，必要的培训是丰富个人认知的重要手段。从社会组织的发展历程来看，很多在任的高层管理者并不具备专门的社会组织管理知识和技能，且志愿者大多属于兼职，热心有余但专业不足。因此培训的现实需求性较大。然而很多组织缺乏有效的培训机制，导致出现无效管理现象，这大大削弱了员工工作的热情，也成为组织人才流失的一大原因。

对社会组织成员进行培训，除了可以提升成员的专业知识水平与技能之外，还可以增进员工对社会组织的了解与认同，从而增强员工的归属感和提高工作满意度。对于组织来说，培训活动尽管会有一定的成本损耗，但会给组织带来人力资本的整体提升、组织业务能力的精进，并且能够增强组织与员工之间的紧密度，最终能够增强组织的凝聚力和向心力。

在现实中，一些社会组织由于资金预算的限制，可能会忽视培训的重要性，这将导致一些问题。首先，一些培训仅仅为了走形式，导致培训质量不佳，培训的方式多为填鸭式或灌输式，缺乏灵活性。这不仅损害了成员长久工作的积极性，也不利于对员工潜能的挖掘，从而影响组织的长期发展。其次，在面临新问题时，一些社会组织仅仅通过培训来提高工作人员的应变能力，但由于培训管理的不规范及重视程度不够，培训往往流于形式，并没有达到预期效果。这种情况下，组织成员在工作中仍然会按照固有的经验办事，未能有效地解决新出现的问题（赵辉，吕红，2020）。最后，培训的内容不明确也是一个问题。组织成员在工作中，不仅要对当前事件有充分的了解，还需要了解国家

的相关政策。因此，社会组织需对员工进行有效的培训，使其获得必要的知识和技能，从而提高工作能力和素质。同时，社会组织也应注意培训的方式和方法，让培训更具实效性（谭成华，2018）。

### （二）社会组织人才培训的内容

保障社会组织成员获得即时的培训，有助于提高每位成员的从业素质，帮助其快速适应岗位要求，提升工作效率。社会组织的培训内容，需要根据员工不同岗位的特征、不同素质特长，进行培训方案的设计，从而合理安排培训课程。针对普通员工，以方便上手的大众化培训内容为主；针对组织的管理层，需要有针对性地设计更为复杂的培训方案。组织整体的培训内容还应随时代发展而不断更新，与时俱进，从而符合实际运用的要求。在这里，我们总结了社会组织在培训时需要注意的几个要点。

（1）培训学员对社会组织的认识和对行业的了解，以增进组织成员对社会组织的认同感，并增加对公共事业的熟悉度。

（2）培训岗位专业知识、专业技能、行为规范，提升员工的工作能力，拓展其知识面，提升社会组织整体的业务实力。

（3）培训员工的人际沟通和交往技巧，提高员工在服务社会组织对象时的情商，维护社会组织的对外形象。

（4）注意提升员工的心理素质，提升其抗压能力，增强员工的使命感、责任感、道德感、自律感，从而提升员工的职业道德修养和个人素养。

培训的内容不是一成不变的。社会服务的提供已经进入顾客价值时代，公共服务也由过去的供给支配型向现在的需求主导型转变。社会组织作为公益使命驱动型和社会服务导向型组织，不能再像过去一般，服务不能流于形式化、套路化，否则不仅会导致服务质量的下降，也容易落入摆拍、作秀、诈捐等陷阱。组织需要不断提升自己的服务质量，满足顾客细分的多元需求，这很大程度上依靠员工与时俱进的工作创新能力，如运用互联网的能力、设计创新项目的能力等。对此，员工培训的内容也要根据日益丰富的社会实际需求和组织发展的实际状况不断进行调整，从而更新员工的老旧思想，帮助员工学习新技能，开发新思路，以适应新时代下社会事业发展的需要。除了在技能与观念上的革新外，还应特别注意对员工进行自我情绪管理、情商提高等培训。被服务对象往往根据服务的有效性来评价组织服务的质量（Bowen et al.，1989），社会组织成员与被服务对象之间有效的情绪互动，对服务的效果影响很大，所以员工在工作中需要有效地管理好自己的情绪（张冉，纽曼，2012）。这也启示我们，在提高员工创新能力的同时，不要忽视对员工内心层面的强化。

### （三）社会组织人才培训的方式

传统的培训多采用老师上课与学员听课的方式，师生之间互动得少、内容硬性灌输得多。现在的培训常综合采用影像、课件、实地操练、团队模拟、案例演示等方式，随着互联网的运用，培训手段也从线下延伸到线上，很多知识在线就可以学习。

对于社会组织来说，选择培训方式时，需要经过成本分析与成效估算等程序，在众

多培训方式中进行挑选。针对管理者，可以邀请行业优秀代表来进行经验分享，或者到学校等教育单位进行学习。针对普通志愿者，可以通过宣传手册、观看影像等方式使其加深对社会组织的了解，还可以采取角色扮演、情景模拟等方式使其实际工作能力得到提升。

## 五、社会组织人力资源的激励与可持续

激励是一种持续的心理过程，目的在于调动人的积极性和创造性。根据需求层次理论、双因素理论与期望理论、公平理论等激励理论以及管理实践经验，激励组织员工时需要遵循差异性原则、方向性原则、公正性原则、适量原则以及及时原则。常见的激励手段可分为物质激励与非物质激励。

### （一）社会组织人才激励的意义

德鲁克（2018）认为，"决定非营利组织成败的关键，是组织应具备吸引并留住具有奉献精神的成员的能力，一旦丧失了这种能力，就会走向衰亡，这是很难挽救的"。所以，社会组织持续性地吸引人才、激励人才为己所用，这是社会组织获得成功的关键要素。要想达到这种效果就要采取合理的激励措施与配备完善的管理制度。

相对于其他部门而言，部分社会组织存在人才激励机制不健全的问题。公共部门的人力资源管理多采取政治性措施进行激励，私人部门多采取经济措施进行激励，而社会组织属于第三部门，升职加薪等传统激励方式存在一定局限。面对这种状况，社会组织需要正视自身特点，从加大激励力度、丰富激励手段和保障激励的公平性、可持续性等角度出发，创新激励方式，提升组织的吸引力和人才保留率。

### （二）加大激励力度

为了最大限度地留住人才资源，社会组织亟待加大激励力度。社会组织比较注重公益性与成员的奉献精神，这导致忽视员工薪酬福利的现象较为普遍。加之，由于组织资源有限，社会组织采取的激励措施还远远不够。相对于企业内的传统岗位，在社会组织内从事工作的员工，往往在薪资福利、职业发展等方面稍逊一筹，这也在很大程度上导致社会组织人才的流失。此外，有些社会组织管理人员往往身兼数职，工作内容较繁杂、工作强度较大，加之外界社会对组织形象的高度期待，这些因素在很大程度上给社会组织管理人员施加了心理压力，这种身心双重考验与现存的激励措施并不能达成合理匹配。

根据社会交换理论，薪酬是对组织中人力资源价值最直接的肯定形式，在现实社会中，相较于政府部门和企业组织，社会组织中有酬员工的工资普遍较低。原因有两点：一方面，社会组织不以营利为目的的特性，决定了整个组织服务于社会事业的基调；另一方面，社会组织员工一般秉持较强的利他之心和社会责任感，并不会把物质回报看得很重。

随着社会组织规模的不断扩大和人们整体生活水平的不断提升，这种局面必须被打破。社会组织必须加强薪酬及其他基本保障的制度建设，从而降低优秀员工的流失率。此外，为了在激烈的人才竞争中占据更大的优势，社会组织对待员工的激励力度有

待加大，在员工的福利待遇、成长空间、工作环境、成就荣誉等方面要制定强有力的激励政策以保证对人才的持续吸引。为了达到这个目标，组织应当努力加大资金支持力度，拓展捐赠渠道，整合社会资源，寻求跨界合作，必要时寻求政府、企业、媒体、其他社会组织等的援助，借助互联网在线上线下、组织内外层面，制定合理的人才激励政策。

### （三）丰富激励手段

常见的激励手段主要包括物质激励和非物质激励两种方式，由于社会组织的公益特性，非物质激励在社会组织管理中被提及次数较多。根据马斯洛的需求层次理论，人只有在满足基本的生存需要等低层次需求后，才会去追求更高级别的自我实现等需求。一味强调发扬奉献精神而忽视物质回报，是不科学的。尤其是全职员工，如果无法得到生活的基本保障，则会丧失安全感，从而放弃对自我价值的追求，长此以往，难以保证组织成员的稳定性和员工工作的积极性。余熠（2009）从组织发展的生命周期理论出发，提出对年轻的社会组织员工，应尽量满足其基本的发展需求；对处于中年期的社会组织员工，宜给予更多的物质激励和提供更多的职业发展机会；对于中老年社会组织员工，应满足其成就需要、权力需要和归属需要。

未来社会组织需要创新性地运用激励手段，合理制定激励方案。首先，要为社会组织的员工提供适当的物质激励。对于有酬员工，要提供固定工资、绩效工资、社会保险和福利津贴等福利；对于志愿者，可以为其提供一些礼品、纪念品、补贴等福利。其次，将非物质激励作为常见的激励手段，组织可以定期举办先进优秀员工表彰大会，并为其授予荣誉。对员工要实行柔性管理，以人为本，注重对员工的人文关怀和指引，提供精神上的鼓励和给予道德上的号召，努力营造组织内部团结合作的工作氛围，打造舒适温馨的工作环境。当下的激励方式应更加丰富、便捷、富有创意。比如，可以为志愿者制定积分兑奖制度，让其选择自己所需的激励，以及为志愿者搭建网络交流学习的平台等。这些创新手段都是为了满足对志愿者的个性化激励需求。

### （四）保障激励公平与可持续

激励的公平性强调对待社会组织中的管理层和普通志愿者要公平看待，同时缩小社会组织的权利距离，营造和谐公平的工作氛围。社会组织的领导对待成员个体要摒除私人因素，对其进行考察和合理激励，不要把社会组织当成个人的机构，任人唯亲。组织内部需要制定合理的激励制度，按章办事，对于员工在激励过程中出现的任何不满，可以通过私下谈话、调解沟通等方式予以解决，这样有利于打造公正清廉的组织文化。

激励的可持续性需要组织量力而行，激励过度与激励匮乏都是不可取的，激励过度易导致组织成长虎头蛇尾，给组织增加较大负担，难以保证激励的持续性供给，另外易使组织成员失望，同时容易和外在社会形象冲突，甚至引起外界质疑。激励匮乏则会导致激励效果不足，达不到激励目的，同样无法使组织获得长久持续发展。

## 第四节　社会组织志愿者管理

### 一、志愿者与志愿服务

#### （一）志愿者与志愿服务的定义、特征与意义

McLaughlin（1986）认为，社会组织的沙漏形结构与普通企业组织的金字塔结构有很大的差异。在普通企业中，董事会是最高的权力机构，作为下属的一般工作人员只能服从上级的指挥和领导。而在社会组织中，底层志愿者对组织的生存和发展起到重要的作用。因此，我们应加强对志愿者的管理。全国志愿服务信息系统显示，至2022年底，我国志愿服务信息系统实名注册志愿者已达2.3亿人[①]，相当于每7个人当中就有一个注册志愿者。志愿者已经成为社会组织中的主力军，是投身社会公益、解决社会问题、参与社会治理的重要力量。

对志愿者的通常理解是，在自身条件许可的情况下，加入相关团体，在不谋求任何物质报酬的前提下，在非本职职责范围内，合理运用社会现有的资源，服务于社会事业，为帮助有一定需要的人士，开展力所能及的、切合实际的，且具有一定专业性、技能性、长期性的服务活动的人。志愿服务是指志愿者、社会组织和其他组织自愿、无偿地向社会或者他人提供的公益服务。

志愿服务具有无偿性、利他性、自愿性和组织性等特点。无偿性与利他性是志愿服务的核心，自愿性是志愿服务的前提，组织性是志愿服务的基础。志愿者作为社会组织宝贵的人力资源，他们奉行社会组织的利他宗旨，完成社会组织的公益使命，同时也借助社会组织的对外载体，依托社会组织的交流平台，来实现自己的人生价值和公益追求。

纵观全球，一个国家或社会的志愿服务水平往往代表其社会文明程度和发展水平。因此当下社会更应关注志愿服务独特的现实意义。首先，经济社会发展的不平衡、不充分使得弱势群体和困难群众亟待扶助，因此需要众多的志愿者参与到志愿服务活动中。其次，多样化的社会活动需要志愿者，志愿服务有利于社会活动的顺利开展，能够实现社会资源的合理配置，满足人民日益增长的美好生活需要。最后，志愿服务对于我国社会精神文明建设具有独特意义。志愿服务是传承人文精神的重要方式，是人们奉献爱心的重要渠道。参与志愿活动有助于唤醒人们的社会责任意识和人文关怀情感，凝聚社会公德心和向善力。

#### （二）志愿者和志愿服务的发展历程

西方志愿服务起源于宗教，经政府规范，并逐渐在全球获得了快速发展。西方志愿服务大致经历了四个阶段。19世纪初是启蒙阶段，来自英国的移民在北美大陆的互相帮

---

① 权威快报 | 我国注册志愿者逾2.3亿人. https://m.gmw.cn/baijia/2022-12-30/1303239154.html，2022-12-30.

助，形成了志愿服务的萌芽；19 世纪末到 20 世纪 40 年代是飞速发展阶段，西方福利国家体系的建立使大批志愿者被国家征募；20 世纪 40 年代至 70 年代是规范阶段，志愿活动被逐步纳入立法范畴，志愿服务成为协调社会关系的重要手段；20 世纪 70 年代至今是国际化阶段，1970 年联合国成立志愿者服务组织（United Nations Volunteers，UNV），从 1986 年起，规定每年的 12 月 5 日是"国际促进经济和社会发展志愿人员日"。

我国自古就有帮扶弱小、乐于助人的传统美德。中华人民共和国成立后，更是兴起"学雷锋活动""为人民服务"等志愿服务热潮。1979 年，由联合国特派的一批志愿者进驻我国偏远山区，并提供医疗卫生、语言、计算机等方面的帮助，这是外界最早进入我国的志愿服务。随着改革开放的不断深入，我国的志愿事业开始腾飞。1993 年，共青团中央组织实施中国青年志愿者行动，且每年的 3 月 5 日是青年志愿者服务日。几十年来，志愿服务的队伍、组织、项目、机制等各项建设深深根植于我国的社会土壤，并取得了突破性发展。2017 年出台的《志愿服务条例》在法律层面对许多问题做出具体规定，推动了志愿服务事业的规范化发展。但我国的志愿服务事业相较于西方，总体上起步较晚，面临较大的人员缺口和本土化挑战，需针对以下几个方面持续努力。

（1）壮大志愿者队伍，提高志愿活动参与率和可持续度。《中国志愿服务发展报告（2021—2022）》显示，当下我国志愿者的数量已经超过 2 亿人，但是，志愿服务还存在城乡、区域发展不平衡的问题，需要提高农村地区、中西部地区的志愿服务参与率与可持续度。

（2）动员各方社会力量，对志愿服务进行支持。《中国志愿服务发展报告（2021—2022）》统计，2012～2021 年，全国志愿服务团体数从 2 万个增长到 93 万个，志愿服务项目数从 1 万个增长至 541 万个，比 2012 年分别增长了约 46.5 倍和 541 倍，展现了中国特色志愿服务事业发展的勃勃生机，其中不乏政府、媒体、企业等社会各界的配合。

（3）加强志愿服务规范化建设，增强对志愿者的权益保障，尤其是法律权益保障。贯彻落实 2016 年出台的《慈善法》和 2017 年出台的《志愿服务条例》等相关条文，使志愿服务的行业规范、管理规章日趋完善。

## 二、志愿者的人力资源管理体系

志愿者的加入，不仅可以促进社会组织工作的顺利开展，而且能够减轻社会组织的经济负担。如何对志愿者进行有效的人力资源管理，建立合理的志愿者管理体系，是社会组织建设的重要内容。

不同于专职人员，对志愿者的管理不涉及薪资，也无晋升、降职等问题，因而过去志愿者的人力资源管理体系都较为简易，主要围绕志愿者的日常招募和活动纪律维护等内容，对于志愿者本身的管理和支持相对薄弱，导致很多志愿者由于志愿服务体验感一般，沦为一次性参加者，志愿持续意愿较低。粗糙化的管理也导致志愿队伍鱼龙混杂，专业性差，活动质量无法保障，志愿服务效果不佳。随着社会公益事业的发展，对志愿者的"质"与"量"的要求都在不断提高，过去那些专业能力弱、团队稳定性差的志愿团队，已经无法满足现代社会的需求。当代志愿者人力资源管理应该关注如何吸引并留住志愿者，提升志愿者专业能力，以及保障志愿者的权益和维持纪律等问题。

### （一）志愿者的招募与稳定

如何吸引志愿者，是所有志愿组织最关心的核心问题。只有充足的志愿者资源，才能保障组织活动的正常开展。

吸引志愿者可以从设置合理的招募方式开始。过去大众了解志愿活动的渠道比较有限，参与途径较为狭窄，导致组织在招募志愿者时存在招募信息渠道狭窄、寻找专业人士难度大等问题。志愿组织与志愿者之间存在严重的信息不对等，亟待建构合理的招募渠道。近年来，社会组织不再墨守成规，拘泥于过去的传单发放和海报宣传等方法，而是借助互联网优势，线上利用微信、微博等渠道发布信息，在网络论坛和组织官网发布信息，有的还借助"志愿汇"等 App 发布信息，甚至借助社会知名人士的倡议转发等扩大社会影响力。同时，线下利用学校、社区、单位等固定场所进行宣传。社会组织已学会统筹社会力量，广纳社会资源，借助媒体的舆论效应吸引志愿者，并将志愿服务经历与学生社会实践、企业绩效考评等挂钩，以帮助志愿服务活动获取更多关注。目前，我国多数大城市已注重从青少年阶段培养孩子的志愿者精神。比如在杭州，中小学会定期开展志愿活动，青年志愿者协会也会组织相应的志愿活动，参与志愿活动还可以在"志愿汇"App 上打卡积分，有助于其在杭州获取落户、学分等。为提升志愿者队伍的稳定性，除了提升招募成效之外，社会组织还要给予志愿者适当的激励。由于志愿服务的无偿性，传统的薪资、晋升奖励不再是首要的激励选择。Musick 和 Wilson（2003）认为，志愿行为会给志愿者提供两类资源：一种是心理资源，能够增强他们的自尊心或自我效能感，并且帮助他们管理消极情绪，如抑郁、焦躁等情绪；另一种是社会资源，志愿活动可以使志愿者获取更多的社交关系与社会支持，缓解孤立状态。这样的资源尤其对老年人来说至关重要，老人由于退休、空巢以及身体机能退化等原因，更容易感到与社会脱节、角色丢失以及自尊心受损，参与志愿活动可以使老人改变现状。激励志愿者，不仅要从心理层面给予志愿者关怀、支持与肯定，帮助其应对情感压力，保持心理健康，同时要帮助其融入社会，组织可以定期举行交流活动，以丰富志愿者的社会关系。除此之外，组织对志愿者参与的志愿活动要及时记录，认真统计，对表现优异的志愿者或感人事迹要提供证书、奖牌、奖状等以示表彰。

### （二）志愿者专业能力的提升

作为一名现代社会的志愿者，具备最基本的奉献精神已经无法满足社会服务多样化的需求，志愿者专业能力的提升，将是志愿团队人力资本提升的重要砝码。

志愿者专业能力的提升，一方面来自培训和学习，另一方面来自实践经验。对于新志愿者来说，主要通过对组织背景进行介绍以及对项目所需技巧进行讲解，来增强志愿者的实际工作能力。例如，医疗志愿者对于心肺复苏术等基本医疗常识应有所掌握，支教志愿者应该对当地状况和所授课内容较为熟悉。而对于已经在志愿服务过程中获取一定经验的老志愿者来说，有关志愿经验的交流和反馈，以及知识技能的更新换代、与时俱进是必要的。志愿者可以通过参加经验分享会，进行经验交流。志愿骨干还应该为新志愿者提供一定的决策和管理机会，让他们在项目中磨砺自己的能力，这样新志愿者除了单纯作为志愿者进行奉献外，还能发挥个人才智，在其他层面上体现个人价值。

志愿者的价值，不仅体现在专业行动水准和服务技能上，而且体现在项目成效和服务质量上，而后一方面依赖于志愿者高情商的心灵力量。专业的志愿者，不仅仅在服务技巧上是高超的，在服务态度上也是一流的。志愿者在提供社会服务时，必须学会处理工作中遇到的情感压力，如在志愿服务活动中因受到疾病、贫困、灾难影响而出现抑郁、悲伤等负面情绪时，应学会积极调试（Tuckey and Hayward，2011）。组织在培训过程中要重点注意这一点，并且要及时疏通和开导志愿者身上出现的负面情绪，保证成员的情绪管理能力永远在线。

### （三）志愿者的权益保障

有的志愿者的权益得不到有效保障。比如，非法使用志愿者、志愿者出现意外无法获赔、志愿者的隐私被曝光等现象时有发生，这大大降低了志愿者参与的积极性，也是志愿者人力资源管理中的短板。2017 年出台的《志愿服务条例》从法律层面上对志愿者的合法权益做出了相关规定。志愿者在参与志愿服务时，应该享有以下几种基本权益。

#### 1. 自主权

我们熟知的志愿服务是志愿者自己报名、自主自愿参加的公益服务，但现实中仍存在一些组织或个人违背志愿者的意愿、强迫其参与公益活动的现象，如某些单位名曰"志愿服务"，其实却是领导安排的任务或工作委派的一部分；更有甚者，一些组织打着志愿团队的旗号，将志愿者视为免费劳动力，使其参与演出赛事等活动并从中牟取私利。因此，需要保障志愿者参与志愿服务的自主权。

#### 2. 生命财产安全权

保护志愿者的生命财产安全，让其感觉到安心、放心，减少其后顾之忧，是让志愿者专心投入志愿服务的必要前提。组织不仅要为志愿者提供生命、财产、健康等安全保障，而且在志愿者垫付出差、交通及餐饮费用时也要提供一定补偿。

#### 3. 隐私权

志愿者参与志愿活动，首先需要在志愿系统登记信息，在志愿服务活动过程中有时需要与被服务对象进行当面交流沟通，甚至录像拍照进行记录，但是这并不代表志愿者的个人信息与肖像等隐私可以未经允许被随意曝光。

#### 4. 知情权

志愿者参加志愿服务，首先需要明确组织的真实情况，以及项目的真实目的，当发现活动的内容、地点、工作条件等因素令自己为难时，可以及时申请调整。盲目指派志愿者的后果，可能是志愿者糟糕的体验感和志愿服务质量的低下，也容易导致志愿者的生活、工作与志愿服务时间安排之间出现冲突（Cowlishaw et al.，2010）。

**5. 培训权**

为了提高志愿者的专业素质和志愿团队的整体服务水平，从而获得高质量的志愿服务和高满意度的服务效果，志愿者接受培训是必要的。根据《志愿服务条例》第十六条，志愿服务组织安排志愿者参与的志愿服务活动需要专门知识、技能的，应当对志愿者开展相关培训。

### （四）志愿者的纪律管理

没有规矩，不成方圆。由于志愿者招募门槛低、需求多，志愿者的素质、能力、心态参差不齐，这给志愿者的日常管理带来了挑战。一方面，志愿者在参加集体统一行动时，需要与外界民众进行接触，这对志愿者的行为纪律提出了严格要求；另一方面，志愿者个体行为也代表着志愿者集体形象甚至是组织的形象，如何保障活动规范有序，纪律是志愿者管理的要点。

首先，组织应当尽可能地获取志愿者的真实身份信息，方便进行信息登记和实名管理。《志愿服务条例》第七条规定，志愿者可以将其身份信息、服务技能、服务时间、联系方式等个人基本信息，通过国务院民政部门指定的志愿服务信息系统自行注册，也可以通过志愿服务组织进行注册。志愿者提供的个人基本信息应当真实、准确、完整。

其次，组织应当对志愿服务的互动过程进行严格督导，需要和被服务对象独处的志愿者，要经过严格审核和资格考察，并接受必要的培训，从而保证活动的安全性和可控性。组织的每次活动都需要制定科学合理的活动章程，并按照纪律要求，对每一位志愿者进行监督和管理，以保障服务质量。《志愿服务条例》第二十一条规定，志愿服务组织、志愿者应当尊重志愿服务对象人格尊严，不得侵害志愿服务对象个人隐私，不得向志愿服务对象收取或者变相收取报酬。

最后，组织在记录志愿者活动时，要做到客观和公平公正，不可因私废公。《志愿服务条例》第十九条规定，志愿服务组织安排志愿者参与志愿服务活动，应当如实记录志愿者个人基本信息、志愿服务情况、培训情况、表彰奖励情况、评价情况等信息，按照统一的信息数据标准录入国务院民政部门指定的志愿服务信息系统，实现数据互联互通。

## ✒ 本章小结

本章介绍了社会组织领导力、人力资源管理的定义与内容。第一节从社会组织的领导力的界定与定位出发介绍了领导力的培育思路；第二节从社会组织成员的岗位构成、主要来源与团队介绍出发，描绘了社会组织人力资源的整体状况，强调社会组织人力资源管理在领导力开发上的注意事项以及团队的特性；第三节从人力资源规划的角度出发，为社会组织在人才"招聘与甄选""配置与利用""培训与开发""激励与可持续"等四个人力资源职能上提出了可操作性的建议，并结合实际工作开展中可能遇到的难点进行分析，以帮助社会组织掌握人力资源管理的诀窍；第四节关注志愿者管理，重点对激励志愿者的方式和权益保障提出了建议。

## 案 例

### 第九世界公益俱乐部[1]

第九世界公益俱乐部于 2005 年在杭州成立，是一家以山区扶贫和支教闻名的民间公益非营利组织。该社会组织由民间力量自发形成，以爱心、互助、平等、实干为目标，10 多年来主要针对贵州偏远地区开展包括农村医疗卫生、文化教育等在内的公益活动。

团队主要负责人郑壹零是由企业家转型为公益人的，在公益领域享有一定的声誉与口碑，在其感召下，团队已经形成了一批核心志愿骨干，也拉动了一批固定的社会资源。目前，组织固定的公益项目主要是围绕贵州山区的儿童进行的暑期支教活动、公益捐书活动，以及开学物品和秋冬寒衣等物资捐赠活动，除此之外，该组织也不定期地参与山区医疗救助、扶贫救助等活动。不同项目由于类型和需求的差异，积累了一批具有不同特点的志愿群体，特别是大量的在校老师和大学生，这些群体成为组织支教活动和山区实地调研的主要力量，团队在负责人的调动下，也与社会各界特别是企业家群体形成了良好的长期合作关系，这为组织的捐赠活动提供了大量支持。

第九世界公益俱乐部的代表性志愿支教项目已持续 10 多年。早在 2009 年，组织就开始从事贵州支教夏令营活动的策划工作，当时即通过《钱江晚报》的报道和《城市之声》等节目对活动进行了全方位的宣传，引起了社会各界的广泛关注。热心人士通过电话或网络进行咨询，使活动参与者多达上百位。随后俱乐部利用周末的时间在浙江大学开展培训，其中包括对组织本身和贵州当地情况的介绍，以及对当地调研工作和夏令营工作的安排等。由于这次支教活动在社会上获得了很多关注，组织总结了相关经验，并拓展了宣传渠道、丰富了培训内容，将支教活动发展为长期的持续性活动。在这类项目中，俱乐部与杭州一些学校进行定点合作，很多学生志愿者是首次到贵州山区去体验生活、传播知识，虽然艰苦的条件让他们经受了磨砺，但同时他们的心理也得到了成长。俱乐部中的支教团队还曾专门撰写著作，记录下成员的心得体会。

除了支教项目，从 2008 年开始，在 4 月 23 日世界读书日前后，俱乐部还会在贵州结对学校开展读书节活动，并进行图书捐赠。俱乐部事先通过宣传招募志愿者并获得社会关注，此外还与浙江教育出版社、中原地产等企事业单位以及几十所杭州本地的学校和社区单位合作，进行捐物捐书活动，获捐图书多达万余册。2009 年，俱乐部重新规划后的新网站上线，点击率持续上升，这对组织形象来说是一次全新的提升。通过有效的网络宣传，10 多年间又有一大批爱心人士加入到队伍中来，纷纷捐款捐物，参加公益活动，部分人后来成为组织骨干。借由丰富的人力资源，俱乐部在之后的几年中，积极开

---

① 根据调研访谈，并结合相关资料整理而成。

展了多次公益交流会，并且设置了人力组、宣传组、项目组等多个部门，同时对各组进行专业的职能培训，使组织人员专业水平逐步提升。

在全民公益的热潮中，俱乐部中志愿服务的受众面也愈加广泛，除了对山区孩子进行对口帮扶外，俱乐部也开始专注城市儿童的公益项目，如带领儿童参加环保、文化传承、安全教育等公益学习活动，此类活动坚持与时俱进的理念，受到了家长和学校的热烈欢迎。近年来，俱乐部也面临一些挑战。例如，团队发起人由于在圈内的口碑好，各类活动频繁，承受着繁重的身心压力，随着年龄的增长，面临着身体和生活的考验；由于组织项目繁杂，每一份资源都需要用在刀刃上，俱乐部在领导力培养方面很难投入，组织的人才队伍流失严重，专业化团队的建立刻不容缓；在公益市场中，越来越多的志愿团队也在进行志愿资源的"抢夺"，如何持续地吸引大中小学生成为志愿者，并且培养他们持续的志愿参与意愿，以及如何保障他们的活动安全，成为俱乐部特别需要考虑的问题。

**案例分析题：**

1. 请从人力资源管理角度分析第九世界公益俱乐部在组织公益活动过程中有哪些经验可以借鉴。

2. 社会组织主要负责人的知名度可以给组织带来哪些益处？如果主要发起人即将进入退休状态，组织的未来该如何保证？

3. 该组织可以采取哪些措施，激励学生在毕业后还能持续地留在志愿团队里？

**本章思考题**

❶ 社会组织人力资源主要由哪几类构成？

❷ 如何解决和预防社会组织的"人岗不匹配"问题？

❸ 假设你将应聘社会组织的管理者职位，试结合自身特点，谈谈你将怎样在社会组织里发挥领导力。

❹ 假设你负责社会组织的招聘工作，试谈谈内部招聘和外部招聘有哪些不同，你会倾向采取哪种招聘手段。

❺ 假设你是志愿组织的管理者，现在你的志愿者队伍主要由三类人构成，即退休老人、在校学生和业余白领，现在需要依据不同类型的特点，对相应的成员进行有针对性的激励，试着说说你的想法。

# 参考文献

陈诗璇. 2020. 社会组织人力资源管理的困境及对策研究. 学理论, （9）: 63-64.

德鲁克 P. 2018. 非营利组织的管理. 吴振阳, 译. 北京: 机械工业出版社.

罗拾平. 2009. 非营利组织专职人员专业化问题研究. 中国人力资源开发, （1）: 79-82.

谭成华. 2018. 农村社会组织人力资源管理存在的问题及对策分析. 智库时代, （30）: 56, 58.

王名. 2002. 非营利组织管理概论. 北京: 中国人民大学出版社.

余熠. 2009. 我国非营利组织职员激励机制研究. 中国商界（下半月）, （1）: 190-191.

张冉, 纽曼 M. 2012. 情绪劳动管理: 非营利组织人力资源管理的新视角. 浙江大学学报（人文社会科学版）, 42（2）: 5-21.

赵辉, 吕红. 2020. 社会组织人力资源问题研究. 劳动保障世界, （18）: 6.

中国志愿服务联合会. 2017. 中国志愿服务发展报告（2017）. 北京: 社会科学文献出版社.

Bartram T, Cavanagh J, Hoye R. 2017. The growing importance of human resource management in the NGO, volunteer and not-for-profit sectors. The International Journal of Human Resource Management, 28（14）: 1901-1911.

Bowen D E, Siehl C, Schneider B. 1989. A framework for analyzing customer service orientations in manufacturing. Academy of Management Review, 14（1）: 75-95.

Cowlishaw S, Evans L, McLennan J. 2010. Work-family conflict and crossover in volunteer emergency service workers. Work & Stress, 24（4）: 342-358.

McLaughlin C P. 1986. The Management of Nonprofit Organization. New Jersey: John Wiley&Sons.

Musick M A, Wilson J. 2003. Volunteering and depression: the role of psychological and social resources in different age groups. Social Science & Medicine（1982）, 56（2）: 259-269.

Taylor T, McGraw P. 2006. Exploring human resource management practices in nonprofit sport organisations. Sport Management Review, 9（3）: 229-251.

Tuckey M R, Hayward R. 2011. Global and occupation-specific emotional resources as buffers against the emotional demands of fire-fighting. Applied Psychology, 60（1）: 1-23.

Van Velsor, et al. 2010. The center for creative leadership handbook of leadership development. New Jersey: John Wiley&Sons.

Wilson J. 2012. Volunteerism research: a review essay. Nonprofit and Voluntary Sector Quarterly, 41（2）: 176-212.

# 第七章

社会组织财务
与税务管理

1. 了解社会组织会计制度的内容、会计要素。
2. 理解社会组织财务管理的内容和特征。
3. 了解社会组织筹资渠道和投资管理。
4. 掌握社会组织预算管理内容。
5. 了解社会组织审计和财务信息披露的要求。
6. 了解社会组织税收优惠的相关政策。

● 自 2004 年《民间非营利组织会计制度》发布后，困扰社会组织的会计规范问题得到一定的解决，社会组织财务管理制度实现从无到有、从粗放规定向精细管理转变，并且日益呈现体系化和科学化发展趋势。社会组织税收管理在法律法规不断丰富、完善的基础上，逐步实现规范社会组织税赋缴纳和税收优惠的目的。加强财务管理和税务管理，对内能提高社会组织的运营效率，对外能提升社会公信力，有助于实现组织的使命、宗旨和目标。

# 第一节　社会组织财务管理概述

## 一、社会组织会计制度

### （一）社会组织会计制度概述

2004 年之前，我国的社会组织没有专属的财务会计制度，社会组织在日常管理账务时往往套用行政事业单位或者企业的会计制度。作为组织性质与行政事业单位和企业有较大差别的社会组织，这些会计制度并不能准确反映组织的会计信息，导致会计信息的完整性、规范性得不到保证，进而影响会计质量。

2004 年 8 月 18 日，财政部发布《民间非营利组织会计制度》，要求自 2005 年 1 月 1 日起在全国范围内正式执行。《民间非营利组织会计制度》第二条规定，民间非营利组织包括依照国家法律、行政法规登记的社会团体、基金会、民办非企业单位和寺院、宫观、清真寺、教堂等，自此，社会组织有了与自己特点相符合的会计制度。

《民间非营利组织会计制度》根据组织特性、运营特点，以及业务开展的需要，规定了我国社会组织应遵循的会计核算原则、会计核算和编制财务会计报告的方法，从而将《中华人民共和国会计法》《会计基础工作规范》《会计档案管理办法》等法律法规、行政规章中的原则性要求落到实处。

在会计要素方面，围绕非营利属性，《民间非营利组织会计制度》对资产、负债、净资产、收入和费用共计等五个会计要素做出了相关规定，并根据各会计要素设置相应

社会组织管理

的报表项目和会计科目（表 7-1）。这为社会组织规范地执行《民间非营利组织会计制度》提出了明确的要求。

表 7-1　非营利组织会计要素

| 会计要素 | 报表项目 | 会计科目 |
| --- | --- | --- |
| 资产 | 流动资产 | 现金、银行存款、短期投资、应收款项、预付账款、存货、待摊费用 |
| | 长期投资 | 长期股权投资、长期债权投资 |
| | 固定资产 | 在建工程、文物文化资产、固定资产的清理等 |
| | 无形资产 | 无形资产 |
| | 受托代理资产 | 受托代理资产 |
| 负债 | 流动负债 | 短期借款、应付款项、应付工资、应交税金、预收账款、预提费用、预计负债 |
| | 长期负债 | 长期借款、长期应付款、其他长期负债 |
| | 受托代理负债 | 受托代理负债 |
| 净资产 | 净资产 | 非限定性净资产、限定性净资产 |
| 收入 | 收入 | 捐赠收入、会费收入、提供服务收入、政府补助收入、投资收益、商品销售收入等 |
| 费用 | 费用 | 业务活动成本、管理费用、筹资费用、其他费用 |

资料来源：摘编自《民间非营利组织会计制度》( https://ef.bit.edu.cn/pub/jjk/docs/20191108121050195793.pdf )

## （二）社会组织会计制度的意义

《民间非营利组织会计制度》实施后，所有的社会组织都必须遵照该项制度，进行会计核算、编制财务会计报告，这对社会组织发展具有深远的影响。

据统计，2003 年我国各级民政部门登记的由社会团体和社会服务机构（民办非企业单位）构成的社会组织总数已达到 26 万余家[1]，无论从组织的绝对数量还是从收入总额、资产规模来看，都需要有明确的会计制度来规范，《民间非营利组织会计制度》要求社会组织编制统一的财务会计报告。社会组织的财务会计报告由会计报表、会计报表附注和财务情况说明书组成。其中会计报表至少要包括资产负债表、业务活动表、现金流量表，其报告样式和内容都与行政事业单位、企业有较大的差别，体现了《民间非营利组织会计制度》自身的特点（表 7-2）。统一的社会组织财务会计报告能反映社会组织资产状况、负债水平、资金使用情况及效果、现金流量等信息，从而提升社会组织会计信息的透明度，这不仅让社会组织的内部成员便于获取，也有利于社会公众、政府主管部门开展外部监管。

---

[1] 2003 年民政事业发展统计报告. https://www.mca.gov.cn/article/sj/tjgb/200801/200801150093819.shtml，2004-04-03.

表 7-2　不同性质单位财务报表对比

| 适用类型 | 会计制度 | 最新制定（修订）时间 | 报表要求 |
|---|---|---|---|
| 行政事业单位 | 《政府会计制度—行政事业单位会计科目和报表》 | 2017 年 | 资产负债表、收入费用表、净资产变动表、现金流量表（可选） |
| 企业 | 《企业会计准则》30 号——财务报表列报 | 2014 年 | 资产负债表、利润表、现金流量表、所有者权益（或股东权益）变动表 |
| 社会组织 | 《民间非营利组织会计制度》 | 2004 年 | 资产负债表、业务活动表、现金流量表 |

资料来源：摘编自《政府会计制度—行政事业单位会计科目和报表》《企业会计准则》《民间非营利组织会计制度》

美国财务会计准则委员会（Financial Accounting Standards Board，FASB）制定的《美国非政府非营利组织会计准则》将非营利组织的会计报表分为：财务状况表、业务活动表、现金流量表、功能费用表。与之相对照，《民间非营利组织会计制度》中的设计与美国非营利组织会计制度有相同的逻辑，反映的会计信息也有相似之处，这加快了我国社会组织会计制度与国际接轨的步伐。

为了更好地促进社会组织健康发展，财政部于 2020 年制定发布《〈民间非营利组织会计制度〉若干问题的解释》，使社会组织运营业务和相关事项的会计处理得到进一步明确。近年来，随着《民法典》《慈善法》《民办教育促进法》《境外非政府组织境内活动管理法》等法律法规的出台或修订，社会组织自身也在不断革新，业界对修订《民间非营利组织会计制度》的呼声越来越高，都希望完善该制度，以便符合社会组织财务管理的现实要求。

## 二、社会组织财务管理的特征

一般而言，企业的财务管理是指在整体目标下，关于资产的购置（投资）、资本的融通（筹资）、经营中现金流量（营运资金）以及利益分配的管理。因此，企业的财务管理具体包含投资管理、筹资管理、营运资金管理、利润分配管理等四项内容。

《民间非营利组织会计制度》明确规定非营利组织应当同时具备以下三个特征：第一，该组织不以营利为宗旨和目的；第二，资源提供者向该组织投入资源不得取得经济回报；第三，资源提供者不享有该组织的所有权。因此，社会组织财务管理应该是为了实现组织的宗旨和使命，运用各种方法来组织财务活动、协调财务关系，从而实现资金有效运转。由此，可概括出社会组织财务管理的三个主要特点。

### （一）基于非营利性特点的社会组织财务管理

企业财务管理追求的是利润最大化，通常以最终的盈利能力或盈利水平作为评价财务管理能力的重要指标。但社会组织由于其具有的非营利性属性，在财务管理中往往较少甚至不考虑营利类的财务指标，而是聚焦于组织内部管理规范化、可持续发展、自身战略规划的实现、宗旨和使命的达成，以此发展出对相关财务绩效的评估。

### （二）基于社会效益导向的社会组织财务管理

根据相关规定和《民间非营利组织会计制度》的要求，社会组织的资源提供者无法在社会组织经营过程中收回投资或获得经济回报，社会组织也不能将结余分配给资源提供者。因此，社会组织财务管理更加关注社会组织运营对特定群体的利益或者社会公众的利益所产生的效益，更加关注社会组织发展所带来的社会价值。

### （三）基于财产所有权属性的社会组织财务管理

社会组织的资源提供者对资产不拥有所有权，社会组织的权力机构及其成员对社会组织也不拥有所有权。根据相关法律法规，当社会组织解散或者注销，若有财产结余，则由主管部门决定其财产归属，或划归至同类型的组织。这使得社会组织虽然需要按照权力机构的决策进行运营，但不能自行对其资产权益进行转让、出售。不但如此，受公益财产属性的影响，社会组织的财务信息需要接受政府主管部门、捐赠人、社会公众等的外部监督。

## 三、社会组织财务管理的目标

确定财务管理的目标是建立财务管理体系的基础。任何组织财务管理的基本目标都取决于组织自身的目标。企业的核心目标是盈利，利润最大化、股东（所有者）财富最大化、机构价值最大化和利益相关者的利益最大化等是企业的主要追求。社会组织的财务管理目标与企业有本质区别。《社会团体登记管理条例》《基金会管理条例》《民办非企业单位登记管理暂行条例》规定了社会团体、基金会、民办非企业单位这三类社会组织均不得以营利为目的，根据这一基本特征，可以将社会组织财务管理的目标细化为以下内容。

### （一）构建适用的财务管理方式

社会组织包括社会团体、基金会、社会服务机构（民办非企业单位），不同类型社会组织的财务管理方式有一定的差异，即便是同一类型的社会组织，财务管理的侧重点也因运营模式的不同而有所不同。例如，根据资金来源渠道，可以将社会组织分为三类：完全依靠慈善捐赠支持的社会组织、部分自给（收费）的社会组织、自给自足的社会组织。因此，构建适合自身组织特点的财务管理模式是实现财务管理目标的前提。适合的财务管理模式能让组织有更为健康的财务状况，能够完美地与社会组织的内部管理相结合，使组织有序、良性运营，并保持组织的活力；相反，不适合的财务管理模式不仅不能管理好资金，反而会使组织丧失应有的活力，导致组织不能持续、健康地发展。

### （二）满足组织的可持续发展要求

满足可持续发展要求是社会组织财务管理的首要目标。社会组织是一个依法自治、独立核算的法人机构，只有保证组织具有与其可持续发展战略相适应的收支规模，才能实现组织的宗旨和使命，并履行其对特定服务对象以及对社会的责任，而这也是社会组织持续发展的意义所在。

### （三）保障组织宗旨和使命的达成

社会组织的财务管理应该做到每年筹集到充足的资金，以维持组织日常运营并完成自身的组织使命。这些为维持组织日常运营所必需的资金消耗，构成了社会组织的费用支出。要使可供使用的资金与实际使用的资金相匹配，就要求社会组织在进行投资或资金消耗时，合理配置资金和资源。

### （四）提高资金使用效率

如前文所述，非营利性意味着社会组织不会将获得利润作为财务管理的目标。即便设置了经济性指标，也很难在社会组织的实际业务活动中找到实质性的对应关系。但这不代表组织在业务活动过程中可以忽视资金使用效率，反而要通过财务管理提高组织资金的使用效率，力争以最小的成本实现最大的社会效益，优化社会组织的资源配置能力和水平。

### （五）规范财务信息披露

社会组织有披露财务信息的义务，不同类型的社会组织对财务信息披露的要求不同。例如，社会组织均须在接受年度检查或编制年度报告时报送财务信息；基金会和慈善组织不仅需要向政府主管部门报送财务信息，还需要在政府指定的平台上发布财务信息。基于上述义务，社会组织财务管理的目标应包括通过财务管理来规范社会组织财务信息，满足财务信息披露的要求。

## 第二节　社会组织财务管理的内容

不同性质单位的财务管理都可以归纳为三个方面：预算管理、收入管理和支出管理。社会组织财务管理在具体内容上有其自身特点，如机构预算与项目管理，多渠道的筹资管理，投资管理，以资金使用效率为前提的支出管理，等等。下文就社会组织财务管理涉及的预算管理、筹资管理和投资管理进行说明。

## 一、社会组织预算管理

### （一）社会组织预算

社会组织预算是指社会组织根据自身的发展目标和任务，以数量和金额的形式配置资源，反映组织在未来一定时期内的业务活动、项目运作、财务管理等活动的具体计划。它以货币的形式反映社会组织在一个财务年度内的工作计划和工作任务，是组织资源配置的具体表现，也是组织收入、支出的重要依据。强化组织预算，不断夯实财务核算基础，为社会组织工作高质量发展提供可靠的财务保障。

社会组织的预算目标是使有限的资金实现效用最大化，因而其预算管理模式应以资金预算和成本控制为基本出发点，推行全面预算与责任预算相结合、全面预算与项目预算相结合、动态预算与绩效管理相结合的预算管理模式，用战略的眼光对组织运营进行动态、科学的管理。

社会组织预算管理的主要任务是：①建立健全预算管理制度，规范组织预算编制、预算执行和决算行为；②加强预算管理的各项基础工作，确保预算基础资料和数据的合法、真实、完整；③依法编制、报送、审核、执行预算；④严格按规定程序调整预算；⑤加大预算资金使用的监督检查力度；⑥建立健全预算绩效管理机制，提高预算资金的使用效率。

### （二）社会组织预算管理的内容

社会组织预算管理是组织财务管理的重要组成部分，它贯穿社会组织预算编制和预算执行的全过程，是组织进行各项财务活动的前提和依据，健全的预算管理是社会组织保持良好财务状况、实现持续发展的关键。社会组织预算管理通常包括预算编制、预算执行和决算三个主要内容。

#### 1. 预算编制

预算编制是整个预算管理活动的基础和起点。社会组织必须以组织的宗旨和使命为大前提，根据组织在这个预算周期内的阶段性目标，科学合理地编制预算。编制预算要具有全面性。第一，预算编制内容的完整性。编制的预算必须涵盖社会组织开展活动过程中所有需要预算管理的内容。第二，预算管理环节的全覆盖。预算编制必须立足于预算管理的全过程，必须与预算执行和决算紧密结合。预算编制主要包括收入预算编制和费用预算编制。

收入预算编制。社会组织的收入是指社会组织依法取得的非偿还性资金，包括捐赠收入、会费收入、提供服务收入、商品销售收入、政府补助收入、投资收益、其他收入等。收入预算汇集了预算周期内社会组织可能获得的用于开展各项业务活动的全部资金收入，通过对各项收入预算指标的分解，可以明确社会组织工作计划的财政保证力度以及社会组织依法多渠道筹措经费的能力。在收入预算编制过程中，应充分考虑所有收入构成和各类收入的规模，如实测算各项收入。

费用预算编制。社会组织的费用预算是指单位年度内用于各项业务活动及其他活动的支出计划。按支出的经济性质，费用预算分为业务活动成本、管理费用、筹资费用、其他费用等。对费用预算的编制应关注三个层次：第一，要遵守社会组织财务规定，如管理费用占总支出的比例、人员费用占总支出的比例等。第二，要根据每个项目的具体要求对支出名目做分解。第三，编制费用预算时需要考虑资金的使用效率。

#### 2. 预算执行

预算执行是指预算编制完成后具体实施的环节，就是将预算由计划变为现实的过程。在预算执行过程中，社会组织需要对预算执行的情况进行有效监督和控制，及时纠正出现的偏差，以确保预算目标的最终实现。

预算的过程控制。社会组织应当将预算作为预算期内组织、协调各项业务活动的基本依据，可通过分期预算的方式分解任务，以确保在预算周期内目标的实现。在预算实际执行过程中要运用预警线进行控制：若波动幅度在一定范围以内，表明预算执行过程处于控制状态；若波动幅度超过了预定范围，则表明预算执行处于非控制状态，应及时分析原因并采取措施来改善情况，以保证达到预定的绩效和目标。

预算调整。在实际业务开展过程中，如果受到政策法规、行业环境、运营条件等变化的影响，使原有预算编制的基础不成立，或者预算执行结果出现重大偏差，就需要进行预算调整，以确保预算执行的可行性。社会组织预算调整必须建立规范的报批程序，且遵循以下要求：第一，预算调整仍应与组织的目标保持一致，不能偏离组织的整体发展方向；第二，预算调整应回应在预算执行中发生的非常态或重要的差异性情况；第三，预算调整后的方案是社会组织在现有条件下的最优选择。

### 3. 决算

决算是社会组织根据预算执行结果编制的报告，是对预算执行情况的全面总结，是组织决策机构进行决策的重要依据。社会组织通过对决算数据的分析，可以及时发现在预算编制和预算执行中存在的问题，从而采取整改措施，不断提高社会组织的预算管理水平。

决算的具体实施可引入绩效评估方法，通过预算与决算之间的关系反映是否达到预期效果，将工作任务和工作目标相结合，促使组织内各部门自觉地按预算要求开展业务活动。

## （三）社会组织项目预算

### 1. 社会组织项目预算的重要性

目前，社会组织的业务活动呈现项目化的趋势，项目收入成为社会组织收入的主要来源。一些资金资助方还限定某笔资金必须用于某个特定的项目，经费使用也是按照项目支出，且项目性质本身对资金使用的范围、比例也有特别的规定。项目周期有的与年度会计周期一致，有的与年度会计周期并不一致。这些都决定了开展项目预算的必要性。

### 2. 社会组织项目预算的作用

随着社会组织的发展，政府部门、企事业单位及社会组织本身对社会组织业务活动项目化的认识越来越深刻，社会组织获取项目的方式已从原先的申请制逐渐转变为竞争制。不论是通过政府购买服务获得的项目，还是从企事业单位、其他资助型社会组织、公众等渠道获取资助的项目，抑或是由组织自有资金运作的项目，都必须加强成本核算，以较少的投入获得较多的效益。对此，科学合理的项目预算有利于社会组织在竞争环境下获得项目，也能保证社会组织在项目实施过程中更高效地使用项目资金。

### 3. 社会组织项目预算要点

社会组织项目预算应关注以下几项内容。

（1）可实现，提出合理的预算方案。要在项目启动前进行反复论证，形成周密的资

金使用计划。设计预算时往往会采取成本-效益分析法。该方法是对不同方案所实现的目标效果与其所需要的成本进行全面对比分析，形成科学合理、操作性强的预算方案，以确保项目资金能覆盖项目实施的需要，达成目标并产生较好的效益。

（2）可实施，保证项目顺利推进。在项目实施过程中，项目资金可能不会一步到位，需要分批分阶段拨入。所以项目预算应使项目有健康的现金流，保障项目按计划顺利实施。另外，项目预算还需要考虑社会组织的其他自有资产是否投入某个项目中，以及需要投入多少。

（3）可量化，体现资金使用效率。通过项目预算，设置一些资金使用的量化指标，测度项目在实施过程中资金使用的效率，一方面可以供项目管理者判断、决策使用，另一方面也便于项目完成后的绩效评价。

### （四）社会组织预算管理的作用

#### 1. 反映财务状况

社会组织预算管理要求合理编制预算，有效控制预算执行，精确进行决算。社会组织应将日常运营中所发生的财务收支都纳入预算管理的范围，以真实反映组织的财务状况。

#### 2. 优化资源配置

任何时候，社会组织所能拥有的或在一定时间内所能获取的资源是有限的。资源配置过程中总是存在不同程度的资源稀缺问题。因此，需要研究如何将稀缺的资源投入到合适的地方，以实现效益的最大化，预算的编制就是为了实现这一目的。

#### 3. 明确筹资需求

在社会组织实施预算管理中，各个环节所反馈的信息均能在一定程度上对组织的未来发展起到引导作用。第一，在预算编制中，根据单位内各项事业发展的未来需要，并结合其自身具备的财力做好人、财、物的综合平衡。第二，在预算编制完成后，通过预算的执行，发挥其指导性作用，预算决定了在这一财务周期内的资金的使用方向、如何使用、使用多少，而这一财务周期的资金使用情况直接影响到下一个财务周期，资金的使用情况是盈余还是赤字，决定了未来的筹资规模。

#### 4. 提供决策依据

为了编制预算，组织会对自身所掌握的资源进行详细的盘点和规划，使得管理者对组织的财务能力有充分的了解。在行使决策权时，财务预算能将组织的财务能力与组织的宗旨、使命和阶段性目标结合起来，方便社会组织负责人做出切实可行的决策。

## 二、社会组织筹资管理

社会组织筹资管理是指组织通过各种渠道，采用不同的方式获取资金，是资金配置活动的起始环节。社会组织筹资的目的主要是满足业务活动开展的需要，进而实现组织的宗旨和使命。筹资工作并不仅限于公益慈善类的社会组织，社会组织所筹集的资金也不完全是捐赠资金。

社会组织在筹资管理中应考虑以什么方式开展筹资活动、通过何种渠道筹集资金、用多大的代价获取多少资金才最有利等问题。不同类型的社会组织有不同的筹资渠道和方式，并不是每种筹资方式都适用于所有的社会组织，而且有些社会组织的筹资渠道和方式还受到特定条件或资格的约束。例如，《慈善法》第二十二条规定："慈善组织开展公开募捐，应当取得公开募捐资格。"又如，《慈善法》第二十三条规定："慈善组织通过互联网开展公开募捐的，应当在国务院民政部门统一或者指定的慈善信息平台发布募捐信息，并可以同时在其网站发布募捐信息。"社会组织应该在法律法规许可范围内开展筹资活动。

## （一）社会组织筹资渠道

从社会组织会计制度看，社会组织收入来源包括捐赠收入、会费收入、提供服务收入、商品销售收入、政府补助收入、投资收益、其他收入。因此，社会组织收入是多种收入方式的组合，收入来源的多元化体现了社会组织筹资渠道的多元化。

### 1. 接受捐赠

无论是在国内还是国外，慈善捐赠都被认为是慈善筹资的最主要的来源。慈善捐赠可以来自企事业单位，也可以来自个人；可以来自境内，也可以来自境外；可以来自特定对象，也可以来自非特定的社会公众。我国在1999年就出台了《公益事业捐赠法》，规范捐赠活动。2016年《慈善法》颁布实施，此后，我国还出台了一系列有关慈善活动的部门规章和规范性文件，如《慈善组织公开募捐管理办法》《公开募捐平台服务管理办法》《财政部 民政部关于进一步明确公益性社会组织申领公益事业捐赠票据有关问题的通知》等。这些法律法规的实施，让慈善捐赠活动的各个环节都有了保障，使慈善捐赠行为更加规范、明确，营造了更为开放的慈善捐赠氛围。

### 2. 会费

在三种类型的社会组织之中，社会团体实行会员制，因此会费收入成为社会团体收入的来源之一。通过吸收符合入会条件的会员加入，可以帮助社会团体筹集到会费资金。虽然，社会团体收入组成不断丰富、收入渠道不断拓展，会费在社会团体整体收入中所占的比例不断降低，但不可忽视的是，会费收入依然是社会团体较为稳定的筹资渠道，并且仍有部分社会团体的收入来源主要依靠会费。规范会费收入成为行业协会商会收费治理的重要内容，近年来出台的《关于进一步规范行业协会商会收费管理的意见》《关于进一步规范行业协会商会收费的通知》等政策文件对行业协会商会的会费标准制定程序、会费收取和使用等问题做出细致的规定。

### 3. 提供服务或销售商品

社会组织的属性是非营利性，但可以从事不以营利为目的、不对营利所得进行分配的经营性活动。具体而言，社会组织可以根据法律、法规和章程的规定向其服务对象提供服务或销售商品，并收取较为低廉的费用作为成本补贴。区别于企业的利润最大化目

标，社会组织提供服务和销售商品的目的是实现组织的可持续发展，进而更好地为社会提供公共服务。

在社会组织获得的服务收入中，政府购买服务已经成为重要的组成部分。2013年以来，随着《国务院办公厅关于政府向社会力量购买服务的指导意见》《政府购买服务管理办法（暂行）》等制度的出台，政府购买服务完成了顶层设计，随之进入发展的快车道。《关于支持和规范社会组织承接政府购买服务的通知》《关于通过政府购买服务支持社会组织培育发展的指导意见》等制度又将社会组织推到政府选择购买服务的前排位置。政府部门可以通过安排专项资金，在基本公共服务、社会管理性服务、行业管理与协调性服务、技术性服务等领域通过竞争优选方式向社会组织购买服务。2012年，中央财政支持社会组织参与社会服务的项目开始先行推出，在全国范围内征集示范服务项目，要求社会组织可根据自身专业特点申报社会服务项目，开展公共服务。2012年至今，我国各级地方政府也在积极制定各种形式的社会组织购买服务政策和推行具体项目，以吸引更多的社会组织提供专业化的公共服务。2020年，财政部发布《政府购买服务管理办法》，进一步明确社会组织作为政府购买服务的承接主体之一，规定社会组织可参与的政府购买服务包括政府提供的公共服务，以及政府履职所需的辅助性服务。

#### 4. 政府补助

政府补助是社会组织筹集资金的又一来源。政府补助来源于政府或者公共部门，以财政拨款的形式支持社会组织开展公共服务或者公益慈善活动。从我国社会组织发展历程来看，政府补助曾经是社会组织筹集资金的重要渠道，许多社会组织依赖这种筹资渠道获取维持组织运营的资金。近年来，我国政府职能正经历深刻的变革，政府职能的转变带来财政制度的变革；政会脱钩、政社分离等政策落地执行，将政府补助限定在特定的范围内。前文提及的政府购买服务作为一项制度被广泛接受，也对政府补助起到一定替代作用。

除了上述四种主要渠道以外，社会组织还可以通过投资、与其他机构合作等渠道筹集维持组织日常运营和可持续发展所需的资金。

### （二）公益筹资的发展

筹资渠道的多元化也让公益筹资方式从通常所见的街头劝募、义演、义卖、信（邮）件劝募、宴会劝募等方式不断演进、创新，出现了更为多样化的筹资方式。

#### 1. 公益筹资与媒体相结合

在全媒体时代，越来越多的社会组织与媒体开展合作，而媒体也同样愈发关注社会组织，因此在筹资过程中引入媒体是一件"一拍即合"的事情。目前已发展出如广告劝募、电视劝募、媒体报道劝募等媒体筹资方式。例如，《都市快报》于2001年与杭州卷烟厂（现浙江中烟工业有限公司）共同发起利群阳光助学行动；2014年，"快公益"团队成立，并策划运作了"免费午餐""关爱抗战老兵""长腿叔叔·留守儿童关爱计划""杭州市公民爱心日"等公益活动。此外，"快公益"还通过设在浙江省妇女儿童基金会、杭州市慈善总会下的各项专项基金筹集善款。

### 2. 公益筹资与联合劝募相结合

毕素华和张萌（2015）将联合劝募定义为：通过一个专门的募款机构，有效地集结社会资源，通过合理的统筹分配，将慈善资源给予需要的社会福利机构，并对慈善资源分配的运行效果进行评估的募款及其管理方式。联合劝募吸纳不同性质的慈善组织为会员，为社会慈善资源的组织、分配提供有效的募捐平台，具有沟通社会捐助者与慈善组织或机构的中介功能。联合劝募最早起源于 1873 年的英国利物浦，当时共有 20 余家非营利组织组成了一个慈善组织会社，共同筹集社会资源、开办劝募活动，形成了联合劝募的雏形。2009 年 12 月，上海公益事业发展基金会（2014 年更名为"上海联劝公益基金会"）成立，它努力实践以社会问题为导向，集结众多公益组织（公益项目），自下而上开展劝募活动，并通过高度问责的方式将募集到的慈善资源统筹分配给公益组织，并形成了一套行之有效的运作机制。

### 3. 公益筹资与新技术相结合

随着互联网、大数据等新技术的发展和普及，社会组织发展出利用搜索引擎、门户网站、互联网平台、即时通信软件、社交平台、移动客户端的应用程序、视频/直播平台等进行网络筹资的方式。根据 2022 年中国互联网公益峰会发布的信息，2017～2021 年，中国通过互联网募集到的善款从 25 亿元增长到近 100 亿元，呈高速增长的趋势。《慈善组织互联网公开募捐信息平台基本技术规范》将互联网公开募捐信息平台定义为：通过互联网为具有公开募捐资格的慈善组织发布公开募捐信息的网络服务提供者。民政部先后于 2016 年[①]、2018 年[②]、2021 年[③]开展三批遴选工作，共计确定 30 个互联网募捐信息平台。腾讯、百度等互联网企业作为平台的运营主体在我国互联网募捐中占据较大的比重。互联网企业正在利用新技术将现有的流量转换成公益资源、筹款机会。比如，"消费捐"随着数字支付的普及被更为广泛运用。借助支付宝、微信等支付平台，"消费捐"为消费者提供与传统直接捐钱捐物不同的参与方式。

### 4. 公益筹资与新行为习惯相结合

人们生活方式和行为习惯的改变也对筹资方式产生了深远影响。例如，"体验"和"运动"在公众的日常生活中不断普及，体验式和运动式这两种筹资方式应运而生，因此不少组织推出公益捐步、形式多样的网购公益捐赠活动等。"假日经济"模式同样被引入社会组织筹资过程。以"99 公益日""95 公益周"等为代表的"公益日"形式逐渐被社会认可、接受，资助单位、个人、社会组织热情参与，已经形成规模效应。

---

① 民政部关于指定首批慈善组织互联网募捐信息平台的公告. http://www.cac.gov.cn/2016-08/31/c_1119488671.htm，2016-08-31.

② 民政部关于指定第二批慈善组织互联网募捐信息平台的公告. https://www.mca.gov.cn/article/xw/tzgg/201805/20180500009223.shtml，2018-05-24.

③ 民政部关于指定第三批慈善组织互联网募捐信息平台的公告. https://www.mca.gov.cn/article/xw/tzgg/202111/20211100037942.shtml，2021-11-15.

### （三）社会组织筹资管理所遵循的原则

#### 1. 依法筹资

社会组织筹资活动必须在法律法规约束下开展。随着我国公益慈善法律体系的不断完善，慈善组织在进行筹资管理时，应更加关注相关的法律法规。除了《慈善法》中对慈善捐赠提出的具体要求以外，还有其他的法律法规、规范性文件也对筹资做了规定，如《公益事业捐赠法》第十七条规定："公益性社会团体应当将受赠财产用于资助符合其宗旨的活动和事业。"

#### 2. 规模适当

社会组织筹集资金不能盲目追求数额，不是越多越好，而是应该根据社会组织自身的具体任务、筹集资金的目的和筹集资金所指向的项目规模，对筹资进行精细化预算。如果没有进行很好的预算，可能会导致筹资不足或者过度筹资。筹资不足影响组织工作的正常开展，实现不了预期的目标；过度筹资会透支社会组织的筹资能力，损害社会组织的社会公信力，也可能使组织忽视资金使用的效率，造成资金浪费。

#### 3. 公开透明

社会组织在筹集资金过程中，应当保证信息公开、透明。将筹资透明化纳入筹资管理工作中，根据筹集资金的来源和目的，通过指定平台和自有媒介，向组织内部、组织决策者、资助人、政府主管部门、社会公众、受益对象、其他利益相关者等群体中的一部分或者全部，公开资金筹集方式、渠道、过程、规模，以及后续资金的使用情况。筹资透明化的动力来自三个方面：第一，政策约束，法律法规等规定一些筹资活动必须全过程公开；第二，资助人要求，资助人想了解自己所提供的资金使用情况；第三，组织自律的诉求，组织自身追求筹资活动的透明化。筹资的透明度越高，越能提高社会组织公信力，提升社会组织筹资能力。

#### 4. 来源经济

社会组织在选择筹资渠道时，要关注人力成本、时间成本和机会成本的支出，努力用最低的筹资成本达成筹资目标。第一，在人力成本方面，应关注完成筹资工作所需要投入的工作人员、志愿者，以及作为支持或后勤保障的管理人员的投入情况，精细化计算这些人员在筹资上花费的时间和精力；第二，在时间成本方面，应关注每个筹资活动需要花费组织多长的时间来完成；第三，在机会成本方面，社会组织应考虑选择这种筹资方式而不选择另外一种筹资方式，甚至使用自有资金开展活动所产生的机会成本。

## 三、社会组织投资管理

### （一）社会组织投资的必要性

虽然目前很多社会组织处在资金比较紧张的初创阶段，或者是在相当长的时间内处在收支相抵甚至入不敷出的阶段，但也有一些社会组织掌握大量的财务资源，导致部分资金被暂时闲置。为了更好地实现组织的宗旨、使命和维持组织长期稳定地运行，社会组织需要通过某些方式与途径开展投资活动，以实现组织资产的保值增值。

## （二）社会组织投资的目的

企业的投资是为了通过机构资产的配置，形成生产能力，以达到获取未来的经济利益的目的，而社会组织的投资活动则是在确保本组织资金安全和日常支付流动性需求的前提下，实现资产的保值增值。

基金会在财产管理中有投资增值的诉求。《基金会管理条例》第二十八条规定："基金会应当按照合法、安全、有效的原则实现基金的保值、增值。"因此，在合法、安全、有效的前提下，投资管理是基金会管理的一项重要内容。

## （三）社会组织投资的基本原则

社会组织投资应遵循安全性原则、流动性原则和收益性原则。安全性原则要求保证投资活动风险性较低，资本金可稳妥地被收回。流动性原则指的是所投资的资产变现能力强。保持适当的流动性可在一定程度上保障资金安全，使组织能够灵活地变动投资组合。虽然获取收益并不是社会组织的最终目标，但组织的投资终究是一种经济行为，因此必须重视收益性原则。

## （四）社会组织投资的关键环节

### 1. 可行性分析

社会组织的投资活动要遵循安全性原则、流动性原则、收益性原则等，但相对而言，投资活动将在一段较长的时间内占据社会组织较多的资金，且存在投资风险。因此，在做出投资决策时，社会组织必须建立严密的程序，对投资事项进行可行性分析。从财务角度来看，可行性分析的内容应包括：投资周期的分析、资金配置的分析、资金流转和回收的分析、项目收益与风险的分析。

### 2. 动态监管

对投资活动的动态监管，即投资的过程控制，这有利于社会组织在投资过程中随时评估风险水平以及所能承受的损失程度，并视其事态发展及时启动止损机制。在财务管理体系中，社会组织可以根据自身的抗风险能力建立风险准备金制度，以最大限度地降低投资风险对组织整体的影响。

### 3. 获取收益

投资结束，社会组织应当及时进行收益测算，回收到期的本金和收益，并依法依规及时进行会计核算。

## （五）慈善组织的投资管理

慈善组织运用社会捐赠的慈善财产进行投资时，与一般企业追求高收益的目的不同，应当在确保操作稳健、风险合理的基础上实现保值增值，务必将财产的安全性放在首要位置。《慈善组织保值增值投资活动管理暂行办法》于2019年1月1日正式实施。这是

我国一部关于慈善组织投资活动的部门规章，规范了我国慈善组织的投资活动。该办法除了覆盖慈善组织，还提出"未认定为慈善组织的基金会、具有公益性捐赠税前扣除资格的社会团体和社会服务机构开展投资活动应当遵守本办法规定"。《慈善组织保值增值投资活动管理暂行办法》凸显了慈善组织投资的以下几个特点。

### 1. 明确可投资的资产

根据《慈善组织保值增值投资活动管理暂行办法》的规定，"慈善组织可以用于投资的财产限于非限定性资产和在投资期间暂不需要拨付的限定性资产。慈善组织接受的政府资助财产和捐赠协议约定不得投资的财产，不得用于投资"。

### 2. 规定可投资的渠道

（1）可直接购买银行、信托、证券、基金、期货、保险资产管理机构、金融资产投资公司等金融机构发行的资产管理产品，但不允许直接买卖股票，购买商品及金融衍生品类产品，投资人身保险产品。

（2）可通过发起设立、并购、参股等方式直接进行股权投资，但被投资方的经营范围应当与慈善组织的宗旨和业务范围相关。

（3）可将财产委托给受金融监督管理部门监管的机构进行投资，且该机构应当在中国境内有从事投资管理业务的资质，但不允许以投资名义向个人、企业提供借款。

### 3. 恪守投资利益回避

慈善组织在开展投资活动时，应建立一套投资利益回避的机制，《慈善组织保值增值投资活动管理暂行办法》第十五条规定："慈善组织的负责人和工作人员不得在慈善组织投资的企业兼职或者领取报酬，但受慈善组织委托可以作为股东代表、董事或者监事参与被投资企业的股东会、董事会。"投资利益回避机制能保证慈善组织在一个相对客观、理性、中立的环境中开展投资活动。

## 第三节　社会组织财务监管

## 一、社会组织财务审计

按照审计主体的不同，社会组织财务审计可以分为政府审计、社会审计和内部审计。其中，社会审计是指注册会计师对社会组织实施的审计，工作范围包括社会组织的年度财务报表审计、离任换届审计和专项审计。目前，注册会计师接受委托开展的社会审计被普遍应用于社会组织审计，得到政府、公众、社会组织的认可。有鉴于此，本书着重讨论社会审计。

### （一）社会组织财务审计的制度保障

《民间非营利组织会计制度》规定，适用本制度的民间非营利组织应当同时具备以下特征：①该组织不以营利为目的和宗旨；②资源提供者向该组织投入资源并不得以取得经济回报为目的；③资源提供者不享有该组织的所有权。政府对社会组织制定的相关法律法规和规范性文件中都将财务审计报告作为社会组织接受监管的必备材料，这给予财务审计明确的制度保障（表7-3）。

**表 7-3 社会组织法律法规中对财务审计的要求**

| 类型 | 法律法规 | 条款 | 内容 |
|---|---|---|---|
| 慈善组织 | 《慈善法》 | 第七十二条 | 慈善组织应当每年向社会公开其年度工作报告和财务会计报告。具有公开募捐资格的慈善组织的财务会计报告须经审计 |
| 社会团体 | 《社会团体登记管理条例》 | 第二十七条 | 社会团体在换届或者更换法定代表人之前，登记管理机关、业务主管单位应当组织对其进行财务审计 |
| 社会服务机构（民办非企业单位） | 《民办非企业单位登记管理暂行条例》 | 第二十二条 | 民办非企业单位变更法定代表人或者负责人，登记管理机关、业务主管单位应当组织对其进行财务审计 |
| 基金会 | 《基金会管理条例》 | 第三十六条 | 年度工作报告应当包括：财务会计报告、注册会计师审计报告，开展募捐、接受捐赠、提供资助等活动的情况以及人员和机构的变动情况等 |
| | | 第三十七条 | 基金会在换届和更换法定代表人之前，应当进行财务审计 |

资料来源：摘编自《慈善法》《社会团体登记管理条例》《民办非企业单位登记管理暂行条例》《基金会管理条例》

2011年，财政部和民政部联合出台《关于加强和完善基金会注册会计师审计制度的通知》，对注册会计师审计的相关制度安排提出了更为明确、具体的要求。例如，经过注册会计师审计的基金会年度财务会计报告要在登记管理机关指定的统一信息公开平台上公布，离任和换届审计报告以及专项审计报告都要按照登记管理机关的要求向社会公开。

### （二）社会组织财务审计的特点

#### 1. 社会组织财务审计应符合《民间非营利组织会计制度》的要求

社会组织财务审计应聚焦于社会组织是否按照《民间非营利组织会计制度》的相关要求规范开展财务活动、是否真实反映会计信息。在财务报表方面，审计须覆盖资产负债表、业务活动表和现金流量表，完整反映报表中所体现的会计信息；在审计内容上，围绕资产、负债、净资产、收入、费用等会计要素开展审计活动，并发表审计意见。

#### 2. 社会组织财务审计须兼顾使用者的不同需求

社会组织财务审计报告的使用者包括组织的负责人、会员（社会团体）、捐赠者、政府监管部门、社会公众，其比依靠企业财务报表进行投资活动决策的企业报表使用者的范围更广。这些使用者身份背景不同，对财务审计信息的诉求也不同：有的希望了解社会组织财务管理是否规范，有的希望了解社会组织整体收支情况，有的希望了解社会组织某一个或几个项目的收支情况，有的仅仅想了解社会组织的资产规模，有的希望将财务审计作为组织决策的判断依据，等等。这些都需要借由注册会计师审计来清晰、准确地反映出来。

### 3. 社会组织财务审计要达到不同的目的

社会组织财务审计按照审计的目的可以分为三类：第一类，年度审计报告，全面反映社会组织会计年度运营情况的社会组织年度财务审计；第二类，离任换届审计报告，社会组织法定代表人离任或社会组织换届的社会组织法定代表人离任审计；第三类，针对某一特定事项开展审计的社会组织专项审计报告，如社会组织政府购买服务项目专项审计、社会组织免税资格认定专项审计等。不同类型的审计所覆盖的内容差异较大。年度审计报告覆盖的会计信息为一个财务年度；离任换届审计报告覆盖会计信息的跨度为该审计对象在任的若干年；专项审计报告依照"专项"的特殊性规定审计会计周期、财务内容和要求。

## （三）社会组织财务审计的要点

社会组织财务审计在要点上更加关注财务的规范性和组织的稳健发展，而不用过度考虑营收回报、营利能力等会计信息。社会组织财务审计要点包括以下几个方面。

### 1. 财务信息完整性

审计时，首先关注社会组织是否按照《民间非营利组织会计制度》要求进行会计核算、设立账簿、编制财务会计报告，另外财务信息要完整。

### 2. 收入

社会组织的收入来源较为多元，包括捐赠收入、会费收入、提供服务收入、商品销售收入、政府补助收入、投资收益、其他收入。审计时可以通过银行账户（基本户、一般户、临时户）、现金日记账、项目合同协议、往来账款、免税收入等途径来重点关注社会组织是否及时确认收入。

### 3. 费用

社会组织的费用包括业务活动成本、管理费用、筹资费用、其他费用。审计时应重点关注：经费支出是否符合组织的目标、宗旨和使命；费用支出是否合理、是否高效；是否做到专款专用。

### 4. 往来款

社会组织在业务活动中发生的往来款包括应收款项和应付款项，审计时应重点关注：往来款是否及时清理；社会组织有无制定相关财务制度来防范可能因往来款减值而造成的财务风险。

除上述关注要点以外，审计过程中还应关注可能发生的诸如"抽逃注册资金""结余分配""小金库""乱收费"等违法违纪行为。

## （四）社会组织财务审计的作用

注册会计师从独立的第三方视角严格遵照《民间非营利组织会计制度》，对社会组织编制的会计报告是否遵守国家法律法规，是否真实完整地反映该组织在某一会计期间的业务活动成果与财务状况，以及是否实现组织自身的目标、宗旨和使命等问题发表审计意见，通过审计得出的结论发现社会组织管理中存在的问题，并提出建议，以此提升其治理水平。

## 二、社会组织财务信息披露

社会组织财务信息披露是社会组织信息公开的重要组成部分，是社会组织廉洁合规建设的重要内容。社会组织财务信息披露需要明确两个问题：第一，财务信息，即社会组织必须生成真实、完整、准确的财务信息；第二，披露，社会组织需要将生成的财务信息披露出来，并易于被相关人员获取。

### （一）社会组织的财务信息

#### 1. 财务管理制度

财务管理制度是指符合社会组织业务发展实际需求，且由会计机构与会计人员、会计核算、收入管理、支出管理、资产管理、票据管理、财务档案管理、财务监督等一系列与财务管理相关的子制度组成的财务管理制度体系。建立严格的财务管理制度以确保财务的透明度，是树立社会组织社会公信力的重要基础。

#### 2. 会计报告

会计报告应反映社会组织会计周期内的会计信息。根据《民间非营利组织会计制度》规定，完整的社会组织会计报告应该包括会计报表、会计报表附注和财务情况说明书等要件，或者是经注册会计师审计的财务审计报告（表 7-4）。

表 7-4　财务会计报告要件及编制期

| 编号 | 要件 | 编制期 |
| --- | --- | --- |
| 会民非 01 表 | 资产负债表 | 月度、年度 |
| 会民非 02 表 | 业务活动表 | 月度、年度 |
| 会民非 03 表 | 现金流量表 | 年度 |
| — | 附注 | 年度 |
| — | 财务情况说明书 | 年度 |

资料来源：摘编自《民间非营利组织会计制度》

#### 3. 其他财务信息

依照我国相关法律法规的要求，在统一提供会计报告的前提下，不同类型的社会组织需要依照其特性，额外提供相关的财务信息。例如，慈善组织的财务信息还须包含接受捐赠的收入、慈善项目的收支、慈善信托等；社会团体的财务信息须明示会费缴交标准、会费收缴情况，以及会费收入总额等。

### （二）财务信息披露

**1. 财务信息披露的时间**

在财务信息披露时，必须明确披露时间或周期。例如，财务会计报告每部分内容的编制期有所不同，披露时间也因此有所差别。就特定项目而言，社会组织还应依照与出资人约定的时间节点或披露周期及时披露财务信息。

**2. 财务信息披露的方式和要求**

（1）按照财务信息披露的公开程度，可以分为完全公开和部分公开。

完全公开就是社会公众均可以通过一定的途径自由获取财务信息。部分公开则是该项财务信息不需要向社会公众开放，只向特定人群公开，如向政府监管部门、会员、捐助人、组织自己的权力机构、其他利益相关人等公开。

（2）按照财务信息披露是否强制，可以分为规定公开和主动公开。

规定公开披露财务信息，就是政府部门根据监管需要，出台规章制度或规范性文件要求社会组织必须公开财务信息。在《慈善组织信息公开办法》中，明确规定慈善组织必须向社会公开的财务信息有："（一）本办法规定的基本信息；（二）年度工作报告和财务会计报告；（三）公开募捐情况；（四）慈善项目有关情况；（五）慈善信托有关情况；（六）重大资产变动及投资、重大交换交易及资金往来、关联交易行为等情况；（七）法律法规要求公开的其他信息。"除了规定公开财务信息内容，还明确了慈善组织在民政部门提供的统一的信息平台，向社会公开上述信息。另外，针对慈善项目，《慈善组织信息公开办法》还规定了披露相关财务信息的频次和周期。

主动公开披露财务信息，是监管部门或捐助人并没有要求社会组织公开披露某部分财务信息，而社会组织主动进行的财务信息披露。主动公开披露社会组织财务信息是组织筹措资金、获取社会支持、接受公众监督、提升社会公信力的重要举措，也是社会组织治理的重要内容。社会组织开展的许多业务活动往往会涉及社会公众的利益，因而有责任向社会公众提供真实、可靠、及时和全面的信息，揭示其所使用的资金收支状况和现金流量状况，反映资金的使用效率和效果，以及组织提供公共服务的能力。

（3）按照财务信息披露渠道的归属，可以分为自有渠道公开和非自有渠道公开。

自有渠道就是社会组织自己拥有的传播信息的媒介，包括内部刊物、官方网站、实名认证的即时通信软件或社交平台、移动客户端的应用程序等。非自有渠道可以是政府监管部门搭建的信息发布平台（如"慈善中国"），也可以是门户网站或专业类网站（如"基金会中心网"），抑或是有效媒体（如《都市快报》的"快公益"栏目）。无论是自有渠道还是非自有渠道，对财务信息披露的统一要求就是组织财务信息可发布、社会公众可获取。

## 第四节　社会组织税务管理

对非营利性机构是否需要纳税，公众的认知往往有较大分歧。本节重在阐释社会组织税收管理、税收优惠等。

# 一、社会组织税收管理

## （一）社会组织税收管理的依据

根据税法的基本原则，税收是对社会财富进行的分配和再分配，只有存在收益时，才存在分配的问题。沃斯（2016）认为，"社会组织可以免缴与免征税活动有关的收入的所得税，免征税活动也就是那些直接针对他们社会使命的活动"。因此，税务机关需要根据税法的规定审核认定社会组织的收益是否需要课税。

## （二）社会组织税收管理规程

### 1. 税务登记管理

社会团体、社会服务机构（民办非企业单位），乃至基金会在注册登记时，均被要求到税务机关履行登记手续，由税务机关审验后颁发税务登记证。根据国家发展和改革委员会等制定的《法人和其他组织统一社会信用代码制度建设总体方案》，我国社会组织在2016年开始使用统一社会信用代码及办理税务登记，社会组织逐步实现法人登记证、组织机构代码证、税务登记证的"三证合一"登记。民政部门发放标注18位统一社会信用代码的社会组织法人登记证，赋予其税务登记证的全部功能。

### 2. 纳税申报管理

按照《中华人民共和国税收征收管理法》和《中华人民共和国税收征收管理法实施细则》的有关规定，社会组织必须按期进行纳税申报，社会组织无论享有何种税收待遇、是否获得"免税组织"资格，均应依法进行纳税申报，然后由税务机关根据其纳税申报资料所提供的信息，判断其是否发生了纳税义务。

### 3. 免税资格认定

很多国家对非营利组织实行了税收优惠政策，但这些税收优惠政策都有附加条件，非营利组织的免税资格也不是"终身制"的，需要通过认定才能持续享受税收优惠待遇。在我国，根据《财政部　国家税务总局关于非营利组织免税资格认定管理有关问题的通知》第四条规定的要求，"非营利组织免税优惠资格的有效期为五年。非营利组织应在免税优惠资格期满后六个月内提出复审申请，不提出复审申请或复审不合格的，其享受免税优惠的资格到期自动失效。"

对社会组织实施税收管理，有利于促使社会组织在规范、健康的环境中实现其非营利性，也可以有效地防止出现税收漏洞。

# 二、社会组织的税收优惠

目前，在非营利组织的税收优惠政策措施的选择上，我国与世界上其他国家和地区保持基本一致。在具体税收制度设计、安排和执行上，也表现出高度的趋同性。在实务工作中，大多以非营利性为约束前提，针对非营利组织的收入、所得和财产，采用减税、免税等手段对非营利组织采取税收优惠政策。这些都是各国政府在税收管理上通行的做法。

### （一）社会组织税收优惠制度的设计依据

#### 1. 公共管理学角度

社会组织被称为"第三部门"，是政府部门与企业之外的又一类主体，在提供社会公共服务方面发挥重要作用，弥补了政府或市场在公共服务领域"政府失灵"或"市场失灵"的缺陷。随着社会组织的不断发展壮大，社会组织的社会影响力也在不断提升，在某些公共领域还发挥着政府的替代性功能。许多社会组织在开展业务活动过程中，所提供的服务虽然不是完整意义上的"纯公共品"，但也没有明确的竞争性或排他性，需要政府给予一定的财政支持。

#### 2. 税收角度

税收优惠的本质是国家通过放弃一部分税收收入，向纳税主体提供一种间接的财政补助，所以受益者在享有权利的同时，也必须承担相应的义务。作为社会资金的使用者，社会组织必须以非营利性为前提，坚持公共服务的使命、遵守结余不分配的约定，并在法人治理、业务活动、财务管理等方面接受政府监管部门和社会公众的监管。与政府通过拨款直接资助社会组织相比，税收优惠作用明显：第一，能避免简单依照组织属性做财政补助，对社会组织起到激励的作用；第二，是一种能较好地量化财政补助效果的方法；第三，可以对社会组织的业务活动起到动态监管的作用。

#### 3. 第三次分配

经济学家厉以宁创造性地提出第三次分配理论，完善财富分配的制度框架，即初次分配由市场机制主导，生产经营成果按照要素贡献实现分配；再次分配由政府主导，通过税收等手段实现分配；第三次分配由公益性机构、个人、志愿者等主体来主导，自觉自愿地实现财富流动和共享。近年来，党中央将第三次分配作为扎实推进共同富裕的途径之一，十九届四中全会首次在中央文件中明确"重视发挥第三次分配作用，发展慈善等社会公益事业"。党的二十大提出要"坚持按劳分配为主体、多种分配方式并存，构建初次分配、再分配、第三次分配协调配套的制度体系"，"引导、支持有意愿有能力的企业、社会组织和个人积极参与公益慈善事业"。

### （二）社会组织税收优惠的制度设计

在我国的税法中，关于非营利组织减免税收的规定目前主要有两类：第一，针对社会组织本身的税收优惠政策。第二，为鼓励公益、救助等慈善行为，向社会组织捐赠的单位或个人提供的税收优惠政策。这些税收优惠并没有通过某一部法律明确规定，而是分布于各种具体政策文件当中，但是具体政策间联系不够紧密，针对社会组织的税务政策不够明确，尚未形成政策体系，影响政策的落地和执行效果。下文将对税收优惠政策进行梳理。

**1. 针对社会组织本身的税收优惠政策**

（1）社会组织免税收入界定。《企业所得税法》第二十六条第四款规定，"符合条件的非营利组织的收入"为免税收入。《企业所得税法实施条例》第八十四条又对《企业所得税法》中提到的符合条件的非营利组织做了界定：依法履行非营利组织登记手续；从事公益性或者非营利性活动；取得的收入除用于与该组织有关的、合理的支出外，全部用于登记核定或者章程规定的公益性或者非营利性事业；财产及其孳息不用于分配；按照登记核定或者章程规定，该组织注销后的剩余财产用于公益性或者非营利性目的，或者由登记管理机关转赠给与该组织性质、宗旨相同的组织，并向社会公告；投入人对投入该组织的财产不保留或者享有任何财产权利；工作人员工资福利开支控制在规定的比例内，不变相分配该组织的财产。第八十五条中又明确符合免税条件的非营利组织的收入"不包括非营利组织从事营利性活动取得的收入，但国务院财政、税务主管部门另有规定的除外"。

（2）社会组织免税资格认定。我国非营利组织免税资格认定工作从2009年开始开展，分别于2009年、2014年、2018年陆续出台《财政部 国家税务总局关于非营利组织免税资格认定管理有关问题的通知》，明确免税资格认定管理要求。社会组织需要取得经财税部门认定的免税资格，方可在所得税申报中对符合条件的收入进行免税。免税资格认定遵循"申请+审核"制度，由符合规定条件的社会组织按照要求提出免税资格认定申请，财政、税务部门对社会组织享受免税的资格联合进行审核确认，并定期予以公布。《财政部 国家税务总局关于非营利组织免税资格认定管理有关问题的通知》（2018年）对申请免税资格的条件要求、认定程序、佐证材料、纳税申报（免税确认）、资格取消等问题做了规定。

（3）涉及社会组织的其他税种的优惠措施。《财政部 国家税务总局关于全面推开营业税改征增值税试点的通知》在附件3中列举的服务项目可以免征增值税，其中诸如托儿所、幼儿园提供的保育和教育服务，养老机构提供的养老服务，残疾人福利机构提供的育养服务，婚姻介绍服务，医疗机构提供的医疗服务，从事学历教育的学校提供的教育服务等项目都出现了社会组织的身影。附件3中，还对免征增值税的项目范围做了限定，如托儿所、幼儿园提供的保育和教育服务，民办托儿所、幼儿园免征增值税的部分是"在报经当地有关部门备案并公示的收费标准范围内收取的教育费、保育费"；养老机构提供的养老服务，服务内容包括为收住的老年人提供的生活照料、康复护理、精神慰藉、文化娱乐等服务。为支持疫情防控工作，《财政部 税务总局关于支持新型冠状病毒感染的肺炎疫情防控有关税收政策的公告》和《财政部 税务总局关于延续实施应对疫情部分税费优惠政策的公告》又将免征增值税的范围扩大到包括文化体育服务、教育医疗服务、旅游娱乐服务、餐饮住宿服务、居民日常服务和其他生活服务等生活服务类所属机构。2022年，财政部、税务总局将免征增值税的范围覆盖至所有小规模纳税人。

除此以外，还有一些特殊业务类型的社会组织也享受一些税收优惠，如根据《关于知》文件精神，对科技类社会服务机构（民办非企业单位）进口科学研究和教学用品进行免税资格认定；根据《财政部 国家税务总局关于非营利组织企业所得税免税收入问题的通知》的规定，社会团体收取的会费属于所得税免税收入。

（4）公益性捐赠税前扣除资格确认。公益性捐赠税前扣除是指，企业或个人通过公益性社会组织、县级以上人民政府及其部门等国家机关，用于符合法律规定的公益慈善事业捐赠支出，准予按税法规定在计算应纳税所得额时扣除。公益性捐赠税前扣除资格确认是社会组织在接受捐赠时能否让捐赠人获得税收优惠的前提条件。

我国公益性捐赠税前扣除资格确认工作自 2008 年开始，经历了从"申请+审核"到"发布制"的历史沿革。2020 年，财政部、税务总局、民政部发布《关于公益性捐赠税前扣除有关事项的公告》，对公益性捐赠税前扣除资格管理再次进行调整，公益性捐赠税前扣除资格由财政部、税务总局和民政部三部门联合发布，无须社会组织申请。但强调了五点要求：第一，定期报送专项报告。每年应当在 3 月 31 日前按要求向登记管理机关报送经审计的上年度专项信息报告。第二，具有免税资格成为获得税前扣除资格的前置条件。社会组织须具有非营利组织免税资格，且免税资格在有效期内。第三，须满足公益慈善事业支出和管理费用比例要求。按照是否具备公开募捐资格，对社会组织的公益慈善事业支出和管理费用比例做了具体的约定。第四，评估等级在 3A 以上（含 3A）。社会组织评估等级为 3A 以上（含 3A）且该评估结果在确认公益性捐赠税前扣除资格时仍在有效期内。第五，资格有效期为三年。有效期从之前的当年度调整为 3 年有效期，目前有效期的规定与前置条件的免税资格 5 年有效期尚不统一。

### 2. 鼓励慈善、救助捐赠行为的税收优惠政策

除了《慈善法》在第七十九条规定"慈善组织及其取得的收入依法享受税收优惠"，第八十条规定"自然人、法人和其他组织捐赠财产用于慈善活动的，依法享受税收优惠"，第八十一条规定"受益人接受慈善捐赠，依法享受税收优惠"之外，我国还在相关法律法规中对慈善、救助捐赠行为的税收优惠政策进行了规定。

（1）捐赠方为企业。《企业所得税法》第九条规定，"企业发生的公益性捐赠支出，在年度利润总额 12% 以内的部分，准予在计算应纳税所得额时扣除；超过年度利润总额 12% 的部分，准予结转以后三年内在计算应纳税所得额时扣除。"《企业所得税法实施条例》第五十一条规定，"企业所得税法第九条所称公益性捐赠，是指企业通过公益性社会组织或者县级以上人民政府及其部门，用于符合法律规定的慈善活动、公益事业的捐赠。"为鼓励扶贫济困和抗击新冠疫情，财政部、税务总局、国务院扶贫办联合印发《关于企业扶贫捐赠所得税税前扣除政策的公告》，规定企业扶贫捐赠支出的所得税税前扣除政策。为支持新冠疫情防控工作，《财政部 税务总局关于支持新型冠状病毒感染的肺炎疫情防控有关税收政策的公告》规定"企业和个人通过公益性社会组织或者县级以上人民政府及其部门等国家机关，捐赠用于应对新型冠状病毒感染的肺炎疫情的现金和物品，允许在计算应纳税所得额时全额扣除"，"企业和个人直接向承担疫情防治任务的医院捐赠用于应对新型冠状病毒感染的肺炎疫情的物品，允许在计算应纳税所

得额时全额扣除"。

（2）捐赠方为个人。《中华人民共和国个人所得税法》第六条规定，"个人将其所得对教育、扶贫、济困等公益慈善事业进行捐赠，捐赠额未超过纳税人申报的应纳税所得额百分之三十的部分，可以从其应纳税所得额中扣除；国务院规定对公益慈善事业捐赠实行全额税前扣除的，从其规定。"为鼓励抗击新冠疫情，财税部门联合相关部门发布《财政部 税务总局关于支持新型冠状病毒感染的肺炎疫情防控有关税收政策的公告》，规定个人用于应对新冠疫情的捐赠支出，准予个人在计算应纳税所得额时全额扣除。

## 本章小结

健全的财务管理体系有助于社会组织实现规范化建设，是实现高质量发展的前提。社会组织财务管理要以《民间非营利组织会计制度》为依据，聚焦预算、筹资、投资、审计、信息披露等核心内容，为规范开展业务活动保驾护航。良好的税务管理生态有助于社会组织优化资源配置，是高质量发展的保障。因此，社会组织应"依法缴纳"和"依法减免"，需要不断提高对税务管理的认识水平，提升组织竞争力，拓展发展空间。

## 案 例

### 上海真爱梦想公益基金会的年报发布会[①]

2008年8月，"上海真爱梦想公益基金会"（以下简称真爱梦想）经上海市民政局批准成立，2014年转为具备公募资格的基金会。真爱梦想2013年荣获"5A级社会组织"称号，2015年获评"全国先进社会组织"称号。真爱梦想是中国第一家按照上市公司标准披露年报的慈善基金会，连续四年（2011～2014）被《福布斯》（中文版）评为"中国最透明基金会"。《界面新闻》发布的"2022中国透明慈善公益基金会排行榜"中，真爱梦想列公募第二，地方性公募基金会第一。

### 一、真爱梦想的年度报告发布

真爱梦想有较为完善的财务管理制度，制定了包括《上海真爱梦想公益基金会财务及授权管理制度》《上海真爱梦想公益基金会专项公益基金管理办法》《真爱梦想财务内控制度》等在内的多项财务管理制度。该基金会是国内首家按照上市公司标准公开发布

---

① 《上海真爱梦想公益基金会2018年度报告》，有改动。

年报的公益基金会,从 2009 年开始每年公开举办年报发布会,公开详细的财务数据和审计报告。在年报发布会上,真爱梦想还邀请捐赠方、政府部门、合作伙伴、志愿者、媒体及公众参与其中。

## 二、真爱梦想 2018 年度报告

2019 年 4 月,真爱梦想公开发布《上海真爱梦想公益基金会 2018 年度报告》。除了公布 2018 年捐赠明细和财务审计报告之外,真爱梦想还对 2018 年度基金会财务状况进行披露和分析,主要内容包括 2018 年财务信息概要、2018 年筹款报告和 2019 年预算及策略概要。

### 1. 2018 年主要财务指标披露

报告列举了筹款总额、投资收益、其他收入、支出总额、项目支出总额、行政管理费用、筹款费用、年末净资产余额、项目支出比例、行政费用比例、营运资本比率、全职雇员人均能效等主要财务指标(表 7-5),并用图表和文字对行政费用、资产构成、短期投资、资金筹集等做了分项介绍和归纳分析。例如,在资金筹集部分,针对筹款渠道分布(表 7-6)、筹款来源(图 7-1)、捐方性质(图 7-2)、捐赠项目(图 7-3)等方面做了具象分析。

### 表 7-5 真爱梦想 2018 年主要财务指标

| 指标 | 2017 年度 | 2018 年度 | 增长率/% |
|---|---|---|---|
| 筹款总额/元 | 141 446 587.68 | 168 053 963.39 | 19 |
| 投资收益/元 | 12 386 931.72 | 9 718 304.03 | −22 |
| 其他收入/元 | − 91 933.94 | 50 017.33 | 154 |
| 支出总额/元 | 113 461 763.55 | 137 234 180.53 | 21 |
| 项目支出总额/元 | 104 397 633.61 | 125 220 809.25 | 20 |
| 行政管理费用/元 | 5 851 847.86 | 7 418 147.92 | 27 |
| 筹款费用/元 | 3 212 282.08 | 4 595 223.36 | 43 |
| 年末净资产余额/元 | 185 614 038.52 | 226 202 142.74 | 22 |
| 项目支出比例/% | 92.01 | 91.25 | −1 |
| 行政费用比例/% | 5.16 | 5.41 | 5 |
| 营运资本比率 | 1.64 | 1.65 | 1 |
| 全职雇员人均能效/元 | 1 319 322.83 | 1 414 785.37 | 7 |

表 7-6　2018 年公募筹款渠道分布

| 公募渠道 | 筹款金额/元 | 占比/% |
|---|---|---|
| 腾讯公益乐捐平台 | 26 647 926.82 | 54.95 |
| 蚂蚁金服公益平台 | 12 618 509.63 | 26.02 |
| 火堆公益 | 9 003 744.18 | 18.57 |
| 其他捐款渠道 | 223 857.18 | 0.46 |
| 总计 | 48 494 037.81 | 100.00 |

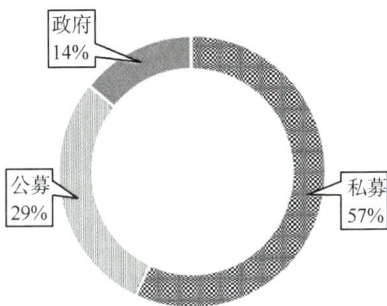

图 7-1　筹款来源

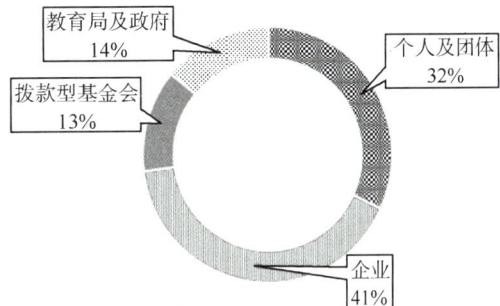

图 7-2　捐方性质

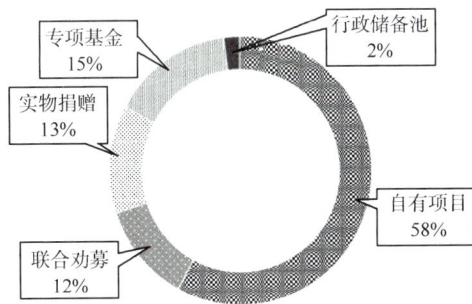

图 7-3　捐赠项目

## 2. 2019 年预算

对照主要财务指标（筹款总额、投资收益、其他收入、支出总额、项目支出总额、行政管理费用、筹款费用、年末净资产余额、项目支出比例、行政费用比例、营运资本比率、全职雇员人均能效），真爱梦想制定了 2019 年度的预算，并分项与 2018 年做了对比（表 7-7）。

表 7-7　基金会 2019 年预算

| 指标 | 2018 年度 | 2019 年度 | 增长率/% |
|---|---|---|---|
| 新建梦想中心 | 346 | 350 | 1.16 |
| 筹款总额/元 | 168 053 963 | 170 000 000 | 1.16 |

续表

| 指标 | 2018 年度 | 2019 年度 | 增长率/% |
|------|-----------|-----------|----------|
| 投资收益/元 | 9 718 304 | 8 000 000 | −17.68 |
| 支出总额/元 | 137 234 181 | 155 302 201 | 13.17 |
| 项目支出总额/元 | 125 220 809 | 141 531 201 | 13.03 |
| 行政管理费用/元 | 7 418 148 | 9 094 000 | 22.59 |
| 筹款费用/元 | 4 595 223 | 4 677 000 | 1.78 |
| 年末净资产余额/元 | 226 202 143 | 248 899 942 | 10.03 |
| 项目支出比例/% | 91 | 91 | −0.11 |
| 公益支出占上年总收入比例/% | 81.45 | 79.59 | −1.86 |
| 行政费用比例/% | 5.41 | 5.86 | 0.45 |
| 营运资本比率 | 1.65 | 1.60 | −3.03 |
| 全职雇员人均能效/元 | 1 414 785 | 1 350 454 | −4.55 |

**案例分析题：**

1. 真爱梦想年度报告中主要披露了哪些财务指标，分别对应了哪些财务管理事项？
2. 根据财务指标，论述真爱梦想 2018 年的业务发展状况。
3. 对比真爱梦想 2018 年度和最新一年度的财务数据，分析财务变动情况，思考引发变动的内外部因素。

**本章思考题**

❶ 社会组织的筹资渠道主要有哪些？

❷ 慈善组织可在哪些领域进行投资？

❸ 社会组织财务预算的目标和任务分别是什么？

❹ 社会组织财务审计需要关注哪些要点？

❺ 哪些收入属于社会组织免税收入？

❻ 社会组织在日常运营、参与慈善活动等方面可享受哪些税收优惠，具体的政策规定是什么？

# 参考文献

毕素华, 张萌. 2015. 联合劝募: 慈善组织管理与运行的新机制研究. 南京师大学报(社会科学版),(6): 65-72.

金锦萍. 2019. 非营利组织营利性收入税收政策比较研究. 社会保障评论, 3(4): 118-132.

李慧. 2020. 新冠肺炎疫情下公益性捐赠税收优惠政策探析. 税务研究,(4): 123-126.

李水金. 2015. 中国非营利组织管理. 北京: 首都师范大学出版社.

王海燕. 2006. 非营利组织预算管理模式研究. 财会月刊(中),(11): 72-74.

王郁琛. 2021. 疫后社会组织税收扶持政策的思考与建议. 税务与经济,(3): 32-38.

威尔逊 E R, 等. 2005. 政府与非营利组织会计. 12 版. 荆新, 等译. 北京: 中国人民大学出版社.

韦德洪, 陈势婷. 2021. 不同生命周期下组织结构与财务管理模式适配性研究. 财会通讯,(4): 11-16.

沃斯 M J. 2016. 非营利管理: 原理与实务. 3 版. 韩莹莹, 张强, 王峥, 译. 广州: 华南理工大学出版社.

杨秋林, 张国华, 王小林. 2001. 英法等国非营利农业组织财务管理的主要做法及启示. 会计研究,(11): 61-63.

于国旺. 2017. 我国社会组织会计制度及修订完善探讨. 财会月刊,(9): 103-110.

张彪, 彭希. 2010. 如何构建非营利组织财务规制体系. 经济纵横,(5): 91-94.

张立民, 李晗. 2011. 非营利组织信息披露与审计——基于汶川地震中 16 家全国性基金会的案例研究. 审计与经济研究, 26(3): 3-10.

张曾莲, 胡南薇, 姚艳君. 2012. 民间非营利组织的审计程序和方法. 财会月刊,(11): 56-58.

# 第八章

## 社会组织与社会创新

1. 掌握社会创新的概念、类型和阶段。
2. 了解社会组织与社会创新的关系。
3. 掌握社会影响力投资的定义和框架。
4. 了解中国社会企业的生态群。
5. 理解社会企业的社会使命与经济手段。
6. 了解社会企业的组织形式。

● 迎接全球挑战的中国社会组织正接过社会创新的旗帜，演绎极富创新性的实践。在社会组织参与社会创新的实践中，创新的思想提供种子，社会影响力投资助其萌芽，社会企业则是其成熟的体现。本章介绍社会创新的概念、类型和阶段，社会影响力投资的概念、框架，以及社会企业的概念、社会使命和经济手段、组织形式等。

# 第一节 社会创新概述

"创新"一词，既指从无到有，也指推陈出新。社会的变革、制度的更替、生活的改善均与之相伴。从 19 世纪至今，城市化和工业化进程掀起了社会创新的热潮，互助保险、小额信贷、影响力投资争相出现，民间社团、合作社和工会等社会组织如雨后春笋般成长起来。

我们完全有理由相信社会创新的步伐会越来越快，并且会在这个世纪不断加速，更多的资金将被引入社会组织。多数国家的经济都越来越多地受到服务业的影响。未来，经济增速最大的板块很可能来自大健康和民生领域，而不再是传统制造业。这些板块的发展需要注入创新元素，辅以恰当的公共政策。在商业、技术创新方兴未艾之际，社会创新也将成为下一阶段的主流。

近年来，"社会创新"的概念在理论与实践上都颇受关注。以百度搜索引擎的数据为例，2023 年 5 月，"社会创新"词条的检索结果约为 1 亿个，远远超过"社会责任"等词条。社会创新对于政府、社会组织和企业的重要性已不可忽视。

对于勇立时代潮头、迎接全球性挑战的社会组织而言，创新至关重要，因为创新能够助其在变动的环境下提高影响力并保持领先。因此，社会组织应当将创新当作战略目标，考虑如何将创新理念融入发展愿景。因此，明晰社会创新的内涵，深入理解社会组织参与社会创新的方式十分重要而紧迫。

# 一、社会创新的内涵

## （一）社会创新的界定

学术研究中已有很多有关创新的概念性表述。创新的理论化阐述始于熊彼特，他认为创新是由生产要素和生产条件的"新组合"带来的超额利润的活动，具体体现在引入新产品、引进新生产方式、开辟新市场、获得新的原材料、实现新的组织五个方面。后来，熊彼特开疆拓土式地将创新从生产层面延伸到组织层面（熊彼特，2007）。在此基础上，德鲁克开创性地提出"社会创新"的概念，认为创新正在经历一个由政府转向社会、从管理创新走向社会创新的历史过程（德鲁克，2007）。社会创新意味着打破现有研发和技术的框架，引发更广泛的社会和经济系统的变化。

Phills 等（2008）认为，社会创新是指一种比现有做法更新颖、更有效、更可持续的解决社会问题的方案，该方案能创造惠及多数人而不是小部分人群的价值。Murray 等（2010）认为，社会创新是指能够同时满足社会需求和生成新型社会关系的新想法、新产品、新服务或新模式。

上述两种定义被学界广泛引用。不管哪种定义，社会创新都体现在组织创新或制度创新上。换言之，在社会实践中涌现出的新型社会组织及其所构建的新型社会网络，是社会创新的重要主体。

## （二）社会创新与商业创新的区分

商业创新主要是为了获得金融投资回报，社会创新则以实现社会回报为目标。如今，人口老龄化、失业和贫困、气候持续恶化、环境退化等社会问题较为突出，要解决这些问题仅依靠金钱的投入或是商业创新是远远不够的。这就是创新从高科技领域延伸到社会各领域、从企业走向社会、从单一组织走向多元组织的原因。

基于社会问题的创新（社会创新）与基于技术、产品或商业模式的创新（商业创新）既相似又有不同之处。一方面，商业或技术领域的创新流程、指标、模式或方法并不总是能被迁移到社会创新中；另一方面，虽然在目的和目标上存在差异，但是两种创新可能殊途同归，所以带动社会变革的渐进式创新有时也适用于商业创新。

## （三）社会创新的类型

关于社会创新的类型，Brooks（1982）对其进行了较为细致的划分，包括市场创新（如租赁）、管理创新（如新工时安排）、政治创新（如峰会）和制度创新（如自治团体）。根据 Murray 等（2010）的观点，与其他所有创新一样，社会创新没有明显的界线。社会创新既可以在公共部门进行，也可以在私营部门进行；社会创新既可以是营利性的，也可以是非营利性的，还可以是介于两者之间的形态。

总之，社会创新是一个涵盖面较广的概念，它可以涵盖社会技术变革，也可以指具有社会目的的创新（如小额信贷），或者二者兼而有之。它可能与社会企业家联系在一起，也可能与公共政策和治理紧密相连。如今，各种形式的社会创新均能通过提供新服务或产品的方式，为社会问题提供解决方案。在未来，应当以社会创新为中心，推动发展更具活力、包容性和可持续性的社会经济，社会组织也应举起创新大旗，在原有的体系中构建新制度。

## 二、社会创新的阶段

社会创新从起步到产生影响力可分为六个阶段（图 8-1），并在不同的组织中得到应用。尽管这些阶段并不总是依次发生（一些创新过程会跳过几个阶段）的，也有可能在某几个阶段循环往复。但是六个阶段的划分提供了一个有用的分析框架，能够为我们分析不同的创新者和创新活动提供支持。

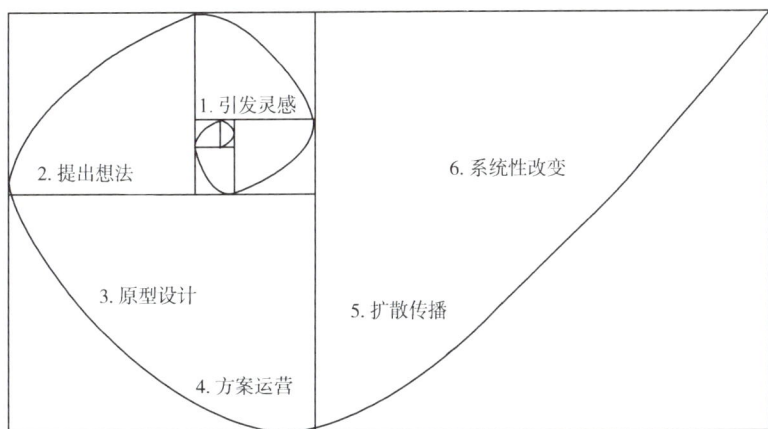

图 8-1　社会创新六大阶段

资料来源：Murray R，Caulier-Grice J，Mulgan G. 2010. The open book of social innovation. The Young Foundation and NESTA，（3）：6-8

### （一）引发灵感

首先，这个阶段包含能够凸显创新需求的因素，如遭遇危机、公共支出减少、业绩不佳、战略失当等。其次，该阶段伴随着因需求而激发的创新灵感，人们渴望将创造性的想象力落地。最后，面对现在发现的问题，需要组织内部对问题进行诊断并建立分析框架，寻找问题的症结所在。正确地解构问题是创新成功的前提条件，因为这意味着创新主体已经能够剖开现象看到本质。

### （二）提出想法

这一阶段伴随着创意的产生，需要用到行之有效的工具来加以辅助。这些工具包括灵感激发、头脑风暴等，以帮助人们开拓思维，并扩充创意库中的备选方案。这些用于开拓思维的工具能够帮助组织吸收各方面的见解与经验。

### （三）原型设计

这一阶段伴随着对想法的不断测试，需要进行不断的设计，并随机实验，用以检验原型方案的可靠性。在社会创新过程中，对想法的提炼与检验至关重要，因为反复试错能积累经验,解决已有的冲突(如与既得利益团体的冲突),并达成更紧密的合作关系(如将用户和专业人士联系起来)。这一过程的实现意味着由想法提炼出的原型方案得到一致同意。

### (四)方案运营

这一阶段标志着执行原型方案已成为日常工作的一部分,包括打磨想法(经常进行简化)和保障稳定的收入来源以确保公司、社会企业或慈善组织的财务可持续性(这将推动进一步的创新)。在公共部门,这意味着确定预算、团队和包括立法在内的其他手段。

### (五)扩散传播

这一阶段的重点在于对已经形成的、趋于成熟的创新方案加以传播。创新通常始于组织内部,需要通过规模化、扩散化的手段,让大众知道创新成果,从而获得更多渠道的资源支持。扩散传播就要吸取以往优秀的经验,并保持适度的二次创新,此外还要深刻理解民众以及政策制定者的真实需求,好的传播是一种有效供给,是不能忽视需求的,反而应当尊重需求。只有这样,传播才是精准有效的。

### (六)系统性改变

社会创新的最终目标是带来系统性的改变,通常涉及许多要素的相互作用,包括社会动员、商业模式、法律法规、数据和基础设施等,这就要求组织以全新的思维和行为方式进行运作。系统性的改变要求建立新的框架或体系,伴随着无数的小型创新,它的影响范围是广泛的,会波及公共部门、私营部门和家庭。这种大刀阔斧的变革无疑会招致某些人的反对,这需要创新者避其锋芒、小步快跑和持续迭代。

## 三、社会组织与社会创新的关系及成功案例

社会创新与其他形式的创新(商业或技术创新)的区别在于,它将焦点放在解决社会问题和满足社会需求上。社会创新将个人、社区以及社会组织聚集在一起,以应对具体的社会问题。

社会组织在传播和实践社会创新上发挥着决定性作用。它通过推动志愿服务等行动,为贫困群体和边缘化人群提供服务,是增强社会凝聚力的助推剂,也是社会创新的萌芽地。社会组织通常富有创造力和合作意识,能够进行跨部门、跨学科运作。如果能采用有效的发展战略,社会组织的创新举动就能让社会转型变革成为可能。世界各地的社会组织通过高质量的调查研究、广泛听取建议等方式,从医疗保健、住房、教育、环境和经济等领域入手,努力使社会变得更美好。换言之,一个国家不仅能从社会组织的活动中获取社会效益,也能获得经济效益。

大多数社会组织期待成为社会创新的主导者,但这并不容易。这是因为社会创新是一个比较新的领域,缺乏可循的既定模式和经验,需要依靠大量的实践探索。社会组织投身于社会创新意味着踏入新领域,在没有边界和围栏的世界里,需要保持开疆拓土的心态。当然,国内外的一些成功案例为我们提供了启示。这里面有两大要素至关重要:

一是新奇性，即运行模式要有一定的创新度；二是有效性，即对社会问题的解决要产生实实在在的积极作用。

目前的成功案例可分为八种类型，本节将列举其中的优秀案例，为社会组织参与社会创新提供一些借鉴。

### （一）筹资模式创新

资金是社会组织的立身之本，也是其发展壮大的动力源泉。扩大资金来源、创新筹资模式，便能够在众多资源依赖型的社会组织中脱颖而出。

浙江省妇女儿童基金会在这方面做了很好的尝试，在 2016 年主动链接了阿里巴巴"公益宝贝"平台。在"公益宝贝"平台上，有数以百万计的爱心商家参加公益，通过"每卖出一件商品就捐出最低 2 分钱"的方式汇聚爱心，诠释了"相信小的伟大"的理念。浙江省妇女儿童基金会推出的低保家庭儿童家园改造项目"焕新乐园"在"公益宝贝"平台上线后，仅一个月就筹集爱心善款超过 100 万元，首年筹款超过 840 万元，为项目落地执行提供了强大的资金支持。截止到 2021 年，项目在"公益宝贝"平台累计筹款5000 余万元，支持项目的爱心商家超过 200 万家，共接受捐赠超过 9 亿笔[1]。

### （二）合作模式创新

社会组织要想发展壮大，单打独斗并非良策，需要寻求广泛的合作。合作模式创新能为社会组织带来新的关系与机遇，从而能够连接多方资源（包括其他社会组织、政府等）。

2022 年春季，在疫情肆虐上海的危急时刻，往返于沪杭两地的卡车司机因为高速公路卡点无法卸货而被滞留于高速上，一时间成了公众焦点。为了给司机送上暖心帮助，传化慈善基金会第一时间联系了交管部门，联合省内多家基金会共同发起"携手同行 共渡时艰——守护疫情下的卡车司机"公益行动，为卡车司机、卡嫂及其家庭送上爱心物资，为他们送上一份关爱。由此可见，社会组织之间的合作，对履行社会使命和扩大社会影响都具有十分重大的意义[2]。

### （三）组织架构创新

在全球化的背景下，倘若社会组织仅局限于一个国家或一个地区，其组织架构将难以应对复杂的、多元化的社会问题。组织架构创新能够让社会组织更好地管理内部资源，改变组织使用资源（人力和资产）的方式，从而产生更为广泛的影响力。

之江公益学园是一家定位于赋能公益性社会组织的支持型社会组织，肩负着连接学术资源和基层社会组织能力提升的职责。尽管机构总部在省会杭州，但是为了能够把一流教育资源下沉到基层，之江公益学园意识到必须要拓展组织架构，于是主动对接多个

---

[1] 根据浙江省妇女儿童基金会网站（http://zjfjh. hyejia. org/?action=publicfinancing-detail&id=164546333200000001）整理而成。

[2] 根据以下内容整理而成：传化慈善基金会联手浙江省妇女儿童基金会为货车司机送补给. https://www.163.com/dy/article/H4O492H30552ADWT. html，2022-04-12.

县级地方政府和基层社工机构，创建了之江公益学园浙北、浙东、浙南等地区的分支基地。这种模式大大提升了优质教育资源辐射基层的力度，为全省基层社会组织赋能提质做出贡献。比如，选址嘉兴平湖市，创建了"新睦邻"未来社区工作基地，通过合作开发课程、指导实践项目、创新升级品牌、提炼经验模式，有效推动了平湖城乡社区治理理念创新、模式创新、实践创新。

### （四）技术创新

技术创新同样能被应用于社会创新，二者并非互不兼容的关系。社会组织为打破困局，可以尝试新颖的技术手段，改变项目的既有运作方式，从而获得更大的社会效益。

英国雨林基金会采用社区监测 App，有效保护了森林资源。据统计，仅在刚果盆地非法采伐带来的损失每年就达到数亿美元。非法采伐十分猖獗也难以被遏制，经常在发生许久后才有新闻报道。因为没有相应的技术进行监测，当局难以及时介入调查。为此，英国雨林基金会开发了一种用于监测森林非法采伐情况的新系统。该系统与森林管理机构联网，人们可以通过下载 App 使用该应用程序，随时上传他们目击到的非法采伐信息。虽然地方政府在之前已经有一套卫星图像监测系统，但颇为老旧，效果不佳。与之相反，现在这套基于社区群众的实时监测系统显得更快速、更高效。执法部门可以迅速对群众发布的违法事件采取行动。英国雨林基金会将基站扩大到基层，即使人们没有带手机，也能使用基站上传情报。随着更多基站被建设使用，这个系统将覆盖更广阔的地理区域。英国雨林基金会正在把这项技术推广到世界其他国家，未来有望建立起一个基于手机端的全球性社区森林监测网络①。

### （五）产品/服务创新

社会组织扎根社会，解决问题的手段在于为社会提供产品和服务。因此，推出更新和更有效的产品或服务至关重要。倘若提供的服务可被轻易替代，或者所提供产品尚不如其他类产品，社会组织的存在价值便会受到质疑。如何利用产品与服务扩大影响力？产品/服务创新是一个重要的方案。

"绿色浙江"是一家致力于科普绿色环保理念和绿色技术的公益性社会组织。自 2001 年创办，便不断推出一些新项目。其中最具亮点的一个项目是 2017 年机构决定走社会创业之路，创建的"未来使者"项目。这是一种具有可持续性的、以环境教育为核心的全新服务，旨在培养青少年成为引领未来可持续发展的地球公民，每年寒暑假组织青少年参加国际自然科考活动。通过让青少年发现自然之美、科技之魅力，成为一名"未来使者·发现家"；通过让青少年在低碳家园深度体验环保科技和文化，成为一名"未来使者·改造家"；通过让青少年积极投身社区公益活动，身体力行服务社会，成为一名"未来使者·实践家"。"未来使者"项目的新颖性和创造性得到了众多青少年及其家庭的高度认可。这与机构负责人忻皓博士多年在国外留学以及与国际绿色环保组织建立长期合作关系密不可分②。

---

① 根据英国雨林基金会网站（https://www.rainforestfoundationuk.org/our-projects/forestlink/）整理而成。
② 根据以下材料整理而成：以梦为马，不负韶华，未来使者正出发. https://www.163.com/dy/article/DJCD3VV60511AVHF.html，2018-06-03.

### （六）渠道创新

很多社会组织既有足够优秀的产品，也有新颖的技术手段，但却迟迟无法与广大目标群体对接，原因出在渠道上。一个畅通的渠道能让组织更接近目标，顺利输出既有的成果。因此，渠道创新在社会组织成果转化过程中起着重要作用。

杭州益优公益服务中心专注于二手衣物的捐赠与再利用，意在杜绝资源浪费。2018年，一次乡村探访催生了校服变形记项目。一所城市学校每个年级有1000多名学生，最多两年就会更换一批校服，20%的闲置校服的品质非常不错，也就是说每个年级至少可以贡献200套可穿校服。一所乡村学校只有几十个孩子，最多100余人。如此一来，两所学校便可以结对。刘柏顺发现了一种有效的模式，即与杭州城区学校建立沟通渠道，回收闲置校服，筛选出可再穿的校服，进行清洗、消毒、Logo更换，再按照受助学生的尺码进行同省捐赠。一件"变形校服"的成本不到传统购买价格的1/4。除了成本低，校服"变形记"还实现了捐赠的可视化，因为捐赠人可以精准地知道他们所捐赠的学校[①]。

### （七）品牌创新

如果社会组织提供的产品或服务效果平平，可能并非产品或服务的质量存在问题，而是目标群体的品牌认知出现偏差。针对此类情况，品牌创新可帮助社会组织破局。社会组织可以通过调查研究明确改变方向，以重塑品牌形象。

宁波北仑区"塔峙大阿嫂"社会组织成立于2016年9月，从"五水共治"到"美丽乡村"，从"扶农e帮"到解决区域妇女们的再就业，再到村里的卫生保洁、公益文艺活动，几乎处处都活跃着"塔峙大阿嫂"的身影。为了让"塔峙大阿嫂"公益品牌更加深入人心，"塔峙大阿嫂"举办了杨梅节、桂花节、美食游园节、挖笋体验大赛、包粽子擂台赛等150余次活动，很好地传承和培养了农村乡土文化。比如，通过桂花节，相关企业统一收购桂花6000多公斤，之后对其进行深加工，并对外销售；通过杨梅节，帮助农民销售杨梅2万多公斤，受益人数达500多人，开展8次田间学校技术培训，培训人次300多人。一系列喜闻乐见的乡村节目吸引了近千名城市游客，打响了"塔峙大阿嫂"农产品品牌，助推了乡村经济振兴，谱写了一条现代乡村治理的新路子[②]。

### （八）参与模式创新

与专注于提供产品的企业不同，社会组织解决社会问题更需要广泛动员社会力量，让目标群体积极地参与到社会组织的活动中，通过参与模式创新，帮助目标群体化被动为主动，转围观为参与，充分调动社会资源。

---

① 根据以下资料整理而成：这天下午，校服是最Fashion的"时装". https://www.sohu.com/a/276975065_764821，2018-11-21.

② 根据以下资料整理而成：塔峙岙社区：塔峙大阿嫂获北仑区十佳女性社会组织称号. http://www.bl.gov.cn/art/2021/3/11/art_1229055366_59024403.html, 2021-03-11.

成都市武侯社区发展基金会是全国第一个由区级党委部门推动的社区基金会。社区基金的撬动作用随处可见。比如，地处武侯区火车南站街道锦官新城社区的航中街，曾是一个背街小巷，路面坑洼不平、常年积水。陈年的红砖瓦墙和周围高楼林立的白领商圈形成鲜明的反差。各种电缆交错，破旧的墙体存在安全隐患。为了实现该路段墙体的更新，社区曾多方协调，但因周边9家业主单位互相沟通不畅，致使长达83米的外围墙多年来无人修缮。为有效解决这一顽疾，社区运用微基金作为治理工具进行了辖区资源撬动，提出"六共六联"的社区党建共建模式，和辖区企业进行共建互动。背街小巷微更新项目从无人问津到众人献策，使街道实现了巨大转变。如今，老破墙成为网红打卡点，以艺术彩绘的形式进行外墙加固，展现了社区共建共治的成果。秉持"共创社区美好生活"的理念，以"营造社区可持续发展生态圈"为愿景，成都市武侯社区发展基金会正在践行"激发多元主体、培育社区资本、营造公益生态、促进社会发展"的使命，实现治理模式从"政府单一"向"社区多元"转变①。

## 第二节　社会影响力投资

### 一、社会影响力投资概述

#### （一）社会影响力投资的概念

根据全球影响力投资网（global impact investing network，GIIN）的报告，社会影响力投资（social impact investment，SII）是指各类组织旨在产生社会或环境效益和财务回报而进行的投资②。在选择投资方向时，投资者不仅仅依靠财务回报这一单独的指标来决定，还需要把握包括社会影响在内的双重底线。因此在评价影响力投资结果时，所提及的"失败"并非传统意义上的财务失败、资金损失，还需要衡量社会和经济因素带来的综合回报。无论是发达国家还是发展中国家，均有适合影响力投资的市场，财务回报率可能等于或低于正常市场的回报率。

表 8-1 形象地展示了社会影响力投资与其他经济社会活动的区别。很显然，这个光谱图的最左边强调投资的经济回报性，一般投资毫无疑问最看重的是经济回报。最右边则是注重社会影响。一般来说，捐赠的社会影响因为它的公益性和无偿性，显然是最高的。而社会影响力投资，是介于环境、社会和治理（environmental，social and governance，ESG）投资与捐赠之间的一种投资形态。形象地说，社会影响力投资更像是既要投资赚钱又要做行善回馈的合体。小额信贷和投资社会企业在全世界范围内来看，是最为常见的社会影响力投资形态。我们将在本章第三节详细介绍小额信贷和社会企业的内容。

---

① 根据成都市武侯社区发展基金会网站（https://www. cwcdf. net/list-jianjie. html）整理而成。
② 根据中国影响力投资网络网站（http://www. ciin. com. cn/category/10）整理而成。

表 8-1 投资工具的分类

| 投资光谱 | 经济回报 | | | | 社会影响 |
|---|---|---|---|---|---|
| 投资类别 | 一般投资 | ESG 投资 | | 社会影响力投资 | 捐赠 |
| 投资动机 | 经济回报最大化 | ESG 风险管理 | ESG 机会 | 社会影响力导向 | 社会影响力优先 |
| 领域 | 投资领域并不包含 ESG 因素 | 专注 ESG 风险，包括有害产品 | 专注 ESG 机会存在的领域 | 既能满足社会或环境需求，又能获得商业收益 | 以一定商业收益解决社会或环境问题 | 将所有商业收益投资于解决社会或环境问题 |
| 例子 | | 消极筛选 | 积极筛选 | 小额信贷 | 资助社会企业 | 向非营利组织捐赠 |

资料来源：OECD. 2015. Social Impact Investment：Building the Evidence Base. Paris：OECD Publishing

## （二）社会影响力投资的历史与背景

社会影响力投资是一种旨在在较长的时间期限内解决环境和社会问题的投资，通常发生在以优先考虑经济利益为目的的商业企业难以参与的领域。目前，社会影响力的投资者和接受者以及中介机构各有不同的需求，社会影响力投资的市场正不断扩大。在本节中，我们将讨论各国社会影响力投资的历史与背景，尤其是英国和美国的市场发展情况，因为其在社会影响力投资市场中占有重要地位。过去 20 年，尤其是在一些特别关注金融市场发展和社会问题解决的西方国家，一个呼吁人们投资于社会问题解决的市场（社会影响力投资市场）正逐渐形成。最为明显的是 2008 年金融危机后，旨在满足经济需求的活动和社会需求的活动不再是泾渭分明的关系，这显然需要一种全新的投资方式以建设更美好的社会。

"社会影响力投资"在洛克菲勒基金会的 2007 年年会上成为一个特定术语，此后逐渐登台亮相，并于 2010 年，在摩根大通和洛克菲勒基金会的一篇名为《影响力投资：一种新兴的投资类别》的合作研究报告中被界定为，一种区别于传统投资方式的新兴资产类别（转引自曹堂哲，陈语，2018）。

在英国，罗纳德·科恩爵士（Ronald Cohen）带头建立了社会投资的"先遣部队"。正因有此先例，各种新兴的从事社会影响力投资的组织、企业和市场在英国不断出现。专门从事英国社区投资的首个基金会 Bridges Ventures 于 2002 年成立，同时慈善银行（Charity Bank）也应运而生。2004 年，第一家社区利益公司（Community Interest Company）成立，标志着一种新型公司形态的出现。2010 年，世界上首个社会影响力债券在英国试点发行（曹堂哲，陈语，2018）。此后，英国的社会影响力投资发展可谓独领风骚，在机构发展、政策立法和政府支持上均起到引领作用，随着更多中介机构的建立，其影响力正愈发显著。例如，在 2014 年，英国关于社会企业的立法对社会影响力投资的参与主体给予了法律上的承认和规范，为其扫清了发展道路上的政策障碍。值得注意的是，在英国，致力于解决社会问题的社会组织正得到越来越多的政府资助。2014 年 3 月 9 日，为刺激更多投资者进入影响力投资市场，英国政府通过了针对直接"社会投资"减免 30%税赋的议案，同时也对包括"社会影响力债券"在内的间接投资工具进行了税收减免（唐娟等，2016）。公益创投项目的不断增加，反映了政府与社会组织合作能够在发展社会影响力投资市场上发挥重要作用。

美国已经成为社会影响力投资的全球第二大市场，福特基金会在其中发挥了很大作用。在 1968 年，福特基金会便引入了项目相关投资（program-related investment）和使命相关投资（mission-related investment），为扩大新兴投资市场做出了卓越贡献。从 20 世纪 80 年代开始，美国流行起"社会责任投资"（social responsible investment）的概念。而随着 1994 年《里格尔社区发展和监管改进法案》（Riegle Community Development and Regulatory Improvement Act）的通过，利用该类投资振兴区域经济成了热点话题。2013 年，美国发行了第一份境内的社会影响力债券。

基于全球的视野，社会影响力投资市场仍处于初级阶段，但随着受助者需求的增长和资助者参与的增多，该市场有潜力在一定时期内获得持续增长。未来将会有更多的社会组织、政府机构、社会企业、中介机构参与进来。正如英国的案例所表明的，政府和社会组织在推动市场发展上发挥着至关重要的作用。

### （三）社会影响力投资的全球市场规模

社会影响力投资已经在许多国家落地开花，美国和英国成效尤其显著，紧随其后的是德国、印度、中国、法国、比利时、加拿大等国家。

根据全球影响力投资网络 2022 年 10 月份发布的调查结果，目前全球影响力投资市场规模已突破 1.164 万亿美金[①]。即便如此，社会影响力投资的规模只占全球金融市场的份额的 1/1000，未来潜力和增长空间巨大。当前，各个国家都十分重视社会影响力投资，已有相互效仿迹象。本书总结了英国、德国、法国最新发布的关于社会影响力投资市场规模的情况，如表 8-2 所示。

表 8-2　英、德、法三国的各年社会影响力投资市场规模

| 国家 | | SII 市场规模 | 计算标准 |
| --- | --- | --- | --- |
| 英国（2014 年） | | 2 亿英镑 | 仅限于慈善组织和社会企业收到的来自指定中介机构的资金 |
| 英国（2016 年） | 社会投资 | 15 亿英镑 | 投资者和受资助者均希望产生积极的社会影响的部分，包括中小企业慈善、社会创新、群众参与 |
| | 投资者主导的影响力投资 | 32.5 亿英镑 | 只有投资者希望产生积极社会影响的部分，受资助者则没有 |
| | 受资助者主导的影响力投资 | 680 亿英镑 | 只有受资助者希望产生积极社会影响的部分，投资者则没有 |
| 德国（2016 年） | | 690 万欧元 | 有社会影响力评估记录、受资助者的社会影响意图清晰、投资在德国境内发生 |
| 法国（2014 年） | | 18 亿欧元 | 受资助者的社会影响意图清晰、项目产生的社会影响清晰且能获得社会和财务双重回报、社会使命受政府保护 |

资料来源：The Global Social Impact Investment Steering Group. 2016. Current state of social impact investment in Japan 2016. Tokyo：Japan National Advisory Board

---

[①] 2022 向光奖 | 年度 ESG 影响力投资奖荣耀揭晓. http://biz. jrj. com. cn/2022/12/01183037182209. shtml，2022-12-01.

## 二、社会影响力投资框架

经济合作与发展组织曾提出一个社会影响力投资的概念框架（图 8-2），概述了社会影响力投资的生态系统，介绍了投资者（供给侧）、受资助者（需求侧）和中介机构的三方关系。同时，社会需求和外部环境也起到关键作用。以下将依据该框架，对社会影响力投资的理论进行分析。

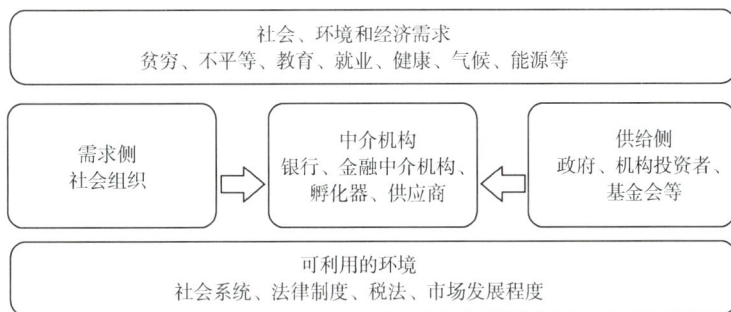

图 8-2 社会影响力投资的概念框架

资料来源：OECD. 2015. Social Impact Investment：Building the Evidence Base. Paris：OECD Publishing

### （一）社会、环境与经济需求

社会影响力投资的重点在于用更有效的方法解决社会、环境或经济问题，应该着重关注受益者各方面的需求是否最终得到切实的满足。这些需求可以涵盖广泛的领域，如经济、教育、就业、健康、生态等。正是这一系列需求的产生，才激发了社会影响力投资中各环节的积极参与。在投资过程中，不同需求对应不同的受资助者，如国家、地区和地方背景的不同，也会产生特定的需求。社会影响力投资也需要因地制宜，使用不同的投资工具，分析各地的需求差异，满足不同的需求。

### （二）需求侧

社会组织生来就是以解决社会问题为使命的，因此面对不断出现的社会、经济和环境等方面问题，应当积极施展所长。社会组织需要借助一种创新的商业模式，寻找解决社会、环境和经济问题的方法。当然，在抵达终点的路上，并非所有的创新举措都能奏效，许多尝试会遭遇挫败，但随着经验的累积，社会组织总能确立一个较为完备的创新方案。一个成功的例子是"人类家园"。

"人类家园"是一个致力于提供经济适用房和临时住处的全球性社会组织。它已与70 余个国家的住房刚需群体、志愿者、捐助者等达成合作。2013 年，该组织的"特维里戈创新中心"推出了名为"微住房"（MicroBuild）的基金。这项基金是首项针对住房小额信贷的影响力投资基金，通过为小额信贷机构提供资金支持，转而向家庭建房用户提供小额贷款。截止到 2022 年 6 月，微住房基金帮助了 33 个国家的 100 多万个家庭建造或改善了住房，累计资助多达 1.6 亿美元。受益人群中 36% 来自拉美和加勒比地区，24%

来自东欧和高加索地区，69%的贷款人群为女性[①]。

社会组织坚定地履行社会使命，为了组织的启动、运营和扩大规模，它们向多方筹款，包括公共部门、慈善基金会、具有影响力的投资者和主流的金融机构等。如何有效组合多方资源是它们的必修课，这依赖其发展阶段、组织性质、社会使命和领导者水平。此外，社会各界提供的各项资金成为社会组织发展和增长的引擎，也在社会组织成长中发挥着重要作用。

### （三）供给侧

在供给侧，社会影响力投资作为一种促进投资多样化、推动社会问题解决的投资方式，愈发受到投资者的关注。潜在的社会影响力投资者包括公共部门投资者（政府、多边开发银行、金融发展机构等）和私人部门投资者（基金会、高净值个人、慈善家、银行、金融服务公司和中介机构等）。私人投资部门中的基金会在推动社会影响力投资的发展中发挥了关键作用，如洛克菲勒基金会持续地向致力于解决社会问题的社会组织提供催化资本或进行相关投资。私人基金会的优势在于其独立性，即能够脱离政府限制，这使它们拥有较多的自由去探索和创造应对社会、经济和环境挑战的新方法。

公共投资部门中的金融发展机构则在影响力投资市场中扮演着"催化"资助者的重要角色。如果说私人部门更多的是资助者，那么金融发展机构可谓资助者的资助者。一个典型的案例是 Living Cities[②]。

Living Cities 是一家成立于1991年的基金管理机构，旗下管理多种类型的资本，包括私人、公共和慈善资本等，这些资金为黑人和其他有色人种在美国就业、创业和社区基础设施改建提供资助，以此推动社会发展。Living Cities 管理两个结构性债务基金：催化基金和混合催化基金。其中，混合催化基金被评为世界排名前50的影响力基金，其投资组合涵盖广泛，从社会影响力债券到经济适用房建造均有涉猎。该机构2022年的年报显示，2022年该基金的2528万美元的投资已经撬动了14.5倍的额外资本，相当于3.7亿美元[③]。

### （四）中介机构

中介机构在构建社会影响力投资生态系统中发挥着重要的作用。它们为投资者、受资助者和市场中的各方提供联系的平台，构建便捷支付机制，大大提高了市场效率。同时，中介机构也承接咨询服务，在影响力投资方向和资金管理上提供建议与帮助。中介机构大致分为两种，即金融中介机构和能力培训提升机构。金融中介机构包括银行、基金管理公司和众筹平台等；能力培训提升机构包括加速器、孵化器、咨询公司、网络和知识平台等。社会影响力投资市场曾一度因缺乏有效的中介平台，导致交易效率低下、

---

[①] 根据以下网址整理而成：https://www. habitat. org/sites/default/files/documents/FY22_MBF-annual-report. pdf .

[②] 根据以下网址整理而成：https://www. livingcities. org/blog/1244-new-impact-investing-strategy-puts-race-front-andcenter.

[③] 根据 Living Cities2022 年年度报告整理而成，参见 https://livingcities. org/wp-content/uploads/2022/10/2022-BCF-Annual-Report-Public-Release. pdf.

交易成本增加。创新现有的中介机构运营模式对于建立一个运作良好的生态系统及实现高效交易非常重要。各种类型的中介机构应当在生态系统中发挥充分作用，拉动需求侧和供给侧的组织通力合作。

## （五）可利用的环境

国家大环境通常会对该国金融市场的发展产生重大影响，社会影响力投资市场尤其如此。充满活力的金融市场能够促进社会影响力投资市场的发展，因为后者可以充分借鉴前者的经验和工具。事实也是如此，很多社会影响力投资市场的开拓者早期活跃在投资银行、私募基金、风险投资和天使投资机构等金融市场。

为使社会影响力投资市场运作良好，需要建立适用于包括社会组织、社会企业在内的参与者的法律和制度框架。如果用古板的管理企业或者传统社会组织的制度去生搬硬套，便会限制这些组织的筹资能力和潜力的发挥。此外，促进社会创新的政策也需要适应国情，而不能将他国的经验直接套用。如前文所述，社会影响力投资市场正在许多国家蓬勃发展，但是各国的发展情况不一，这便是国家背景存在差异的体现。金融体系、社会结构、政治因素都对社会影响力投资市场施加影响，最终呈现出各异的环境。

在国内，社会影响力投资方兴未艾，经历了由萌芽到发展的过程，现已具有参与者丰富、机构快速增长、投资工具多样的特点，也出现了一些创新性强的影响力投资案例，其中一个较为成功的案例是"育公益创投"。

## 育公益创投[①]

2011年7月，深德公益及其3位董事出资250万元设立育基金，成为中国本土最早的公益创投管理公司之一。2012年3月，新湖集团、爱德基金会和育基金共同成立新湖育公益创投基金（以下简称育公益创投）。育公益创投初始资本为1000万元，由育基金进行管理。2012年3月，徐永光先生成为育公益创投战略委员会主席，以达成育基金的社会使命。

育公益创投的愿景是利用公益基金加速中国社会的创新进程；社会企业比传统非营利机构产生更深远的影响力。育公益创投的使命是通过天使投资和运营管理咨询，助力中国具有高成长潜力的社会企业实现规模化。育公益创投聚焦于教育、扶贫、健康医疗、环境保护四大领域，为中国具有高成长潜力的社会企业提供天使投资和运营管理咨询。育公益的投资规模一般在50万~500万元，主要通过股权或债权投资的方式实现，投资回收或退出期基本为5~7年。在债权方面，育公益创投为社会企业提供低于市场利率的债权投资。在股权方面，育公益创投的股权投资比例通常不高于30%，同时通过设立董事会来实现公司管理职能。除了资金支持，它也为被投资的社会企业提供运营管理咨询，帮助它们提升管理能力，实现规模化发展。

育公益创投对投资对象的考察集中在以下几个方面：①清晰的社会目标。被投资的

---

① 根据育公益创投网站（https://www.britishcouncil.cn/programmes/society/social-investment-platform/partners-YuVP）整理而成。

企业提供的产品或服务必须能够使某一弱势群体受益，或解决某个环境问题。②可衡量的社会影响。被投资的企业产生的社会或环境影响力必须是可衡量的，并能与企业的既定社会目标进行比对。③可持续的、有规模化发展潜力的业务模式。具有明确的商业模式，可以在投资持有期内实现财务的可持续性，且其业务模式具有较强的可复制性。

育公益创投有一笔影响力投资用于孵化北京金羽翼残障儿童艺术康复服务中心（以下简称金羽翼）。金羽翼以艺术康复的形式，提高特殊儿童（特别是孤独症儿童）的生活质量，帮助他们追求艺术梦想、实现自身价值。此外，金羽翼把特殊儿童的绘画作品制成台历、明信片等印刷品进行销售。2012年9月，育公益创投向金羽翼进行了50万元人民币的股权投资。经过一年的孵化，到2013年该组织培训了75名特殊儿童，较2011年的30名有大幅增长。在2013年的特殊儿童学员中，有43%的学员的绘画作品被制成了台历、明信片、杯子和复制画进行销售，平均每位学员返还约3800元，较2011年的返还金额增长约2.5倍。组织整体收入在2013年共计约174万元，较2011年增长160%，真正实现了积极、可持续的影响力投资产出。

# 第三节　社　会　企　业

## 一、社会企业的概念

社会企业发轫于欧美，植根于第三部门，近年来为国内学者、从业人士乐道。2006年，穆罕默德·尤努斯（Muhammad Yunus）因创办格莱珉银行（Grameen Bank）而获诺贝尔和平奖，自此"小额信贷""社会企业""农民银行家"等一系列名词一时间引起社会强烈反响，"社会企业"（social enterprise）这一概念逐渐清晰化。早在1976年，尤努斯放弃了在大学任教的体面生活，开始探索给当地身无分文的农家女性贷款的方法。9年后，尤努斯才正式获批注册挂牌格莱珉银行，其在孟加拉文字中的含义就是乡村银行。这家致力于帮助穷人从生存到致富的民间信贷机构，源自草根、服务民生、用商业手段创造社会价值，可以说是一个相当标准的社会企业。

格莱珉银行提供了良好的示范，中和农信、益优网和携职旅社等效仿在后。社会企业并非纯粹的公益机构或者商业企业，其通常整合商业和公益元素，从而处于一种富有成效的平衡状态。这种以企业手段达成社会使命的运作模式，发端于社会痛点，即通过建立精巧的商业模式来修复痛点，还原美好社会的本来面目。

### （一）社会组织与社会企业

#### 1. 社会组织是社会企业的土壤

社会企业的出现得益于一定的土壤。社会组织是社会企业的原生态，是社会企业发展的民间土壤。社会组织常见的形态有社会团体、基金会和民办非企业单位。总的来看，尽管社会组织所处的行业领域十分广泛、注册形式十分多样，但是在各个国家的实践都具有几个共性，如以社会公益为目的、需要政策扶持等。

### 2. 社会组织是社会企业的基因

社会企业发端于社会组织的土壤，也有着社会组织的基因。

从价值观看，社会企业秉承了社会组织"公共利益最大化"的价值导向，在其基础上形成了灵活高效的特点。例如，乡村孩子的午餐计划，发起人一般来自发达地区，借助互联网等新媒体力量，采用众筹的形式，制造涓滴效应，积少成多。这种计划的受益者显然不是发起人，而是很多欠发展地区的孩子，真正体现了公共利益最大化的特点。同时，该计划的自愿性和操作性很强，财务透明度高，筹款速度快，很容易引起社会共鸣。

从人群基础看，社会企业秉持社会组织"共同分享利益"的宗旨，同时又具备"草根民众"的特点。例如，在社区纠纷调解项目中，调解者和受益者往往都是本社区的居民，调解通常由一些热心人发起，没有政府干预和官员行为在背后影响，草根民众之间互帮互助的特点十分明显，因此社会组织扎根群众、服务群众、造福群众的性质鲜明。

### 3. 社会组织转型为社会企业所面临的挑战

传统的社会组织缺乏独特的商业模式。社会组织在创造市场价值和带动就业上，往往逊色于企业，只能起到调节市场失灵的作用，而不是在市场中发挥主要功能。例如，残友集团给残疾人提供工作机会，让残疾人自食其力。但是这个组织的生产效率和市场价值是无法与纯粹的企业相提并论的。残疾人残障程度不等，严重程度越高，工作能力越低，政府补助仍然是其主要的生活来源。

传统的社会组织难以可持续地经营。由于不具备清晰的目标群体价值链和再生产循环系统，社会组织的财源过于分散，也严重依赖政府的资助。例如，环境保护组织可能会得到政府关于水资源监测的采购项目，但这种项目很容易因为政府工作重心发生变化而夭折。同样地，如果有企业愿意将一定比例的利润捐赠给某家环保组织，但这并不意味着捐赠额是旱涝保收的。若企业受到经济危机和行业波动的冲击，受赠方，即这家环保组织可能会面临"断粮"的风险，夭折概率往往会很大。因此，财务资源的不可持续性导致社会组织经常出现"雷声大雨点小"的情况，使社会组织经营激情受到挑战。

## （二）社会企业的生态

社会企业是一种混合型组织，其目标不是单一的，而是具有双元性——社会绩效和经济绩效。如果说政府是创造社会绩效的主体，企业是创造经济绩效的主体，那么社会企业位于轴线的中间。如图 8-3 所示，从左往右看，政府是社会绩效的首要责任主体，其次是事业单位和社会组织，中间位置是社会企业，再往右则是有社会责任的企业、国企，轴线最右端则是企业，较之前面的组织或机构，经济绩效是企业的命脉。

### 1. 社会企业的"左邻"

社会企业位于图中央，意味着相较于社会组织，社会企业具备更多企业的属性。这一属性表现在其自身财务运转能力上。例如，携职旅社是一家收取廉价房费的大学生旅社。收取房费是维持旅社正常收支平衡或者微利的经济来源。这种模式对社会捐赠款和

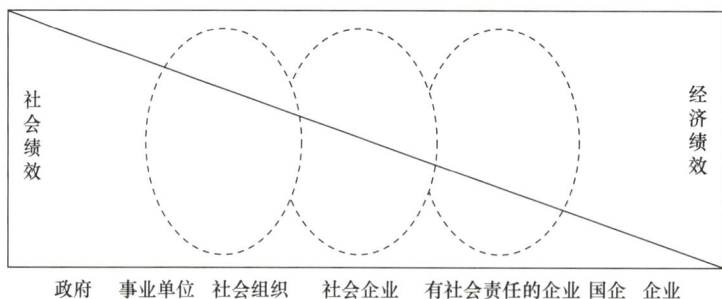

图 8-3　社会企业的生态

资料来源：苗青.2014.社会企业：链接商业与公益.杭州：浙江大学出版社.

政府政策的依赖度较低，不会因经济不景气而迅速消亡，反而会在经济不景气的时候成为高档酒店的替代品。

与此同时，社会企业的人力资源专职化和专业化程度明显高于社会组织。在内部管理过程中，社会企业通常有明确的管理团队和考核制度，经营过程中，人员成本没有严格上限规定，但是社会组织的负责人如果领取高额报酬常会引起较大的社会争议。某种程度上是因为社会企业创造了新价值，而社会组织侧重于传递价值。例如，某家艾滋病儿童救治基金会，其基金款项来源于社会捐赠，基金管理人员只是将分散的资金汇聚起来，转给特定患者。这个过程并未产生新价值，只是传递了价值。若管理人员从中提取管理费用就会引起争议，即使行业的普遍共识是提取管理费用低于15%是可以接受的，但对于捐款者来说总会觉得没有实现专款专用。因此，社会组织要利用薪酬聘请到优质的管理人员，难度可想而知。

### 2. 社会企业的"右舍"

社会企业位于图中央，意味着相较于有社会责任的企业，社会企业具有更多的公益属性。因此，区别社会企业和有社会责任的企业的最佳方式是审视这家组织对于公益价值的追求是不是与生俱来的，组织成立初期是否将社会绩效置于核心地位。社会企业自诞生第一天起就将社会绩效视为底线；有社会责任的企业是在完成原始资本积累后，需要重新审视自身承担的社会责任。二者对社会价值认知的先后顺序不同。

## （三）中国社会企业的生态群

"社会企业"是舶来品，所以很多人理所当然地认为中国没有或者鲜有社会企业。这种观念只有在对社会企业开展调查之后，才会有所变化。本书对社会企业的生态群进行了深入观察，然后基于受益群体（通常指弱势群体）与社会企业的四种关系形态，构建了一个分析框架，如图 8-4 所示。

### 1. 基于股东关系的社会企业生态

社会企业源自草根，重在服务民生，以商业的手段来创造社会价值。基于股东关系的社会企业最典型的模式是农业合作社。这类企业广泛地存在于乡村集体经济中，一个典型的案例是淘宝生态农业。同一个品牌的农产品，源自不同农户，经过严格的检验后，

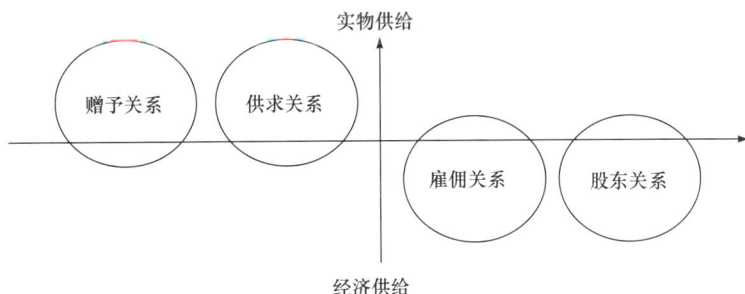

图 8-4 受益群体与社会企业的四种关系形态

产品通过淘宝生态农业的某个频道被投放于市场，这一方面极大地满足了人们对有机农业的需求，另一方面也减少了农产品信息不对称现象。在这个产品链条中，农户与整个组织是利益分享、风险共担的关系。

### 2. 基于雇佣关系的社会企业生态

基于雇佣关系的社会企业的主要特点是带动就业，让原本失去工作的群体有工作机会，据此来分享劳动所得。陶晓莺于 1992 年创建的三替公司，是一家典型的基于雇佣关系的社会企业。这家公司为下岗失业失地人员提供免费家政培训与再就业推荐服务，大批 40 后、50 后的生计问题得到解决，数十万家庭得到了基本生存保障。同时三替公司坚持为生活困难人员提供家政服务培训服务，此外还与生活困难家庭建立对口帮扶关系，利用集团家政人才培训基地的优势，每年为社会培训各类家政服务专业人才 5000 名，创办 30 年来累计为社会培训各类家政服务人才近 10 万人次[1]。

### 3. 基于供求关系的社会企业生态

基于供求关系的社会企业可能是一种最为常见的形态，大多为特定弱势人群（多见于青少年和老年人群体）直接提供产品或服务，满足其基本需求，而不是简单地为他们提供现金资助。

服务于青少年群体的典型做法是建立农民工子弟学校。这些学校通过收取低廉的教育费用，让农民工孩子有书念。这是中国社会转型期间特有的一种教育模式，虽不是十全十美，但却满足了空巢一族的特定需求，当然也改善了政府公共教育政策失灵的现状。例如，悦苗宝宝是上海普陀区一家收容智障程度较重孩童的民办非企业单位，他收取低廉的托管费，提供集教育、生活和简单工作于一体的服务。服务于老年人群体的典型模式是建立基于社区服务的组织，如不以营利为目的的社区老人食堂，以及一些带有临终关爱性质的民办养老院。

### 4. 基于赠予关系的社会企业生态

基于赠予关系的社会企业既能够满足受益者需求，又能够充分利用市场杠杆获得经济的独立性和可持续性，是一批有着商业智慧的社会组织。该类社会企业的成功案

---

① 为民所呼，不辱使命 | 三替集团董事长陶晓莺连任四届市人大代表，带领家政企业创造更多就业机会. https://www.3tgroup. cn/contents/1200/2022. html，2022-03-28.

例如下。

"一个鸡蛋的暴走"是一家为西部乡村孩子提供免费鸡蛋的公益项目，但是其运转得并不死板，有社会企业色彩。参与者需要在 12 小时内徒步完成 50 千米，并在暴走前与自己的亲朋好友打赌筹集善款，活动筹集的"打赌钱"将全部被用于支持关爱儿童的民间公益项目。这个项目的受益者是乡村孩子，但是策划人的成功之处在于敏锐地发现一批世界 500 强企业员工是"暴走"的热衷者。如果将世界 500 强企业的公共关系推广和"暴走"活动紧密相连，可以实现双赢。果不其然，这个活动的冠名权很快被一些世界 500 强企业"竞购"，由此获得的收入可以维持"暴走"活动主办方的正常运营，实现自负盈亏乃至可持续发展。

以上提供的这个分析框架，整合了四种社会企业运作模式，对当前日益多元化的社会企业模式进行了简单梳理，有助于我们分析社会企业的特征。据此，我们可以得到一些基本规律。

（1）基于股东关系和基于雇佣关系的社会企业模式更多地侧重于对受益者提供经济上的帮助，受益者积极参与到社会企业运转过程中，是一种较为积极的（受益者自助的）社会企业运作模式。

（2）基于供给关系和基于赠予关系的社会企业模式更多地侧重于对受助者提供物质上的帮助，受助者的工作能力和生产能力往往较弱，基本需求无法通过自身劳作获得，需要被关爱。换言之，基于供给关系和基于赠予关系的社会企业履行社会职能的色彩更浓，财务可持续的难度更大。

需要说明的是，上述分析框架只是做了简化处理，越来越多的社会企业开始寻求多元化的发展路径，不再依赖基于某一种关系的社会企业模式。例如，携职旅社为入住旅社的大学生提供免费求职机会，于是大学生的劳动者属性就被利用起来，使一些企业的用工需求可以得到满足。这种模式既有雇佣关系的特点，也有赠予关系的元素，是一种多元模式。

## 二、社会企业的社会使命与经济手段

传统观念认为，社会组织负责创造社会价值，企业负责创造经济价值。而社会企业则结合了社会组织与企业的特点，有效地运用商业模式实现社会目标，同时创造社会价值与经济价值。所以说，社会企业具有社会使命和经济利润双重底线：一方面，解决社会问题，促进社会变革，推动社会创新；另一方面，获取经济收入，拓展资金来源，实现自给自足。

本书阐述了社会企业双重底线的关系：理论上同等重要，但现实中有所侧重。当然，为了更好地平衡使命与利润，社会企业一方面要处理好使命和利润的关系，另一方面也要遵循具体的使命原则。

### （一）社会企业的双重底线

社会企业是介于社会组织和商业企业之间的一种组织形式，如图 8-5 所示。

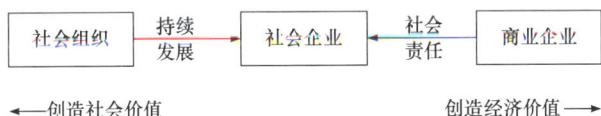

图 8-5 社会企业与社会组织、商业企业的区别

资料来源：苗青，赵一星. 2018. 良币亦可驱劣币：社会企业对流通经济的新启示. 中国流通经济，32（11）：14

首先，社会企业保有社会组织的基本属性，即非营利性和非政府性（王名，朱晓红，2010）。非营利性是指社会企业将大部分利润用于相关社会问题的解决，并重在提高弱势群体和整个社会的福利；非政府性是指社会企业在决策上独立于政府，且在运作机制、管理结构等多个方面都不同于政府。

其次，社会企业保有商业企业的商业模式，在发展中表现出经济性和经营性。前者是指社会企业按照市场需求、遵循竞争原则获得资源；后者是指社会企业产出的产品和服务可以直面市场，有偿收费（时立荣，2007）。但在市场经济背景下，企业足够理性，并以实现利润最大化为使命，所以在特定细分市场中可能因交易双方信息不对称造成市场失灵。社会企业则显得不那么理性，社会企业并不以创造收益为第一要务，而是力图以商业手段解决社会问题，减少社会矛盾，为解决市场部分环节的失灵现象提供可能。

总而言之，社会企业之所以有别于传统的商业企业和社会组织，是因为其具有社会使命和经济利益的双重底线：一方面，它的使命在于抓住社会痛点，解决社会问题，这是其立身之本；另一方面，社会企业仍保持企业的组织形态，需要获取收入、完成自我造血（苗青，2014）。

### （二）社会企业的双元使命

社会企业运用独特的运营模式开展商业活动，通过销售产品和提供服务获取资金支持，满足目标群体的需求，完成服务社会的使命。可以说，使命是社会企业的精神根基，而一个成功的社会企业往往可以把双重底线融入使命之中，肩负创造经济价值和社会价值的双重使命。

#### 1. 双元使命会对员工产生神奇作用

由于社会企业是使命导向型组织，因此容易在组织与员工之间建立牢固的信赖关系。员工因为对社会企业所从事的活动产生共鸣，他们会带着激情开展工作。此外，由于社会企业提供的不仅仅是薪水，还包括为社会服务的机会，这使社会企业有机会吸引更多更优秀的人才。

#### 2. 双元使命会对消费者产生神奇作用

在产品与服务同质的前提下，很多消费者在购买时，都会首先考虑产品的品牌认知度，从而选择有良好社会影响和坚持社会使命的品牌。

#### 3. 双元使命会对社会企业融资产生神奇作用

社会企业需要政府及金融机构的投资、融资支持。如果社会企业关注并解决政府忽视的社会问题，如环境保护、妇女儿童、流动人口等，并以服务社会为最终目标，那么，社会企业更容易获得政府的资金支持和社会影响力投资。

## 三、社会企业的组织形式

组织形式是组织赖以生存和发展的基础，影响组织的管理、决策、融资等各个方面。社会企业家普遍感觉找到最佳的组织形式是他们面临的最大挑战。在营利组织和社会组织这两种形式之间，社会企业家通常面临艰难的选择。

### （一）社会企业的组织形式类别

社会企业既可以采用营利组织形式，也可以采用社会组织形式。为了更好地理解社会企业，本部分内容对社会企业进行了更细致的划分，根据社会企业所在部门和运作方式的不同，可分为四种类别（表8-3）。

**表8-3　社会企业类别**

| 运作方式 | 社会部门 | 商业部门 |
| --- | --- | --- |
| 创造收入 | 类别1：社会部门为实现社会使命通过商业模式创造收入 | 类别2：商业部门通过商业模式创造收入支持社会组织实现社会使命 |
| 解决问题 | 类别3：社会部门通过商业模式解决社会问题 | 类别4：商业部门通过商业模式解决社会问题 |

资料来源：苗青. 2014. 社会企业：链接商业与公益. 杭州：浙江大学出版社

（1）类别1：主要包含非营利医院运营的停车场，以及社会组织为获取收入而增加的众多商业业务，如"上海屋里厢社区服务中心"，为达成社会使命，通过商业活动创造收入。

（2）类别2：主要包含一些非常有代表性的企业，虽然是营利性的组织，但其将大部分或全部利润用于支持社会组织的发展，如"欣耕工坊"，将大部分利润用于为城乡弱势群体提供生产、就业的机会。

（3）类别3：包括像"上海悦苗残疾人寄养园"这样为存在就业困难的人群提供培训和就业机会的社会组织。

（4）类别4：主要包含那些为达成社会使命而建立的营利性企业，彼得·德鲁克管理学院（Peter Drucker Academy）是其中具有代表性的例子。

### （二）社会企业的法律形式

由于要坚守社会价值和经济价值的双重底线，社会企业往往需要在实现商业目的的同时达成社会使命。一般而言，如果社会企业主要通过投入资本（投资者为获取经济回报而提供的资本）积累资金，商业股份公司或有限责任公司可能是组织形式的更好选择。如果社会企业主要通过捐赠资本（没有经济回报预期的资本）筹措资金，社会组织的形式可能是最好的选择，尤其是当投资者想要或需要为其捐款获取税收减免时。但是，几乎没有一种单独形式能满足一个社会企业的所有需要，通常需要复合的组织形式才可能获取。以下以美国的社会企业形式为例，对不同组织形式的利弊进行分析。

### 1. 采用社会组织形式的社会企业

在美国，社会组织不能发行股票，不能向所有者分配利润。不过，社会组织可以发行债券，也可以向贷款人支付利息（只要利率是合理的），而且发行债券的目的是增加慈善机构的收益，而不是贷款人的收益，即贷款人是否完全由利润动机驱使无关紧要。一个社会组织甚至可以根据不同的财务安排，创立不同的债券类别。

但是，如果社会组织经营商业业务，那么它将面临一个重大挑战，即需要缴纳无关业务所得税（unrelated business income tax，UBIT）。UBIT 是对慈善机构通过无关的业务活动所获取的收入需要缴纳的税款。如果慈善机构的收入来自定期进行的贸易或商业活动，并且与慈善组织的使命没有任何直接关联，则该收入须按照正常的企业所得税税率纳税。

### 2. 采用营利组织形式的社会企业

采用营利组织形式可以为社会企业带来很多商业上的竞争优势。这摆脱了采用社会组织形式的 UBIT 限制，并且可以在筹集资金方面给予组织更多的灵活性。

在美国，一种适用于社会企业的组织形式是股份有限公司。股份有限公司可以发行股票，支付股息，它们可以与其他企业进行利润分享。虽然股东利益通常被解释为股东的经济利益，但是一个社会企业的股东利益还应包括社会利益，从而实现企业价值与社会价值双赢。股份有限公司的主要劣势是外界对这些企业的捐款不能免税，同时这些企业对外的捐款在纳税时最多只能减免 10%。

另一种适用于社会企业的组织形式是有限责任公司。有限责任公司由"公司成员"组成和控制，而不是"股东"，享受穿透性税收待遇（pass-through tax treatment），即企业的收益与损失可以冲抵企业持有人的个人所得税应税收入，从而避免双重征税。与股份有限公司和社会组织相比，有限责任公司在分配利润和成员管理方面有很大的灵活性。有限责任公司的形式非常适合投资者数量有限和投资额较低的企业。然而，如果股票是向公众发售的，或者期望有较高的投资额，股份有限公司可能比有限责任公司更适合。

### 3. 两种形式的对比

为更好地理解社会企业所采用形式的利弊，以下从管理、税收、利润等方面对社会企业的不同组织形式进行对比，如表 8-4 所示。

**表 8-4　社会企业的不同组织形式对比**

| 对比角度 | 社会组织形式 | 营利组织形式 |
| --- | --- | --- |
| 管理 | 对社会负责 | 对股东负责 |
| 透明度 | 免税组织必须每年向美国国税局提交反映其财务状况的表格，以便公众审查 | 只有上市公司的财务记录才提供给公众审查 |
| 外部支持 | 通过造福社会获得支持 | 通过品牌知名度和企业社会责任记录获得支持 |
| 税收 | 与组织使命相关的收入，不征税；无关收入按 UBIT 征税 | 所有收入均须征缴所得税；在税收备注中须注明公益捐赠情况 |

续表

| 对比角度 | 社会组织形式 | 营利组织形式 |
|---|---|---|
| 获取债务资本 | 可获得的；利率必须具有竞争力 | 可获得的；限制很少 |
| 获取投入资本 | 只能获得捐赠资本，而且没有财务回报预期 | 可以获得财务回报预期的股权投资 |
| 资本使用 | 通常限于捐赠者指定的用途 | 根据管理部门的决定，用途广泛 |
| 利润使用 | 保持企业资金平衡；可以用作内部资本 | 除用作内部资本，还可通过股息和利润分享分配利润 |

资料来源：苗青. 2014. 社会企业：链接商业与公益. 杭州：浙江大学出版社

## 本章小结

　　当前，社会创新正在全球产业发展和社会变革中发挥着重大作用。社会组织应当迎接时代浪潮，举起创新大旗，广泛应用社会影响力投资的手段，革新组织形式，让更多的社会企业落地生根。本章介绍了社会创新、社会影响力投资、社会企业的基本内容，剖析了社会创新的内涵以及社会组织与社会创新的关系、社会影响力投资框架、社会企业的社会使命与组织形式等。通过本章的学习，学生将理解社会组织社会影响力投资的重要意义，掌握社会企业的基本知识，并为以后投身社会创新打下坚实基础。

## 案　例

### 杭州老爸评测科技有限公司[1]

　　2015 年 1 月 7 日，杭州老爸评测科技有限公司（以下简称老爸评测）成立。老爸评测扎根于这样的社会痛点：劣质、有毒害产品层出不穷，导致大众对生活中各类商品质量不放心。最早在 2014 年秋，魏文峰发现女儿用来包课本的书皮有异味，向有关单位的官微投诉无果后，有专业背景的他将书皮送去检测，发现书皮含有毒物质，于是他自费 10 万元拍摄检测纪录片，播放次数超千万，引起公众的广泛关注。而后，魏文峰趁热打铁，在微信平台发文，同样被火热转载。此后，他产生了将评测继续做下去的决心，但很快由于检测费用高昂，入不敷出，难以为继，所幸靠众筹渡过难关。其后，老爸测评转变运营模式，开办网上商城，所有物品都只推荐一个品类的无毒害产品，这样做有利于实现自我造血。魏文峰称其运营模式是 B2C（business to customer，商对客电子商务模式），即为消费者服务，向消费者收钱，不接受商家或工厂的广告费和赞助费，以保持自

---

① 苗青，赵一星. 2018. 良币亦可驱劣币：社会企业对流通经济的新启示. 中国流通经济，32（11）：13-21，有改动.

身的独立性和公信力。

魏文峰说:"我们无法改变商业规则,但我们可以选择。我要做减法,我只推荐良币。"这有助于推动整个市场、行业生态的改善。"我相信民间力量一定能够从下至上地推动产品检测标准的进步。良心合格产品不是检测出来的,是靠良心企业家生产出来的。如何让企业家厂商有动力自觉地去生产优质、合格的产品,则需要全社会营造一个'良币驱逐劣币'的良好氛围。"

老爸评测项目源于有毒害的书皮,发展到各类不安全的生活用品,魏文峰提供检测,老爸商城出售产品。老爸评测经历了以下两个发展阶段,见表8-5。

表8-5 老爸评测发展阶段

| 时期 | 定位 | 价值创造 | 价值传递 | 价值获取 | 发展状况 |
|---|---|---|---|---|---|
| "公益输出"时期(2015年1~12月) | 劣品监督者 | 行业信息发布 | 网络传递 | 公信力 | 举步维艰 众筹解围 |
| "自我造血"时期(2016年1月至今) | 良品经纪人 | 优良产品信息发布 | 网店出售 | 销售额 | 自我造血 实现盈利 |

第一阶段开始于2015年1月,到2016年1月实现转型,本文将这一阶段称为"公益输出"时期。称之为"输出"的原因在于该阶段老爸评测的运作费用几乎全部来自创始人魏文峰的积蓄,不可持续。随着网络平台老爸评测热度的上升,检测费用已到了无法承受的地步,解决资金问题迫在眉睫,于是产生了从"自我输出"到"共同输出"的转变。在2016年1月,老爸评测采用微股东的形式进行股权众筹,每份1万元,每位股东限投2份,截至2016年底,共得到112位股东资助。在第一阶段,老爸评测是以劣品监督者的形象出现的,其抓住了社会公众对有毒害产品的担忧心理,以公益的方式提供行业信息,让消费者识别低劣产品,免受劣品侵害。这一阶段,老爸评测的快速发展依托于网络平台,地位的巩固来自公信力的积累,运作的资金却来自公益性质的"输出",存在根基不牢的问题。

第二阶段开始于2016年1月,并延续至今,本文将之称为"自我造血"时期。拥有了上百个微股东之后,魏文峰意识到只有生存得好才能解决更多的社会问题。为了实现自我造血,老爸评测推出了"老爸商城",商城中所陈列的皆为经过检测质量合格的产品。此时,企业的定位变成了良品经纪人,其价值创造模式变为发布优良产品信息,推动行业生态规范的建立。在不断评测、积累公信力的同时,持续增长的销售额也为公益行为提供了动力来源。现在,"老爸商城"年交易额达千万,发展形势大好。

**案例分析题:**

1. 老爸评测如何把握社会影响力和财务回报的双重底线?
2. 老爸评测的创新性体现在哪些方面?
3. 请尝试为老爸评测今后的发展提出创新方法。

**本章思考题**

❶ 社会创新的定义是什么?

❷ 社会创新与商业创新的区别在哪里?

❸ 社会组织参与社会创新的类型有哪些?

❹ 绘制社会影响力投资框架。

❺ 社会企业的组织形式有哪些?

# 参考文献

曹堂哲, 陈语. 2018. 社会影响力投资: 一种公共治理的新工具. 中国行政管理, (2): 88-93.

德鲁克 P. 2007. 创新与企业家精神. 蔡文燕, 译. 北京: 机械工业出版社.

李健, 成鸿庚. 2023. 商业企业转型社会企业的成功路径研究——一项模糊集定性比较分析. 研究与发展管理, 35(3): 124-136.

刘志阳, 陈咏昶. 2021. 社会企业混合逻辑与跨部门协同. 学术月刊, 53 (11): 85-98.

刘志阳, 孙孟子. 2022. 社会企业治理体系: 双重目标实现的制度安排. 东南学术, (2): 105-116.

苗青. 2014. 社会企业: 链接商业与公益. 杭州: 浙江大学出版社.

苗青, 张晓燕. 2018. "义利并举"何以实现?——以社会企业"老爸评测科技有限公司"为例. 吉林大学社会科学学报, 58(2): 104-112.

苗青, 赵一星. 2018. 良币亦可驱劣币: 社会企业对流通经济的新启示. 中国流通经济, 32 (11): 13-21.

苗青, 赵一星. 2020. 社会企业如何参与社会治理?一个环保领域的案例研究及启示. 东南学术, (6): 130-139.

时立荣. 2007. 转型与整合: 社会企业的性质、构成与发展. 人文杂志, 51 (4): 181-187.

唐娟, 程万鹏, 刘晓明. 2016. 影响力投资及其对我国政府投资的借鉴意义. 商业经济研究, (8): 172-175.

王名, 朱晓红. 2010. 社会企业论纲. 中国非营利评论, (2): 1-31.

熊彼特 J A. 2007. 经济发展理论: 对利润、资本、信贷、利息和经济周期的探究. 叶华译. 北京: 九州出版社.

许艳芳, 朱春玲. 2022. 社会价值、经济价值与社会企业创业策略的选择——基于制度逻辑理论的案例研究. 管理案例研究与评论, 15 (1): 51-68.

Brooks H. 1982. Social and Technological Innovation. New York: Pergamon Press.

Murray R, Caulier G J, Mulgan G. 2010. The open book of social innovation: Ways to design, develop and grow social innovations . The Young Foundation and NESTA, (3): 6-8.

Phills J A, Deiglmeier K, Miller D T. 2008. Rediscovering social innovation. Stanford Social Innovation Review, 4: 34-43.

# 第九章

## 社会组织政策参与

1. 理解社会组织政策参与的作用与价值。
2. 了解社会组织政策参与的途径。
3. 掌握社会组织政策参与的影响因素。
4. 了解社会组织政策参与的实践案例。

● 社会组织政策参与是指社会组织影响政策过程的一系列活动，包括政策倡导和参与政策制定、政策执行、政策评估与政策监督等。作为连接政府和市场的中间机构，社会组织开展政策参与的目的在于传达民众或会员的利益与需求，或者提出政策诉求和建议，协助政府出台和改进相关政策，确保公共利益最大化。随着社会组织的不断发展壮大，社会组织政策参与具有非常重要的意义与价值，并得到制度设计者的重点关注。党的二十大以来，全面发展协商民主，统筹推进建设社会组织协商在内的协商民主体系，对社会组织政策参与提出了新要求，开创了社会组织政策参与的新局面。我国社会组织政策参与有多样化的途径与策略，并受制度环境、社会组织自主性与自身能力等多方面因素的影响。在当前我国社会组织政策参与中，行业协会商会类、环保类与科技类社会组织的政策参与实践最为典型。

# 第一节　社会组织政策参与概述

## 一、社会组织政策参与的兴起

改革开放以来，伴随经济的快速发展和经济结构的根本变革，我国社会经历从同质的单一性社会向异质的多元化社会转型。在转型过程中，整个社会的利益结构发生了分化与重组，原有一体化的社会利益格局被打破，新的利益群体和利益阶层逐步形成。在社会利益格局不断分化的背景下，民众的利益意识和维权意识不断觉醒与增强，政策参与的诉求和意愿也越来越强烈（高红，朴贞子，2012）。党的十八大以来，党和政府积极鼓励有序的公众参与，党中央更是将社会组织参与立法和政策制定的行为视为社会主义协商民主的体现形式（张长东，马诗琦，2018）。相较民众个人随机化的政策参与，以社会组织为载体的组织化政策参与被视为一种更为合理、更为有效的参与形式，在形成有效的政策参与机制、促进决策的科学化实施等方面发挥重要作用（史美芳，2005）。与此同时，伴随着"政社分开、权责明确、依法自治"的现代社会组织体制加快形成，社会组织在新制度环境中的政策参与得到鼓励（Jing，2015），同时构建更多制度化政策参与途径和机制也理应被提上政府改革议程（郁建兴，2018）。

## 二、社会组织政策参与的作用

党的二十大报告提出，"全面发展协商民主"，"统筹推进政党协商、人大协商、政府协商、政协协商、人民团体协商、基层协商以及社会组织协商，健全各种制度化协商平台，推进协商民主广泛多层制度化发展"。社会组织政策参与是社会组织协商的重要形式，它不仅是社会主义民主政治的重要体现，还对完善政策参与体系、促进政策科学化和公共利益最大化，以及保障政策执行和政策调整等方面都具有重要作用。

第一，社会组织政策参与有利于建立广泛而公正的政策参与体系。随着社会的进步与发展，公众参与公共事务的意愿和能力不断提高。然而，受时间和距离限制、政策信息不对称、公众个人参与能力良莠不齐等因素的影响，公众直接参与政策制定困难重重。政治学家亨廷顿在《变化社会中的政治秩序》一书中提出了两种社会类型：群众社会和参与社会。这两种类型的社会公众政治参与度较高，但在群众社会里，政治参与是无结构的、无规则的、漫无目的的和杂乱无章的，因为群众缺乏能够把公众的政治愿望和政治活动与领袖们的政治目标和决定联系起来的组织结构，而参与社会的情形则恰好相反，政治参与是通过立法渠道组织起来的，能够消解政府与公众的对立，从而保证社会的稳定（亨廷顿，2008），而以社会组织为载体的政策参与正是由群众社会向参与社会转换的纽带。因此，作为社会的组织化载体，社会组织以其灵活的形式和积极的行为参与到政策制定过程中，能够拓展公众利益表达的渠道，提高公众参与政策的积极性，从而建立起广泛而有理性的政治参与机制，推动我国治理现代化的进程。

第二，社会组织政策参与有利于保障政策的科学化和公共利益的最大化。政策制定过程其实是信息的收集、整合、分析和决策过程。如何将各种利益诉求准确地输入到决策系统中，并将其纳入政策议程，对科学决策尤为重要。在现实中，由于公众利益诉求呈现多样化与不平衡性的特征，政策制定者所面临的约束条件也纷繁复杂。因此只有少数利益诉求能够得到政策制定者的重视，并通过"政策之窗"转变为实际政策。对政策制定者来说，在复杂的社会问题中发现并确认一项政策问题并非易事，其中难度最大的就是政策制定前所需的准确信息。在政策制定者掌握的信息有限，且信息在传递过程中存在失真的情况下，社会组织是表达各种利益诉求的重要载体，因为其具有广泛的社会性与代表性，能够在收集、总结个人利益诉求的基础上进行利益综合，并通过政策参与渠道将之反馈给政策制定者，与政府开展政策协商（Saich，2000）。因而，公众通过社会组织参与政策可以解决信息碎片化问题，社会组织为政策制定者提供集中、有效的信息，保证政策制定者掌握充足的信息，提高政策的科学化与民主化水平，完善协商民主（毛佩瑾，马庆钰，2019）。在与政府决策部门的信息沟通和互动中，社会组织政策参与还可以提高政府制定政策的针对性，最大限度地将公共利益纳入决策框架，从而保障公众利益的最大化。

第三，社会组织政策参与有利于保障政策的顺利执行，为政策调整与修改提供依据。社会组织政策参与还体现在社会组织参与政策执行过程中，并能够对那些由政府执行的政策进行有效监督。当政府施行关系公众切身利益的政策时，社会组织可以成为政策宣传者，通过行动带动公众积极参与政策的执行，这有助于提高政策的社会认同度和接受度，降低政策执行的成本和阻力，为政策执行培育良好的社会环境，从而提高政策执行效率。社会组织还可以在监督过程中对政策执行施加压力，促使执行部门更具责任感，提高政策执行的质量和水平，从而提高公众对政策执行的满意度。更为重要的是，政策只有代表了广泛的民意，反映了民众的正当利益诉求，才会得到民众拥护，才能顺利执行，并产生积极效果。而不能代表民意的政策，特别是那些在执行中偏离价值目标、损害公众利益的政策，公众将会采取各种方式抵制，并督促政府做出调整。在这种情况下，社会组织可以在政府和民众之间搭建沟通的桥梁：一方面，社会组织自上而下宣传政府政策；另一方面，社会组织自下而上反映公众利益诉求和对政策执行的意见。在扮演桥梁角色的过程中，社会组织既帮助政府增强政策影响力，又帮助公众进行诉求表达，这有利于政策的顺利执行和政策的及时调整。

## 第二节　社会组织政策参与的途径

### 一、社会组织政策参与的不同途径

社会组织政策参与必须借助适当的途径和方式。当前，社会组织政策参与的途径具有多样性特征。在不同的制度环境下，社会组织政策参与的途径和策略有所不同，而不同类型的社会组织的政策参与方式也存在差异。

我国社会组织的政策参与途径主要有以下几种：①提供相关信息和政策建议，具体指社会组织为政府收集和提供各种信息，以及在政府制定和执行政策时提供政策咨询与建议，如社会组织撰写政策咨询报告或研究报告，提供给政府作为参考；②私人接触，具体指社会组织以个人或集体的方式与政府面对面，正式或非正式地向政府反映情况并提出建议，以期影响政策的制定，如社会组织通过私人关系传达利益诉求来影响政策的制定；③直接代表，具体指社会组织推举其成员竞选党内职务、政府公职、人大代表或政协委员等，或者全力支持特定候选人担任上述某职务，通过培养政治代言人来实现政策参与的目的，如行业协会商会推举会长竞选人大代表或政协委员就能达到该目的；④参加听证会，具体指社会组织参与由政府组织的涉及公众利益的政策听证会，如中国消费者协会参加由原铁道部举行的"部分旅客列车实行政府指导价方案"听证会来达到政策参与的目的；⑤提起行政复议和诉讼，具体指社会组织针对政府的不当行政行为提起行政复议和诉讼，如环保社会组织通过发起的环境公益诉讼来达到政策参与的目的；⑥举办学术会议、座谈会、论坛等，具体指社会组织邀请政府官员、学者、专家、利益相关人等就某一特定议题进行沟通和交流，社会组织借此阐述自己的观点和建议，如浙江省商会发展研究院每年举办中国民间商会论坛，汇集部分国内外行业协会商会的研究者、实践者与民政部领导共同探讨中国行业协会商会的发展；⑦出版期刊、报纸等，具体指社会组织通过出版期刊、报纸等表达利益诉求，影响公共舆论和政府政策，如温州服装商会创办行业刊物《温州服装》也有利于实现政策参与；⑧借助新闻媒介，具体指社会组织借助新闻媒体或自媒体宣传其利益诉求，以引起民众和政府重视，如绿色浙江联合浙江省人大、浙江卫视共同推出电视问政《问水面对面》，向浙江五地领导面对面进行治水问政（周巍，2008）。我们可以看到，我国社会组织政策参与的途径具有多元化的特征，而多元化的途径也为社会组织发挥政策参与的有效性打下了坚实的基础。

不同类型社会组织的政策参与途径存在一定差异。江华和何宾（2012）根据我国的政策形成和执行过程，将行业协会的政策参与途径分为 10 种：①通过人民代表大会、人民政治协商会议提交议案、提案；②参加政府会议或邀请政府官员参加会议；③行业协会领导层与政府官员的沟通；④通过媒体影响政策；⑤参加听证会、提起行政复议和诉讼；⑥以"先上车，后买票"的方式实现政策参与；⑦受政府委托参与政策制定的前期调研；⑧被授权制定政策或参与政策制定；⑨受政府委托执行政策或协助政府执行政策；⑩监督和评估政策的执行情况。沈永东（2018）进一步认为，地方行业协会商会的政策参与还可以使用其他三种不同政策参与策略：信息策略、公共关系策略和信任关系策略。信息策略包括通过口头或书面形式提供与政策相关的信息，如以刊物或内部资料的形式向政府提供政策或建议，口头向政府提供产业政策信息，参加政府召集的公开听证会，等等；公共关系策略是地方行业协会商会提升自我公众形象的一种努力，包括向媒体传递信息、举办新闻发布会、参与慈善公益事业等；信任关系策略是指地方行业协会商会通过个体信任影响政策制定者，包括通过面对面的方式与公务员交流政策信息，邀请公务员对新政策进行解读等。

环保类社会组织的政策参与途径更为多元化，具体表现在以下几个方面：成为政府会议或委员会的正式成员；提供环保信息和政策建议；介入环境政策的执行过程；与政府联合参与专项行动；参加听证会；提交法案；公民联名签署；提起行政复议和诉讼；联盟游说；形塑舆论；出版期刊、杂志和报纸；举办学术论坛、座谈会或研讨会；等等（王迪，2016）。其中，作为公益诉讼主体提起环境公益诉讼，是社会组织新近获得的参与权利，是一种新的参与途径。

总体而言，社会组织的政策参与途径具有多元化特征。社会组织在政策参与实践中，通常采取多种方式和途径去影响政策的制定和执行，以增强其政策参与效力。

## 二、社会组织政策参与途径的分类

社会组织政策参与的途径具有多样化的特征，其中制度化、参与主体、主动性、是否同其他社会组织联合是最重要的分类标准（郑准镐，2004）。对社会组织政策参与途径进行分类，有助于更好地理解社会组织政策参与的行为及其性质，社会组织政策参与途径基于不同维度的分类也是相互联系的，如社会组织通过社会组织联盟进行政策参与既可以是制度化的，也可以是非制度化的，既可以是直接的，也可以是间接的。

根据社会组织参与政策过程是否制度化，社会组织政策参与的途径可分为制度化参与和非制度化参与。制度化参与是指社会组织通过合法程序参与政策过程或影响政策的参与方式。例如，社会组织作为正式成员参加政府会议、参加听证会、提交法案等。非制度化参与是指社会组织通过非正式的途径影响政策的参与方式。例如，社会组织通过大众媒体宣传、集会等反映政策诉求并影响政策。制度化参与和非制度化参与是社会组织政策参与最为重要的分类之一，制度化参与的途径越多，意味着社会发展的水平越高。

目前，我国社会组织的政策参与是低制度化的，在制定和实施公共政策时，尽管党政机关也会向有关的社会组织征求意见，但是有时这种参与并没有制度化的程序来保证其操作性和有效性。

根据社会组织是否成为政策过程的参与主体，社会组织政策参与的途径可分为直接参与和间接参与。直接参与是指社会组织成为政策制定过程的参与主体，自愿参与政策方案的提出，以及政策的制定、执行、评估等，并且能为满足社会需求提供公共物品或公共服务。建立与政府密切的合作伙伴关系是社会组织直接参与政策过程的核心要素之一。间接参与是指社会组织虽然不是政策的参与主体，但却可以通过其他手段影响政策。大多数社会组织是通过间接的方式，如参加听证会、座谈会等参与政策。

根据社会组织政策参与的主动性，社会组织政策参与的途径可分为主动参与和委托参与。主动参与是指社会组织参与政策过程与政府意志无关。例如，社会组织对一项政策主动进行支持或反对的宣传、社会组织为响应环保政策而主动组织环保活动等，都属于主动参与。委托参与是指社会组织接受政府的委托或获得政府的许可后参与政策过程。例如，社会组织受政府委托参与政策前期调研或负责一项政策的执行、社会组织受政府的邀请参加政策听证会等，这些都属于委托参与。与主动参与方式相比，委托参与方式较容易让政府对社会组织进行控制或引导，从而避免社会组织政策主动参与带来的负面影响。

根据社会组织参与政策过程的联合性，社会组织政策参与的途径可分为单独参与、联合参与和与政府合作参与。单独参与是指一个社会组织自己参与政策过程或为了影响政府政策单独展开活动。联合参与是指为了参与或影响政策过程，某个社会组织与其他组织或社会组织联合开展活动。一般而言，联合参与比单独参与产生的社会影响力更大，更能体现政策参与的有效性。与政府合作参与则是指社会组织与政府的一个或多个部门合作参与政策过程。社会组织通过与政府的合作可以提高自身的影响力，但同时社会组织也容易受到政府的限制或控制。

## 第三节　社会组织政策参与的影响因素

当前，我国社会组织政策参与逐渐受到党和政府的重视，社会组织也以不同途径参与到政策过程中，但总体而言，社会组织政策参与度仍然不高，发挥的作用也有限。究其原因，不仅与社会组织政策参与的制度安排有关，还与社会组织自身政策参与的自主性和能力密切相关。

### 一、社会组织政策参与的制度限制

许多国家和地区在立法和公共政策制定过程中，都建立了社会组织参与机制，为社会组织参与提供合法途径。目前，我国社会组织的政策参与制度安排较为碎片化，同时，我国制度环境对社会组织政策参与空间有一定的制约。我国社会组织参与公共政策的过程主要是一些社会组织成员以个人名义通过下面三条渠道进行：通过参选人大代表和推选政协委员参与政策过程；通过信访、申诉和举报等合法途径参与公共政策；和人大代表、政府官员进行私人接触，向他们表达自己的政策愿望或主张。上述三种途径是社会组织为增强其政策影响所采取的策略，但是实际产生的政策影响力却比较有限。在社会组织管理体制机制上，我国早年对社会组织的制度限制较多、赋权赋能较少，更多地实施"分类控制"制度安排（康晓光，韩恒，2005），即对服务于经济领域的社会组织赋权多、对服务于社会领域的社会组织赋权少，这是社会组织自身无法控制的。这些制度限制也是我国社会组织整体政策参与能力较低的原因之一。随着对社会组织管理体制机制从控制到赋权、赋能的转变（Jing，2015），社会组织政策参与的制度限制被逐步打破，使政策参与的自主性和能力得到提高。

## 二、社会组织政策参与的自主性限制和能力限制

### （一）社会组织政策参与的自主性限制

政策参与的自主性主要体现为社会组织能够独立自主地表达自己的政策主张和发表政策建议。自主性是社会组织能够在政策参与中发挥作用的前提，对社会组织政策参与有积极影响（张长东，马诗琦，2018），但由于历史原因，我国社会组织的自主性存在一定局限性。相当一部分社会组织由各级党政部门派生而成，它们的主要资源来自政府，在观念、组织、活动方式、管理体制和活动经费等许多方面依赖政府，自主性较差，形成了"依附式"发展的特征，导致其较难在政策参与过程中有效地发挥表达功能，而往往只是附和政府的既定方针政策。即使是自发成立的社会组织，其日常活动的开展在某种程度上也会受到政府主管部门的干预，表达组织成员利益诉求的功能受限（刘明，唐春媛，2007）。所以，在自身自主性受限的情况下，社会组织往往被动地参与政策过程，其政策参与较难发挥实际效果。

### （二）社会组织政策参与的能力限制

政策参与是具有高度专业性的活动，专业性活动不仅需要专业的知识和人才，也需要大量的资金支持，资金和人才是保证社会组织政策参与的基础。在社会组织资金方面，具有官方背景的社会组织以政府拨款和补助为主要资金来源。拥有政府资助的优势在于保障资金的充足和稳定。但是，有些社会组织为了获得政府资助，会主动迎合政府，甚至改变自身的使命和性质，这会限制社会组织政策参与功能的发挥。而且，政府设立此类社会组织的目标是使社会组织成为政府的助手，以及承担政府委托的行政职能，在此基础上服务于社会，并没有设定社会组织进行政策参与的目标。对于非官方性质的社会组织，由于其获得政府资助的机会较少，市场活动收入和社会捐赠是其收入的主要来源，所以有些社会组织只能简单地维持生存和基本运转。在资金不充足的情况下，社会组织要想进行专业性的政策参与活动，困难重重，不仅没有吸引专业性人才的资金，也没有足够的资金支持对所关心的社会问题和公共政策进行考察、调研、提出意见等，这在一定程度上阻碍了社会组织政策参与功能的发挥。

与资金紧密关联的是专业人才。缺乏有专业知识、丰富经验的高素质人才是社会组织发展过程中面临的普遍问题。社会组织的健康发展离不开专业性强、素质高、能力强、熟悉社会组织独特运作模式和管理理念的领导者，但许多社会组织的管理者缺乏管理经验。而我国某些制度不利于吸引优秀的专业人才加入社会组织，且社会组织在薪酬和福利方面难以提供优厚的待遇也常常造成人才流失。这些都会使社会组织专业性人才匮乏，导致其政策参与的质量难以提升，从而不利于社会组织政策参与的进一步发展。

社会组织政策参与受多方面因素的影响，为了更好地发挥社会组织政策参与在经济社会发展和社会组织自身发展两方面的作用，党和政府应该进一步优化社会组织政策参与的制度环境，同时还应拓宽社会组织政策参与的途径，尤其是为制度化参与提供法律保障。同时，社会组织自身也应该积极参与到政策过程中，不断增强政策参与的意识和能力，尤其要提高资金筹集和人才吸纳能力。

## 第四节　社会组织政策参与实践

在社会治理现代化进程中，社会组织政策参与的意义与价值不断被发掘，社会组织政策参与也逐渐受到制度设计者的关注。虽然我国目前还没有专门法律法规对社会组织政策参与做出明确规定，但一些法律法规、规章制度已经体现了党和政府对社会组织政策参与的重视，这为我国社会组织开展政策参与营造了有利的外部制度环境，赋予了社会组织政策参与的合法性，激发了社会组织政策参与的热情。

在中央政府层面，2015年修正的《中华人民共和国立法法》第五十三条规定："专业性较强的法律草案，可以吸收相关领域的专家参与起草工作，或者委托有关专家、教学科研单位、社会组织起草。"2017年修订的《行政法规制定程序条例》和《规章制定程序条例》都规定起草专业性较强的行政法规（或规章），起草部门可以吸收相关领域的专家参与起草工作，或者委托有关专家、教学科研单位、社会组织起草。对有较大争议的重要立法事项，国务院法制机构可以委托有关专家、教学科研单位、社会组织进行评估。2018年国务院修订的《国务院工作规则》第二十六条规定："国务院在作出重大决策前，根据需要通过多种方式，直接听取民主党派、社会团体、专家学者、社会公众等方面的意见和建议。"这些条文都表明，社会组织在民意代表和专业性等方面逐渐受到顶层制度设计者的青睐，社会组织逐渐成为我国政策参与中不可忽视的一股重要力量。党的二十大报告更进一步对今后阶段我国社会组织参与分配制度完善、基层党组织建设、参与协商民主等作出了安排部署，引导社会组织积极落实政策参与实践。

而在一些社会组织较为发达的地方，地方政府也对社会组织政策参与做出了有益探索。如山东省《关于改革社会组织管理制度促进社会组织健康有序发展的实施意见》中规定："政府召开专题性、行业性会议，可邀请相关社会组织负责人参加或列席；在制定出台政府规章、公共政策、发展规划等涉及公共利益和人民群众切身利益的决策事项时，要通过举行听证会、座谈会、论证会等多种形式，广泛征求相关社会组织的意见和建议。"广州市《社会组织管理办法》也规定："全市各级政府和有关部门在起草与社会组织相关的地方性法规、政府规章、公共政策、行业发展规划等时，应当征求和听取相关社会组织的意见和建议。"深圳市《关于进一步发展和规范我市社会组织的意见》中明确提出："政府在制定政策、进行重大决策及立法过程中，应及时与相关社会组织进行沟通，听取社会组织的意见和建议。积极组织社会组织代表参加各种听证会、论证会，提高社会组织对公共事务的参与度。"《温州市行业协会管理办法》对行业协会的首要职能规定是："开展对全行业基础资料的调查、收集和整理工作，参与本行业发展规划的制订，向政府提出有关本行业发展的经济技术政策方面的建议，为企业经营决策服务。"

随着党和政府对社会组织政策参与重视程度的提高，社会组织自身也积极参与到政策过程中并发挥实质性影响。这主要体现在：第一，作为推动社会公益事业的主体，社会组织积极参与相关政策的制定过程；第二，作为特定群体特别是弱势群体的代言人，社会组织表达其利益诉求和政策主张，努力在立法和公共政策过程中谋求实现更广泛的社会公正；第三，社会组织通过媒体和社会舆论关注相关立法与公共政策的实施过程及其效果，倡导和影响政策结果的公益性与普惠性（王名，2006）。当前，行业协会商会、环保类社会组织和科技类社会组织的政策参与度较高，以下具体阐述这三类社会组织政策参与的案例。

## 一、行业协会商会的政策参与实践：以温州商会为例①

在行业协会商会方面，因民营经济发达而著称的温州市行业协会商会的政策参与较为活跃。近年来，温州市各类行业协会商会在新时代积极创建"两个健康"先行区进程中，凭借灵活有效的政策参与形式为地方经济社会高质量发展提供支撑。在新冠疫情冲击下，温州市各类行业协会商会依然进行政策参与，协同党委政府筑牢疫情防控线，为抗击疫情、推动经济常态化发展做出贡献。

第一，温州市行业协会商会在党委、政府提供的制度空间中积极实现政策参与，协同推动地方经济发展。2018年8月，中央统战部、全国工商联批准同意温州市创建新时代"两个健康"先行区。温州市委市政府高度重视行业协会商会在促进"两个健康"先行区建设中发挥的积极作用，为行业协会商会参与地方经济社会发展的政策制定提供政策参与空间，以提高政策的精准性和适用性。2019年3月，《温州市民营企业家参与涉企政策制定程序暂行办法》规定，涉企政策起草部门完成涉企政策初稿和起草说明后，应当遵循"重点政策广泛咨询、专业政策定向咨询、一般政策个别咨询"的原则，征求与政策关联性强的有关民营企业家智库成员、行业协会和商会的会长、秘书长、企业家的意见。2019年7月，温州市出台《推进行业协会商会优化布局增强服务"两个健康"能力实施方案》，引导和支持示范协会商会参与制定行业规划、行业标准或产品标准，承接政府职能转移，参与政府购买服务，参与涉企政策制定，开展涉企政策落实情况"第三方"评估，推动惠企政策落地落实。2021年《温州市"两个健康"先行区建设促进条例》发布，明确规定制定涉及非公有制经济组织生产经营活动的政策措施，应当充分听取非公有制经济组织和行业协会商会的意见。上述一系列制度安排体现出温州市党委、

---

① 根据温州商会改革发展实践和调研资料整理而成。

政府激发行业协会商会政策参与积极性的理念，为温州市各类行业协会商会政策参与提供了制度空间。在政策参与实践中，温州各类行业协会商会采取了选派代表参加地方两会、参与地方政府搭建的"亲清直通车·政企恳谈会""亲清茶叙会"等方式，提交政策建议，开展政策倡导。

第二，温州市行业协会商会在全面抗击新冠疫情时期，通过政策参与积极配合政府落实疫情管控政策、为企业与民众提出政策建议，筑牢了疫情防控线，稳定了社会秩序。一方面，温州市各类行业协会商会凭借贴近市场与社会的优势，配合政府落实疫情管控政策。出于"硬核"防控科学决策的需要，包括温州市湖北商会等在内的与疫情高风险区域商贸人员往来频繁的行业协会商会，建立了人员往来信息日报制度，全面摸排、逐一联系核实往来人员，辅助政府进行科学决策。同时，行业协会商会积极响应政府疫情防控政策，做好政策宣传，辅助政策落实，如温州市湖南商会做通企业员工的思想工作，以协助地方政府和社区更好地落实居家隔离政策。另一方面，温州市各类行业协会商会也通过政策参与为疫情时期运转艰难的行业、企业提供反映诉求的渠道，向政府部门反馈企业建议。温州市眼镜商会、温州市个人护理电气行业协会、温州市五金商会等协会商会负责人，在疫情期间深入走访会员企业了解困难、诉求，并在市委市政府、工商联组织的疫情防控形势分析会、座谈会上为企业争取话语权。

第三，温州市行业协会商会为疫情背景下地方经济社会的恢复发展提供政策意见和建议。一方面，行业协会商会通过参加政府组织的座谈会、讨论会，配合政府惠企政策落地、持续配合疫情防控。比如，温州市眼镜商会密切关注政府惠企政策，配合政府落实疫情期间优惠政策，帮助困难企业兑现政策奖励，很多企业在商会协助下获得补贴，渡过难关。温州市外贸服装商会强化"银企对接"，针对企业在贷款过程中遇到的授信额度低、贷款效率低等难题向政府部门反映，并提出政策建议。疫情时期为帮助企业转型，温州市饭店餐饮烹饪行业协会提供转型生产外卖的技术标准和教学视频等服务，参与政府部门研讨会，共同商讨疫情时期餐饮外卖制定标准和实施办法。另一方面，行业协会商会在政策参与过程中协同政府构建联系机制，为政府联结企业以实现招商引资提供新平台。比如，温州商会和企业家建立协商座谈机制，确保商会及其主管部门畅通对接企业。各类异地商会为家乡和所在地经济往来穿针引线，积极促成地方政府和企业家沟通互动。地方政府则可以以商会为平台，搭台招商，实现"以会聚商"。行业协会商会在协同推动地方经济发展过程中，成长为政府与企业之间的桥梁纽带。

可以看到，温州市各级各类行业协会商会在新时代"两个健康"先行区建设中、在全社会共同克服疫情对经济社会和谐稳定发展的冲击中，凭借积极的政策参与扮演了重要角色，成长为服务市场与社会、协助政府政策制定与施行的重要帮手。

## 二、环保类社会组织的政策参与实践：以自然之友为例①

在环保类社会组织中比较典型的是自然之友的政策参与。"自然之友"于 1994 年 3 月 31 日注册，是我国第一家全国性的民间环保社会组织。自成立以来，自然之友开展了

---

① 根据自然之友官方网站（http://www.fon.org.cn/.）整理而成。

包括呼吁首钢搬迁、关注西南水电开发、参与圆明园环评听证、参与"26 度空调节能行动"、参与《中华人民共和国环境保护法》的修订等成功的政策参与实践，积累了丰富的政策参与经验，成功推动或影响了公共政策的制定与执行。这些成功的政策参与实践，与自然之友构建的环境政策倡导培训体系密不可分。自然之友为更好地开展环境政策参与、倡导活动，创立了环境政策倡导研修营，提高政策参与的专业性和质量，也对同领域社会组织政策倡导产生了广泛的带动辐射效应。

2017 年，自然之友第一次举办政策倡导研修营活动，以"目标设定和参与两会工作"为核心内容，吸引了约 30 家同类社会组织参与。研修营除了讲授政策倡导的知识和技巧之外，还通过集体行动给更多的环保类社会组织树立政策倡导的信心，帮助其认识到政策倡导是可以切切实实推动问题解决的重要工具。截至 2020 年 7 月，参与当年研修营的环保类社会组织中，超过半数将政策倡导作为重要的工作手段，近 8 家机构能够熟练地运用每年全国"两会"这一渠道为环境保护进行倡议。2019 年，自然之友以"公众参与生物多样性保护"为主题，再次召集环保类社会组织开展政策倡导研修营活动，在云南昆明和北京举办了两场线下研修营活动，进一步提升了参与活动的环保类社会组织政策倡导的技能。

2020 年，自然之友在北京市企业家环保基金会的支持下，再次组织了环境政策倡导研修营活动。自然之友与 31 位来自不同省份的环保类非政府组织、在政府科研单位中从事我国环境污染防治的一线工作者，以及关注污染治理、气候变化等环境议题并具有相关经历的青年学者就政策倡导基础、环境法律体系、如何提交提案议案和修立法建议以及策划环评听证会等内容分享探讨，从而帮助参与者掌握运用政策倡导的工具。研修营重点围绕什么是政策窗口期，怎么根据中央到地方的立法计划来锁定倡导目标，以及实打实地撰写提案议案技巧和游说代表委员实操等问题进行探讨。此外，研修营还开创了政策倡导"模拟听证会"，即模拟规划环评听证会上扮演不同角色的利益相关方，实践政策倡导策略和技巧。

自然之友环境政策倡导研修营活动的持续开展，为环保类社会组织开展政策倡导培养了人才。自然之友开展的政策倡导活动的成功实践与日常开展的关于如何运用好政策倡导技能的培训密不可分。以影响《中华人民共和国环境保护法》为例，2014 年 10 月最高人民法院在其网站上发布了《关于审理环境民事公益诉讼案件适用法律若干问题的解释（征求意见稿）》。自然之友召集了符合环境公益诉讼资格的环保类社会组织、环境学者和律师就《关于审理环境民事公益诉讼案件适用法律若干问题的解释（征求意见稿）》举行了研讨会，共同起草了详细的修订提案。此后，自然之友与法律学者共同探讨该提案，并与最高人民法院法学家取得个人联系，进行学术讨论。这些研讨会的举办使关键条款被深入讨论。例如，哪些社会组织可以提起公共利益诉讼以及在何种条件下提出诉讼等。自然之友的角色也从最初环境公益诉讼的动员者转变为提供专业意见的顾问。从这些实践可以发现，自然之友成熟的政策参与策略运用和多元化的倡导动员在其中发挥了重要作用。

总结自然之友的政策参与实践可以发现，自然之友的政策参与不仅为我国环保事业做出了重大贡献，也能够鼓舞和激励更多的环保类社会组织、志愿人士积极协同参与到环境治理中去，推动环境治理与环境改善。

### 三、科技类社会组织政策参与实践：以浙江省绿色科技文化促进会为例

浙江省绿色科技文化促进会（又称"绿色浙江"）成立于2013年5月，业务主管单位为浙江省科学技术协会。绿色浙江是一个扎根浙江、放眼全球的专业从事环境服务的科技类社会组织。2019年以来，绿色浙江扎根杭州市余杭区百丈镇，积极开展政策参与实践以助力当地经济社会发展，逐渐形成了科技类社会组织政策参与的"百丈模式"，为该镇基层治理增添了活力。

第一，倡导加强镇级科学技术协会（简称"科协"）建设，加强基层科协队伍建设，构建乡村科技类社会组织综合平台。绿色浙江结合百丈镇发展实际，通过提交政策建议、参加座谈会等政策参与方式向镇党委提出进行百丈镇科协班子调整的建议，以增强镇科协在联系科技类社会组织中的平台作用。同时，绿色浙江秘书长担任百丈镇科协兼职副主席，吸纳百丈卫生服务中心、百丈镇中心小学、三叶青农业等机构负责人进入科协，让镇党委政府与科技类社会组织、科技工作者协同建立共享共治的基层治理格局。

第二，倡导引入科技优质科普元素、科技志愿服务和科创项目，建立科技志愿服务供给侧平台，强化乡镇基层治理。绿色浙江主动对接浙江教科影视频道，希望通过媒体在全社会倡导乡村科普行动，推动将百丈镇半山村农村文化礼堂改建为科技文化阵地"小强公益书屋"，以确保乡村科普工作的有效落地；绿色浙江还主动联系浙江省团省委，在百丈镇建立全省亲子科技公益活动基地，成为浙江大学、中国美院等开展学生实践教育的基地。

第三，充分发挥科技类社会组织负责人作为政协委员的政策参与作用，实现科技类社会组织与乡村发展同频共振。绿色浙江负责人忻皓担任杭州市余杭区政协委员，并在百丈镇建立区政协委员工作室，将政协工作和科技类社会组织服务结合起来。在余杭区"两会"上，忻皓以政协委员的身份提交在余杭推动视障人士旅游线路的提案，获得了年度优秀提案，并推动浙江省首条盲人旅游线路"七彩心路之旅"启动（同年10月全省首条盲人旅游线路"七彩心路之旅"已发布）；借助区政协委员工作室这一平台，绿色浙江推动杭州市学军小学与百丈小学结对，实现城乡学校协作，助力乡村教育高质量发展。

### 本章小结

本章介绍了社会组织政策参与的内涵、作用、途径、影响因素与具体实践。政策参与是社会组织的重要职能之一，相对于公众个体的直接政策参与，社会组织可以把公众对公共政策问题的分散化、模糊化的个人意志转化为明确、集中的组织意志，把分散无序的个体民众的潜在影响力聚合起来，形成一种合力，从而推动政府在公共政策制定过程中考虑有关群体的利益需求，并及时解决公共政策执行过程中出现的问题，以推动公共政策的顺利实施。社会组织政策参与的途径呈现多样化趋势，可以划分为不同的类型，

如制度化参与和非制度化参与、直接参与和间接参与、主动参与和委托参与、单独参与、联合参与和与政府合作参与。多种因素影响社会组织政策参与，其中，外部制度环境和社会组织政策参与的自主性和能力是关键的影响要素。在社会组织政策参与实践中，行业协会商会和环保类社会组织的政策参与较为引人注目。

## 案　例

### 脱钩改革背景下社会组织的政策参与：以全国性行业协会商会为例[①]

制度变革是影响社会组织政策参与的重要外部因素。党的十八大以来，我国进一步深化社会组织管理体制改革，推动构建政社分开、权责明确、依法自治的现代社会组织体制，重塑政府与社会组织关系。行业协会商会与行政机关脱钩改革（简称"脱钩改革"）重构了社会组织政策参与的制度环境。行业协会商会是在我国得到优先发展、迄今发展最为充分的社会组织，是我国社会组织的重要组成部分。全国性行业协会商会大多数由政府部门转制而来或根据行政指令组建，它们对经济社会发展产生了较大影响，但长期以来具有较强的行政化属性。随着经济社会体制改革的深入，行政化逐渐被认为束缚了社会组织作用和能力的发挥，阻碍了行业协会商会政策参与能力的提升。

2015 年，中共中央办公厅、国务院办公厅联合印发《行业协会商会与行政机关脱钩总体方案》，脱钩改革成为实现上述改革目标的重要政策实践。2015～2020 年，国务院行业协会商会与行政机关脱钩联合工作组多措并举，全力推进脱钩改革工作。2019 年，国家发展和改革委员会、民政部等 10 个国家部委联合发布《关于全面推开行业协会商会与行政机关脱钩改革的实施意见》，公布了符合条件并纳入脱钩改革范围的 795 家全国性行业协会商会，要求到 2020 年底前基本完成脱钩改革目标。相关数据显示，截至 2021 年底，共有 729 家全国性行业协会商会和 69 699 家地方性行业协会商会完成脱钩改革，完成率分别为 92% 和 99%[②]。

总体而言，脱钩改革显著提升了我国行业协会商会的政策参与度，这一提升是通过提高行业协会商会服务供给来实现的。具体来说，脱钩改革后行业协会商会服务收入、技术服务水平等显著提升。同时，行业协会商会的组织异质性对其政策参与具有调节作用：与原业务主管单位业务关联松散的行业协会商会在脱钩改革后，凭借服务供给强化获取的信息和资源以开展更多的政策参与活动；与原业务主管单位业务关联紧密的行业协会商会，其政策参与基本没有受到脱钩改革的明显影响。行业协会商会在行业类别、资源获取能力、自主性程度上的异质性对其政策参与也具有重要的调节作用。

在脱钩改革后，全国性行业协会商会与政府部门重新构建新型关系，催生其在政策

---

[①] 郁建兴，吴昊岱，沈永东，等. 2022. 脱钩改革如何影响行业协会商会政策参与？——基于 795 家全国性商协会的实证研究. 管理世界，38（9）：145-156.

[②] 民政部：行业协会商会与行政机关脱钩改革工作基本完成. https://m.gmw.cn/2021-02/23/content_1302128414.htm，2021-02-23.

参与行为中展现出维系传统政策参与机制、创新多渠道政策参与方式、激发非常态治理中重要作用等诸多特征。

一是行业协会商会与政府在相互独立的前提下，通过政府部门主动的制度安排维系传统的政策参与机制。脱钩改革以后，正式的政策参与机制被保留并且得到强化。各部委、行业管理部门积极拓展、疏通行业协会商会政策参与渠道，让行业协会商会作为独立的主体，通过政策参与反映行业、企业声音，以提高政策制定的科学性。脱钩改革后，国家发展和改革委员会、商务部等制定了进一步加强与脱钩行业协会商会建立工作联系的政策，以稳固脱钩后行业协会商会与部委的联系。在日常工作层面，政府部门积极建立行业协会商会工作协调机制，定期召开会议，也邀请各业务司局汇报与行业协会商会业务工作的相关情况和重要工作进展，听取行业协会商会意见建议，并将优秀意见建议吸纳进政策制定中。

二是积极创新政策参与机制，实现政策参与渠道从单一政府部门向多个政府部门的拓展。脱钩改革之前，受到业务主管单位监督管理的全国性行业协会商会反映政策诉求的对象主要是单一的业务主管单位，政策参与面窄、途径有限。当行业协会商会反映的政策诉求、意见建议涉及多个政府部门的时候，政策建议等往往受到反馈对象和报送机制的限制，使及时性、有效性受到影响。脱钩改革后，行业协会商会更加独立，可以与多个部门建立业务联系，参与国家部委政策制定和讨论的机会增多、反映面也更广。如过去只能一次报送到单一业务主管单位的政策意见和建议，脱钩后可以通过业务合作或者非正式的渠道传达等多种方式，同时报送到多个业务主管单位。信息报送和政策参与渠道的多元拓展，成为提升行业协会商会政策参与质量和增加政策参与数量的重要前提。

三是在防控新冠疫情的特殊时期，行业协会商会政策参与的积极性在常态治理与危机治理中得到激发。由于全国性行业协会商会在行业产业发展中占据独特的信息优势、交易成本优势、集体行动优势，行业协会商会与政府之间在推动经济社会发展上建立了依赖关系，更多的国家部委也将行业协会商会作为了解行业企业发展情况、听取行业企业政策呼声的渠道，对接行业协会商会开展调研访谈的机会增加，形成相对固定的政策参与机制。特别是在疫情防控时期和经济恢复发展过程中，政府部门积极借助行业协会商会力量定期向企业收集复工复产、企业捐助信息以及其他遇到的问题，并充分发挥了行业协会商会在行业治理与公共治理中的作用①。利用行业协会商会了解企业声音，可以克服政府掌握信息片面性的弊端。此外，行业协会商会在疫情期间的政策参与为恢复经济社会活力提供了重要驱动力。

**案例分析题：**

1. 脱钩改革对全国性行业协会商会政策参与带来了哪些影响？

2. 如何在脱钩改革后更好地发挥行业协会商会政策参与的作用？

3. 地方性行业协会商会、不同类别行业协会商会政策参与和全国性行业协会商会政策参与有何不同？

---

① 行业协会商会积极参与疫情防控及复工复产. http://www.mca.gov.cn/article/xw/ywdt/202002/20200200024818.shtml，2020-02-21.

**本章思考题**

❶ 请简述社会组织政策参与的重要性。
❷ 请简述社会组织政策参与的途径及其分类。
❸ 请简述社会组织政策参与的主要限制性因素。
❹ 请举例说明社会组织政策参与的实践情况。

# 参考文献

高红，朴贞子. 2012. 我国社会组织政策参与及其制度分析. 中国行政管理，（1）：71-74.

亨廷顿 S P. 2008. 变化社会中的政治秩序. 王冠华，等译. 上海：上海人民出版社.

江华，何宾. 2012. 行业协会政策参与的比较研究：南京与温州. 中共浙江省委党校学报，28（1）：27-36.

康晓光，韩恒. 2005. 分类控制：当前中国大陆国家与社会关系研究. 社会学研究，（6）：73-89.

刘明，唐春媛. 2007. 略论我国非政府组织政策参与问题. 福建农林大学学报（哲学社会科学版），10（3）：60-63，85.

毛佩瑾，马庆钰. 2019. 我国社会组织参与协商民主的要素研究. 中共中央党校（国家行政学院）学报，23（1）：69-77.

沈永东. 2018. 中国地方行业协会商会政策参与：目标、策略与影响力. 治理研究，34（5）：93-103.

沈永东. 2019. 中国行业协会商会政策参与：国家与社会关系视角的考察. 杭州：浙江大学出版社.

史美芳. 2005. 我国转型时期第三部门的公共政策参与. 行政论坛，12（4）：31-33.

王迪. 2016. 中国环保 NGO 政策参与的行动逻辑研究. 兰州：兰州大学.

王名. 2006. 非营利组织的社会功能及其分类. 学术月刊，38（9）：8-11.

郁建兴. 2018. 改革开放 40 年中国行业协会商会发展. 行政论坛，25（6）：11-18.

郁建兴，吴昊岱，沈永东，等. 2022. 脱钩改革如何影响行业协会商会政策参与？——基于 795 家全国性商协会的实证研究. 管理世界，38（9）：145-156.

张长东，马诗琦. 2018. 中国社会团体自主性与政策倡议积极性. 政治学研究，（5）：67-78，126-127.

郑准镐. 2004. 非政府组织的政策参与及影响模式. 中国行政管理，（5）：32-35.

周俊. 2009. 行业组织政策倡导：现状、问题与机制建设. 中国行政管理，（9）：91-96.

周巍. 2008. 我国非营利组织政治参与的特征及途径分析. 中南林业科技大学学报（社会科学版），2（2）：22-26.

朱康对. 2007. 民资进入与行业协会的集体行动——温州市泰顺县小水电行业协会案例研究. 温州论坛，（2）：8-21.

Jing Y J. 2015. Between control and empowerment: Governmental strategies towards the development of the non-profit sector in China. Asian Studies Review, 39（4）:589-608.

Saich T. 2000. Negotiating the state: The development of social organizations in China. The China Quarterly, 161, 124-141.

# 第十章

## 社会组织项目管理

1. 掌握社会组织项目的概念和特征。
2. 掌握社会组织项目管理的概念和特征。
3. 了解社会组织项目管理的理论基础。
4. 了解社会组织项目管理的基本过程和主要内容。
5. 熟悉社会组织项目评估的主要方法。
6. 了解政府购买社会组织服务项目的资格要求和基本方式。

● 目前，我国大多数社会组织都是以项目的方式开展活动，甚至有些社会组织就是为了合法运营项目而成立的。但是，由于项目管理理念在我国社会组织领域被应用的时间尚短，社会组织在进行项目管理中普遍存在经验不足、方法不当等问题。因此，了解社会组织项目管理的概念和特征、基本过程和主要内容、评估方法等，对于社会组织提高项目绩效，实现良性发展，以及积极参与社会治理具有重要意义。

# 第一节 社会组织项目管理概述

## 一、社会组织项目的概念与特征

似乎只要是一件工作都能被称为项目，实则不然。项目管理协会（Project Management Institute，PMI）认为，项目是指为满足某个既定目标，或为完成某一特定产品、服务或结果所做的阶段性努力（Project Management Institute，2000）。项目是社会组织运营的重点。社会组织维持日常运行只需要完成一些基本工作，包括处理捐赠、组织交流、处理信件、办理银行存款等，但当需要实现特定的目标时，往往会设立单独的项目。例如，为特定目的筹集资金，认识特定的捐助者群体，举办有利于组织发展的活动，等等。当你想到曾参与某些社会组织活动时，就会意识到很多时候都是参与了某个具体的项目。它们往往都有一个特定的开始时间和完成日期，需要工作人员或志愿者为之努力。

本章所探讨的社会组织项目主要指对社会产生价值和积极影响的公益项目。公益项目是不以营利为目的的项目，更加注重社会效益。在我国，人们对公益项目并不陌生，1998年洪灾、汶川地震、玉树地震等自然灾害发生之后，有很多民间团体设立公益项目以开展救灾和灾后重建工作。总之，公益项目在我国经济、社会发展过程中发挥着重要作用，是建设和谐社会的重要组成部分。

社会组织的公益项目不同于其他营利性项目，它更加注重社会效益，主要有如下特点。

（1）利益相关者众多，需求复杂。社会组织的公益项目大多是面向某些弱势群体的，受众面较广，利益相关者众多，要兼顾各方需求。对项目的透明度和公信力也有更高的

要求，因此更为复杂。

（2）对社会效益的追求大于经济效益。社会组织主要关注社会效益，因此在评价公益项目时需要更加注重社会效益的指标。同时公益项目在社会上的影响更广泛，且公众对公益项目的关注度远高于普通项目，对公益项目的质量要求也更为严格。这就对公益项目的管理提出了更高的要求。

（3）资金来源以外部资金为主，项目管理更侧重于申请环节。社会组织的项目资金主要来自社会捐赠、政府购买服务等。对此，在获取项目资金的过程中，要经过严格的申请程序，项目的可行性分析和项目执行方案对资金申请的成功概率有很大影响。同时，对于在公益项目管理过程中各个阶段的评估、报告和财务审计，也都有比较特殊的要求。

（4）更关注对目标群体的影响。传统企业项目主要是为了生产某个产品或完成某项工程。而社会组织项目主要是通过一系列有组织的活动，对受助人群产生影响。由于人的感受更复杂，更难以被衡量，这也无形中加大了对社会组织项目进行管理的难度。

## 二、社会组织项目管理的概念与特征

### （一）项目管理的概念

项目管理是一个以过程为导向的系统，用于对项目进行战略指导、综合管理和整体控制，同时也要满足项目利益相关者（如捐赠者和受助对象）的期望（Thomsett，2004）。任何组织都建立在某种类型的分工上，因此需要建立合理的协调机制。社会组织也是如此，其项目需要通过某种有意义的管理进行协调。

### （二）社会组织项目管理的理论基础

#### 1. 资源依赖理论

资源依赖理论主张组织发展与外部环境的变化息息相关。组织对资源的依赖程度取决于资源的重要性和是否具有可替代性。当资源重要且不可替代时，组织及其项目就会对资源产生较强的依赖性。资源依赖理论对社会组织项目管理也同样适用。例如，一项公益项目是否能够顺利启动主要取决于捐助者能否提供足够的资源，社会组织理事会的参与程度也与其对于资源的依赖程度相关（Hodge and Piccolo，2005），每个利益相关方的话语权大小往往取决于各方贡献资源的多少。

#### 2. 利益相关者理论

经典利益相关者理论将利益相关者定义为"可以影响或受到组织目标实现影响的任何个人群体"（Freeman，1984）。社会组织可能的利益相关者包括员工、客户、资源提供者、政府、银行、其他社会组织等。在辨明谁是客户、受益人、捐赠者等不同对象之后，项目管理者就有可能获得一个较为全面的项目设计方案。利益明晰也有助于利益相关者明确自身定位，从而为项目管理发挥更好的协同作用。

#### 3. 代理理论

代理理论是当今组织管理最主要的理论之一。该理论认为，因为在无处不在的代理关系中，都是其中一方（委托人）委托另一方（代理人）执行工作，所以产生问题的根源就是项目所有权和控制权的分离（Eisenhardt，1989）。基于契约的隐喻，代理理论试图回答如何解决委托人和代理人存在部分不同的目标和风险偏好的问题，从而减少管理的机会主义。就社会组织项目管理而言，项目主要是由捐助者或政府部门等出资人委托给社会组织实施的，因此，在项目管理中就出现了不同目标并行的问题。

### 4. 制度理论

制度是规范人们行为、维持社会稳定的体系。制度理论主要探讨制度约束与组织行为的相互作用。有时通过观察项目的外部制度环境就可以预测项目能否成功（Hung，1998）。社会组织项目管理需要满足并维护社会期望，并试图在其自身边界之外施加影响，所以更需要将自身发展目标合理地嵌入当下的制度环境中。如果没有良好的制度环境作为保障（如失去了政府的支持），那么项目本身就难以为继。因此，好的项目管理需要时刻观察制度环境的变化，理解整体制度安排的复杂性和多样性，从而形成面向政府需求、社会需求和组织自身需求的多元均衡发展局面。

### 5. 管理霸权理论

从项目内部向理事会施加的制度力量可以用管理霸权理论来解释（Hung，1998）。在管理霸权下，理事会只是一枚"橡皮章"，战略决策实际上都是由项目管理人员主导的。事实上，管理霸权在社会组织项目中也是存在的，通常以家长式项目的形式出现，即某些项目过于依赖项目负责人的个人决断，由此可能导致项目失败。因此，为避免失败，一名优秀的项目管理者需要考虑所有利益相关方的诉求。

## （三）社会组织项目管理的特征

（1）符合政策导向。公益项目最强有力的保障就是政府的政策。在公益项目的需求分析阶段需要全面地了解政策，保证在政策允许的范围内开展项目。如果项目和政策相矛盾，或者是与自身发展趋势不符，那么项目将难以取得成功。

（2）匹配社会关注。公益项目与普通项目不同，一方面公益项目会在很大程度上受到社会的监督和影响，另一方面优秀的项目管理还可以吸引社会人士积极参与。因此，在项目的规划和实施阶段要充分考虑到社会的关注度，要以社会关注的问题为着力点，回应社会关注，以尽可能地获得社会的支持。

（3）满足受助需求。公益项目存在的意义就是满足受助群体的需求，没有满足受助群体的需求就意味着这个公益项目是失败的。如果项目不仅没有解决受助群体的问题，反而产生了新的问题，那么将会适得其反、徒劳无功。因此，开展公益项目要深入调查走访，保证项目与受助群体的需求同步。

（4）发挥组织优势。公益项目仍是基于社会组织而开展的，因此在项目管理中既要考虑如何结合组织已有优势发挥作用，又要考虑如何让项目成果转化为日后组织发展的优势。只有整合组织资源、发挥组织特长才能达到事半功倍的效果。

## 三、社会组织项目管理的过程

项目管理研究者常常将项目管理过程分为启动、计划、执行、监控、收尾五个阶段，此过程适用于所有项目。在启动阶段，需要定义新项目并获得启动该项目的授权。在计划阶段，要确定项目的服务范围，细化目标，并考虑实现项目目标所需采取的行动。在执行阶段，需要组建人员团队，获得所需的其他资源，并完成项目中规划的工作。在监控阶段，需要定期度量和监控项目的进度，确定需要变更的环节并进行调整。在收尾阶段，需要正式检验产品、服务或结果，结束项目，并总结在项目实施过程中所得到的经验教训。在实际的项目管理过程中，这些阶段往往并不是遵循严格的发展顺序单一进行的。与此相反，这些阶段通常是迭代发生的，也可能出现阶段的重叠。学习和总结这五个项目阶段的具体内容，将更有助于了解项目管理的内在机理。

结合我国社会组织项目的实际情况，可将社会组织项目管理过程归纳为项目启动与申请、项目计划、项目执行、项目控制、项目评估五个环节。

### （一）项目启动与申请

营利组织项目的目标主要是通过项目营利来体现的，而社会组织在选择项目时要以遵循组织宗旨为原则。社会组织项目可以由组织独立完成，也可以通过申请其他组织的资助完成，如可以申请政府、基金会等的资助。社会组织项目申请包括项目选择与项目可行性分析。首先需要确定的是项目目标，即为什么要实施该项目，并确定项目的受众，即谁将受到项目的影响以及他们在项目中扮演什么角色。只有在分析组织战略目标、明确组织的核心竞争力之后设计项目，才能获得更好的项目绩效。项目可行性研究主要包括机会研究、方案研究、初步可行性研究、详细可行性研究等。在这一过程中，应当结合实际情况，分析受助者需求和目标捐赠人特征，从经济、环境、政策、技术等方面对项目进行可行性分析并完成申请书。是否有能力顺利设计项目在很大程度上影响着社会组织的发展状况。高质量的项目对提高社会组织自身的竞争力具有积极影响。

### （二）项目计划

一般而言，项目启动后需要制定项目实施计划（包括整体策划和具体实施步骤）。在可行性研究的基础上，社会组织需要为项目所需的人力资源、资金、物资和项目宣传等各种子活动制定具体计划。项目计划中要能够回答以下问题：做什么、为什么做、在哪里做、如何做、谁去做、资源从哪来、花费多少。其中，"为什么做"要始终围绕组织宗旨，这对刚起步的小型社会组织来说十分重要，只有围绕组织宗旨制定计划才不至于偏离项目目标。较为完善的计划是项目能够顺利开展的基本保证，因此这个过程通常需要反复琢磨。

完备的社会组织项目计划通常有以下几项要求：一是要具体。项目计划应该清晰明了，并确保所有利益相关者都能理解整个计划。二是过程可衡量。项目计划中需要有明确的标准来衡量目标的进程，这个标准可以是数量、质量、频率或成本等。三是确保项目计划可实现。如果计划没有可行性，计划就没有任何意义，并且会使那些试图实现它们的人失去动力。这就需要在制定计划时明确是否有足够的资源来完成目标，以及团队是否真的有能力完成相应的工作。四是明确各个环节的时间节点。项目计划需要标明日期。这可以帮助团队集中精力在关键日期前完成目标，同时有利于保证项目能够在最后期限前完成。

### （三）项目执行

项目执行是调动资源、执行项目计划的过程。项目执行主要包括人力资源管理、时间管理、费用管理和资源管理等几个方面。其中，人力资源管理包括对项目经理和项目团队的管理。时间管理主要是尽量按原定时间计划执行项目。但是由于社会组织项目主要是与人打交道，容易产生不确定性，因此也要根据具体问题及时进行时间调整。费用管理主要是指在有限的项目经费限制下，对项目费用进行合理预算，使经费利用达到最大化。资源管理除了对内部资源进行管理外，还要对外部资源进行管理，如社会关系资源管理、对项目资金的融通等，在这方面我国社会组织普遍做得不够好。项目执行过程是项目管理最重要的环节，执行的力度与效率直接关系到项目目标的达成与否。

### （四）项目控制

项目控制是指在项目实施时，项目管理者对于那些可能会影响甚至破坏项目正常实施的风险信息，分析成因、研究对策，最终实施纠偏措施的过程。对社会组织来说，产生偏差的主要原因有实施方法不当、设计本身存在不合理性、实施过程中管理不到位等。因此，社会组织管理者往往需要具有更强的项目控制能力。项目控制主要包括对整体、范围、进度、费用、质量以及风险的控制。社会组织一般采取督导、项目示范等方式进行项目控制。

随着项目的进行，社会组织项目管理者需要对过程中产生的各种问题及时做出决策，以确保项目目标的实现。让所有利益相关者了解项目的进展情况，有助于在一定程度上防止意外的产生。同时，需要与参与项目的志愿者和工作人员定期核对项目进展，以保证项目的使命不偏移。如果项目涉及的某个群体更改了项目的目标（如减少了资金支持），必须由整个项目团队重新审查项目计划，以确定是否需要做出更改来实现新目标。项目团队应该理解资源、时间和预算变更意味着什么。如果需要对计划进行调整，就需要再次明确利益相关者的需求，并在项目继续之前获得项目发起人对调整方案的批准。在整个项目周期中产生的任何变动都应该被记录下来，以便总结经验。

### （五）项目评估

项目评估按时间顺序，可分为预评估、过程评估和效果评估三个阶段。预评估主要是对项目申请时的计划、实施方案等进行的评估，是社会组织项目能否开展的基础。过程评估和效果评估主要是对项目目标完成情况、财务情况、执行成效及项目管理中各方面能力做出全面论证和评价。项目评估能够为组织负责人在选择项目、调整实施方案及维持项目的可持续发展等方面提供多方面的建议。

项目评估还要总结经验，为下一个公益项目做准备。很多组织会在一个活动成功完成后直接继续开展下一个活动，这就忽略了项目结束前的关键步骤——收尾。恰当的收尾工作不仅要进行财务结算，还要召开最后一次团队会议。这次会议的目的是收集有关这个项目的有价值的信息，并总结经验以支持未来的项目。这个会议参会对象应该包括项目团队、捐助方、受助方等。会议中应该把所有经验都记录下来，包括哪些工作有用以及哪些工作走了弯路等。

## 第二节　社会组织项目评估

项目评估对项目的健康发展以及提高组织公信力具有不可替代的作用。项目管理需要通过评估来确保项目实现预期目标。同时，项目评估也有利于更加明确项目的定位和规划，及时关注项目进展，传达项目信息以及总结经验教训。良好的项目评估能有效防止因疏忽而付出高昂的代价。相较我国公益项目的快速发展，项目评估的发展尚不太理想，需要社会各界给予充分关注。

### 一、社会组织项目评估的特点

（1）监控性。很多研究者认为，项目评估等同于项目监控。项目执行机构的日常记录或者根据项目方案确立的评价指标，是项目评估十分重要的数据来源，同时也是可以有效对项目过程进行监控的保证。

（2）适度性。项目评估要做到具有足够的广度、深度和严密性，就需要付出与之成比例的时间和资金。基于理性人假设和公益项目发展的实际情况，项目主办方通常希望评估过程便利、高效。因此，项目评估不能消耗过多的人力和时间，应将规模控制在恰当的范围内，以免影响项目的正常进行。

（3）反馈性。需要明确的是，社会组织项目评估的目的是为下一步的项目管理提供决策依据或者为未来的项目提供经验。因此，需要出具明确的评估报告，对各方利益相关者给予及时反馈。

### 二、社会组织项目评估的目标

（1）了解项目执行过程情况。社会组织项目评估能够提供较高质量的信息。通过检测项目实施的实际状态，可以了解和项目运作相关的所有问题。例如，服务和项目目标是否一致，服务送达的质量情况，是否送达既定的目标群体，项目运作是否正常，项目资源的使用是否合理，等等。

（2）提升项目公信力。项目评估可以提供证据证明公益项目资金是按照计划来被合理使用的，并向公众及其他利益相关者说明项目执行方是有效合理地使用项目资源的。同时，项目执行方通过评估也可以证明自己的工作效率、机构管理能力，从而提升公信力。

（3）发展和改善项目。项目评估可以让各级管理者和利益相关者了解和掌握项目执行的基本情况，以便找出问题、总结经验，进一步完善项目。

（4）提高项目管理水平。社会组织项目评估提供的反馈可以使项目管理进一步达到更高的水平。项目管理者应当根据评估结果改进项目管理，同时也为项目目标以及组织目标的实现提供有力保证。

## 三、社会组织项目评估内容

国际通用的项目评估内容主要来自"三E"理论、"三D"理论和"受众满意度"。这些理论对社会组织项目评估内容的设定同样具有指导意义。

"三E"理论是国际上较为流行的公益项目评估理论。"三E"是指经济（economy）、效率（efficiency）与效果（effectiveness）。经济是指以较低成本的付出维持较高品质的公共产品或服务；效率强调项目投入和产出的实际比例，其中包括服务或公共产品的提供、活动的实施以及各项活动的投入和成本等；效果侧重于公共服务目标的实现水平。"三E"构成了社会组织项目评估的重要标准与依据。

"三D"理论也是公益项目评估的主流理论来源。"三D"是指由诊断（diagnosis）、设计（design）和发展（development）构成的评估体系。诊断是指项目负责人能够准确判断公益项目实施过程中出现的问题，能够全面把握各利益相关者的需求；设计强调的是项目负责人能够针对公益项目实施过程中的问题以及各利益相关者的需求设计出恰当合理的策略；发展侧重于提高解决相关问题的能力和在学习过程中做出创新与变革。

"受众满意度"理论强调的是一种自下而上、以受众满意度为焦点的公益项目评估理论，侧重于衡量目标群体所接受的服务是否达到其期望的质量水平。

结合我国实际，社会组织项目评估应围绕项目运作的全过程展开。具体内容主要包括三个方面。一是公益项目执行过程，包括对项目过程步骤的描述和服务是否规范的评估，即评估项目执行的具体工作内容及其与计划设计的标准是否一致。二是公益项目服务提供情况，包括项目服务利用率和服务送达的质量情况，即项目计划提供的服务是否完整、是否准确地送达服务对象，项目内容是否出现偏差，是否符合条件的对象都获得了相关服务，接受服务的对象是否都是项目目标对象，等等。三是公益项目资源利用情况，评估公益项目现有资源的利用是否有效，同时分析项目是否有可以利用的其他潜在资源。

评估指标的建构是公益项目评估的关键环节。对评估者而言，最大的挑战是将研究方法和评估内容与所需要回答的问题及项目环境进行具体匹配。这就要求评估者采用最合适的标准，使研究方法适用于具体问题和环境。因此，在执行项目评估之前，必须根据具体的项目情况，结合公益项目评估的理论体系，制定一套与之匹配的项目评估指标体系。本书根据评估指标体系建构的总体思路（罗希等，2007），在掌握项目评估指标体系设计原则的基础上，构建了社会组织项目评估基本指标体系，如表10-1所示。

**表 10-1　社会组织项目评估基本指标体系**

| 评估维度 | 指标 | 指标释义 |
|---|---|---|
| 执行过程 | 实施工作 | 社会组织项目已经开展了哪些工作？这些工作对于项目的顺利完成是否有必要？ |
| | 目标达成情况 | 项目服务是否达到预期目标？已经在多大程度上达到了预期项目目标？ |
| 服务提供 | 完整性 | 社会组织项目提供的服务是否都是计划内的服务？ |
| | | 社会组织项目服务送达的完整程度如何？ |
| | 准确性 | 社会组织项目服务是否准确送达目标受助群体？ |
| | | 那些接受服务的人是预期的目标群体吗？ |
| | 及时性 | 社会组织项目服务对受助群体而言是否及时必要？ |
| 服务质量 | 项目管理质量 | 社会组织项目人员的数量与所需的执行能力相当吗？ |
| | | 社会组织项目管理制度能否保证项目顺利有效开展？ |
| | 满意度 | 利益相关者对社会组织项目服务满意吗？ |
| | 发挥功能程度 | 方案运作体系是否发挥了其应有的功能？ |
| | | 社会组织项目团队是否针对受助群体做后续追踪及服务？ |
| 资源利用 | 资源发挥作用 | 社会组织项目资源、经费、人员能够发挥项目作用最大化吗？ |
| | 有效利用情况 | 社会组织项目资源得到有效充分使用了吗？ |
| | 潜在资源分析 | 社会组织项目还有哪些可以利用但尚未利用的潜在资源？ |

资料来源：罗希 P，李普希 M，弗里曼 H. 2007. 评估：方法与技术. 7 版. 邱泽奇，王旭辉，刘月，译. 重庆：重庆大学出版社

　　评估指标是指导评估工作开展的具体参照标准，是评估维度的具体化、可操作化。因此，评估指标设置是项目评估的核心环节，也是评估实践首先需要解决的问题。设置好明确的评估指标后，社会组织的项目评估可以在此基础上从"执行过程""服务提供""服务质量""资源利用"四个维度进行具体分析（图 10-1）。

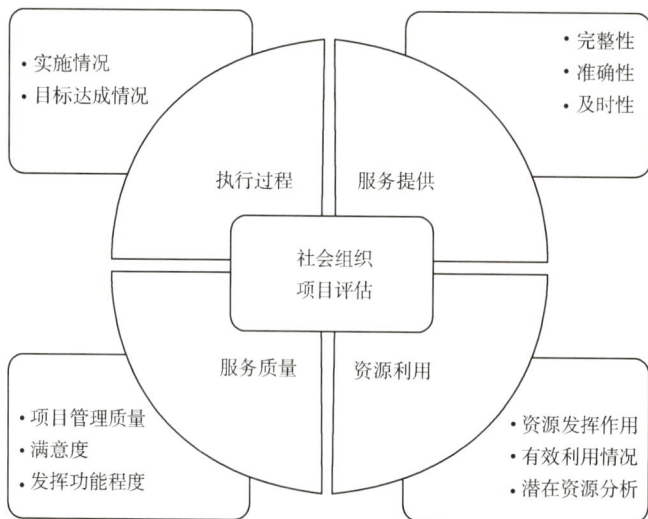

图 10-1　社会组织项目评估维度
资料来源：作者绘制

### （一）执行过程

完整描述社会组织项目过程步骤和服务规范是项目评估首先需要解决的问题。评估者应该通过侧重考察社会组织项目的实施情况以及社会组织项目目标的达成情况这两个方面来全面了解项目的执行情况。

#### 1. 社会组织项目的实施情况

社会组织项目的实施情况是指已经开展的项目做了哪些工作，这些工作是否有助于项目的顺利实施，包括评估项目存在哪些问题，了解项目实施是如何进行的，以及分析项目的不同阶段的工作内容，这些将会为整个社会组织项目评估奠定基础。

#### 2. 社会组织项目目标的达成情况

社会组织项目目标的达成情况是指考察项目服务是否达到项目预期目标，或者多大程度上达到了项目预期目标。多数情况下，社会组织项目往往难以完全按照项目原定计划实施和执行。这是因为社会组织项目具有动态性，各种因素的变化都有可能导致项目拖延、变动甚至中断。例如，项目成员可能因缺乏动力和经验而不能合理地执行项目计划，项目人员曲解了项目原定计划，项目工作人员没有很好地领会项目的基本意图，都有可能导致项目拖延，甚至中断。因此，项目评估应该评估社会组织项目目标的达成情况，如果项目连最基本的目标都难以实现，或是只能实现部分目标，那么评估者就应该反思项目的执行过程，找出项目目标出现偏差或者不能完全实现预期目标的原因。

### （二）服务提供

服务送达是社会组织项目最基本的要求。服务提供情况需要评估的三个方面是服务送达完整性、服务送达准确性和服务送达及时性。

#### 1. 服务送达完整性

服务送达完整性，即社会组织项目预期提供的服务是否足额地送达服务对象。一般而言，社会组织项目服务送达出现的问题可以分为三个维度：一是服务没有足额地送达；二是送出了错误的服务；三是服务完全没有送达。在实际情况中，对于大部分公益项目来说，项目执行的失败很大程度上不是完全没有送达服务，而是因为各种原因导致了服务不能足额地送达，如项目服务人员缺乏责任感等。

#### 2. 服务送达准确性

服务送达准确性是评估社会组织项目服务是否准确送达给目标人群，着重探讨已经服务的对象是否是项目预期服务对象，以及是否有目标人群未得到项目服务。任何一项社会项目都有其特定的服务对象。受人力和物力的局限，社会服务项目资源只有真正落实到项目预期的服务对象身上，才能缓解社会相关问题，促进社会的和谐发展。一项公益项目要想实现其崇高的社会目标，服务必须是准确送达的，否则不仅从根本上会违背社会服务项目的初衷，而且会造成新的社会问题，进一步加剧社会的不公平。

### 3. 服务送达及时性

服务送达及时性是指评估社会组织项目内容对受助群体而言是否及时且必要，从而为项目执行方决定继续还是终止项目提供信息。由于资源的限制，一方面，要保证有限的资源流入最有社会价值的公益项目；另一方面，要保证公益项目中的有限资源流入项目最需要的地方。因此，成功的公益项目提供的服务对于服务对象而言一定是及时且必要的。假设某项目提供的服务对服务对象而言是可有可无的，那么该项目就失去了存在的意义，最终会被淘汰。而项目评估就是淘汰这种项目的重要环节之一。

## （三）服务质量

社会组织项目服务送达质量对于项目取得成功而言同样是重要的，它主要探讨的是项目提供服务的质量情况。具体来说，应该从项目执行方以及服务对象的角度评估项目服务质量。细化标准包括社会组织项目管理质量、满意度和发挥功能程度等。

### 1. 社会组织项目管理质量

社会组织项目管理质量就是从项目执行机构出发，了解项目管理制度、项目执行人员资历，从而评估项目执行单位的项目运作管理能力。项目的管理质量往往在一定程度上能够反映项目的执行情况。一套完整成熟的制度体系和一个稳定高效的工作团队是项目成功的保证。好的项目如果没有足以胜任的团队执行，项目效果也往往难以令人满意。在社会组织项目申请过程中，项目招标方往往要对项目执行团队的资历做一番比较，以确保项目执行的成功，这也说明了项目团队管理质量的重要性。

### 2. 满意度

满意度，即服务对象是否满意社会组织项目所提供的服务，主要是指服务对象对项目服务申请程序、工作人员态度及能力、项目整体执行情况等是否满意。服务对象满意度是项目服务送达情况最直接的指标。服务对象作为社会组织项目服务的接受者，对项目执行的好坏以及服务送达的情况的判断是最可信的。同时，直接从受助群体视角进行评估，是不同于项目执行方或者独立的第三方视角的，这在项目评估中发挥着不可替代的作用。

### 3. 发挥功能程度

发挥功能程度是指方案运作体系是否发挥了其应有的功能，项目团队是否有针对受助者做后续追踪及服务。评估社会组织项目服务质量，主要应该评估项目方案运作体系的社会影响力和项目可持续能力。除此之外，也要评估项目的操作体系和申请程序是否烦琐，并应指出哪些工作步骤不利于服务对象申请到项目服务。

## （四）资源利用

有限的资源在项目中必须得到充分、有效的利用。我们通过社会组织项目资源发挥的作用、资源有效利用情况和项目潜在资源分析三个维度，可以全面了解社会组织项目运作过程中的资源利用情况。

### 1. 社会组织项目资源发挥的作用

评估项目资源发挥的作用，即评估社会组织项目运作过程涉及哪些资源，这些资源对项目的顺利完成起到什么作用。社会组织项目资源往往跟社会组织的利益相关方有着难以分割的联系。评估项目资源所发挥的作用，有利于我们清楚地看到在项目执行过程中，各方利益相关者在项目中所扮演的角色，有利于梳理项目资源的利用情况。

### 2. 资源有效利用情况

项目评估中需要了解社会组织项目资源是否得到充分有效的利用，从而探讨提高资源利用率的途径。资源的有效利用是项目的基本要求之一。公益项目资源大多来自社会，用以增加社会福祉。因此，项目利益相关方会严格要求项目资源得到充分利用。项目执行方也有义务保证项目资源的有效利用，从而对各方负责。

### 3. 项目潜在资源分析

项目潜在资源分析是指是否有能力开发新的项目资源，能否充分挖掘社会组织项目可以利用的潜在资源，从而服务于项目今后的开展。对于社会组织项目而言，不断地挖掘新的资源，有利于项目的顺利开展，也可以为社会组织未来的项目寻找方向。

## 四、社会组织项目评估方法

项目评估方法需要科学化、合理化，只有这样才能保证项目质量。项目评估的基本方法有观察法、问卷法、文献法、访谈法、社会投资回报（social return on investment，SROI）法等。通常来说，项目评估需要综合运用多种方法以保证评估质量和评估效果。因此这些方法适用于预评估、过程评估和项目整体效果评估等各个阶段。

美国等西方国家的社会组织项目已经进入成熟期，对项目评估的理论研究得较为深入，已形成较完善的定量研究分析方法，如数据包络分析法（data envelopment analysis，DEA）、基于 DEA 的多准则控制模型等（Pina，1992）。结合我国社会组织项目所处的发展阶段，赵萌（2010）提出，对社会效益的衡量是项目评估面临的重大课题。

国内已有不少学者对社会组织项目的评估指标做过探索。邓国胜（2001）曾对一个特定项目的实施情况进行了定性评估，评估的维度主要包括项目效率的评估、项目效果的评估、项目社会影响的评估、项目持续性的评估、项目环境影响的评估。随着该领域的研究不断取得新的进展，学者们开始基于理论基础，提出体系性的绩效评估方法。唐跃军和左晶晶（2005）基于层次分析法，对组织治理、公共责任、资金使用、信息披露、筹资活动和基本情况六项指标进行了权重的设计。张培莉和张爱民（2008）基于框架视角，从利益相关者的角度，提出了社会组织项目评价的三个层次：动因，衡量组织的能力；结果，衡量作业的结果；影响，评价组织使命的影响。罗文标和吴冲（2006）结合平衡计分卡理论与利益相关者理论，提出了"六维棱柱"评价模型，在顾客维度、财务绩效、员工成长维度和管理运作的基础上，增加了政治维度与竞争维度。

本书侧重介绍社会投资回报法，这种方法既较为全面地考虑了社会组织项目的各项利益，又能通过一定的方式将各项指标量化。这是一个非常适合衡量公益项目绩效的指标体系，不仅易于各方利益者对公益项目做直观理解，更能有针对性地对项目本身进行细致评估。

社会投资回报原本是社会企业领域的概念，在社会企业领域，现行的定量研究方法中最主要和最完善的方法是计算社会企业投资的社会回报，即进行社会投资回报分析。社会投资回报分析能够衡量一个组织或一个项目产生的社会价值，能够显示出每一元钱的投资所能产生的社会收益。此外，社会投资回报分析还是一种基于传统成本-收益分析方法的管理工具，目的在于告知利益相关者一些数据方面的信息，使管理人员做出使社会和组织都能达到效益最大化的决策（张锦等，2014）。结合公益项目缺乏指标性评估体系的现状，以及社会企业自身强大的社会属性与公益项目的共通性，社会投资回报分析也可以更直观地评估项目绩效，让组织认识到自身的问题，也更利于社会大众对其进行监督。

社会组织项目评估社会投资回报度量模型，如表 10-2 所示。其中，"运营价值"反映了组织运作公益项目时，通过自身资金运作而产生的价值。"社会价值"反映了公益项目所产生的社会效应的折现值。"混合价值"为"运营价值"与"社会价值"之和，反映的是该项目的整体运作情况。"运营目的回报率"是"运营价值"与为了实现该价值而进行的投资总额之比，反映了该公益项目所在组织的自我造血能力。"社会目的回报率"是"社会价值"与为了实现该价值而进行的投资总额之比，反映了该公益项目发挥公益属性的能力。"混合回报率"为"混合价值"与到目前为止的投资总额之比，其中投资总额为运营目的投资总额与社会目的投资总额之和。"混合回报率"反映了整个公益项目的运营情况，是社会投资回报法评估绩效时最关键的指标。

**表 10-2　社会组织项目评估社会投资回报度量模型[1]**

| 绝对评价指标 | 相对评价指标 |
|---|---|
| 运营价值：$V_E = \sum \dfrac{(R_t - C_t)}{(1+r)^t}$<br>其中，$R_t$ 为第 $t$ 年的资金运作收入，$C_t$ 为第 $t$ 年的经营成本，$r$ 为折现率 | 运营目的回报率 $= \dfrac{运营价值}{运营目的投资总额}$ |
| 社会价值：$V_S = \sum \dfrac{(f_{st} + g_{st})}{(1+r)^t}$<br>其中，$f_{st}$ 为第 $t$ 年社会公共收入增加额，$g_{st}$ 为第 $t$ 年公共成本节约额，$r$ 为折现率 | 社会目的回报率 $= \dfrac{社会价值}{社会目的投资总额}$ |
| 混合价值 = 运营价值 + 社会价值 | 混合回报率 $= \dfrac{混合价值}{投资总额}$ |

资料来源：苗青，石浩. 2018. 撬动社会资源：公益创投评估与 SROI 实证应用. 浙江大学学报（人文社会科学版），48（5）：152-165

社会投资回报法具体的度量程序，如图 10-2 所示[2]。

---

① 如果项目投资额全部用于社会目的，则运营目的回报率和社会目的回报率的分母均为投资总额。

② 运用社会投资回报法的实例详见本章后案例。

图 10-2　社会投资回报具体的度量程序

资料来源：苗青，石浩. 2018. 撬动社会资源：公益创投评估与 SROI 实证应用.
浙江大学学报（人文社会科学版），48（5）：152-165

### （一）确定利益相关者

计算社会投资回报要从确定利益相关者开始。由于利益相关者是对组织运行及其项目比较了解的人或组织，他们通常比较明确项目的战略目标，因此必须把利益相关者的清单确定下来。通常来说，他们应该包括服务对象、出资方（政府或者捐赠者）和项目执行者。

### （二）描述项目运作产生的结果

公益项目在运行的过程中会对利益相关者产生一定的影响，要预测这些影响，必须先明确项目给利益相关者带来的变化，即在"投入–产出"价值链上的价值变化。

### （三）项目结果数量化

该步骤主要是要找出能衡量结果的指标，并对该指标进行估值。指标是指能明确是否产生了变化或变化程度的片段信息。依据结果设置的指标可能是定量的，也可能是定性的。定性的指标往往通过定性的方法获得，如进行问卷调查、小组谈话、一对一访谈等，调查和访谈的对象通常都是项目的利益相关者。有些情况下指标并不能直接取得，但是可以使用替代指标来衡量结果。

### （四）剔除社会影响

社会影响价值的计量需要建立在结果价值的基础上，还需扣除"载重效应"和"替代效应"。"载重效应"是指如果没有该项公益项目此项结果有可能发生的概率，"替代效应"是指一项活动结果的产生可能导致另一项活动结果价值降低的概率。因此，影响＝成果－载重效应－替代效应。

### （五）计算社会投资回报值

通过上述步骤，公益项目的各项资料已经收集完毕。该步骤直接基于前文的度量指标，计算社会投资回报值。

### （六）成果检验

为了保证公益项目的透明度，项目运行的投资回报结果须向利益相关者报告，甚至主动向社会公开以便于获取未来发展资金。同时还应该和主要利益相关者及行业专家就现行的投资回报进行沟通，找出项目中存在的问题，以便为项目的后续执行提供改善的可能。

## 第三节 政府购买社会组织服务项目管理

政府通过向社会组织购买公共服务，与社会组织结成合作关系，既能够充分发挥社会组织参与社会治理的作用，又能够增强政府的公共服务供给能力。近年来，通过向社会组织购买的方式为社会提供服务，已经逐渐成为各地政府提高服务供给成效的重要途径。政府购买服务被广泛应用于各个领域，这对社会组织加强政府购买服务项目的管理提出了要求。

### 一、社会组织承接政府购买服务的资格要求

社会组织是承接政府购买服务的重要主体，2020 年 3 月开始施行的《政府购买服务管理办法》对承接政府购买服务的购买主体做了较为宽泛的界定，包括"依法成立的企业、社会组织（不含由财政拨款保障的群团组织），公益二类和从事生产经营活动的事业单位，农村集体经济组织，基层群众性自治组织，以及具备条件的个人可以作为政府购买服务的承接主体"。 同时，《政府购买服务管理办法》规定"政府购买服务的内容包括政府向社会公众提供的公共服务，以及政府履职所需辅助性服务"。"政府购买服务的具体范围和内容实行指导性目录管理，指导性目录依法予以公开。政府购买服务指导性目录在中央和省两级实行分级管理，财政部和省级财政部门分别制定本级政府购买服务指导性目录，各部门在本级指导性目录范围内编制本部门政府购买服务指导性目录。省级财政部门根据本地区情况确定省以下政府购买服务指导性目录的编制方式和程序。""有关部门应当根据经济社会发展实际、政府职能转变和基本公共服务均等化、标准化的要求，编制、调整指导性目录。"

伴随着《政府购买服务管理办法》的出台，各地方政府已经有序地规划开展了向社会组织购买服务的实践。地方政府对资质条件的限定主要集中在主体资格、成立时间节点、组织管理、人力资源与财务管理能力、专业资质以及年检、评估、荣誉等方面，总体来看，资质条件设定门槛不高，同时又通过制度设计与创新保障了公共服务的质量。

#### （一）资质条件

社会组织承接政府购买服务的资质条件主要集中在承接主体的合法性、信誉、基础条件、人力资源、专业技能、申请获得资质的程序等方面。政策一般是通过对必要条件、优先条件、程序与方式等方面的规定，将资质要求明确下来。具体来说，主要有以下三个维度。

（1）关于主体资格。地方政府规定：一是要求社会组织具备提供公共服务所需的设备、专业技术人员及相关资质；二是规定社会组织应依照有关法律法规登记注册；三是要具有独立承担民事责任的能力；四是应具有独立的财务管理、财务核算和资产管理制度；五是应具有健全的法人治理结构，完善的内部管理制度、信息公开制度和民主监督

制度；六是应符合购买服务主体提出的其他专业方面的合理资质要求。50%以上的地方政府都对以上六点进行了具体规定。这表明，地方政府购买服务时，更重视的是社会组织承接服务的能力以及承接服务的合法性。

（2）关于成立及年检的时间节点。数据显示，85.7%的地方政府对社会组织相关时间节点做了规定（伊强等，2014）。也有部分地方政府给新成立的社会组织提供承接购买服务的机会，但要求必须通过资质审定，才可以参加购买服务活动。还有15%的地方政府把年检作为必要条件，把时间限定在参与购买服务项目之前。11%的地方政府规定，组织在参与政府购买服务项目前两年的年检结果均为合格。此外，更多的地方政府把社会组织是否有重大违法违规行为作为基本条件。

（3）关于人员资质。少数地方政府对社会组织提出了人员方面的资质要求。其中，有些地方政府仅笼统规定要有专职工作人员（须提交劳动合同和社保缴纳证明），没有规定具体人数；而有些政府规定人数为1人、2人或3人以上。另外，有个别地方政府提出了政社分开的要求，即要求没有国家机关工作人员在社会组织中任职，特殊情况确需兼任的，按有关规定办理审批手续方可申报项目。

### （二）通过附加条件优化资质门槛

作为购买者的政府部门通常倾向于选择有良好资质的社会组织，并不断尝试通过各种附加条件来实现选择最优化，这在无形中提高了社会组织承接政府购买服务的入门条件。

（1）关于评估与年检。许多地方政府要求评估等级在3A以上的社会组织可以优先接受政府职能转移、获得政府购买服务、获得政府奖励。在此基础上，有些地方政府要求年检也要合格，暂未实施评估的社会组织近两年年检均须合格。然而一些地方政府的要求则比较宽松，仅要求社会组织参评并获得等级就可以，而且该评估既可以是登记管理部门也可以是业务主管单位开展的。

（2）关于资质与荣誉。部分地方政府对枢纽型社会组织的资质条件提出了相关要求。比如，规定社会组织只有曾多次承接政府职能转移和购买服务或具有相关经验才能具有这个资质。荣誉方面的附加条件通常是要求在国内或本地区内具有较大影响力，在行业内具有较高的公信度和声誉，曾获得部、省、市级奖励等。

资质条件的提高，一方面，有助于改善公共服务质量并提高效率，降低行政成本，提高行政资金使用率以及降低政府的购买风险，从而实现政府财政效力的最大化；另一方面，还有助于打造政府与社会组织之间新型的伙伴关系。由此，一些有实力的社会组织除了依赖作为购买者的政府提供经费外，还可能利用自身优势，扩大和引入新的资源，使政府与社会组织之间不再是简单的"委托-承接"关系，从而建立起真正意义上的合作关系。这也是社会组织获取项目影响力和合法性的基础。

## 二、社会组织承接政府购买服务的项目管理

社会组织承接政府公共服务项目的模式主要有直接资助、公益创投和项目申请制三种。直接资助主要体现为资金直接入账，也有在其他成本上的直接支持，如提供场地、

配套设施等。公益创投是一种新兴合作模式，将在下文进行详细介绍。项目申请制是指社会组织如果在提供服务的过程中发现了群众所需要的服务内容和项目，可以向政府提出申请以设立服务项目。政府经过审核批准后，以项目给予的方式进行支持，并通过招标、过程监督、绩效评估等程序规范项目运行过程。

项目申请制的政府购买服务项目管理主要分为项目申请与立项、项目执行、项目控制、项目结束四个阶段。本部分将侧重介绍政府购买服务项目区别于一般项目的特殊之处。

### （一）项目申请与立项

（1）了解申请渠道。在国家层面，民政部、科技部、中国残疾人联合会等部门都在实施政府购买服务，省、市、区、街道、社区层面也都有相应部门开展购买服务工作，有划拨的公益事业专项经费可供申请。

（2）明确项目设计。项目设计需要符合政府购买服务的目录范围，这是最基本的前提条件。要符合政府的政策导向，就要将自身发展与政策导向结合起来。同时，要充分发挥自身优势，回应社会关注的热点问题。项目目标设定要具体、可衡量，易于被政府部门理解和考察。受益群体要尽可能突出困难群体，了解其迫切需求，同时考虑尽可能将受益群体的地域性与申请部门的管辖区域相匹配。要突出项目的公共性，尽可能覆盖更多的人群。如果项目设计具有很强的可复制性和示范性，则更容易被立项。

（3）规范经费预算。政府购买服务项目有明确的经费支出规范。尽管各地要求不尽相同，但做项目预算时，应当充分考虑相应政府部门对具体费用的列支规范。例如，管理费、交通费、通信费、餐费、会议（培训）费、工作人员劳务费、志愿者劳务补贴等均被规定在列支范围内。项目经费必须按实际需要预算，要按照受益群体的真正需求设计活动。

### （二）项目执行

（1）进行宣传动员。应利用社区宣传栏等公共平台进行多渠道宣传。广泛发动居民参与活动，用品牌号召力吸引居民持续主动参与。

（2）整合政府资源。比如，在针对困难群体的政府购买服务项目中，可以联络街道民政科以便获取特困人员、残疾人和高龄老人等人员的名单。同时，可以拉近与辖区单位的关系，充分发挥社区社会组织的作用，尽量使用免费资源，节约项目成本。

### （三）项目控制

（1）财务控制。政府购买服务项目都有严格的预算，在项目执行时应严格按照预算执行项目。建议设立严格的财务管理机制，明确资金使用审批制度，包含原始票据列支、明细购物清单、人员劳务成本指标造册等，便于接受政府部门的检查。

（2）服务控制。建议建立服务满意度反馈机制，通过服务打分、问卷调查、座谈会等多种方式，收集反馈意见和进行满意度评分，随时回访、征求参与服务工作人员的意见和建议。这在提升项目质量的同时，也有助于有理有据地向政府部门展示项目成效。

### （四）项目结束

（1）注重实际效果。政府购买服务项目时应注重居民在参与项目活动之后，其自身能力和意识水平的提升，以及在接受服务之后所得到的真正改变。倘若仅仅为达到活动的次数和人数，是很难达到服务的实际效果的。

（2）实现数据量化。结项报告中的实施情况总结要对应立项报告中的实施方案，列明已开展活动的时间、名称、地点和参与人数。要量化说明项目取得的成果，注重收集受益人的感受、体会等资料。

（3）总结服务模式。项目执行机构在项目完成后，最好能够根据项目执行情况，总结项目的成功经验，形成一套可推广和可复制的服务模式。这些实践总结出来的服务模式，也是项目成果的重要组成部分。

（4）升华项目意义。政府购买服务项目的结项报告中除了定量陈述预期目标是否完成以外，最好还能说明项目是否有所创新。要对项目的意义及创新之处进行提炼和深层次挖掘，而不仅仅局限于对活动本身的简单描述。

## 三、政府公益创投

### （一）公益创投的概念

党的十八大以来，一些地方政府从政社合作的角度出发，开始使用"公益创投"这一创新手段来培育和发展社会组织。公益创投已经成为政府鼓励社会力量协同进行社会治理的重要手段。公益创投通过多渠道动员社会资源，充分地满足了民众的服务需求。这不仅得到了社会居民的好评，而且产生了良好的社会效益。在公益创投模式的刺激下，一大批中小型社会组织得到了有力的财政和能力建设支持，从而迅速地发展壮大起来。

"公益创投"概念最早于 1969 年由美国慈善家约翰·洛克菲勒三世提出，原意是"一种用于解决特殊社会痼疾的具有一定风险的资助形式"。1984 年，美国半岛社区基金会首次使用"venture philanthropy"一词来表达商业创投和资助行为的结合。Letts 等（1997）指出，慈善领域也可以借用创业投资的方法，同时提出了用赞助基金会的方法对社会组织提供支持，这也被视为公益创投领域的开山之作。国内通常认为，公益创投是通过公益资本投入的方式，为公益性社会组织提供资金以及管理、技术等支持，以促进其提升社会服务能力，进而达到有效满足公共服务需求目的的一种形式。

### （二）公益创投的运行模式

图 10-3 介绍了公益创投项目的运行模式。政府为主要出资方，非营利组织公益项目主要承担项目运营的功能，并产生社会价值及运营价值，两者缺一不可。社会价值是公益创投成果，最终价值归属于社会。比如，为弱势群体提供服务，也可以是一种具有传播力的新的理论主张。运营价值主要以资金的形式存在，是指通过一定的商业运营方法，使该组织有能力自我"造血"，为之后的公益活动提供资金支持，从而脱离政府扶持而独立服务于社会。值得注意的是，这类组织并不能从事以营利为目的的活动，但是可以在社会活动中盈利，并仅将其运用于组织自身的发展。保证稳定的资金来源是一个成功的

社会组织必不可少的能力。

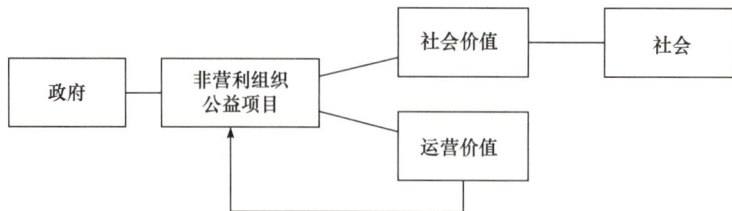

图 10-3　公益创投项目的运行模式

资料来源：苗青，石浩. 2018. 撬动社会资源：公益创投评估与 SROI 实证应用.
浙江大学学报（人文社会科学版），48（5）：152-165

### （三）公益创投的意义

#### 1. 拓展一种社会创新模式

首先，传统的公益活动中，政府与被资助社会组织之间是单纯的服务购买关系，政府决定活动的目标及范围甚至是具体实施方案。被资助社会组织为了追求组织的发展，更多地关注政府的偏好，而对组织自身的管理和规划并不十分清晰。其次，传统的公益活动比较关注的是项目的完成情况而非社会组织自身能力建设。公益创投这一新模式是一种社会创新，它将"公益"与"商业风险"二者相结合，将企业精神用于社会创新，以创新为手段能够激发更多的社会组织去探索出更多有创意、高收益的公益活动方案。

#### 2. 着重于社会组织能力的提升

公益创投旨在打造新型的公益搭档关系，而不再是政府投资与社会组织被投资之间的单一关系。政府通过对初创时期的中小型社会组织进行多领域的培训，包括资金管理、项目管理、人力资源管理、财务管理以及专业技术等，从而大大地增强了他们的可持续发展能力。此外，公益创投还能帮助社会组织制定适合其发展的使命和目标，使初创期的社会组织得到迅速发展，同时也能帮助社会组织建立属于自身的公益品牌，以此获得广泛的社会资源，产生更积极的社会影响。

#### 3. 凸显社会组织项目的竞争性

与传统的公益活动一样，公益创投项目也具有竞争性，但差别在于公益创投项目更多地强调社会组织之间的竞争，社会组织想获得公益创投项目就必须通过竞标制才能申请，而非原先的以申请为导向的政府资助制。竞标制对参与的社会组织设置了一些门槛，如对申报主体的资格、组织财务管理的规范化程度、内部管理制度以及项目管理能力等都提出了更高的要求。公益项目间的直接竞争也为政府提供了更大的选择空间。

## 本章小结

社会组织项目管理的知识，不仅需要从书本中学习，还需要通过实际应用加以把握。社会组织项目管理的过程包括项目启动与申请、项目计划、项目执行、项目控制、项目评估。在社会组织项目评估中，提前明确项目的概念和特征，密切关注项目进展，及时处理项目突发状况，并为将来积累经验教训，这些都有助于提高项目管理水平。社会组织项目评估要围绕执行过程、服务提供、服务质量、资源利用四个维度展开，同时，社会投资回报法等方法使项目评估更为直观有效。如果社会组织项目想要承接政府购买服务项目，那么就需要明确参与购买服务的资格要求和方式，辩证地看待其与政府的关系。

## 案　例

### 新湖乡村幼儿园建设暨怒江州全覆盖项目①

学前教育是终身学习的开端，是重要的社会公益事业。贫困地区学前教育底子薄、欠账多，普惠性资源不足，是困扰老百姓的烦心事之一，是脱贫攻坚和教育体系的短板。浙江新湖集团股份有限公司投身国家脱贫攻坚事业，参与东西部扶贫协作，把慈善公益优势资源集中投向脱贫攻坚领域，把主要发力点放在深度贫困地区的学前教育上，发起实施了大型综合性公益扶贫行动——"新湖乡村幼儿园建设暨怒江州全覆盖项目"。"新湖乡村幼儿园建设暨怒江州全覆盖项目"助力实现深度贫困乡村"幼有所育"，阻断贫困代际传递。该项目由新湖集团总计出资一亿多元，以国家脱贫攻坚决战决胜最关键区域"三区三州"之一的云南怒江州"全覆盖"为重点，在中西部滇、藏、川、黔、青、鄂6省（自治区）深度贫困乡村创办"新湖乡村幼儿园建设暨怒江州全覆盖项目"，并荣获第十一届"中华慈善奖"。

### 一、项目概况

"新湖乡村幼儿园建设暨怒江州全覆盖项目"，旨在"为了一个没有贫困的明天"（包括玉树州新湖儿童村增设的新湖幼儿园）。

在云南怒江州实施"新湖乡村幼儿园建设暨怒江州全覆盖项目"，其重要目标是：到2020年，在怒江州新建、改（扩）建乡村幼儿园，助力怒江州基本实现幼儿园一村一园全覆盖，改善园舍条件，增加玩教具和幼儿图书等配备；招募幼教志愿者，加强幼儿教师队伍建设；逐步建立完善幼儿园管理机制、教研体系、评估监测体系，基本建立广覆盖、保基本、有质量的学前教育公共服务体系，实现学前儿童毛入园率达到国家"十三五"规划确定的85%以上。

除云南怒江州外，还在云南昆明、文山8县（区）及西藏、四川、湖北、青海、贵州等省（自治区）的深度贫困乡村实施"新湖乡村幼儿园建设暨怒江州全覆盖项目"，这些地区包括云南昆明的东川、寻甸、禄劝和文山壮族苗族自治州丘北、西畴、富宁、马关、广南等8个贫困县（区），以及"世界高原第一镇"西藏亚东县帕里镇和湖北恩施、

---

① "为了一个没有贫困的明天"——"新湖乡村幼儿园建设暨怒江州全覆盖项目"被授予第十一届"中华慈善奖"。https://www.sohu.com/a/488172943_115362，2019-09-06。

四川仪陇、青海玉树、贵州纳雍等贫困地区。

## 二、项目亮点

"新湖乡村幼儿园建设暨怒江州全覆盖项目"在任务设计上，采取点面结合，同步推行。面上选择多个贫困地区，援建新湖乡村幼儿园，为当地实施学前教育有力地"搭把手"；点上选择怒江州，实施"新湖乡村幼儿园建设暨怒江州全覆盖项目"，有效地"扶到位"——在凡有儿童居住的幼儿园空白点村落全部新建、改扩建新湖乡村幼儿园，在2020年底全州幼儿入园率达到国家要求的85%的目标。

"新湖乡村幼儿园建设暨怒江州全覆盖项目"在区域布局上，分三个层面实施：第一层面："新湖乡村幼儿园建设暨怒江州全覆盖项目"重点选择在深度贫困"三区三州"之一的云南省怒江州实施，新建、改（扩）建乡村幼儿园219所，基本实现怒江州幼儿园全覆盖。第二层面：在云南省昆明市和文山自治州等8个县市（区）深度贫困乡村建办23所新湖乡村幼儿园。第三层面：除云南之外，在西藏亚东、四川仪陇、湖北恩施、青海玉树、贵州纳雍等地的深度贫困地区筹办新湖乡村幼儿园。

"新湖乡村幼儿园建设暨怒江州全覆盖项目"分三种模式探索贫困山区乡村幼儿园建设形式，并从实际出发，因村制宜、围绕目标、紧盯目标、分类施策。该项目旨在建设标准幼儿园，并配备满足基本办园需要的玩教具、保教及生活设施设备，确保建设一所、配套一所、完善一所，建成即招生、投入使用。同时，该项目充分考虑怒江等地山高路远、居住分散以及一些山村是否移民、搬迁尚不确定的实际情况，积极挖潜扩大增量，采取了"短平快"的补充办园形式，利用村落原有建筑，如将乡村公共服务设施、农村中小学闲置校舍等按"一村一园"模式改建为山村幼儿园；在现有幼儿园基础上新增班级点，即对原有乡村幼儿园尚有发展条件的，通过扩建增加班级，提高当地儿童入园率。因而，山村幼儿园在较短时间内高效率办成，快速解决了幼儿入园问题。

新湖乡村幼儿园建设暨怒江州全覆盖项目是一个多系统、多领域、多区域的项目，项目实施需要多方合力、系统赋能，以求达到效能叠加的效果。该项目在党委、政府领导下，整合了广泛的社会资源，所有参与者成为"一致行动人"，充分发挥各自优势，推动公益项目获得理想成效。

新湖慈善基金会作为项目的具体实施者，牵头负责项目的策划、统筹、协调、落实，并全程参与项目调研、方案制定、资金拨付及监管、进度监督、项目总结、外宣推广等项目全过程。

教育主管部门发挥行政主导作用，提供组织保障、政策支持，保障组织项目的实施落地。云南省教育厅统一部署，出台《怒江州新湖乡村幼儿园建设实施方案》，明确项目总体目标和工作原则，制定相应的工作措施，全面指导、督促项目有效开展；当地教育部门主导推动项目的实施，用足当地政府学前教育的扶持政策，统筹落实幼儿园建设、配套、招生、教学等一系列工作，规范幼儿园办园行为，提升管理水平和保教质量。

中国发展研究基金会是由国务院发展研究中心发起成立的全国性的公募基金会，在关注贫困地区儿童早期发展，组织实施"山村幼儿园"计划方面有丰富的经验。例如，通过合作实施"一村一幼"项目，并针对新湖乡村幼儿园开展贫困地区儿童发展、教育扶贫、阻断贫困代际传递有效性的政策研究，推动各方教育扶贫成果的展示与输出，扩大成果的政策影响力。此外对于私募基金会，如香港新家园协会利用自身的影响力和社会资源，也积极成立互动平台和教育志愿者培训平台，从而促进双向交流。

"新湖乡村幼儿园建设暨怒江州全覆盖项目"引入幼教志愿者机制，通过志愿者招募和培训，扩大、稳定幼教队伍，提升保育水平。该项目通过安排新湖乡村幼儿园的幼教志愿者，参加中国互联网新闻中心、中国教育发展战略学会等单位在杭州举办的"第六届中国幼教年会"，以及云南、北京等幼教专家现场指导等形式为幼教志愿者提供学习机会。

北京、上海、昆明等地专家、幼教力量也参与到了项目实施之中。北京师范大学教师教育研究中心专家到怒江州对新湖乡村幼儿园幼教志愿者进行岗前培训；中国发展研究基金会与哈佛大学教育学院中国农村学前教育研究小组合作，对儿童发展水平、幼儿园环境和教学质量等进行测评，比较研究和追踪评估；有经验的园长及骨干教师参与担任乡村幼儿园的教研督导员，承担教研督查指导的工作，服务"新湖乡村幼儿园建设暨怒江州全覆盖项目"。

## 三、项目成效

"新湖乡村幼儿园建设暨怒江州全覆盖项目"实施3年多来，已建办249所乡村幼儿园，惠及近万名乡村幼童。项目以怒江州为重点，做到点上有效"扶到位"，出资5000万元，在全州安排新建、改（扩）建乡村幼儿园219所，已入园幼儿6045人，其中改扩建183所，已经全部开园，新建36所幼儿园已竣工。到2020年底，怒江州学前三年毛入园率从2017年的58.9%提升到89.96%，基本实现怒江州全覆盖计划目标。

"新湖乡村幼儿园建设暨怒江州全覆盖项目"给帮扶地区带来的显著的正向改变，获得了积极的社会效益。一是办园条件得以改善。项目结合实际情况，制定《怒江新湖乡村幼儿园建设实施方案》，由云南省教育厅印发各地执行；各地参照一村一园开园标准，以保证幼儿的安全和健康为前提，采购配置相关设备以满足幼儿基本学习和活动需要，优化布置幼儿园环境，幼儿园办园条件得到初步改善。二是幼童入园率得以提高。据怒江州教育主管部门初步统计，截止到2020年底，云南省怒江州学前三年毛入园率达到89.96%。三是幼教力量得以壮大。通过招募幼教志愿者等方式，填补了农村幼儿师资空白，壮大了农村幼儿教师队伍，幼教志愿者全部来自项目县，多为接受过一定学历教育和业务培训的年轻人，幼教水平总体有所提升。四是百姓获得感得以增强。新湖乡村幼儿园办在百姓家门口，家长能就近送孩子进入幼儿园，既减轻了经济负担，又让家长安心从事农业或就近务工，增加了家庭收入，特别是让下一代尽早获得良好教育，为远离贫困打好基础，提供更多平等发展的机会，使当地老百姓真切感受到国家教育惠民政策和社会组织带来的幸福感。

## 四、项目意义

教育是阻断贫困代际传递的治本之策。中共中央、国务院《关于学前教育深化改革规范发展的若干意见》（2018年11月7日）提出："到2020年，全国学前三年毛入园率达到 85%，普惠性幼儿园覆盖率（公办园和普惠性民办园在园幼儿占比）达到 80%。广覆盖、保基本、有质量的学前教育公共服务体系基本建成。"办好学前教育、实现幼有所育，是重大民生工程，事关儿童健康成长，事关和谐稳定，事关事业未来。深度贫困乡村儿童接受普惠性、有质量的学前教育，事关国家教育公平和全面建成小康社会的实现，是精准扶贫基础性、先导性的主战场。"新湖乡村幼儿园建设暨怒江州全覆盖项目"通过有力助推深度贫困乡村，尤其是"三区三州"中幼儿教育发展滞后的怒江州，建立学前教育公共服务体系，为孩子们创造了接受幼儿教育的机会，对巩固脱贫攻坚成果和阻断贫困代际传递有着重要而深远的意义。

**案例分析题：**

1. 请谈谈该项目成功执行具备了哪些要素。
2. 如果让你来评估这个项目，还可以通过哪些方式收集利益相关者的反馈信息？
3. 针对本案例还可以找出哪些利益相关者？应该从哪些指标来评价需求是否得到满足？

**本章思考题**

❶ 社会组织项目管理的理论基础有哪些？
❷ 社会组织项目管理有什么特征？
❸ 简述社会组织项目管理的过程。
❹ 社会组织项目评估主要从哪些方面进行？
❺ 简述如何用社会投资回报法对社会组织项目进行评估。
❻ 社会组织可以通过哪些方式参与政府购买服务？

# 参考文献

蔡屹. 2011. 项目化运作中社会公益组织和政府之间互动关系研究——以上海市 X 区为例. 华东理工大学学报（社会科学版），26（6）：16-22.
邓国胜. 2001. 非营利组织评估. 北京：社会科学文献出版社.
黄晓勇. 2013. 中国民间组织报告（2013）. 北京：社会科学文献出版社.
罗文标，吴冲. 2006. 我国非营利组织绩效评估新思路. 商场现代化，（12）：61-63.
罗希，李普希，弗里曼. 2007. 评估：方法与技术. 7 版. 邱泽奇等译. 重庆：重庆大学出版社.

苗青，石浩. 2018. 撬动社会资源：公益创投评估与 SROI 实证应用. 浙江大学学报（人文社会科学版），48（5）：152-165.

裴晓宁. 2017. 公益慈善项目评估研究——以 C 机构慈安桥建设项目为例. 西安：西北大学.

唐跃军，左晶晶. 2005. 中国非营利组织的评估指标体系. 改革，（3）：104-110.

王名，乐园. 2008. 中国民间组织参与公共服务购买的模式分析. 中共浙江省委党校学报，24（4）：5-13.

王世强. 2017. 社会组织法律法规与政策. 北京：首都经济贸易大学出版社.

徐家良. 2017. 中国社会组织评估发展报告（2017）. 北京：社会科学文献出版社.

伊强，朱晓红，刘向晖. 2014. 社会组织承接政府购买服务的资质条件——基于地方政策文本的分析. 中国非营利评论，（1）：11-23.

张锦，梁海霞，严中华. 2014. 国外社会创业组织绩效评估研究述评. 创新与创业教育，5（4）：11-15.

张培莉，张爱民. 2008. 试论非营利组织在 VBM 框架下的绩效评估. 生产力研究，（14）：130-132.

赵萌. 2010. 慈善金融：欧美公益风险投资的含义、历史与现状. 经济社会体制比较，（4）：117-127.

周俊. 2015. 社会组织管理. 北京：中国人民大学出版社.

Clifford A, List M, Theobald C. 2010. Alliance of sector skills councils: Evaluating economic. Alliance of Sector Skills Councils, （10）: 273-298.

Context International Cooperation. 2006. Introduction to Social Return on Investment. Utrecht: Context International Cooperation.

Eisenhardt K M. 1989. Building theories from case study research. Academy of Management Review, 14（4）: 532-550.

Freeman R E. 1984. Strategic Management: A Stakeholder Approach. Marshfield: Pitman.

Hodge M M, Piccolo R F. 2005. Funding source, board involvement techniques, and financial vulnerability in nonprofit organizations. A test of resource dependence. Nonprofit Management & Leadership, 16（2）: 171-190.

Hung H. 1998. A typology of the theories of the roles of governing boards. Corporate Governance: An International Review, 6（2）: 101-111.

Letts C W, Ryan W, Grossman A. 1997. Virtuous capital: What foundations can learn from venture capitalists. Harvard Business Review, 7（5）: 36-50.

Moody M, Page L L, Paydar N. 2015. Measuring social return on investment: Lessons from organizational implementation of SROI in the Netherlands and the United States. Nonprofit Management & Leadership, 26（1）: 19-37.

Olsen S. 2003. Social return on investment: Standard guidelines. California Management Review, （3）: 35-49.

Pina V, Torres L. 1992. Evaluating the efficiency of nonprofit organizations: An application of data envelopment analysis to the public health service. Financial Accountability & Management, 8（3）: 213-224.

Project Management Institute . 2000. A guide to the project management body of knowledge.

Salamon L M. 2002. The Tools of Government: A Guide to the New Governance. Oxford: Oxford University Press.

# 第十一章

## 社会组织绩效管理

1. 了解社会组织绩效管理的内涵及意义。
2. 理解社会组织绩效管理的过程与关键环节。
3. 理解社会组织绩效评估的主要模式及其应用方法。

● 随着社会组织数量的增加及其规模的扩大，我国非常有必要建立一套社会组织的绩效管理制度和评估指标体系，以合理管理和评估社会组织绩效。本章主要阐释社会组织绩效管理的内涵和意义、社会组织绩效管理的基本过程和关键环节、社会组织绩效评估，并结合民政部社会组织评估体系介绍我国社会组织的评估实践。

# 第一节　社会组织绩效管理概述

受到社会组织的志愿性、公益性、不进行盈余分配等特质的影响，许多人会质疑，社会组织为何需要进行绩效评估？事实上，多数社会组织研究者都承认，相较于企业，社会组织因为缺乏财务约束和相应的严谨纪律，因而更需要进行绩效管理（孙炜，2006）。也就是说，正因为社会组织不以财务获利为主要考量标准，在资源有限的情况下更需要加强对组织本身的绩效管理。对所有社会组织来说，绩效管理是其实施管理、控制的中心课题，根据社会组织使命开展绩效管理，依据达成目标的程度开展绩效评估，可以改善组织内部管理、提高组织绩效、增强外部认可，并获得利益相关者的支持。

## 一、社会组织绩效管理的意义

社会组织绩效管理是指社会组织各级管理者和员工为了达成组织目标，共同参与绩效计划制定、绩效辅导沟通、绩效考核评价、绩效结果应用、绩效目标提升的持续循环过程，绩效管理的目的是持续提升个人、部门和组织的绩效，有效的绩效管理对组织发展具有重要意义。

首先，绩效管理有助于社会组织实现管理目标。办事效率和服务质量永远是社会组织追求的目标，管理的核心目标就在于效率，而绩效管理就是通过对效率实际水平与期望水平进行对比，并与其他激励约束机制相结合，建立一种促进效率提高、有利于实现管理目标的引导机制。因此，社会组织绩效管理是实现组织目标的一个重要工具。有效运用绩效管理工具管理组织绩效，将有助于衡量组织近、中、远期战略目标的实现情况，帮助社会组织管理者制定更好的决策，有助于组织改进和提升整体绩效以及增强他们的责任感，提高组织服务效率，实现组织使命和目标。

其次，绩效管理有助于提高社会组织的内部运营效率。基于绩效目标，组织管理者可以把整个组织的注意力都集中在需要优先处理的问题上，使得绩效管理能够真正成为提升绩效的催化剂。通过对产出、生产力、效果、效率、服务质量和顾客满意度指标的评估，我们能够得到各种有用的信息以帮助社会组织更好地进行管理及更加有效地运作。在这种情况下，社会组织需要借鉴和运用绩效管理的各种理论与方法，对组织的绩效表现进行科学有效的测量和评判，以发现问题并改正，进而提升绩效，提高组织的效益、生产力、管理能力和服务品质，同时也为人力资源管理提供客观依据。通过绩效管理，社会组织可以有效识别员工的工作态度、工作的积极性、工作的方式及其有效性、个人期望与组织目标的一致性等，进而有针对性地对员工进行岗位与工作培训，以便挖掘员工和组织潜力，充分发挥组织的经营优势并提高其经营活动效率。

最后，绩效管理有助于增强社会组织竞争力，推动社会组织的整体发展。如同企业绩效考核对企业的作用一样，社会组织的绩效管理有助于增强社会组织竞争力。合理有效的社会组织绩效考核体系，不仅可以帮助这些组织选拔优秀的人才，还可以使社会公众对这些社会组织增加信心，并以此获得更多的外部资源。面对越来越多的竞争者，社会组织不得不通过自我完善以提高自身管理水平，实施信息公开以便使政府和捐助者更加了解自己、更加信任自己，并持续不断地争取这些利益相关者对组织的资源支持。

## 二、社会组织绩效管理的界定

人们对社会组织绩效管理的关注始于 20 世纪 70 年代末期。美国、英国、日本等国家和地区先后建立了许多半官方或民间性质的评估机构，采用定性和定量相结合的评估指标体系，定期或不定期地对社会组织进行绩效、项目和管理能力等方面的评估。通过这些评估，我国逐渐形成了对社会组织开展科学评估和公示的有效机制，也成为政府加强对社会组织监督管理的重要辅助手段之一。我国的社会组织发展起步较晚，且社会组织绩效管理最初在我国并没有得到足够的重视，但伴随经济、社会各方面的进一步改革和发展，国家和社会各界对社会组织绩效管理的认识正在不断提高。

首先，社会组织绩效是社会组织绩效管理的客体和指向，对社会组织绩效及其属性的了解，有助于绩效管理活动的开展。社会组织绩效包括两个方面：一方面，是针对社会组织成员个体而言，即员工工作任务在数量、质量、效率和效益等方面的情况；另一方面，是针对社会组织整体而言，即社会组织基于政府、社会及其自身的人力、设施、资金、信息、技术和政策的投入而产出有形或无形的产品、业绩和成效等。在社会组织中，员工个体的工作绩效直接影响组织的整体效率和效益，是组织整体绩效的基石。对社会组织内部员工个体绩效的评价控制固然重要，但是，着眼于社会组织在整个国家与社会、政府与市场领域的使命和作用，科学地评估其目标达成程度、经济效益和社会效益，对更好地管理社会组织并充分发挥其作用具有更为重要的意义（张梦恬，2014）。因此，本章讨论的绩效管理是针对社会组织的整体绩效而言的。就整体绩效而言，社会组织绩效管理首先是一种认识活动。科学、客观、准确地认识社会组织的整体绩效水平是社会组织绩效管理的前提。社会组织绩效管理的认识活动属性突出地表现在其评估过程是受评估主体主观目的和意志影响与制约的。其中，绩效价值取向是社会组织绩效管理过程中对绩效价值的选择和判定，是社会组织绩效管理系统的灵魂和核心，它从根本上影响绩效管理的有效性和合理性。因此，在社会组织实施绩效管理过程中，必须遵循认识活动的一般规律，树立科学的绩效管理价值取向，确保社会组织绩效管理结论的准确性和权威性。

其次，社会组织绩效管理是一个有机系统。从静态的角度看，社会组织绩效管理是由一系列的价值、指标、信息和方法系统构成的有机整体。社会组织绩效管理的有机系统是将绩效管理过程中必要的指标体系、管理技术和机制有机地结合起来，为提升社会组织绩效水平提供评估参照、管理规范和信息支撑。同时，社会组织绩效管理更是一个动态过程。从动态的角度看，社会组织绩效管理包括绩效计划制定、绩效辅导沟通、绩效考核评价、绩效结果应用、绩效目标提升等环节，整个过程各个环节相互联系、环环相扣，构成一个完整的动态管理过程。

## 三、社会组织绩效管理的基本构成

### （一）绩效目标

绩效计划是社会组织绩效管理流程的起点，而绩效目标的确定又是绩效计划的开始。目标设计是实施绩效管理活动的前提和基础，对整个绩效管理系统进行预判，主要针对不同的岗位设计相应的目标，同时也需要考虑组织的发展愿景和每个时期不同的目标，使组织成员的岗位目标与组织的目标联系在一起，只有成员与组织有共同的奋斗目标，才能更好地发挥自己的最大价值。

目标管理作为一种程序或一个过程，强调目标设定、参与决策制定和目标反馈，它使组织中的上、下级一起协商，根据组织的使命确定一定时期内组织的总目标，由此决定上下级的责任和分目标，并把这些目标作为组织经营、评估和奖励的标准。总的来说，理想的绩效管理系统至少应该达到以下三个目的：第一，通过绩效管理达到控制、监督或约束的目的；第二，达到自我学习的目的；第三，达到与不同利益群体沟通的目的。在绩效目标的确定中，加强对以结果为导向的考评和以项目目标为基础的绩效监控是很重要的，但加强以管理性目标为导向的跟踪考评也同样重要。

### （二）绩效指标

（1）原始数字和平均数。原始数字通常为特定绩效指标提供了最直观的描述。例如，工作的产出通常以原始数字来考评，并且产出目标通常也是以原始数字来规定的，如公共图书馆中流通的图书的数量、政府残疾人认定部门每个月处理的投诉事件的数量等。而有时候可以用统计平均数来总结绩效数据，并可以提供比原始数字更明确的描述。例如，用来考评雇佣服务工作有效性的指标，可能是劳动力市场中的人均月平均工资；高校可能会通过考评每年新生入学成绩的平均值，来评估其招生工作的成效。

（2）百分比、比率和比例。百分比、比率和比例是与统计有关的概念，它们经常以更有意义的关联形式来表达绩效信息。百分比在考察与期望的结果相比较的时候非常有用。例如，一个旨在帮助竞争性劳动力市场中有精神障碍的人的社会组织，其顾客中目标服务群体的百分比，以及那些从青少年司法拘留中心释放的少年在 6 个月内不再重返犯罪审判系统的百分比，等等。

以比率来表达的绩效信息，往往通过把绩效与一些以显性的或隐性的方式表达的语境信息相关联，从而更准确地表现绩效水平。例如，在考评医疗卫生资源时，常把每1000人中的医护人员数量、每10万人中的医院数量和每1000人中的医院床位数量作为考评指标。跟踪这些比率指标有助于在更有意义的范围内解释绩效。

比例在绩效考评系统中的运用非常广泛，因为它们也体现了某些与特定基础相联系的绩效范围，尤其是常被用于衡量效率、生产力和成本-效益这些指标，因为这些指标都是根据投入-产出联系来定义的。

百分比、比率和比例作为相关指标，根据一些基础绩效因素规定了考评指标，这些基础绩效因素有助于控制那些用来解释结果的因素。以百分比、比率和比例规定的绩效指标也有助于对跨时间的、下属部门之间的或者特定机构和其他类似机构之间的绩效进行有效的比较。

（3）指数。指数是比例变量，可以通过合并多个指标或组合变量，得到单个的总括性指标。因为指数是通过综合其他指标、分数或重复性指标而得到的，所以这些指数中虽然有的看起来很抽象，但是可以通过定义范围或类别来解释不同比例值所代表的实际意义。例如，我们通常以居民消费价格指数（consumer price index，CPI）来检测价格总水平和衡量通货膨胀或紧缩的程度。指数并不是统计指标中一个不同的种类，而是反映某些特征或条件的程度的综合性指标。因此，就像其他绩效指标一样，指数可以用原始数字、平均数或百分数来表达。

### （三）绩效数据分析

当社会组织设计好绩效指标，并设计某一考评系统来收集这些指标的数据时，如何有效地分析或运用这些数据，把数据转化成信息，以及对结果做出解释，对整个绩效管理过程来说是至关重要的。本小节提出了绩效管理中四种主要的数据分析方法，即跨时期分析、目标参照分析、子单元分析和外部标杆分析，以此来评估组织的绩效情况。

（1）跨时期分析。因为绩效管理系统是按照固定的时间间隔来对绩效指标进行跟踪考评的，所以将数据库里的数据按时间序列自然汇集，就很容易预测未来的发展趋势，以及进行跨时间的绩效比较。例如，波动方向以及时间周期规律，都可以从跨时期数据分析中得到。

（2）目标参照分析。组织经常参照项目目标、服务标准或预算目标来考评实际绩效，以此衡量绩效是否达到预期目的。

（3）子单元分析。通过跟踪某组织服务的关键指标，我们可以了解其总体绩效，但是，在同一套考核标准中通过比较系统的不同部分，我们同样可以更深层次地理解并确定系统在哪些方面做得较好，哪些方面还没有做好。具体做法为将各种数据分解，然后分别跟踪考评，依次计算出各部分的绩效。

（4）外部标杆分析。社会组织将自身的绩效与其他类似组织的绩效进行比较是有益的，这种比较也是绩效考评的一种基本方法。同类组织间的绩效进行比较有助于在大环境和大背景下考评其运作绩效，这种绩效数据的外部比较通常被叫作外部标杆分析，这有助于社会组织对组织绩效进行定期观察和比较。

### （四）绩效数据应用

绩效数据的应用直接关系到绩效目标的实现，那么如何应用绩效评估的结果呢？通常，运用评估的结果需要把握两个原则：第一是通过评估起到激励的作用，第二是通过评估起到约束的作用。具体来说，绩效结果主要对战略管理、预算管理、绩效管理等方面的改进发挥作用（邓国胜，2007）。

（1）绩效考评在战略管理中的应用。绩效考评对支持社会组织的战略规划和管理过程是至关重要的，其指标和数据可为战略规划和管理提供明确信息。绩效考评是战略规划和总体战略管理过程的关键组成部分，公共组织与社会组织都越来越重视开发绩效考评和相关的管理程序，以此来确保战略计划的执行，以实现战略目标。

绩效考评作为战略管理过程中的关键部分，在创立、执行和评估战略过程中发挥着巨大作用。在更大和更为复杂的组织中，这个过程中重要的关联是把分支机构的商业计划或年度运营计划和战略规划紧密地联系起来，然后，在较短的时间内监控绩效指标。同时，有两个重要工具可以使战略规划深入到组织中，并确保在业务运作层得到实施，那就是预算管理和绩效管理。

（2）绩效考评在预算管理中的应用。在预算过程中运用绩效数据意味着将关于产出和效果的信息融入资金分配决策中，其目标是运用绩效信息来做出关于资源分配的更客观的决策。以绩效为导向进行预算管理的积极作用包括：为某一特定组织（项目、部门、机构）确定主要的、强调结果的绩效指标；将结果指标与组织活动及各自的预算联系在一起；为绩效水平和预算水平设定一个目标。

在一个理想的基于绩效的预算中，产出指标不但可以用来测量工作完成的程度，而且还是在预算过程中显示工作的效率的最适宜的指标。因为在预算过程中，决策者总是寻找与实际资金投入相关联的绩效指标。把投入、产出和效率三个指标放在一起可以为政策制定者提供一个较为全方位的视角。这些指标中包括实际耗费的投入、产出和结果，以及实际完成行动的效率（如投入产出比）。在这样的思路下，把绩效指标融入预算过程中对于组织预算决策具有重要作用。

（3）绩效考评在绩效管理中的应用。广义的绩效管理包括了对组织成员和组织各单元进行管理，是组织工作效率最大化、充分发挥员工效能、提高组织绩效的过程，其实现的主要方式是设立目标管理（management by objective，MBO）系统和绩效监测系统，其中绩效监测系统也被界定为绩效管理系统的一部分。尽管目标管理系统和绩效监测系统都致力于通过建立明确的目标和客观的反馈机制来提升绩效，但这两种方法是不同的，最主要的区别在于：目标管理系统主要关注管理者或员工个人的绩效，而绩效监测系统则关注整个工作或组织单元的绩效。因此，目标管理是一个较个人化的过程，直接对个体产生激励作用；而绩效监测更有助于对组织单元起到更广泛的激励作用。在整体管理框架方面，目标管理系统通常着眼于个人化的目标管理，而绩效监测则通常是作为战略管理、项目管理或行动管理的一部分来执行。目标管理和绩效监测代表了两种绩效管理的方法，并且这两种方法也经常被结合使用。

# 第二节　社会组织绩效管理的过程与关键环节

## 一、绩效目标管理

通常，社会组织最有意义的绩效指标是从组织的使命、目的、目标或者项目的特定标准中产生的。因为这些内容反映一个组织或项目的预期结果，因此，在目的、目标和产出或结果考评之间通常存在很直接的联系。一般而言，建立逻辑模型对于充分理解一个公共或非营利项目的所有绩效指标是非常有用的，但是，对于某些考评系统而言，设立明确目的和目标，并定义绩效指标去追踪组织的成绩，这样做便足够了。

在将使命、目的具体化为目标乃至绩效指标的过程中，如何确保用来考评特定结果的操作指标能够切实反映考评的期望目标，是我们经常遇到的一个挑战。作为绩效考评指标，应当集中反映与期望目标直接相关的预定结果（波伊斯特，2005）。在此过程中，往往通过将目标（如中间目标）再次划分，来使其具有操作性。

一般来说，社会组织的绩效目标管理过程往往包括以下步骤。

第一步：建立目标体系。实行目标管理，首先要建立一套完整的目标体系。这一过程是通过对目标的分解来实现的，通常是上级与下级共同制定目标，通过计划过程了解期望达到的结果，以及为达到这一结果应采取的方式、方法及所需资源；同时，还要明确时间框架，即组织为实现该目标而努力时的步骤设计，以合理安排时间。

第二步：明确责任。实施目标管理重要的一点，就是要尽可能地做到每个目标和子目标都应是某部门或某个人的明确责任，至少应该对每一名协作的管理人员所要完成的具体任务做出明确的规定。

第三步：组织实施。在实施过程中，领导和管理人员要特别注意把握好两点：一是多指导、协助、提出问题、提供信息情报以及创造良好的工作环境；二是要更多地把权力交给下级成员，充分信任执行者的控制能力。

第四步：考评和反馈。对各级目标的完成情况进行定期检查，考核是比较有效的手段。检查的依据就是事先确定的目标。对最终结果，应当根据目标进行评价，并将评价结果及时反馈。反馈的过程对引导人们在认知自己的工作成果和努力程度后提高工作效率有积极的作用。经过评价和反馈，目标管理就将进入下一轮循环过程（李文静，2008）。

确定绩效目标的重要指导原则是SMART原则。SMART是五个英文单词第一个字母的组合：S代表具体性（specific），即绩效目标必须是明确的和具体的，要详细、清晰地描述出各组织、个人在每一工作职责下所需完成的具体任务，避免描述不清晰的目标；M代表可度量性（measurable），即绩效目标应该是可衡量的，要把绩效目标分解到最小可量化的单位；A代表可实现性（attainable），即目标必须是能够实现的，在规定时间及现有资源情况下最终可以达成；R代表相关性（relevant），即目标须与组织战略、岗位职责保持相关一致；T代表时限性（time），即指标须在特定的期限内完成，保证其时效。

## 二、绩效评估管理

社会组织绩效评估是指围绕明确社会组织绩效这一目标，评估主体在一定的时限内运用科学的评估手段和技术对社会组织绩效进行测量、判定和评价的系统过程。随着对绩效管理理论认识的不断深化，在社会组织中实施绩效评估已日益得到重视。

当前，社会组织正面临新的发展环境。无论是治理体系的完善还是市场经济的发展都需要一个健康、强大的第三部门。但是，某些社会组织存在公信力不足、能力不强等问题，还无法切实满足国家、市场和社会的需要。因此，我国迫切需要借鉴发达国家的经验，以评估为工具推动社会组织的变革与发展。

### （一）社会组织绩效评估的目的

随着社会组织的兴起，社会组织对公众福祉、对整个社会的影响越来越大，因此政府购买社会组织的服务越来越多，公众捐赠的数额越来越大，不同的利益群体都产生了对社会组织进行评估的需求，而评估的目的也各不相同。

登记管理机关可能希望通过评估，检查社会组织是否遵守法律、法规，是否滥用减免税的特权，希望通过评估达到监管的目的。业务主管部门可能更关心社会组织是否具备提供服务的资格，政府购买服务的质量如何、绩效如何，希望通过评估促进社会组织服务质量的提高，以便更好地购买社会组织服务。捐赠者可能更关心捐赠资金的流向和组织的财务状况。公众可能更关心社会组织服务的质量与产出指标。社区领导人可能更关心社会组织的结果指标。

如前所述，一个理想的社会组织绩效评估体系应该至少达到以下三个目的：第一，通过评估达到控制、监督或约束的目的；第二，通过评估达到组织自我学习的目的；第三，通过评估达到与不同利益群体沟通的目的。

### （二）社会组织绩效评估的原则

虽然评估是一种非常理想的管理工具，但评估带有较强的主观性，实施起来有一定难度。开展社会组织评估不仅耗时耗力，而且需要较高的成本。好的评估能够使评估机构、被评估机构和其他利益方都受益，而不好的评估就是浪费资源。所以，开展社会组织评估更需要把握好评估的原则（邓国胜，2007）。

（1）明确公开的原则。明确公开，即评估的程序、评估的指标与评估的标准明确，而且向社会、社会组织公开。尽可能减少评估的神秘性，可以增加公众对被评估机构的信任感。另外，评估的结果也应该尽可能公开，这样，社会组织才容易接受被评估、愿意被评估。

（2）科学合理的原则。科学的评估主要体现在评估程序的恰当性、评估方法的正确性、评估指标的有效性与可信性，以及评估标准的合理性。

（3）客观公正的原则。在评估过程中坚持定量与定性相结合，能定量的尽可能定量，不能定量的也尽可能用事实说话，减少评估的主观性和评估者的个人情感色彩。

（4）多元化的原则。评估过程中应征求各利益相关群体的意见，特别是被服务人群的意见。评估的结果应反馈给被评估机构，并建立制度化的申诉渠道。

（5）有用性的原则。评估的结果应该尽可能对被评估机构有用，而不是简单地给出一个分数。应该通过评估帮助社会组织诊断问题、找出原因，以帮助社会组织不断提升自身能力。

### （三）社会组织绩效评估的方法

社会组织绩效评估需要应用到一些具体的社会调查研究方法，如文献资料法、访谈法、焦点小组法、问卷调查法、观察法等。

#### 1. 文献资料法

文献资料法是任何一种评估都需要采用的方法，也是成本最低的一种评估方法。在社会组织评估中，很多情况下需要社会组织进行举证，证明组织达到了评估标准。例如，举证说明组织开展了计划中的活动，证明组织达到了预期的产出或结果。这就需要社会组织在日常工作中收集完备的文献档案资料，包括文字性材料、照片、音像等资料。以我国社会组织评估为例，根据《社会组织评估管理办法》和 1000 分评估指标体系，大量指标的评价都需要社会组织提供完备的档案资料。

#### 2. 访谈法

访谈法是现场评估中最常用的方法之一。尽管访谈法的成本要高于文献资料法，但由于访谈法是获取一手资料最理想的方法之一，因此，无论在社会组织的问责评估、项目绩效评估中，还是在社会组织能力评估中，访谈法都是经常使用的方法。例如，通过访谈了解社会组织是否做到组织内部公开透明，通过访谈了解受益群体对社会组织服务的满意程度，通过访谈了解组织的管理效率和组织能力，等等。不过评估人员在访谈时需要掌握一定的访谈技巧，否则访谈容易流于形式。评估人员如果想获得真实的信息，个别访谈可能是更好的选择，在访谈的过程中应当尽量让被访谈人放松并注意观察被访谈人的神情、动作，以更好地判断信息的真实性。当然，不同利益群体，包括知情群体信息之间的相互印证，也是判断信息是否可靠的方法之一。

#### 3. 焦点小组法

焦点小组法也是评估中经常使用的方法之一，特别是在组织绩效与组织能力评估中经常使用。比较而言，焦点小组法比个别访谈更节约时间成本。如果采用焦点小组法，参与人数最好控制在 7～12 人。人数太少，可能不经济，也不利于头脑风暴；人数太多，可能不利于主持人控制场面。至于是选择同质性高的人群，还是选择异质性高的人群，都需要具体情况具体分析。通过各种游戏或工具充分调动被访谈对象参与的积极性，是焦点小组法经常采用的方法。

#### 4. 问卷调查法

问卷调查法是了解受益群体满意度，进行项目绩效评估、组织能力评估时经常使用的方法，与访谈法相比，问卷调查法的优点是便于进行定量分析，相对更客观公正。但问卷调查法的缺点也非常明显，即回收率难以保证，回收质量、问卷质量难以控制等是常见的问题。使用问卷调查法需要注意的问题是，问卷设计要合理、抽样方法要科学、调查质量要控制。问卷设计既不能太长，也不能太短。问卷太长，被调查者不愿意回答，不仅会影响回收率，也会影响问卷质量；问卷太短，可能不经济，有些关键信息可能容易被忽略。抽样方法最好由相关的专家来组织实施，或由组织中了解抽样统计方法的人进行调查质量的控制，在实施过程中需要把握调查员的培训、督导和复核三个环节。

### 5. 观察法

观察法是所有评估方法中最具有不可替代性的方法，正所谓眼见为实。例如，在种植新技术的培训项目中，由被培训者亲自演示种植技术，最能体现培训的效果；在养老机构服务质量的评估中，由评估人员亲自观察养老机构的场所、服务设备和安全措施，最能证明该机构是否达到了规定的质量标准。观察法最大的优点在于能够获得比较真实的评估信息，而缺点在于成本较高，需要评估人员亲自到场观察，因此，往往不可能对每家被评估机构都采用观察法。

## 第三节　社会组织绩效评估

社会组织绩效评估是指围绕明确的社会组织绩效目标，评估主体在一定的时限内运用科学的评估手段和技术对社会组织绩效进行测量、判定和评价的系统过程。社会组织绩效评估作为社会组织绩效管理的重要组成部分，对提高社会组织绩效起着重要作用。

# 一、社会组织的绩效评估模式

## （一）三种基本的绩效评估模式

基于控制的绩效评估、基于结果衡量的绩效评估和基于战略导向的绩效评估是三种基本的绩效评估模式。

（1）基于控制的绩效评估模式。法约尔在《工业管理与一般管理》一书中定义了管理的五个基本职能：计划、组织、指挥、协调、控制。绩效评估更多履行的是控制职能。张涛和文新三（2002）认为，控制论是研究如何利用控制器，通过信息的变换和反馈作用，使系统能够自动按照人们预定的程序运行，最终达到最优目标的学问。基于控制的绩效评估模式就是将评估对象看作一个控制系统，分析其信息流程、反馈机制和评估控制原理。这种评估模式的优点是认识绩效评估系统程序各个环节的功能，设计控制节点，实现绩效评估目标。其缺点也是显而易见的：这种评估模式多重视对评估对象的控制，在一定程度上束缚了被评估对象的创新能力，削弱了其对外部环境变化的适应能力。

（2）基于结果衡量的绩效评估模式。这种绩效评估模式注重对过去的行为结果、经营结果的衡量。比较有代表性的是财务绩效计量。财务绩效计量是一种短期绩效计量，如果用来作为奖励制度的一部分，财务绩效指标会鼓励没有长期价值的行为。如果一种评估模式是为了维护目标的一致性，那么行为方面的考虑也一定要加以评价。其最终结果是，对财务性绩效评估指标的过分关注，这样做必然导致组织经营急功近利的短期行为，组织为维持短期的财务成果，势必会降低组织长期可持续发展的能力（Kaplan and Norton，1992）。同时，这种基于结果衡量的绩效评估模式偏重组织内部评价，而忽视对外部环境的分析，对外部竞争环境变化的适应能力有限。

（3）基于战略导向的绩效评估模式。Bititci 等（2001）认为，战略导向的绩效评估模式的核心是从事后评价转到为实现组织经营战略目标服务，将绩效评估纳入战略管理的全过程。以结果衡量为导向的绩效评估模式主要为组织事后管理提供相关信息，而且容易导致组织的短期行为。基于战略导向的绩效评估在将绩效评估纳入整个管理过程中时，把组织制定的战略目标作为绩效评估和管理的起点。这种绩效评估模式有助于组织战略目标的战术转换和具体实施，通过基于战略导向的绩效评估体系将组织的战略目标转化为阶段性的、具体的、可操作的并为大多数人所理解的目标，能够使组织战略贯穿于绩效评估的全过程。

## （二）斯潘根伯格的战略整合绩效评估模式

在三种基本的绩效评估模式的基础上，斯潘根伯格（Spangenberg，1994）提出了战略整合绩效评估模式，这是一种比较全面和综合的模式。他指出了绩效的三个层次，即组织、过程/职能、团队/个人，如表 11-1 所示。

表 11-1　斯潘根伯格的战略整合绩效评估模式

| 绩效类型 | 组织 | 过程/职能 | 团队/个人 |
|---|---|---|---|
| 绩效计划 | （1）预期<br>（2）宗旨<br>（3）战略<br>（4）组织目标的设定与传达 | 与组织和客户需求相关的关键过程目标 | 明确规定团队宗旨、目标价值观和绩效战略与过程/职能目标一致的个人目标、责任和工作计划 |
| 绩效设计 | 组织对战略的支持 | 过程设计促使目标实现 | （1）成立团队，以实现过程/职能目标<br>（2）工作设计保证能完成工作要求<br>（3）工作合理地建立于宜人的环境之中 |
| 绩效改进 | （1）持续的组织发展和变革努力<br>（2）季度性地管理、考察和调整职能目标<br>（3）有效配置资源<br>（4）管理职能相互作用 | （1）建立适当的次级目标，管理并定期考察绩效管理过程<br>（2）有效配置资源<br>（3）过程步骤管理间的相互作用 | （1）积极努力建立协作团队，提高个人理解力和技能<br>（2）提供反馈，有效配置资源 |
| 绩效考查 | 年度考评，在战略计划中加以考虑 | 年度考查 | 年度考查 |
| 绩效奖励 | 组织财务绩效 | 根据组织绩效价值和职能贡献给予职能奖励 | 根据团队与个人贡献进行奖励 |

资料来源：Spangenberg H H. 1994. Understanding and Implementing Performance Management. Cape Town: Juda

斯潘根伯格的战略整合绩效评估模式通过战略目标分解，将组织战略目标分解到团队和个人，提供了将绩效评估与组织战略结合的思路。斯潘根伯格从绩效计划、绩效设计、绩效改进、绩效考查和绩效奖励五个方面系统地进行分析，同时强调对绩效结果的奖励、约束，以鼓励表现好的员工，以及惩罚表现差的员工。该模式较为全面地规定了在绩效管理中，组织、过程/职能、团队/个人在年度绩效管理中的功能，但如何加强组织、过程/职能、团队/个人这三个层次之间的关系却没有进行揭示。

### （三）亨特的绩效评估及其扩展模式

亨特（Hunter，1986）在对军队研究和民间研究相关系数的路径分析基础上，提出了一个包括认知能力（一般心理能力）、职务知识（书面测试成绩）、职务熟练性（工作样本的模拟测试）和总体上级绩效评估结果的绩效评估（行为定位评定量表）因果模式。他在该模式中指出下级的认知能力，主要通过职务知识的积累对职务熟练性产生影响。上级绩效评估受职务知识和职务熟练性的双重影响，两者相比较而言，职务知识的影响更大一些，职务知识还通过工作样本绩效间接地影响上级绩效评估。认知能力主要通过对职务知识和职务熟练性的影响而对评估结果起间接作用，它对上级绩效评估一般不会产生直接影响，同时它对职务熟练性的直接影响较小。

此后，鲍曼和摩托维德罗（Borman and Motowidlo，1993）在上述模式中又增加了四个变量："被评估者的成绩导向（achievement orientation）、可信赖性（dependability）、获奖和违规受罚情况。"原有模式中的变量（如认知能力、职务知识）主要关注"能做什么"的认知测量，而新增变量是对"将做什么"的动机测量。

1995 年，鲍曼等在以往研究的基础上，在评估模式中引入情感变量，建立了一个由评估者、被评估者关系、被评估者性格特征，以及亨特模式中的认知变量共同对绩效评估产生影响的因果模式。研究者在关注绩效维度的探讨和对影响绩效评估因素分析的同时，也开始关注个体绩效的影响因素（段钢，2007）。

## 二、平衡计分卡方法的应用

近年来，随着绩效研究广度和深度的不断拓展，绩效评估模式的研究内容也得到不断丰富。一方面，绩效的维度得到扩展，从最初的单维概念过渡到双维概念再到多维概念，使绩效的维度研究更加接近绩效评估的实践应用；另一方面，随着绩效评估研究方法和研究内容的丰富，研究者也开始对现有的研究结论进行整合，使绩效评估的研究更加系统化和规范化，绩效研究更加注重与实践的结合。其中，在社会组织绩效评估实践中，可以借鉴和应用企业绩效评估的平衡计分卡方法。

### （一）平衡计分卡概述

平衡计分卡（balanced score card，BSC）是由哈佛商学院的罗伯特·卡普兰（Robert S. Kaplan）和复兴全球战略集团创始人大卫·诺顿（David P. Norton）于 1992 年对在绩效测评方面处于领先地位的 12 家企业为期一年的研究后所设计出来的一种绩效评估方法。

平衡计分卡通过财务与非财务考核手段之间的相互补充与平衡，不仅使绩效考核的地位上升到组织的战略层面，使之成为组织战略的实施工具，同时也在定量评价与定性评价之间、客观评价与主观评价之间、指标的前馈指导与后馈控制之间、组织的短期增长与长期发展之间、组织的各个利益相关者的期望之间寻求平衡，在此基础上完成绩效考核与战略实施（林筠，2006）。平衡计分卡以组织战略为核心，把组织绩效评估的重心从事后评价转到为实现组织战略目标服务，从而把绩效评估作为组织战略管理过程的重要环节。平衡计分卡兼顾了长期与短期指标、财务与非财务指标、滞后与先行指标、外部与内部绩效指标，既强调了结果，也对获得结果的动因、过程进行了分析，能全面、客观、及时地反映组织绩效状况和战略实施的效果，同时为组织战略的制定、调整提供了依据，使组织的管理者能够快速、全面地了解掌握组织的现状和未来。传统的绩效考核只能为绩效管理提供一个很薄弱、非战略性的框架，而平衡计分卡是一个突破性的改进，因此它对组织绩效的战略化管理起到了巨大的推动作用。

## （二）平衡计分卡在社会组织评估中的应用

平衡计分卡可有效地把组织愿景、宗旨与顾客要求、组织日常运作联系起来，发挥组织战略的引导作用和绩效考核的监督作用，保证组织服务质量能符合顾客的要求和期望，对于组织来说，平衡计分卡能够更清晰、透明地将组织目标分解为各个考核指标，让利益相关者更理解组织的目标和当前状况，有利于吸引利益相关者的支持。在此方面，保罗·尼文（Niven，2003）提出了为社会组织而设计的平衡计分卡（图11-1）。

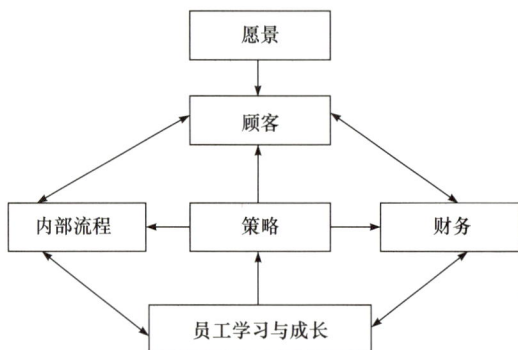

图 11-1　针对社会组织的平衡计分卡

资料来源：Niven P R. 2003. Balanced Scorecard Step-by-Step for Government and Nonprofit Agencies.
New York：Wiley

### 1. 愿景

在这六个视角当中，愿景被放在最顶部，因为所有社会组织的发展动力都来自它们的愿景，愿景指明了组织的服务方向并且界定了服务范围，所以，愿景必须首先被确定。在确定的过程中，须考虑服务的宗旨和价值观，并把顾客的需要一并考虑，只有这样才可制定符合组织本身和顾客需要的愿景，通常组织会宣示自己的愿景，向所有员工传达组织的基本价值和信念，并确定组织的目标。

### 2. 策略

图 11-1 的中央部分为策略，策略联系了四个视角，包括顾客、财务、内部流程和员工学习与成长。通过制定适当的策略，可以让管理者把四个视角联系起来，相互影响和支持，产生组织预期的效果，达成组织的愿景和目标。制定策略时要有才智和勇气去决

定选择执行哪些计划，放弃那些不太重要和不迫切的计划。组织在有限的资源下，不可能把所有的计划都完成，管理者必须正确选择先执行最优先的计划，以便保持及提升服务质量。

### 3. 顾客视角

顾客视角被安放在四个视角的首位，以体现其重要性。在社会组织的工作中，首先要满足顾客的需要，并发掘他们的潜能，协助他们更有能力自助和帮助他人。因此，无论财务、内部流程还是员工的学习与成长等，都以顾客获取适当服务为主。在了解顾客需求的过程中，组织应让顾客参与服务计划的制订过程，提升组织的透明度，鼓励他们多发表意见，让服务计划更切合他们的需要。

### 4. 员工学习与成长视角

在此视角中，适当的人力资源政策十分重要。组织应聘用合适的员工，并提供适当的培训，持续增加员工的知识、提升员工的工作能力，使组织更有能力和更快速地响应顾客不断变化的需要。在组织的战略转型中，员工抗拒接受转变是组织发展的重大阻力，管理层可以使用平衡计分卡，展现组织的愿景、顾客需求、战略与员工发展之间的关联，加强双方之间的沟通，以减少来自员工的阻力。

### 5. 内部流程视角

内部流程视角强调内部流程的设立和优化，并在落实执行的层面上加以监察和控制。大部分发展不好的社会组织不是没有良好的制度，只是没有贯彻执行所有的政策和流程，才会使组织陷于困境。良好的制度、不断优化制度的心态和明确执行的意志是组织成功的必要因素，平衡计分卡在组织绩效评估时，不仅要看成效，也要通过监察流程和报告，确保服务的质量。

### 6. 财务视角

有效的财务管理是必需的，尤其在竞争激烈、资源稀缺的情况下，社会组织必须善用现有资源。社会组织可以一方面通过调整服务策略和服务计划去更有效地利用资源，另一方面通过发挥市场营销部门的作用，利用宣传吸引更多的外界团体或商业机构，并与其建立合作伙伴关系，引入新资源、拓展组织的服务项目，使组织能更好地满足顾客的需要。在财务资源不足的情况下，裁员或压缩预算也是社会组织常用的应对策略，但从长期来看，采取削减员工数量和降低员工薪酬的方式，不利于组织长期的生存和发展，只会降低员工的士气和服务质量，压缩组织的生存空间。

## 第四节　我国社会组织评估实践

当前，我国社会组织发展还处于初级阶段，社会组织存在法人治理结构不完善、业务活动开展不规范、社会影响力不大等现实问题，迫切需要通过有效的绩效管理政策和措施来提升发展质量。为此，民政部从 2007 年 8 月开始推出社会组织评估政策，2010 年发布了《社会组织评估管理办法》，2021 年印发了《全国性社会组织评估管理规定》，通过社会组织评估这一制度设计，实现以评估促监管、以评估促建设、以评估促发展的目的。

## 一、社会组织评估机制设计

作为一项在全国范围内开展的工作，我国社会组织评估机制在实践中不断总结，迭代发展，逐步完善。

### （一）制定评估制度

2007 年，民政部下发《关于推进民间组织评估工作的指导意见》，提出"建立政府指导、社会参与、独立运作的民间组织综合评估机制，推进民间组织评估工作"。同年，印发《全国性民间组织评估实施办法》，初步建立了全国性社会组织评估的制度框架。

2010 年，民政部以部门规章的规格发布《社会组织评估管理办法》，覆盖评估对象和内容、评估机构和职责、评估程序和方法、回避与复核、评估等级管理等内容，完成了社会组织评估制度的顶层设计。2011 年，《国民经济和社会发展第十二个五年规划纲要》提及"实行社会组织信息公开和评估制度"，将社会组织评估纳入国家层面的战略规划中。《慈善法》《关于改革社会组织管理制度促进社会组织健康有序发展的意见》对民政部门开展评估工作提出明确要求。

社会组织评估逐步形成政府推动、第三方参与、社会监督的模式。在政府推动方面，各级政府将评估经费列入财政预算，专项经费保障了评估工作的顺利开展；多地将评估工作与社会组织培育相结合，出台政策，吸引、激励社会组织积极参加评估。在第三方参与方面，出台管理办法或实施办法，清晰地界定评估专家或专业机构在参与评估过程中的权力和职责，为评估工作的客观、公正提供了制度保障。在社会监督方面，从力求评估全过程公开、透明，到面向社会公众公示、公告评估结果，再到将评估等级纳入社会组织信用体系建设之中，社会公众的监督在评估中占据越来越重要的位置。

### （二）规范评估规程

为使社会组织评估工作有序、高效地开展，民政部对相关环节做了具体要求。例如，民政部对社会组织评估等级备案工作、评估等级证书、牌匾式样等做出了统一要求。一些地方政府在总结社会组织评估工作经验后，结合地方特点出台"社会组织评估管理办法"和"社会组织评估工作规程"等。2021 年，民政部印发《全国性社会组织评估管理规定》，依照评估周期，将评估流程分解为发布通知或公告、审核资格、专家组组建、实地评估、社会评价、意见反馈、提出评估等级建议、委员会审议、复核申请、评估复核、公告发布等环节，并明确每个环节的内容与要求，实现社会组织评估工作规程的标准化，使社会组织评估工作更加规范。基于"互联网+社会组织"行动的深入推进，互联网+融入评估流程大大提升了评估的效率。

### （三）构建指标体系

#### 1. 指标体系

社会组织评估指标的发展历程也是指标体系化演进的过程。2022 年，民政部构建了由行业协会商会、学术类社团、公益类社团、基金会（慈善组织）、社会服务机构等五类指标构成的全国性社会组织评估指标体系。各地也根据当地社会组织发展的现状、特点，修订、丰富适合本地社会组织评估的指标体系。比如，浙江省根据社会组织发展现状，依照社会团体、社会服务机构（民办非企业单位）、基金会三个类型社会组织的不同特点，进一步细化编制由十个子类组成的浙江省全省性社会组织评估指标体系。广东省制定了由九类评估指标构成的广东省全省性社会组织评估指标体系（表 11-2）。

**表 11-2 全国性、浙江省、广东省社会组织评估指标体系**

| 类型 | 全国性 | 浙江省 | 广东省 |
|------|--------|--------|--------|
| 社会团体 | 行业协会商会类、学术类、公益类 | 学术类、专业类、行业类、联合类、公益类 | 慈善类、行业协会商会类、联合类、学术类、专业类 |
| 社会服务机构（民办非企业单位） | 社会服务机构（民办非企业单位） | 民政事业类、科技事业类、教育事业类、其他类 | 教育培训类、科技类、普通类 |
| 基金会 | 基金会 | 基金会 | 基金会 |

资料来源：摘编自《民政部办公厅关于开展全国性社会组织评估工作的通知》《浙江省民政厅关于开展 2022 年度全省性社会组织评估工作的通知》《广东省民政厅关于开展 2022 年度全省性社会组织评估工作的通知》

#### 2. 评估指标

社会组织评估指标以 1000 分为满分值，共设立基础条件、内部治理、工作绩效和社会评价等四个一级指标，统一的指标框架能让社会组织评估工作迅速在全国范围内有效推广，在短时间内形成共识；同时也让评估目标聚焦，紧紧围绕"法人治理、内部建设、业务开展、社会影响力"展开。各地可以根据本地的特点和需要丰富二级、三级乃至四级指标项，对应具体的评估内容，并赋予不同的权重分值。比如，2022 年，浙江省将党建工作列为一级指标，强调社会组织党建工作在高质量发展中重要的作用。此外，评估指标订立遵循以下原则。第一，坚持客观性、科学性原则，对不同指标项赋不同的权重分值；第二，坚持可操作性原则，将"定性指标定量化、定量指标精准化"，强调程度判断而非简单的有无判断。

### （四）创新评估模式

2015 年，《民政部关于探索建立社会组织第三方评估机制的指导意见》发布，社会组织评估全面引入第三方评估模式。一些地方先行先试，在此之前已经在做不同形式的第三方机构参与社会组织评估工作的尝试。当前，这一工作存在着评估经费不充足、评估机制不健全、熟悉社会组织的专业化评估机构缺乏等问题。但不可否认的是，第三方评估模式遵循"管评分离"的原则，体现了政府职能转变的新思路。同时，作为国际上通行的评估模式，代表了客观、独立、公平、专业、公正，是社会组织评估的发展趋势。

郑佳斯和卜熙（2020）也观察到，第三方评估模式在实践过程中也引发一些争议和批评，需要完善监管机制，以保障评估工作客观、公正。

## 二、社会组织评估的作用与成效

### （一）以评估促监管

评估工作的普及丰富发展了社会组织监管体系：第一，四类社会组织（行业协会商会类、科技类、公益慈善类、城乡社区服务类）直接登记。直接登记摆脱了社会组织登记难的掣肘，评估能保证这些直接登记的社会组织及时被纳入规范化建设的轨道。第二，社会组织信用建设。作为一类重要的社会主体，社会组织在我国社会信用体系建设中的地位不言而喻。评估是年度检查（报告）之外又一项全面获取社会组织基本信息的途径。评估所得到的信息可以和年度检查（报告）信息相互印证。进一步地，评估可以获取更为准确、更为丰富、更为全面的社会组织信用信息。《社会组织信用信息管理办法》就将评估等级和有效期纳入信用信息之中。第三，慈善组织相关资格认定。《慈善组织公开募捐管理办法》明确规定，社会组织等级评估与慈善组织申请公开募捐资格直接相关。社会组织获取公益性捐赠税前扣除资格认定的必要条件是评估等级在 3A 以上（含 3A）。第四，社会组织建设标准化。从社会组织评估延伸到社会组织规范化建设，进而延伸到社会组织标准化建设。近年来，省、市级地方标准陆续发布，为社会组织规范化建设提供标准依据。2014 年，浙江省在总结过往社会组织评估工作的基础上，发布全国第一个有关社会组织规范化建设的省级地方标准——《社会组织建设规范》（DB33/T 933—2014）。这些社会组织领域地方标准的制定成为社会组织行政监管的有效补充。

### （二）以评估促建设

根据社会组织评估指标的设计，评估内容包括社会组织基础条件、内部治理、工作绩效、社会效应等四个部分，反映社会组织坚持和加强党的全面领导，参与经济建设、社会发展、基层治理，服务国家、服务社会、服务群众、服务行业等方面的情况，是针对社会组织的一次全面"体检"。具体指标项中，对社会组织党建工作、法人治理、重大事项报告、登记变更备案、《民间非营利组织会计制度》执行、自律诚信、信息公开等均做了细致要求。通过评估，能全面、精细地考察一家社会组织的规范化建设水平，有助于社会组织发现自身的短板以及进行自我定位，为今后的发展找到方向。

### （三）以评估促发展

评估是社会组织高质量发展的起点。第一，评估成为政府培育、扶持、发展社会组织的前提。评估结果让政府向社会组织购买服务、政府公益创投等培育扶持政策有了恰如其分的推进速度和力度，确保政策落地。温州市分别于 2014 年和 2016 年发布两批"温州市政府职能向社会组织转移目录"，将转变政府职能和社会组织的培育相衔接。一些地区进一步明确评估结果与扶持政策的直接关系，对获得 3A、4A、5A 的社会组织给予不同金额的资金奖励,将有限的社会组织扶持资金投入到规范化程度较高的社会组织中。第二,机构评估提高了项目评估的接受程度。社会组织评估被政府、社会组织、公众广泛接受后,针对社会组织政府购买服务项目、公益慈善项目的专项评估也越来越普遍,有了社会组织评估的基础和参照,社会组织提升了对项目评估的适应力,也减少了对机构规范程度的重复评估,可以更多地聚焦于项目本身,从而提高项目评估的精准性和效率。第三,提升社会组织公信力。评估能让社会公众直观地识别一家社会组织的规范程度,引导公众与评估等级高的社会组织产生活动交集,提升高等级社会组织的社会影响力和公众认同度。近年来,社会公众对社会组织特别是公益类社会组织的信息化、透明度提出了更高的要求。与之对应的是,评估指标在赋值权重方面也体现出对社会组织信息公开的关注。通过评估,社会组织更加公开透明,更具公信力。

## 三、社会组织评估展望

根据《"十四五"社会组织发展规划》的工作部署,"十四五"期间,我国社会组织发展要从"注重数量增长、规模扩张向能力提升、作用发挥转型",到 2025 年,要实现"获得 3A(含)以上评估等级的全国性、省本级登记的社会组织占其登记社会组织比例达到 25%"的目标。社会组织评估需要结合新时代社会组织发展的新特点、新要求,应当反映社会组织坚持和加强党的全面领导,参与经济建设、社会事业、基层治理,服务国家、服务社会、服务群众、服务行业等方面的成效。

### (一)突出社会组织党建工作的重要性

党的二十大报告指出"加强新经济组织、新社会组织、新就业群体党的建设"。《"十四五"社会组织发展规划》提出,"严格落实登记时同步采集党员信息、年检年报时同步检查报告党建工作、评估时同步将党建工作纳入重要指标的'三同步'要求"。党建引领愈发在评估中得到重视,考核内容不断丰富深化,在评估指标构成中赋予更高的权重。

### (二)评估内容与社会组织的发展要求更匹配

《民法典》已于 2021 年正式发布,《慈善法》正在修订过程中,社会组织领域相关立法正分步骤有序推进。顶层制度设计将赋予社会组织规范建设和高质量发展新内涵、新要求。此外,需要特别强调的是,社会组织近几年在公共服务、社会治理、行业(领域)自律、公益慈善方面的定位越来越清晰。因此,下一个社会组织评估周期应着重以下几个方面:第一,更加关注政府购买服务、职能转移、委托事项等项目的规范实施,以及项目专项资金的合规使用;第二,更加强调运作透明与信息公开是社会组织的生命力;第三,更加紧密地与我国社会信用体系建设相结合,反映社会组织信用建设水平,将社会组织及其主要负责人的信用信息作为评估要素纳入评估指标体系;第四,更加突出政府对社会组织的新要求,社会组织在行业(领域)自律、职业道德、行业诚信建设等方面须进一步发挥作用。

### （三）融入"互联网＋"和数字化元素，创新评估形式

目前的社会组织评估，虽然结合了数字化的手段，但仍是以报送材料审核、实地考察、指标计分为主的传统评估形式。在社会组织数字化不断发展的新时代，通过区块链、云计算等技术支撑，运用互联网、信息平台、数据化信息等载体，逐步将评估引入无纸化、电子化发展模式，这样做可以有效提升评估工作的效率和评估结果的精准度。

### （四）动态评估，实时跟踪

根据《社会组织评估管理办法》的规定，社会组织等级有效期为 5 年。但是，社会组织快速成长有更多的变化和不确定性。5 年一个周期对社会组织发展来说间隔偏长，难以保证评估结果的时效性。为了让社会组织评估等级能准确对应社会组织规范化建设的现状，一方面可以考虑缩短评估等级的有效期。另一方面，可以效仿企业信用评估，在现有评估制度基础上增加跟踪评估内容，开展在有效期内的动态评估、实时跟踪。2021年印发的《全国性社会组织评估管理规定》提出，要进行"跟踪评估"和"核查评估"，"评估办公室每年抽取一定比例评估等级在有效期内的全国性社会组织，按照本规定第三章有关规定进行跟踪评估。民政部根据跟踪评估情况对相关社会组织作出相应的等级调整或确认，并向社会公告"，防止"一评了之"。同时，"评估中提供虚假情况和资料，或者与评估工作相关人员串通作弊，致使评估结果失实的""涂改、伪造、出租、出借评估等级证书，或者伪造、出租、出借评估等级牌匾的""被列入社会组织异常活动名录或者严重违法失信名单""有与评估相关的投诉举报的"等情形的，进行核查评估后做出相应的等级调整或确认。此外，社会组织信息化水平的不断提升也为这种跟踪评估提供技术支持。

### （五）扩大评估结果的应用

评估已经成为社会组织的一个标识，将评估结果广泛应用就是让标识产生价值而不仅仅只是装饰。从政府角度，要更为广泛地营造社会组织评估的社会氛围，增强评估的社会知晓度和认同度。评估结果不能限定于某几个政府部门使用，每个政府部门都可以将评估结果作为日常与社会组织交往、合作的前提。例如，对社会组织进行分类、分级监管，并在政府购买中设置对评估等级的要求等。在具体事项中，评估结果可以是准入门槛，也可以是择优选择的依据。目前等级评估成为慈善组织公开募捐资格认定和公益性捐赠税前扣除认定等资格认定的必要条件，也作为评优评先的前提和基础，并被纳入社会组织信用信息目录，但是仍需进行更为系统化的梳理，以使评估结果在更广泛的范围中得到应用。

对于社会组织来说，应当转变观念，不能仅仅将社会组织评估结果作为一项荣誉，更应体现评估背后的真正价值所在，积极使用评估结果，多渠道、多场合地展示与评估等级相适应的组织规范化和公信力水平，将评估等级作为自身的一项竞争优势。

## 本章小结

　　社会组织绩效管理对于持续提升组织绩效、推动社会组织发展具有重要意义。有效的绩效评估不仅有助于社会组织达成使命，而且有助于提升外界对组织的信任度，因此绩效评估是社会组织绩效管理中的关键环节。由于社会组织难以将"效率"的量化指标作为绩效评估的标准，必须同时兼顾服务的品质和使命目标的达成，因此，对社会组织绩效的管理，特别是如何建立一套既适合我国社会组织特质、又能确切反映社会组织发展状况的绩效评估体系，是当前学界、公共部门及社会组织亟待解决的重大议题。

## 案　例

### 广州市品牌社会组织评价[①]

　　2016 年，中共中央办公厅和国务院办公厅印发了《关于改革社会组织管理制度促进社会组织健康有序发展的意见》，提出"加强社会组织能力建设，有计划有重点地扶持一批品牌性社会组织"。广州市响应国家要求，积极开展社会组织品牌创建工作，相继发布了《广州市社会组织品牌战略实施方案》及《广州市品牌社会组织评价指标体系（试行）》等政策文件。截至 2021 年 12 月，广州市社会组织管理局已开展了 6 个批次的品牌评选，共命名 49 家广州市品牌社会组织。2020 年，广州市发布全国首个品牌社会组织评价指标地方标准——广州市地方标准《品牌社会组织评价指标》。广州市品牌社会组织评价包含：

　　1. 评估主体

　　广州市社会组织管理局

　　2. 评估客体及要求

　　参与评选的社会组织需要满足以下六个条件。

　　（1）取得符合 GB 32100 规定的统一社会信用代码；

　　（2）登记注册时间不少于五年；

　　（3）取得 4A 或 5A 评估等级并在有效期内；

　　（4）未被列入社会组织活动异常名录；

　　（5）最近三年内未受过行政处罚或行业处分；

　　（6）未发生其他违反法律法规的情形。

　　3. 评估标准

　　品牌社会组织评价指标体系分为三级，其中一级指标 3 个，二级指标 11 个，三级指

---

　　① 广州市社会组织管理局关于转发广州市地方标准《品牌社会组织评价指标》的通知. http://mzj.gz.gov.cn/gk/zdlyxxgk/shzzxx/content/post_5811261.html,2020-04-29.

标 33 个，具体见下表。

| 一级指标 | 二级指标 | 三级指标 | 评价内容 |
|---|---|---|---|
| 品牌基础（30分） | 党建工作（15分） | 党组织建立 | 按照党章规定建立党组织 |
| | | 党组织标准化建设 | 组织设置标准化、班子建设标准化、党员教育管理标准化、组织生活标准化、运行机制标准化、工作保障标准化 |
| | | 党建引领作用发挥 | 党组织在社会组织中的战斗堡垒作用发挥、党员的先锋模范作用发挥 |
| | 组织建设（5分） | 发展历史 | 组织登记成立年限 |
| | | 评估等级 | 所获得的社会组织评估等级 |
| | | 团队发展 | 组织专职人员队伍建设、中高层人员稳定性 |
| | | 财务管理 | 组织近三年年度审计报告的完整性 |
| | 资源支撑（10分） | 净资产规模 | 组织近三年平均年末非限定性净资产水平 |
| | | 资源多样性 | 组织近三年资金来源渠道及结构 |
| | | 资源持续性 | 组织近三年资金收入的稳定性和持续性 |
| 品牌管理（20分） | 品牌规划（5分） | 组织战略 | 组织的战略规划、长远发展目标制定及使命、愿景、价值观的清晰度 |
| | | 规划制定 | 组织的品牌发展规划及年度工作方案的制定与执行 |
| | | 部门设置 | 负责品牌建设和管理工作的部门或岗位设置 |
| | 品牌传播（10分） | 技术应用 | 组织信息化建设水平及互联网技术应用能力 |
| | | 品牌识别 | 品牌符号、视觉形象及品牌识别系统运营 |
| | | 传播模式 | 品牌传播渠道、媒介组合及传播模式 |
| | 品牌保护（5分） | 品牌注册 | 组织所持有的发明专利数量、商标注册、著作权登记情况 |
| | | 品牌授权 | 组织的品牌授权及品牌许可管理 |
| | | 危机管理 | 品牌危机防范措施、危机管理体系与机制建设 |
| 品牌价值（50分） | 品牌竞争力（15分） | 社会需求 | 组织的服务领域与社会需求、社会发展趋势的整体契合度 |
| | | 地域覆盖 | 组织的产品、服务的地域覆盖度 |
| | | 品牌项目 | 组织拥有持续时间长、社会知名度高、作用发挥显著的项目数量 |
| | | 服务质量 | 项目质量管理体系建设、针对项目和服务等由第三方实施的独立评估结果 |
| | 品牌延伸力（5分） | 品牌延伸 | 组织品牌延伸的类型、实际成效及增长潜力 |
| | | 品牌国际化 | 品牌的国际化程度及潜力 |
| | 品牌创新力（10分） | 技术创新 | 专业服务和管理技术的引进、研发及应用 |
| | | 创新示范 | 技术创新等带动其他社会组织及相关团体产生的创新示范效应 |
| | 品牌引领力（10分） | 行业建设 | 组织主办行业领域交流活动、参与相关标准及行业领域规范制定、起草行业领域发展规划等 |
| | | 行业组织 | 作为联合型、平台型或枢纽型组织的主要发起方或主要负责成员 |
| | | 政策影响 | 组织提出的政策性建议及其被采纳情况 |
| | 品牌公信力（10分） | 信息公开 | 公开披露信息的真实准确性、完整性、及时性及公开渠道的多样性 |
| | | 荣誉奖励 | 组织或组织所实施的项目获得政府相关部门及行业表彰、奖励情况 |
| | | 媒体报道 | 获得中央、省级、市级主流媒体报道次数 |

**案例分析题：**

1. 制定标准对社会组织品牌建设的绩效评估有哪些作用？

2. 对比社会组织等级评估，广州市品牌社会组织评价侧重于哪些方面？为什么？

3. 如果你是负责遴选品牌社会组织评价的第三方机构，你认为第三方机构需要具备哪些专业能力？

**本章思考题**

❶ 社会组织绩效管理的基本要素有哪些？

❷ 社会组织绩效目标管理的步骤有哪些？

❸ 社会组织绩效评估具有哪些特殊性？

❹ 如何运用平衡计分卡评估社会组织绩效？

# 参考文献

波伊斯特 S H. 2005. 公共与非营利组织绩效考评——方法与应用. 肖鸣政等译. 北京：中国人民大学出版社.

邓国胜，陶传进，何建宇. 2007. 民间组织评估体系——理论、方法与指标体系. 北京：北京大学出版社.

段钢. 2007. 基于战略管理的绩效考评. 北京：机械工业出版社.

李文静. 2008. 绩效管理. 大连：东北财经大学出版社.

林筠. 2006. 绩效管理. 西安：西安交通大学出版社.

孙炜. 2006. 非营利组织绩效评量的问题与对策. 政治科学论丛，（28）：163-202.

张梦恬. 2014. 我国非营利组织绩效评估问题及对策研究. 开封：河南大学.

张涛，文新三. 2002. 企业绩效评价研究. 北京：经济科学出版社.

郑佳斯，卜熙. 2020. 失效的第三方：组织自利性下的社会组织评估. 华南师范大学学报（社会科学版），（5）：98-112，191.

Bititci U S, Suwignjo P, Carrie A S. 2001. Strategy management through quantitative modelling of performance measurement systems. International Journal of Production Economics, 69（1）：15-22.

Borman W C, Motowidlo S J. 1993. Expanding the criterion domain to include elements of contextual performance// Schmitt N, Borman W C. Personal Selection in Organizations, San Francisco: Jossey Bass: 71-98.

Hunter J E. 1986. Cognitive ability, cognitive aptitudes, job knowledge, and job performance. Journal of

Vocational Behavior, 29(3):340-362.

Kaplan R S, Norton D P. 1992. The balanced scorecard-measures that drive performance. Harvard Business Review, 70（1）: 71-79.

Niven P R . 2003. Balanced Scorecard Step-by-Step for Government and Nonprofit Agencies. Hoboken: John Wiley&Sons Inc.

Spangenberg H H. 1994. Understanding and Implementing Performance Management. Cape Town: Juda.

# 第十二章

## 社会组织品牌管理

1. 了解社会组织品牌的内涵。
2. 掌握社会组织品牌管理的内涵。
3. 理解社会组织品牌管理面临的挑战与实施导向。
4. 了解社会组织内部品牌管理的基本内涵与价值。
5. 掌握社会组织内部品牌管理体系。
6. 掌握社会组织外部品牌管理的内涵与流程。
7. 理解社会组织品牌资产与品牌维护。

● 党的二十大报告指出，"高质量发展是全面建设社会主义现代化国家的首要任务"。随着社会组织改革发展的深入推进，我国社会组织正从数量增长转向质量提升，而推进品牌化管理正是社会组织质量提升的重要内容和工作抓手。"品牌"一词源于营利领域，而品牌建设亦成为新时代下提升社会组织能力建设、面对竞争和长远发展的重要议题。随着社会组织社会化与市场化程度的不断提高，品牌管理手段被逐渐运用，并成为改善组织运作、提升组织竞争力的重要工具。本章对社会组织品牌管理进行系统性阐释，并对社会组织内部和外部品牌管理相关知识进行专门介绍。

## 第一节　社会组织品牌管理概述

组织使命的差异决定了社会组织品牌及其管理与企业的差异。本节主要对社会组织品牌管理的兴起、社会组织品牌的内涵、社会组织品牌管理的基本内涵、我国社会组织品牌管理面临的若干挑战、社会组织品牌管理的实施导向等方面进行介绍。

### 一、社会组织品牌管理的兴起

品牌管理研究与实践在西方国家起步较早。宝洁公司在 20 世纪 30 年代推行的企业品牌经理制、美国广告设计师罗瑟·瑞夫斯（Rosser Reeves）在 20 世纪 60 年代提出的"独特的销售主张"（unique selling proposition，USP）理论以及后来的品牌形象论、品牌个性论以及品牌资产论等，均为品牌管理理论的完善做出了贡献。20 世纪 90 年代，我国学者开始真正地关注品牌，并通过借鉴国外品牌管理研究成果来探索本土组织品牌管理的运作模式以及作用机制等。然而，尽管品牌经营理念研究已经在营利领域得到快速发展，但在非营利领域却仍未引起国内外学界的充分重视。特别是对于针对组织内部员工的品牌化活动，包括非营利机构在内的整个公共部门都并未给予相应的关注。在实践层面，受传统社会管理体制约束以及自身能力不足的影响，我国社会组织在数量上快速增长的同时，面临着诸多管理上的问题，而品牌管理正是其发展中的一个短板。

品牌是组织加强和维持持续竞争优势的关键资源，亦是我国推进社会组织山数量增加走向高质量发展的重要抓手。作为以公益促进、志愿精神和民意表达等为核心特征的非营利性机构，社会组织往往被赋予比政府和企业更高的信用期望，因此品牌管理的价值也更为凸显。品牌能帮助社会组织实现与竞争对手的差异化，获得社会更多的尊重以及增强与目标顾客的联系。尽管社会组织不以营利为目的，但其仍需要进行品牌化建设。值得注意的是，从组织管理的整体性来看，面向内部成员的内部品牌管理和面向外部受众的外部品牌管理是组织品牌管理两个内涵相对的组成部分，共同构筑了社会组织品牌管理工作的实施体系，而这也正是当前我国社会组织品牌管理实践兴起的重要源头。

### （一）品牌管理兴起于组织人才吸引与保留的需要

管理学大师彼得·德鲁克（2007）指出，非营利性机构成功的关键因素是具备吸引、留住具有奉献精神的员工的能力；一旦丧失了这种能力，它就会走向衰亡，这是难以挽救的。然而，当前我国非营利部门正在面临着一种人才流失与工作品质较低的人力资源困局，而以推进品牌价值的员工"买入"为核心内容的内部品牌管理为此困局的破解提供了一条新思路。社会组织向组织成员有效地传递组织价值观和使命并被其所理解和认同，将能够激发他们潜在的公益精神，使他们被公益工作所具有的善性特质所吸引，最终将有利于社会组织人才的吸引与保留。相关研究表明，对于组织成员而言，面向内部的品牌管理使得工作场所更具吸引力且值得拥有，能够提升员工的留职率。

### （二）品牌管理兴起于组织声誉与竞争力提升的需要

当前，我国一些社会组织社会知晓度不高。一些具有政府背景或规模较大的社会组织尚能被公众所熟悉，如中国红十字会、中国青少年发展基金会等，但对于数量众多的小型或草根社会组织，其社会知晓度较低；此外，我国社会组织还存在良莠不齐的情况。因此有效的品牌定位与沟通，可让外部受众清晰地了解社会组织在做什么及其所代表的价值是什么，这将提升社会组织社会知晓度，让受众了解其与其他组织的差异，帮助社会组织与外界构建更多关系联结并获取相关资源。在实践中，品牌管理已逐渐成为我国社会组织重振影响力并实现组织竞争力提升的重要抓手。早在2013年民政部便印发《民政部关于开展民办非企业单位塑造品牌与服务社会活动的通知》，鼓励民办非企业单位加强组织品牌宣传与推广，提高品牌辨识度和社会知晓度。此后，一些地方政府积极响应，如2014年新疆维吾尔自治区民政厅专门印发《全区性民办非企业单位塑造品牌与服务社会活动实施方案》的通知，大力推进社会组织品牌塑造工作。

## 二、社会组织品牌简介

### （一）品牌的概念

"品牌"一词多在企业中使用。在原始内涵上，品牌是一个进行区隔或辨别的工具。

作为一个源于古挪威的词汇，即"brandr"，品牌的含义为烙印，即烙在动物上用于进行所有权区别的标志（莱斯利·德·彻纳东尼，2002）。在以往广泛流传的营销神话中，"品牌"最初是被美国西部的庄园主和畜牧业者使用。当时的美国西部还处于蛮荒阶段，庄园主和畜牧业者在自己的牲畜上印上一些标记，以表明自己的所有权，警告他人："不要动，它是我的"。可见，品牌在过去主要是一种所有权的宣示。随着市场的不断成熟，品牌的内涵也在不断变化，品牌不仅具有所有权界定的防御性价值，也具有竞争性价值，是组织抢占市场和开展竞争的重要利器。

世界著名广告大师戴维·奥格威（David Ogilvy）于 1950 年首次提出品牌的概念，并于 1955 年给品牌进一步做了一个专门的解释，即品牌是一种错综复杂的象征，它是品牌属性、名称、包装、价格、历史声誉、广告方式的无形总和。美国市场营销协会（American Marketing Association，AMA）在 1960 年出版的《营销术语词典》作了一个界定，即品牌是一个名称、名词、标记、符号或设计，或是它们的组合，其目的是识别某个销售者或某群销售者的产品或劳务，并使之与同竞争者和劳务区别开来。此后 30 多年间，不少学者就品牌概念进行了不同的阐释，但大多是在 AMA 有关品牌定义的基础上有所发展。其中，比较经典的是美国广告学专家菲利普·科特勒（Philip Kotler）于 1997 年所作出的界定，即品牌是能够为顾客提供其认为值得购买的、具有相应功能利益以及附加价值的产品。阿克尔（Aaker，1991）则从资产的视角进行了界定，认为品牌资产是与品牌名称、标识和符号等关联的一系列资产。我国学者张锐等（2010）则认为，对于品牌内涵的理解大致分为三类：一是描述组织名称、商标、图形、产品包装等外在表现的品牌实物说；二是表现组织理念、传达组织所具有的一种价值观、精神和文化的品牌抽象说；三是通过一系列物质或行动向消费者传达符合其心理预期的价值，是抽象的和物质的结合体。

尽管学者关于品牌的理解有所差异，但总体上，学界普遍认为，品牌是品牌属性、名称、包装、价格、历史、声誉、广告方式等有形和无形要素的综合。例如，Davidson 提出了"品牌的冰山"理论，并指出，标识、名称等仅仅是品牌的可见部分，完整的品牌概念还包括价值观、智慧、文化等不可见的部分。其中，可见部分与不可见部分的关系可以用一个漂浮在水中的冰山来形容（图 12-1）；标识、名称等可见的部分约占品牌内涵的 15%，而价值观、智慧、文化等不可见部分约占品牌内涵的 85%。

当然，随着组织品牌化实践的不断推进，学界对品牌的认识也不断更新。例如，我国品牌管理知名学者何佳讯（2019）从商业模式视角给予了品牌一个全新的界定，即将品牌视为一个资源连接器。例如，在互联网环境中，消费者之间的联系变得尤为容易和频繁，于是，作为一个以品牌情感利益为联系纽带的专门化、非地理意义上的社群，品牌社群成为品牌建立的重要方式，产品、消费者、销售商均为品牌社群的重要组成要素，消费者与企业（产品/品牌/顾客）之间变成了开放性的动态关系，此时，品牌将成为连接消费者的资源连接器。总体上，学者们有关品牌概念的认识变化也反映在品牌研究轨迹层面。李海延等（2021）通过文献梳理发现，中国品牌研究轨迹可划分为"符号""竞争工具""伙伴"及"自我"四个阶段。其中，"自我"的品牌包含两个维度：其一是品牌

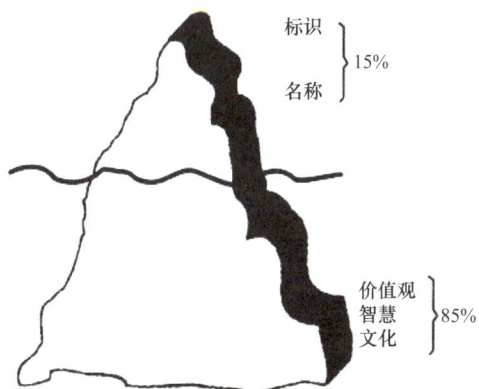

图 12-1　品牌的冰山

资料来源：莱斯利·德·彻纳东尼.2002.品牌制胜：从品牌展望到品牌评估. 蔡晓煦，段瑶，徐蓉蓉译. 北京：中信出版社

更加具体化，出现了拥有名字、性别、形态等属性的拟人形象；其二是品牌被更加广泛地用于表现个性、展示自我。在实践中，随着互联网的发展，不少组织利用拟人手法进行品牌营销以提高消费者以及社会大众等目标受众对品牌所持有的伙伴感和喜悦感，从而影响他们对组织的印象和态度，帮助组织树立竞争优势。

### （二）社会组织品牌的内涵

相比营利性机构品牌具有较长的研究历史，于 20 世纪末非营利机构品牌研究才逐渐引起了学者们的关注。然而，相比较学术研究，有关非营利机制品牌的实践探索则启动得相对较早。在实践中，早在 19 世纪中叶西方慈善组织已开始尝试建立、运作并维护组织最宝贵的资产即组织品牌，并开始尝试运用一些常规的企业品牌管理方法并面向市场开展品牌运作。尽管部门性质存在差异，但非营利部门的品牌内涵主要源于营利部门对品牌的解释。为数不多的国内文献显示，学者们多从企业的品牌内涵中引申出社会组织的品牌概念，再将这一概念演变成非营利组织所涉及的具体领域。例如，周延风（2015）认为，对于慈善组织来说，品牌是一个名字、象征、标志、个性和承诺，它可以告诉公众和世界你是谁。可见，这种概念上的迁移与过渡还是较易理解的。

尽管社会组织品牌界定与企业的并无明显差异，然而由于其与企业组织存在性质上的差异，因此社会组织品牌具有自己独特的内涵。总体上，社会组织的品牌内涵可从以下三个视角来理解。

#### 1. 品牌的信息观

品牌的信息观主要强调，除具有身份识别的作用外，社会组织品牌也是公益性、非营利性组织传播和交流宗旨、使命和价值观等方面信息的载体。社会组织具有特殊的使命和目标，如促进公益事业发展，这使得社会组织品牌本身就能够传达出独特的信息。通过品牌，社会组织向组织内外宣传：组织存在的价值，即品牌是什么，这与组织的理念相关；品牌能够做什么，这与组织的事业相关。在营利部门中，品牌是组织对消费者需求所承诺内容的信息反映，体现的是消费者与企业之间的一种关系。在非营利部门中，品牌则传达出一组综合性信息，这不仅包含标识、名称等有形要素，也包含以服务宗旨、价值观等为核心的无形要素。换言之，除标识等视觉或有形要素外，非营利机构品牌所传递的信息还应包括组织价值观及其所追求的事业。可以说，作为一种信息工具，品牌是社会组织重要信息，如宗旨和使命清晰、有效表达的天然工具。

### 2. 品牌的个性观

品牌的个性观主要强调，如同富有生命的个体一样，社会组织也需要呈现出一系列组织特性与品质。当然，社会组织既需努力培育符合一般社会组织通用的品牌特性，也应努力培育符合社会组织自身价值主张的品牌个性。事实上，品牌个性的存在对于社会组织具有重要意义，这是因为其有利于社会组织的差异化识别并促进组织竞争能力的提升。Sargeant 等（2008）基于对英国九个大型慈善组织个体捐赠者的调查研究，提出了非营利组织品牌个性模型，包括三个模块（图 12-2）。

（1）组织个性模块，主要包括组织的绩效、所具有的情感以及对员工的激励。

（2）事业个性模块，即组织非营利事业的个性，包括服务、信念和等级。

（3）部门个性模块，即组织善举和进步性。善举主要涉及照顾与同情他人、支持、公平、伦理、诚实、值得信任和帮助等特征。进步性则主要涉及变革、探索、响应和参与等内涵。

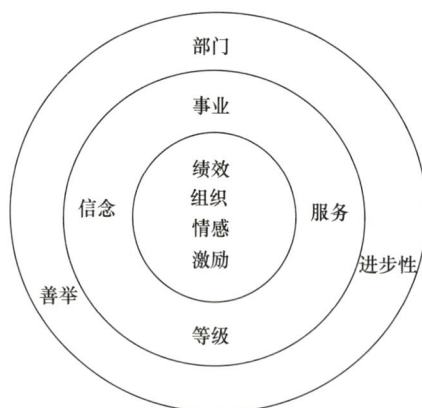

图 12-2　社会组织品牌个性模型

资料来源：Sargeant A, Ford J B, Hudson J. 2008. Charity brand personality: the relationship with giving behavior. Nonprofit and Voluntary Sector Quarterly, 37(3): 468-491

### 3. 品牌的资产观

在资产观下，品牌是社会组织一种关键性的无形资产。对于企业来说，品牌资产可以从财务视角和顾客视角来理解。鉴于社会组织不以利润最大化为目标，顾客视角则更匹配于社会组织品牌资产的内涵与特征。相比较而言，社会组织利益相关者较为多元，因此，其品牌资产可以理解为利益相关者基于其对品牌的知识而对社会组织品牌建设结果所呈现出的差异化表现的感受情况。从这个视角看，品牌资产是社会组织品牌唤起组织利益相关者（如员工、消费者、捐赠者）感知、感受和联想的组合。

从行动与结果的关系视角上看，品牌资产可以被视为社会组织品牌管理和建设行动的结果，通常可表现为品牌知名度、美誉度、认知度、联想度和忠诚度等多种类型。总体上，在资产观下，品牌作为社会组织一项重要资产，有利于促进其保值与增值。

## 三、社会组织品牌管理的基本内涵

### （一）社会组织品牌管理的界定

对于社会组织而言，品牌不仅仅是视觉图像，包括名称、标志以及图像设计，还是一种心理构建，即人脑所形成的品牌关联，于是，对品牌的管理就是在管理上实现心理关联（文军，2012）。品牌管理是以组织战略为指导，以品牌资产为核心，运用各种资源和手段，增加品牌资产，打造强势品牌的一系列管理活动的统称。它涉及组织多方面的活动，需要获得各个部门、各个层级及全体员工的支持。

结合前文内容，社会组织品牌管理可以界定为：基于组织使命和宗旨，借用市场化策略，在利益相关者心中塑造差异化的组织标识、传达特有的品牌价值，以提升组织内部凝聚力和外部公信力的过程。因此，社会组织领导者应对品牌管理进行总体规划，将品牌价值融入机构的使命之中。通常来说，制定市场化策略是实现品牌管理的有效途径。鉴于社会组织资源多源于社会捐赠，并且需要吸引众多的志愿者参与到社会公益服务之中，因此社会组织需要运用市场化的品牌营销策略。例如，农夫山泉曾开展了"一分钱"的捐赠活动，即"每买一瓶农夫山泉，你就为水源地的孩子捐了一分钱"。该活动的推出获得了消费者的广泛支持和社会各界人士的好评，负责任的企业形象为农夫山泉公司带来了名与利的双丰收。当然，在品牌市场化推进过程中，社会组织管理者需要考虑其与企业的异质性，应理性地使用市场化工具。总之，社会组织品牌管理的最终目的是使品牌在整个组织运作中起到良好的驱动作用，以提升社会组织的竞争优势。

### （二）社会组织品牌管理的构成

根据品牌管理对象，社会组织品牌管理可分为内部品牌管理和外部品牌管理两个部分。

#### 1. 内部品牌管理

内部品牌管理，即面向组织内部顾客（通常指员工）进行的品牌管理，亦称为品牌内化。社会组织内部品牌管理之所以重要，其原因在于社会组织本身对分权的倡导、管理参与的诉求以及组织员工管理和激励的需求。以价值观为核心的品牌构建往往需要以咨询和相互协商的方式进行，并需要充分考虑到包括员工、志愿者在内的利益相关者的复杂性。因此，社会组织必须承认和接受品牌的重要作用并向内部受众宣传品牌，设立组织内部的品牌宣传员，强化内部利益相关者的品牌行为。

一般而言，社会组织内部品牌管理的核心为，在组织内部构建与品牌价值相一致的价值观和组织文化。社会组织是一种使命驱动型组织，品牌建设应从有形层面的管理向无形层面的管理转变。具体而言，组织文化和价值观等无形要素是一个优秀的社会组织开展内部品牌管理的重要构成部分。清晰地界定组织宗旨并将其投射于内部品牌管理之中，将能够使品牌真实有效地传达组织的服务理念，这是社会组织品牌建构的基础。

## 2. 外部品牌管理

外部品牌管理，即面向组织外部顾客（如消费者、捐赠者、合作者等）进行的品牌管理，亦称为品牌外化。社会组织拥有比企业更为广泛的外部利益相关者，其品牌建设需要考虑外部利益相关者的期望与需求，并采取相应的措施来鼓励外部利益相关者广泛且积极地参与。因此，社会组织外部品牌管理不应仅停留在增加广告费用或者实施精心安排的营销交流活动上，而是需要与外部利益相关者开展有效的双向互动，开展全方位的品牌协调和组织营销活动，并需要深入理解外部利益相关者对待组织品牌的态度。其中，与企业的合作常是社会组织品牌外化的重要方式。虽然不以营利为目的，但为了高效地实现外部品牌化，社会组织可借鉴企业开展外部品牌管理的优秀经验，如通过视觉传播、媒体报道、印刷材料、网站、口号等工具来实现公益品牌建设。

## 3. 内部品牌管理与外部品牌管理间的关系

内部品牌管理和外部品牌管理之间既是一个相对独立的过程又是一个相互影响的过程。

1）两者相对独立

组织品牌价值有两种来源：一种是来源于组织个性，主要受创建者、管理者和员工的影响，即内部化过程；另一种是来源于顾客感知，构成了组织形象的一部分，即外部化过程。内部化过程是有关品牌内涵的内部生成及传递渗透的过程，强调社会组织员工对品牌内涵（如服务于社会的价值观和宗旨）的理解和认同，并通过某些有形物质和员工日常工作活动来传递品牌价值。在这个过程中，品牌受众主要是社会组织的"内部顾客"，即非营利从业人员（包括专职人员和兼职志愿者），并且品牌内部化过程的良好结果就是使非营利从业者认同和维护组织的使命或宗旨。与内部化过程不同，外部化过程是品牌内涵通过社会组织从业者行为、外部利益相关者可视的组织有形物以及组织外部的信息传递和沟通，在外部受众眼中形成组织品牌价值的过程，这一过程涉及复杂且多元的主体，包括组织内部工作人员以外的全部利益相关者，如捐赠者、竞争者、目标顾客、政府部门。因此，从面向的沟通对象以及品牌化的方向来看，社会组织内部品牌管理与外部品牌管理是相互独立的。

2）两者相互影响

一方面，内部品牌管理是外部品牌管理的前提和基础。组织形象始于组织员工以及他们对组织的认知。一般而言，外部利益相关者会基于对组织员工的认识和印象而形成对组织的联想。例如，社会组织工作人员在向一些受益对象，如残疾人、老年人等提供面对面的服务时，这些受益对象会根据社会组织工作人员的行为来对社会组织进行综合判定。例如，基于加拿大一所非营利高校的质性研究表明，由于教师长期与学生接触，内部品牌管理在促进教师品牌认知和优化教师品牌支持行为的同时，将会影响学生对学校的品牌体验（Clark et al., 2020）。因此，做好以员工为受众对象的组织内部品牌工作是开展社会组织品牌管理活动的重中之重。

另一方面，外部品牌管理会影响内部品牌管理的进程和效果。一般而言，良好的顾客口碑、积极热情的顾客参与、忠诚的目标顾客等会提高社会组织员工的荣誉感和工作热情。基于良好的组织品牌形象而形成的忠诚顾客群会认同、感激和支持非营利从业者，这必然会强化非营利从业者对社会组织所倡导的公益服务宗旨和目标的认同，从而带来员工对组织归属感和成就感的提升。

综上所述，对于社会组织而言，内部品牌管理和外部品牌管理两者相互独立、相互影响，两者间的有机统一是组织品牌管理成功的保证。在实践中，内部品牌管理使品牌价值渗透于员工之间，使得员工理解和认同这些品牌价值，然后让员工感知和消化并体现在工作行为中，从而使品牌价值转化为行动实践，最后被消费者感知后形成固定的品牌形象。这一观点与切纳托尼（De Chematony et al.，2004）对品牌信条价值到消费者品牌形象感知转化过程的分析有异曲同工之妙（图 12-3）。可见，品牌的内部与外部管理是一个循环交互的过程。当然，由于多种原因，内部品牌管理和外部品牌管理之间常存在差距，那么缩小两者差距、追求两者的一致性将是组织品牌管理工作的最终目标。

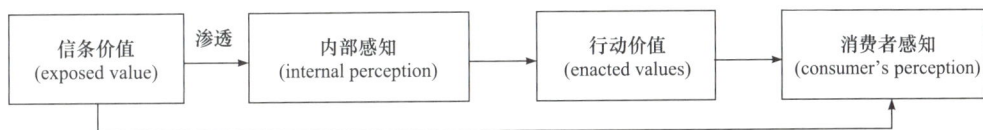

图 12-3　从品牌识别到品牌形象的转化过程

资料来源：De Chematony L, Drury S, Segal-horn S. 2004. Identifying and sustaining service brands' values. Journal of Marketing Communications, 10(6): 73-93

## 四、我国社会组织品牌管理面临的若干挑战

社会组织在推进品牌管理过程中会面临着诸多挑战，这主要表现在以下三个方面。

### （一）管理理念的挑战

一是缺乏对品牌管理的重视。对于我国不少社会组织而言，品牌管理还是一个相对陌生的概念，社会组织领导者尚未意识到品牌管理给社会组织带来的巨大益处。例如，一些社会组织，特别是对于那些资源比较匮乏的小微社会组织来说，它们多将品牌管理视为一种组织资源的消耗事项，忽视品牌管理给组织人才队伍建设、组织声誉和竞争力提升等方面带来的多重价值。

二是视品牌管理为企业专有。品牌管理活动常被一些社会组织领导者视为一个商业色彩过重的管理性工具，并认为其有可能会冲淡社会组织的非营利性和公益性的价值使命。因此，一些社会组织从业人员常倾向于认为品牌管理过程中刻意美化、粉饰组织品牌产品或服务的行为有悖于社会组织真诚、包容和助人等慈善理念。

三是欠缺品牌管理实施动力。我国不少社会组织长期依赖政府支持，导致过多地持有上级"输血"的陈旧思想，缺乏市场化运作的理念并因此表现为品牌化动力不足。并且，当前我国社会组织绩效评价体系还不完善，市场化给社会组织带来的绩效促进未能与组织领导者个体绩效评价有效挂钩，这也导致领导者推进社会组织品牌化工作的动力不足。

### （二）组织人事的挑战

一是人事基础不足。社会组织规模普遍较小，组织成员数量较少，因此，在工作过程中，"一个萝卜一个坑""一人多岗"的现象较为突出，这导致社会组织工作人员往往忙于日常工作，无法专注于较为专业化的品牌管理工作。同时，由于人手不足，面向社会组织成员开展系统性的品牌培训也较难实施，不少新入职员工尚未接受过系统化的培训便匆匆上岗，只能通过自学方式在实践去了解组织品牌价值，这很可能会导致组织员工对外品牌价值传递工作失范现象的发生。

二是专业人才缺乏。社会组织员工薪酬水平较低，且社会组织结构较扁平，导致员工职业晋升空间狭窄。于是，限于经济压力等因素，一些拥有工作热情和品牌管理专业资质的人才不能坚定地选择到社会组织中工作。现实中，我国社会组织品牌管理人员多为非专业人才。此外，由于激励不足，我国社会组织人才流失现象较为严重。品牌管理需要社会组织持续推进，而组织人员流失率较高必然会致使品牌管理实践出现断裂。可以说，品牌化专业人才不足已经成为我国诸多社会组织品牌化过程中面临的一个重要挑战。

### （三）资源投入面临的挑战

一是外部资源投入难以获取。在我国非营利事业不断发展的背景下，越来越多的机构或个体进入第三部门，这使得社会组织面临的资源竞争压力越来越大。同时，社会组织获得的政府财政资助和民间捐赠也日益减少，政府更多地以政策扶持或合作共创的方式给予支持。受资源约束，社会组织品牌建设往往难以持续实施，众多的小微社会组织更是如此。

二是内部资源投入难以持续。社会组织品牌管理不只是一个 Logo 的设计或一个宣传标语的起草，其具有投资回报周期长的特点。通常，品牌管理的收益并不能立竿见影，这导致对品牌管理的资金投入常难以获得社会组织领导或成员的认同。于是，在实践中，不少社会组织领导者不太愿意投入较多资金进行组织内部成员的品牌培训、外部的品牌宣传等活动。社会组织品牌构建与维持需消耗组织大量成本，将公益资金用于组织品牌建设（如品牌宣传）将意味着被用于项目和服务的资金的减少，这使得社会组织需要慎重考量品牌建设的必要性。

## 五、社会组织品牌管理的实施导向

### （一）思想引领的实施导向

一是党建的政治引领。党建的政治引领有利于引导社会组织品牌管理工作不偏离正确的发展方向，使社会组织能够获得各级党组织的"撑腰"和"打气"（包括品牌宣传）。当前，社会组织从业人员应积极将习近平新时代中国特色社会主义思想内化为自身的政治信仰，并使之成为推动社会组织发展的强大动力，并且，创建独具内涵的党建品牌和党建活动也能够成为社会组织品牌化建构工作的重要抓手。

二是使命的价值基础。社会组织品牌管理需要以组织宗旨和使命为基础。当前，我国一些社会组织宗旨内容空洞、缺乏实际指向，品牌工作背离组织宗旨，这使得社会组织在运作过程中无法坚守组织使命并可能异化为私益追求的商业化工具。因此，社会组织必须制定清晰、个性化的组织宗旨和使命，并使之投射于组织品牌管理实践中，使组织品牌管理工作能真实并有效地表达出组织思想与期望。

### （二）战略关注的实施导向

社会组织需要将品牌管理工作置于组织战略层面上进行考虑，而不是仅将其视为一种员工培训策略（品牌内化）或一份组织对外宣传工作（品牌外化）。社会组织规模相对较小，品牌化对社会组织的重要性有时难以获得组织领导者的战略性重视。鉴于品牌建设过程常需要大量投资和努力的付出，社会组织领导者倾向于将品牌化视为大型机构的管理工具。然而，品牌管理对内能够促进强有力的人力资源队伍建设，对外能够有助于组织资源和差异化竞争优势的获取，因此，社会组织有必要将品牌管理视为组织战略。

实践中，战略关注的实施导向常有如下要求：一是将组织品牌化工作推进嵌入于组织的战略规划之中并制定中长期的工作方案；二是给予组织品牌化工作开展所需要的资源承诺，如资金、人力等；三是推进组织品牌管理工作的专业化，即结合社会组织管理实际情况，设立专门的品牌化工作部门（或管理专岗）并由组织领导者，如秘书长亲自主管。

### （三）亲密关系的实施导向

亲密关系的实施导向要求社会组织在品牌管理工作中持有合作与开放的姿态，与利益相关者构建亲密化的合作关系，其目的在于吸纳组织利益相关者参与到组织品牌建设过程之中。

一是利益相关者的合作性支持。如何与组织利益相关者开展合作是影响社会组织品牌化实施能否成功的关键因素。合作性品牌管理能促进组织品牌的差异化。与政府部门间的有益互动能够帮助社会组织在品牌化过程中获取关键性资源，如政府背书，与组织员工间坚实心理契约关系的形成则能促使员工愿意去理解和接受品牌价值并呈现出品牌支持的态度与行为。

二是开放性的关系建构。无论品牌内化还是品牌外化，均是一个组织品牌价值信息传递与沟通的过程，需要获得组织各类利益相关者的参与和支持。因此，在组织内部，社会组织应建立品牌导向的组织文化、倡导建立员工协商机制并鼓励员工积极参与，使员工深刻理解品牌化对组织发展的重要价值；在组织外部，社会组织则需要采取规范、透明的方式进行组织运作，使外部目标受众了解甚至监督组织的成长与建设。

公益领域著名的"99 公益日"便是社会组织品牌亲密关系实施导向的一个优秀案例。"99 公益日"由腾讯公益慈善基金会于 2015 年通过联合多元利益相关者，如全球数十家著名企业、超百家公益机构、创意机构以及来自社会各界的知名人士发起。仅在 2022

年"99公益日"期间（1～9日），便有超过5816万人次爱心网友捐出33亿元[1]。通过"99公益日"，腾讯公益慈善基金会的社会知名度和影响力得到了较大幅度提升。

### （四）市场运作的实施导向

社会组织品牌管理需要通过独立、专业地开展市场化运作来予以推进。

一是专业化。社会组织工作人员需具备较强的市场化运作思维，以及较高的品牌管理工作职业素质。当前，在我国一些偏体制内的社会组织中，"国家职工"身份的存在使得组织成员"铁饭碗"的观念根深蒂固，存在部分组织成员缺乏走向市场、提供社会需求的动力。专业人才资源是社会组织品牌管理的重要载体。例如，社会组织需要拥有掌握品牌管理技能、懂得品牌管理实践的专业人才，这些专业人才善于使用新媒体、品牌故事和明星名人等市场化手段来进行品牌对外沟通。比如，真爱梦想基金会的创始者和管理者均为资深的金融行业专业人士，这使得基金会能够采用专业且高效的商业化管理方式来推动组织的运作，并且该基金会也是我国首个依照上市公司标准进行年报披露的基金会。

二是自主化。社会组织可根据组织发展需要来自主地推进品牌管理工作。社会组织品牌管理的开展应基于自身品牌价值诉求而非行政化意志，需要其能够自主、及时地响应市场需求并据此来安排和调整组织品牌化工作。当然，国家也应大力推进业界自治、社会监督和政府监管等相结合的社会组织综合监督体系的建立，为社会组织品牌管理的自主化和市场化运作提供良好的实施土壤和规制环境，防止品牌污名事件给整个第三部门带来负面影响。实践中，政府可通过统一的信用信息平台、失信惩戒体系（如公民"吹哨人制度"）、黑红名单制度等方式，来配合社会组织品牌管理的自主化与市场化的实施。

## 第二节　社会组织内部品牌管理

品牌外部传播的目的多是单纯地提高顾客期望。只有从组织内部着手，将品牌价值深深植根于品牌管理之中，组织才能保证顾客体验与期望的一致性。对于一家社会组织而言，其应努力将组织对外部受众的品牌承诺转化为内部员工的实际行动，使外部受众对于品牌的预期与感知达到一致，从而使内部品牌管理与外部品牌管理达到平衡，谋求组织品牌的持久竞争优势。

### 一、社会组织内部品牌管理的基本内涵与分类

作为一个新兴的研究主题，学者们对内部品牌管理提出了不同的概念表述，较有代表性的提法有内部品牌化、品牌内部建设和品牌内化等，本书将使用内部品牌管理这一表述。

---

[1] 腾讯公益与方德瑞信联合发布《2022 年 99 公益日筹款数据盘点》报告. http://www. cb. com. cn/index/show/gd/cv/cv1361760711491，2022-11-11.

## （一）"内化"

"内化"概念最早出现在社会学领域。法国社会学家涂尔干（Durkheim，1962）指出，社会化是指社会意识向个体意识的转化，主要用来探讨人类发展的社会本质，即理解人的社会生活是在多大程度上由社会建构的，而非由天生的某种所谓基因特质塑造的。根据 20 世纪 20 年代至 30 年代形成的维果茨基心理发展理论，人所特有的高级心理机能并不是个体内部自发而产生的，他们只能产生于社会交互作用中[①]。社会学的内化立足于社会化过程，强调社会性是内化的来源和结果，个体借由社会互动过程内化社会意识和价值观。同理，心理学的内化是指外部的规范、价值观和目标转移至个体内部的过程，即依照外部环境进行个体认知图式的重新组合。

## （二）内部品牌管理的基本内涵

内部品牌管理又称品牌内化，是指社会组织面向内部成员（有时也包括志愿者）进行的品牌价值传递，使内部成员将组织品牌价值植入其个体价值体系（如个人价值观、意识）之中，从而能够在日常工作中呈现出符合品牌价值标准、对组织品牌发展有利的工作态度与行为。

有些学者针对企业组织进行了内部品牌管理的界定。例如，余可发（2013）指出，品牌内化是企业通过员工参与、组织结构的相互协调以及客户品牌期望与体验一致性的保证，使得品牌在企业与客户间达到平衡的过程。张辉（2019）认为，内部品牌管理是组织成员将组织品牌的核心价值纳入到个体自我的品牌意识中，形成有关品牌的知识、信念和情感，并在工作实践中实施积极的品牌行为，以兑现组织品牌给予顾客的承诺。总体上，内部品牌管理的目的是让社会组织员工能够感受和认同品牌，并将品牌所强调的价值观融入日常工作之中，使他们在与外部顾客接触过程中按照组织品牌标准来开展工作。因此，社会组织需要向员工解释和销售品牌，与员工分享品牌背后的设计和战略，对员工进行积极的品牌沟通与培训，对实施品牌支持行为的员工进行奖励，从而使员工理解品牌价值并激励他们将品牌价值贯穿于自身行动中。可以说，品牌内化是一种员工"转化"，其主要目的在于让组织员工理解和认同品牌价值观。鉴于社会组织是一个价值观驱动型的机构，其品牌化工作应从品牌有形层面的管理向无形层面的管理转变，其中，品牌价值观正是社会组织内部品牌管理的核心。

关于内部品牌管理的内涵，我国学者白长虹和邱玮（2008）进行了专门研究，认为内部品牌管理包含三层含义：

（1）转化过程。这包括"同化"和"顺应"两个部分。其中，同化是指组织的管理模式和内部资源与品牌的理念、价值相一致，并在此基础上进一步丰富和深化；顺应则是指组织的管理模式和内部资源与品牌的理念、价值相区别，需要重新调整以达成一致。

（2）顾客导向。这主要是指品牌内化过程来源于顾客、回归于顾客。内部品牌管理主张内外平衡，通过提升内部品牌能力来增加外部的品牌资产。内部品牌管理主要由顾客驱动，即将基于顾客的品牌定位转入企业内部。与此同时，内部品牌管理的最终目的

---

① 维果茨基. 维果茨基教育论著选. 余震球，选译. 北京：人民教育出版社，1994.

则是影响顾客的行为，即促进顾客偏好和顾客忠诚的形成。

（3）整合机制。内部品牌管理的本质内容是让组织内所有利益相关者感受和认同品牌并付诸行动，从而使内部品牌价值链的每一个环节都得到增值。因此，内部品牌管理应实现跨部门的整合，使市场营销、人力资源管理等部门的工作目标按照品牌的要求达成一致。

### （三）内部品牌管理的分类

从行动与结果层面看，内部品牌管理表现为组织和员工两个层面。其中，前者是内部品牌管理的行动，即组织面向员工实施的品牌内化举措（如品牌培训、品牌沟通），后者则是内部品牌管理的结果，即员工对品牌的态度与行为。二者之间相互联系、相互影响。

#### 1. 基于组织的内部品牌管理

基于组织的内部品牌管理又称为组织品牌内化，即组织所实施的一系列面向内部成员的品牌价值传递和理解的促进活动。常见的组织实践有品牌沟通、品牌培训、品牌奖励和品牌领导示范等，其主要目的均在于提高组织品牌价值，并获得内部成员的理解、认同和共享。当然，基于组织的内部品牌管理主要是一种狭义的组织品牌内化活动，强调以组织成员为对象进行品牌价值管理。

#### 2. 基于员工的内部品牌管理

基于员工的内部品牌管理又称为员工品牌内化，主要指员工对组织品牌价值的理解、承诺以及执行。换而言之，即在组织品牌内化活动的影响下组织成员将有哪些品牌支持表现。通常，员工品牌内化主要体现在态度和行为两个层面。常见的品牌态度有品牌承诺、品牌认同等，常见的品牌行为表现则主要指员工品牌支持行为或品牌建设行为，如员工具有较高的品牌工作绩效、品牌口碑行为等。当然，如果进行更细化的分类，如按员工品牌内化的进化逻辑分类，员工品牌内化可以分为品牌认知、品牌情感、品牌行为意向和品牌行为四类。其中，品牌认知主要强调员工对品牌知识的了解和认识；品牌情感是员工对品牌的情感（如品牌承诺、品牌认同）；品牌行为意向是指员工对品牌表达出某种行为的意向（如品牌保留倾向）；品牌行为是员工所实施的、能够影响品牌资产积累的工作行为（如品牌口碑行为）。

#### 3. 两者间关系

从逻辑关系上看，组织品牌内化与员工品牌内化两者间存在着顺承、因果的逻辑关系。组织品牌内化是由组织面向员工所实施的，工作主要由组织来推进，于是，组织是品牌内化活动的控制主体，员工是品牌内化的受众客体，如组织培训、内部沟通等都指向内部员工；作为组织品牌内化的结果，员工品牌内化是由员工呈现出来的，此时，员工是品牌内化活动的执行主体并表现出对品牌支持的态度与行为（如品牌认同、品牌公民行为等），并且这些态度与行为的作用对象是组织的工作或外部的顾客（或利益相关者）。对于社会组织而言，品牌内化在促进组织成员理解品牌价值和工作行为方面具有正向积极的作用。

总之，组织品牌内化与员工品牌内化均为社会组织内部品牌管理的基本构成，两者相互关联。具体而言，组织品牌内化是员工品牌内化实现的基础和前提，而员工品牌内化是组织品牌内化的目的和结果。作为针对组织成员采取的一系列品牌价值渗透活动，内部品牌管理的目的在于使组织品牌价值观深植于员工情感之中，并使其转化为自觉的品牌传递和维护行动，最终促进组织品牌目标的达成。

## 二、社会组织内部品牌管理的价值

面向组织成员的内部品牌管理有效与否对于一个非营利性机构来说意义重大，这是因为内部品牌管理不仅是一种成本，也是一种投资。具体来言，社会组织内部品牌管理价值主要体现于个体、组织和社会三个层面。

### （一）个体层面的价值

第一，帮助组织员工识别组织价值，引导和规范员工个体行为。一些社会组织本身对内部价值的宣传和引导不足，此外还受到外部发展不利因素，如传统社会管理体制的桎梏和第三部门声誉毁损事件的影响，导致内部成员与组织常成为彼此"最熟悉的陌生人"，工作方向迷失并出现失范的行为。然而，品牌内化则能够为社会组织内部成员点亮一盏明灯，帮助他们理解组织品牌价值并认同品牌价值，从而能够引导和规范他们的工作行为，即在日常工作中呈现出符合组织品牌标准要求的品牌支持行为。

第二，促进个体工作偏好与组织价值观的匹配。组织与员工间或员工与员工间的目标冲突有时并非仅仅是经济利益的冲突，多是由员工对组织品牌价值认同度不够导致的。相关研究表明，1/3 以上的社会组织员工的职业认同度很低，这一定程度上折射出员工对社会组织价值体系接受度较低（唐代盛等，2015）。作为一个对内进行品牌"销售"的过程，内部品牌管理有助于实现内部成员对组织宗旨和使命的"买入"，促使个体工作偏好与组织价值观进行匹配。

第三，弥补社会组织员工激励的不足。相较于政府和企业，社会组织对员工所实施激励手段较为匮乏，如岗位缺乏稳定性、薪酬水平较低。社会组织是一个受价值观驱动的组织，其以非营利为基本属性。通常，社会组织从业人员常面对非营利事业所带来的压力（如基于低薪酬的经济窘迫）和疲倦（如服务特殊人群导致的情绪耗竭），然而内化于个体内心之中的品牌价值观，如公益使命感和责任感，将成为这些有志人士为社会公益事业持久奋斗的动力。如果社会组织员工"买入"了组织的价值观与使命，他们将愿意为组织使命的实现和目标的达成而不断进行工作投入。

### （二）组织层面的价值

第一，有助于优化组织人事管理，提高员工忠诚度。人力资源是包括社会组织在内的任一类型机构的"第一资源"，而内部品牌管理则是社会组织人力资源管理的创新手段。例如，品牌培训有助于提升和强化社会组织员工的品牌认知水平，增进员工对组织宗旨和使命的认同感，提升员工组织忠诚度，从而为社会组织人才开发、保留等提供新的思路。此外，个体对组织品牌价值的认同或知识水平本身也可以成为社会组织进行人才筛选的重要依据。

第二，有助于优化服务质量，提升组织声誉。社会组织服务质量主要取决于提供服务的人员队伍。成功的品牌内化将使得社会组织工作人员在对外互动过程中有效地用品牌价值来指导其工作行为，并化身为"品牌大使"，向外部传递出明确、积极的品牌信息，而外部公众则可通过此过程的正向体验来形成对社会组织信任资本的积累。可见，品牌内化活动能够帮助社会组织由内而外而地塑造出鲜明的品牌形象，赢得公众的信任和支持。

第三，有助于强化组织获取资源的能力，提升组织竞争优势。社会组织品牌力的提升有利于组织资源的获取、与企业间合作的达成以及对志愿者和高素质员工的吸引等。尽管内部品牌管理工作主要是以品牌价值为核心的组织人力资源管理实践，但该活动却通过员工品牌认知水平的提升和品牌支持态度与行为的表现，使得社会组织获取更多的社会信任，这将有利于提升社会组织的资源获取能力和社会竞争力。

### （三）社会层面的价值

第一，提升服务对象受益程度。社会组织服务对象常低成本甚至免费获得组织提供的产品，这导致其对组织产品质量评价的动机较弱。并且，社会组织所提供产品多为无形服务，本身也难以评估。受服务信息不对称的影响，客户在接受社会组织所提供的服务时，其利益有时会被一些持有私利目的和道德水平较低的社会组织工作人员侵害。因此，品牌内化则有利于提升社会组织工作人员品牌价值认知水平并使其在具体工作中积极贯彻，从而使客户可以享受到社会组织优质的服务。

第二，优化第三部门整体形象。公众对某个社会组织的感受是由他们对所有相似组织的平均印象决定的。换而言之，某个（些）社会组织声誉较差，其也将会对第三部门的整体形象产生负面影响，并可能殃及其他规范化运作的社会组织。例如，2011年中国红十字会"郭美美"事件就给我国整个第三部门声誉带来了一定的负面影响。当然，品牌内化不仅可以提高公众对社会组织所提供服务的认可度，使其声誉得到提升，也会正向外溢至第三部门其他组织及相关政府部门，促进公共部门整体形象的提升。

第三，培育社会公益慈善精神。党的二十大报告提出"扎实推进共同富裕"，这为社会组织提供了巨大的发展空间和较多的服务机会。然而，更多的责任意味着社会组织需要有更强的社会服务能力。在实践中，品牌内化是提高社会组织及其员工新时期工作胜任力的内部行动，有助于组织及其员工更好地落实具有亲社会典型特征的品牌行为，从而更好地实现组织使命、承担社会责任。

## 三、社会组织内部品牌管理体系

### （一）内部品牌管理的行动体系

有关内部品牌管理的行动体系构成，学界有不同观点。但总体上，学者们基本达成共识，即除品牌沟通和品牌领导外，品牌人力资源管理事项（如品牌培训、品牌激励）

也属于内部品牌管理行动。近期的一项研究也表明，内部品牌管理行动应包括品牌中心的人力资源管理（brand-centered HRM）、品牌领导力（brand leadership）、品牌沟通（brand communication）（Barros-Arrieta and García-Cali，2021）。基于以往的研究，本书认为社会组织内部品牌管理举措主要包括以下五方面。

### 1. 品牌沟通

这主要是指社会组织在组织内部成员间推进品牌价值分享和交流的过程。通常，品牌沟通包括垂直沟通、水平沟通和中心沟通三类。其中，水平沟通是员工之间的信息沟通，它打破了层级和部门之间的界限，是三种沟通中最有效的沟通形式。社会组织结构扁平化造成管理层级较少，这将有利于品牌水平沟通的开展。另外，根据沟通渠道的性质，品牌沟通又分为正式沟通和非正式沟通。非正式沟通的主要方式有有形展示、环境布置、内刊等。通常，非正式沟通有利于促进社会组织向员工传递品牌信息，能够"润物细无声"地熏陶和影响组织员工。社会组织员工因为追求共同的价值而聚在一起，因而他们也更愿意一起讨论和交流组织价值观。总体上，对于社会组织来说，品牌沟通需要组织各部门在对外业务中能够传播一致的品牌信息和品牌形象，并在组织内部的互动中提升员工的品牌意识和履行情感承诺。

### 2. 品牌培训

品牌培训主要指社会组织采取的一系列正式或非正式的品牌培训活动。在品牌培训过程中，社会组织要能够向组织内部成员全面、准确地传达品牌价值相关信息，使他们确信组织品牌价值与他们的工作态度和工作行为密切相关。与企业相似，品牌培训工作主要体现在培训目的、对象和方式等方面。在培训目的上，品牌培训有助于员工品牌知识的积累与提升；品牌培训也有利于员工个体完成社会化的过程，即由"外部人"转化为"内部人"，促进员工个体身份概念与组织品牌的协同。在培训对象上，除需要对员工个体进行培训外，社会组织还需要特别关注对团队的培训，促进团队成员间的协调与合作，这是因为品牌培训不仅是员工自我学习的过程，而且还需要通过品牌培训强化组织基于品牌的跨功能、跨部门的协调能力。在培训方式上，社会组织品牌培训要强调个性化，其中，参与式讨论和问题导向式的培训易于向员工明确品牌承诺和传递品牌承诺的重要价值，而"干中学"的在岗学习的品牌培训则是不少社会组织常用的培训方式。

### 3. 品牌激励

品牌激励，即组织用于认可和激发员工品牌支持行为的激励措施，目的是促进社会组织员工的品牌支持行为的形成与执行，并使之具有可持续性。通常，激励分为货币化和非货币化两种。相比较企业，社会组织从业人员的公共服务动机较强，并且受组织利润"非分配约束"原则的影响，因此，非货币化激励可能更适合于社会组织且作用可能更为显著。在实践中，社会组织有必要在品牌开发建设过程中建立员工协商机制、管理决策参与机制，以培养内部成员对组织品牌建设的统一认知，并加深对战略价值的理解。一旦社会组织员工认同组织价值观和宗旨，他们将会乐于投入到组织品牌化工作之中。而且，非货币化激励能够更好地满足员工的心理需求，这在一定程度上可以使个体对货币化激励的需求产生"挤出"效应，从而降低组织管理成本。例如，在 2010 年上海世博会举办期间，世博会志愿者部制定了一系列志愿者激励机制，如通过发放志愿者服务证书、评选"志愿者之星""优秀志愿者"等形式，有效地调动了志愿者的积极性；同时，志愿者部协调其他世博志愿者工作站、合作单位为志愿者提供防暑、遮雨等设备，为志愿者解决后顾之忧。最终，志愿者凭借其优质的服务使得"世博志愿者"获得了广大游客与市民的赞誉，树立了上海世博会志愿者阳光、快乐和专业的形象。

#### 4. 品牌授权

品牌授权亦称品牌管理参与。通常，社会组织的组织结构较为扁平化，员工而非组织（包括所有者）是品牌传递价值的直接负责人，组织所供给的产品多为无形服务且主要依赖于员工来提供。简言之，服务型品牌的成功主要依赖其服务提供者，即组织员工。因此，内部品牌管理工作在实施过程中，员工应该成为社会组织品牌的管理主体，社会组织需要面向员工进行品牌授权。一般而言，除可以有效激励员工外，适当的授权也可以增加员工工作的自主性和灵活性。社会组织所提供的产品多为服务性产品，其生产和消费过程常具有非分割性，即服务生产和消费的过程往往是同时发生的。这意味着社会组织员工有时需要在服务过程中对自己的服务进行及时、有效地自主调整，以补救或改善工作中的不足，从而能够有效兑现品牌对外的承诺和维护品牌形象。并且，品牌授权意味着领导对员工的信任与认可，这将有利于提升员工对组织的认同感，从而激励员工理解、认同品牌价值，并将品牌价值践行于具体的行动之中。

#### 5. 品牌领导支持

领导者的个人特质对于提升社会组织品牌的附加价值具有重要作用。多数社会组织规模较小，领导与员工之间的权力距离相对较小，这使得领导者在组织品牌内化中能够发挥重要的主体作用。在品牌内化工作中，领导者需要引领社会组织品牌化工作的推进。具体而言，社会组织领导者应对下属正向的品牌态度和行为给予及时的肯定和认可，对组织成员在品牌价值践行方面给予及时、有效的指导。在社会组织内部的人际互动中，领导者在品牌内部沟通中也起着积极的作用。通过言语和非言语沟通，社会组织领导者可以向组织成员传达其对组织品牌建设的关心、支持与承诺，并给予员工工作能力的认可，这有利于激励员工将组织品牌价值渗透于个人意识之中，从而促进其正向品牌情感与行为的形成。

### （二）内部品牌管理的结果体系

这主要指内部品牌管理行动给社会组织成员带来的影响，亦为员工品牌内化。总体上，员工品牌内化可以从认知、情感和行为三个层面来呈现。其中，品牌认知主要包括员工对品牌的了解程度、专业技能的掌握程度以及对品牌提升的理解程度；品牌情感主要指员工对品牌所持有的情感，如品牌认同和品牌承诺等；品牌行为主要包括员工对品牌价值的践行行为，如品牌公民行为。本节主要对品牌情感和品牌行为进行简要介绍。

#### 1. 品牌情感

在学界，最常见的品牌情感概念有两个，具体如下：

1）品牌认同

品牌认同亦指品牌身份认同，主要指个体身份概念与组织品牌身份间具有一致性的主观感知，如员工将所在组织品牌的成败视为个人的成败。员工对品牌的认同不仅是形式上的认同（如口头认同），更是一种内化认同，如情感或信仰方面的认同，而认同则是一种归属于某个群体并与该群体的命运相交织的感觉。因此，对品牌认同的个体愿意将品牌的成功视为个人的成功。

通常，高品牌认同所蕴含的个人与组织身份的一致性，表明着员工个体与组织间命运共同体的建构，员工会把品牌的荣辱视为自己的荣辱。换而言之，员工与组织品牌间形成了一种休戚相关的关系。这种个人-组织关联身份的建立将促使员工对组织品牌形成较强的依赖感和归属感，因此，员工将表现出较强的品牌留职意向，愿意留任组织以便为组织成功而努力。

2）品牌承诺

品牌承诺的概念源于美国学者梅耶等（Meyer et al.，1993）对组织承诺的界定，即一种对员工与组织品牌间关系的心理状态的描述，强调个体对组织品牌的心理归属程度。通常，组织承诺是个体对组织的情感卷入，主要表现为员工对组织的情感依赖。因此，品牌承诺主要指员工个体对品牌的情感归属，这种情感将影响员工个体为实现品牌目标而愿意付出努力的程度。当然要注意的是，员工品牌承诺与组织品牌承诺有所不同。对于社会组织而言，组织品牌承诺主要是指品牌给外部利益相关者，如服务对象、捐赠者的组织保证，员工品牌承诺则主要是指员工对品牌的情感归属并因此表现为对组织付出努力的承诺。

品牌承诺是个体对组织品牌所持有的一种态度，用于描述个体与组织品牌保持联结的肯定性的心理倾向，主要反映了组织成员对某一特定组织品牌的情感依赖。对于社会组织而言，高品牌承诺度的员工对组织品牌具有较强的心理依赖，与组织品牌的心理联结较为紧密，因此，其参与组织品牌建设的意愿也较强。

有学者对品牌内化进行了分类研究。汤姆森等（Thomson et al.，1999）认为，员工品牌内化主要体现为员工对品牌的内在认同，这种认同不仅仅是口头上，而且是信仰、情感层面全方位的认同，它由两个维度构成：一是员工对品牌的理解，即智力资产，二是员工将智力资产运用到行为上的意愿，即情感资产。基于这两个维度，员工品牌表现可分为四类：拥护者、旁观者、低涉入者和散漫执行者（图 12-4）。

图 12-4 员工品牌内在认同分类图

资料来源：Thomson K, de Chernatony L, Arganbright L, et al. 1999. The buy-in benchmark: How staff understanding and commitment impact brand and business performance. Journal of Marketing Management, 15(8): 819-835

### 2. 品牌行为

品牌行为主要是指员工践行品牌价值的工作行为，有时亦被称为品牌支持行为或品牌建设行为。员工品牌支持行为的概念由国外学者迈尔斯（Miles）和曼戈尔德（Mangold）于2004年提出，用于描述员工为建设和增强组织品牌形象而付出的各种努力。其中，能够较好地实施品牌支持行为的员工常被称为品牌责任人（Brand Champion），其常会表现出较高的品牌工作绩效并愿意进行积极品牌口碑传播（word-of-mouth communication）。

根据工作职责，工作行为可分为角色内行为和角色外行为两类，因此，社会组织员工品牌行为亦可以分为品牌角色内行为和品牌角色外行为。其中，品牌角色内行为主要是指员工按照品牌价值标准工作的行为，其是一种工作范畴以内的员工行为。品牌角色外行为，亦被称为品牌公民行为。该概念由学者布尔曼（Burmann）和泽普林（Zeplin）于2005年提出，主要指与品牌有关的员工自主性行为，或者是为了强化员工做出有利于组织品牌建设工作职责以外的行为。通常，品牌角色外行为由员工自发实施，与组织绩效制度无直接联系，但却有益于组织品牌建设。例如，品牌口碑便是由员工主动对外（如亲友）宣传组织品牌及其价值的行为，是一类组织公民行为。

## 第三节　社会组织外部品牌管理

作为与外界直接互动的管理过程，社会组织外部品牌管理的目的在于提升组织公信力、获得社会认可与支持，以促进组织宗旨的实现。本节将对社会组织外部品牌管理的内涵、流程以及品牌资产和品牌维护等知识进行介绍。

## 一、社会组织外部品牌管理的内涵

### （一）社会组织外部品牌管理的含义

作为一个源于营利性领域的概念，外部品牌管理，亦即实践中常被提及的品牌管理（这里未包括内部品牌管理），是组织品牌建设的一个外向构面，主要通过市场化的品牌塑造和传播策略来向外界传递出与品牌价值相关的信息，创造差别以使品牌与众不同，从而实现组织品牌资产的形成和积累。对于企业来说，外部品牌管理的优劣与否已被学者和实践人士视为衡量组织竞争力和影响力的主要标志。社会组织需要向外呈现出一种不断完善的"商业模样"，需要进行"模样再造"，这是因为品牌是产生和维持组织竞争优势的关键资源之一。

从概念上，有学者对外部品牌管理进行了界定。Madhavaram 等（2005）指出，外部品牌管理主要是以营销技术为重点的、与外部受众（如客户）进行沟通的外部活动，目的是影响外部受众对组织品牌的理解和态度。同样，国内学者李晓青和周勇（2005）在研究企业品牌管理时提出，外部品牌管理是组织主动地向外部利益相关者传递品牌价值和重要信息，促进形成正面的积极的品牌形象认知，形成对潜在顾客和利益相关者的有效诱导。

基于已有研究并结合品牌管理的内在特征和社会组织的本质属性，本书对社会组织外部品牌管理做如下界定：在组织品牌身份确立的基础上，通过社会化与市场化的品牌沟通措施，向组织外部利益相关者传达组织品牌价值（如使命、价值观、文化、品牌承诺等）的过程，目的是获取组织外部利益相关者的信任和支持，以实现组织的可持续发展。

外部品牌管理是一个与内部管理品牌相对的概念。从品牌化的受众来看，内部品牌管理面向组织内部员工，目的让员工理解和认同组织品牌，而外部品牌管理则是面向组织外部受众（如受益者、捐赠者）而实施的品牌塑造与沟通活动；从结果来看，内部品牌管理最终表现为员工对品牌的情感和支持行为，而外部品牌管理则主要表现为组织所具有的知名度、美誉度等品牌资产。总体上，内部品牌管理与外部品牌管理是任何一类组织进行品牌管理的基本内容，在组织品牌管理过程中需要注重两者间的平衡。

### （二）社会组织外部品牌管理的价值

#### 1. 有助于提高组织公信力

社会组织的公信力体现其在社会上被接受和信任的程度。社会组织品牌能够提升外部受众心理上的认知与认同感，提高他们参与组织品牌活动的满意度。通过有效的外部品牌推广活动，社会组织将使公众了解该品牌，帮助社会组织拥有良好的品牌形象，从而有利于提升社会组织的公信力。

#### 2. 有助于进行市场定位

市场定位是组织通过塑造自己的形象和价值，从而在目标顾客心中确定与众不同的地位，便于组织的消费者理解并欣赏该组织独特的理念。建立社会组织特点鲜明的品牌，能够使目标受众产生归属感，有助于他们对品牌产生认同，进而支持该品牌。

#### 3. 有助于增加资金来源

为了实现组织目标与使命并维持组织正常运作，社会组织必须提供相应的产品或服务，而这需要以充足的资金作为支撑。当企业选择慈善组织作为捐赠对象时，其很大程度上会从捐赠双方的品牌契合度上进行考虑。社会组织开展品牌管理活动，可以向社会公众、政府和捐赠者展示良好的组织形象和组织能力，这有助于赢得政府的资金支持，获得更多的社会支持和资金捐赠。

#### 4. 有助于促进社会公益事业的发展

建构社会组织品牌，有利于促进社会和谐和慈善事业的发展。社会组织品牌建设是组织塑造整体形象的过程。社会组织的外部品牌管理活动有利于调动起公众参与慈善事业的积极性，使他们在参与慈善事业的道路上找对方向，促进第三次分配。

## 二、社会组织外部品牌管理的流程

社会组织外部品牌管理是一个由多项活动构成的管理过程。学者塔普（Tapp，2015）指出，慈善组织品牌的创造是一个流程性的过程，并由四项活动组成：一是理解利益相

关者的品牌感受；二是创建一个独有的品牌身份；三是选择适合的品牌定位；四是面向利益相关者进行品牌定位宣传。结合学者理解和第三部门实践，社会组织外部品牌管理过程可以分为以下三个步骤。

### （一）品牌定位

品牌定位，即确立明确且独特的品牌形象，以使组织品牌在利益相关者心中占据一个有利的位置。品牌定位可以帮助组织实现"攻占心智"，使组织外部利益相关者感受到组织品牌的独特优势，这有助于组织与外部利益相关者建立长期且稳固的关系。换而言之，品牌定位就是找出组织（品牌）产品所提供的利益中最值得目标受众记忆的东西。在具体实践中，品牌定位可以体现在组织形象、目标市场和功效等多个方面。例如，浙江敦和慈善基金会提出"不做浮冰做冰山""打造百年基金会"的服务理念，这正是该机构品牌定位的一种生动表现。通常，品牌定位是社会组织品牌外化甚至整个品牌管理中的首要活动，与社会组织所倡导的使命和宗旨密不可分。

总体上，一个成功的品牌定位意味着社会组织可以在非营利市场中找准自己的位置，帮助组织确立独特的品牌形象，从而使利益相关者感受到组织品牌的独特优势并有助于建立长期且稳固的关系。实践中，社会组织需要做到以下几点。

首先，明确该品牌的市场定位和服务取向。例如，最初在福建偏远山区展开工作并走向全国的公益机构"森林天使"的服务对象是留守儿童，该组织明确了其宗旨是"以爱之名，助力留守儿童快乐成长"；位于上海、作为中国第一家慈善超市的"善淘网"则将其定位为助残服务平台。

其次，细分组织的服务内容，提供个性化和差异化产品与服务。例如，浙江敦和慈善基金会将弘扬中国传统文化作为其品牌定位，这在我国基金会领域中独树一帜，品牌定位个性化明显。

最后，不断审视品牌实践并完善品牌定位。社会组织宗旨、使命和发展目标有时需要随着当前形势和社会环境的变化而进行适当调整，为此，社会组织品牌定位亦需要与时俱进，定期对品牌定位的恰适性进行审视和讨论，在保证组织愿景与总体目标相对稳定的情况下根据当前时代特征和组织发展需求进行调整与优化。例如，瓷娃娃罕见病关爱中心最初的定位是为成骨不全患者寻找病友，随后在组织发展中将服务对象扩大为罕见病患者群体。

### （二）品牌识别

品牌识别，即在品牌定位的指导下进行组织品牌的符号化（如标识、名称和口号等）并对其予以保护的系统活动。一般而言，品牌识别（如口号）需要能够简洁、明快地传达组织品牌定位的内涵，并且使品牌定位所倡导的独特利益的内容陈述易于被目标受众（如捐赠者、服务对象）所理解和记忆。通常，品牌识别由品牌符号开发、品牌身份保护和品牌价值投射这三个部分构成。

### 1. 品牌符号开发

品牌符号开发，即要求社会组织建构一套系统化、个性化的品牌识别符号，以更好地呈现出能够被利益相关者认同的品牌独特性，包括视觉识别（如标识）和言语识别（如口号）。为了使组织成员理解和认同品牌价值，并在日常工作中践行品牌价值、兑现组织品牌的对外承诺，社会组织需要在组织内部设置需要组织成员学习和掌握的品牌口号、可视化品牌标识，如 Logo 等。

通常，一个有效的品牌标识需要具备三大特性：一是可传达性，即品牌标识能够清晰传递品牌价值的相关信息；二是便利性，即易于被员工识别、记忆和运用；三是激励性，即能够加深员工对品牌的情感，并激发他们参与组织品牌建设工作的热情。例如，作为安徽首家女性公益组织，安徽新华女性公益发展中心专注于服务女性公益事业，这在其组织品牌标识打造上得到了生动呈现。该中心品牌标识由红蓝两色构成，蓝色代表着"你（女性）对我很重要"，蕴含着传递爱的理念；红色代表着志愿红，意味着互助温暖。在外形上，Logo 既像一个蓝天使的翅膀托起了明天的太阳（女童），又像代表着希望和生机的两片树叶，中间的红色爱心则像一道光，关爱和保护着未成年人（图 12-5）。

图 12-5 安徽新华女性公益发展中心 Logo

在实践中，品牌识别系统可以成为社会组织员工开展具体品牌价值践行工作的基石和方向指引。例如，作为省社会组织党建工作示范点，广东省社会组织总会提出了"社会组织跟党走"的口号，并将之作为组织党建工作的出发点和落脚点，口号简洁、明了，能够有效地呈现出新时代我国社会组织的发展道路。

### 2. 品牌身份保护

品牌身份保护，即要求社会组织从所有和使用层面对品牌进行保护。我国多数社会组织的品牌保护意识较为薄弱，导致一些商业机构打着公益机构的名义实施商业性的营销活动。当然，也有不少社会组织品牌保护得相对较好，如进行了品牌商标的注册与规制。例如，上海园林绿化行业协会与会员单位合作举办行业足球赛，为此与足球赛相关支持方专门签订相关协议，并对协会的品牌标识（如名称和 Logo 等）的使用范围等进行了相应的规定。

### 3. 品牌价值投射

品牌识别是品牌之形，而品牌价值则是品牌之魂。作为价值观驱动型的非营利性机构，品牌识别需要清晰、有效地呈现出社会组织的品牌价值信息，如宗旨和使命等。例如，上海园林绿化行业协会的 Logo 是"园"和"申"两个汉字的艺术变体，这体现了该协会所在行业，即中国园林绿化的艺术性以及协会服务于上海园林绿化行业这两个特征。同样，2018 年 10 月 22 日，联想集团成立了联想慈善公益组织"Lenovo Foundation"联想基金会，当天将全球所有办公地点、官网、微博以及内网的 Logo 全部改成了"Love on"，以纪念这一基金会的成立，代表着把爱长久付诸实际行动、造福社会的美好愿望。

　　良好的品牌识别与组织形象展示有关。对于社会组织而言，组织形象包括视觉形象、服务形象、活动环境形象、公益形象等。其中，服务形象是指工作人员和志愿者在组织活动过程中所表现出的风貌在受众心目中产生的印象（黄光等，2016）。2022 年 5 月红十字会与红新月会国际联合会（International Federation of Red Cross and Red Crescent Societies，IFRC）发布了 2022 "世界红十字日" 宣传主题，即 "聚人心，共善举"（We are all humankind），希望通过小小的善举将人们联系起来；其中，"善" 是一个广义的概念，集中体现于国际红十字与红新月运动的人道原则之中。

　　视觉形象是社会组织品牌形象的最直观的 "外在" 表现，影响受众和志愿者对社会组织的视觉形态及其功能的综合评价。其中，视觉设计能否恰如其分地传达组织的价值观，是否具有现代气息，这将直接影响到人们对该组织的志愿投入选择。当然，组织品牌视觉形象设计不可只注重独特性与新颖性，更应该传达组织的品质和精神，需要体现出一种为社会大众服务的公益承诺。作为受众对非营利机构专业服务的一种综合评定的媒介，社会组织的视觉形象不仅代表组织品牌形象的外在，还体现其内在品质。总体上，品牌视觉形象设计应是思想性与艺术性的结合体，表达组织的情感，对社会大众具有号召力。例如，2022 年杭州亚运会会徽标志是潮涌。潮涌的配色思路来自唐诗 "日出江花红胜火，春来江水绿如蓝"。"潮涌" 的主体图形由扇面、钱塘江、钱江潮头、赛道、互联网符号及象征亚洲奥林匹克理事会的太阳图形六个元素组成，下方是主办城市名称与举办年份的印鉴。这六个元素各有深意：扇面造型反映了江南人文意蕴；赛道代表着体育运动和竞技；互联网符号契合杭州城市特色；太阳图形正是亚洲奥林匹克理事会的象征符号。作为会徽的形象核心，钱塘江和钱江潮头展示了杭州山水城市的自然特质、浙江儿女勇立潮头的精神气质（图 12-6）。

19th Asian Games
Hangzhou 2022

图 12-6　2022 年杭州亚运会会徽标志

资料来源：杭州 2022 年第 19 届亚运会会徽 "潮涌" 特殊标志有效期延至 2026 年 8 月 29 日.
http://www.hangzhou.gov.cn/art/2022/7/8/art_1229633756_59061049.html，2022-07-08

### （三）品牌沟通

　　品牌沟通主要指将组织品牌价值信息（包括品牌符号）与外部受众进行沟通的一系列活动。从内容体系上看，社会组织品牌沟通包括信息协调、品质管控和渠道整合三方面。其中，信息协调和品质管控主要是品牌沟通的内容管理，渠道整合则是品牌沟通的形式设计。

### 1. 信息协调

信息协调，即品牌沟通内容的协调性，从协调的双方上分为两个方面。一方面，机构与项目间的纵向协调。实践中，社会组织常以项目的形式开展市场化运作，因此，项目品牌对机构品牌具有"挤出"效应。实践中，一些社会组织成员常倾向以项目身份开展对外活动，这使得该机构知名度弱于项目，并导致一些组织成员的组织品牌归属感较低。当然，也有一些社会组织会强制性规定：学会专委会举办的所有活动都要有学会的标识，如 Logo。另一方面，部门、项目间的横向协同。这要求社会组织各部门、项目组开展对外沟通时信息内容要保持一致，避免"信出多门"下的矛盾。例如，12355 上海青春在线青少年公共服务中心是共青团上海市委员会发起成立的为广大青少年提供个性化、专业化服务的公益服务平台，该组织追求的首要目标是树立权威、专业、公益的组织形象，以吸引更多青少年来获取服务。"12355"作为品牌代称，将所有的产品和服务都冠以"12355"，并在所有宣传媒介上都尽可能突出"12355"，以强化"12355"在受众心中的印象，树立权威、专业和活跃的形象。

### 2. 品质管控

品质管控，即对品牌沟通内容真实性进行的审查与控制。信息协调主要强调所沟通信息的内容优化，而品质控制则强调所沟通信息的内容纠偏。社会组织信息具有较强的敏感性和外部溢出效应。不合适甚至失真的信息往往会给社会组织声誉带来较大的负面影响。现实中，受自身利益的驱动，一些媒体也有可能发布与社会组织品牌运作事实偏离的报道，如个别媒体可能会使用一些吸引眼球的词语，尽管这并不是社会组织所希望表达的内容。例如，致力于儿童艺术的音画梦想项目主管曾提及，有媒体报道该组织"服务于底层孩子"，这种带有一些歧视性的表达可能或多或少地出于媒体吸引人眼球的宣传。因此，除加强事前的沟通品质把控，社会组织还需要加强事中、事后的品牌信息的审核与管理。例如，社会组织应定期地核查已公开传播的品牌信息，及时与报道不当的媒体沟通并更正相关信息，对于已给组织声誉带来较严重负面影响的失真报道，组织还应追责并实施公共关系手段以消除对组织的不利影响。

### 3. 渠道整合

社会组织品牌渠道体现为多元化和时代化这两个方面。

一方面，多元化。多元化，即积极利用多种传播渠道来实施品牌沟通，善于借助商业领域的多类传播工具来开展品牌沟通，如视觉传播、媒体报道、慈善商店、印刷材料、网站等。当然，品牌传播不仅限于非人际渠道，人际渠道也十分重要。例如，由著名演艺人员王菲和李亚鹏所创立的嫣然天使基金会定期举办慈善募捐晚会，并邀请很多演员担任嘉宾，借助名人效应以快速吸引大众眼球，提升组织知名度。可见，这些知名度较高的慈善组织或项目从成立起就被打上品牌营销的烙印。在具体实践中，社会组织品牌沟通渠道可分为大众传媒渠道与人际渠道两类。

1）大众传媒渠道

在社会组织观念和实践倡导方面，大众传媒（也称新闻媒介，包括报纸、杂志、电视、广播以及计算机网络等）起到了不可忽视的作用。自 20 世纪 90 年代以来，我国大众传媒获得了长足的发展。大众传媒的影响建立在它对受众影响的基础上，掌握大众传媒就掌握了对较大范围受众表达思想的话语权。例如，艾滋病防控机构常通过多种类型的大众传媒，如电视、报纸、网络等发布公益广告来向公众传递预防艾滋病的观念，提高大众对于艾滋病的认识和重视度。

2）人际渠道

一是志愿者。社会组织是以非营利性和志愿性为主要特征的组织，志愿者是其人力资源的主要构成。一些来自草根的社会组织正是通过广大志愿者长期或临时地提供志愿劳动，才使组织得到发展和壮大。志愿者往往处于社会组织产品或服务的最前端，并作为组织的代言人直接与顾客进行交流和互动。

在将志愿者作为组织分销渠道时，社会组织需要对志愿者进行相关的培训，如所分销产品的信息、与分销有关的各种技能与方法、组织的宗旨与目标等。同时，由于志愿者通常为劳动捐赠者，社会组织也需要采取适当的方式对志愿者进行奖励，如感谢信、纪念品、在媒体上宣传志愿者事迹等。此外，组织还要对志愿者分销进行相关评估。总之，社会组织在营销过程中，对志愿者的管理贯穿全程。

二是专业人士。相比志愿者，专业人士具有较强的专业知识，在推广社会组织产品时能够在受众中获得较高权威度与可信度。因此，专业人士在社会组织产品分销中扮演着重要的角色。比如，生态保护组织开展环境保护运动时，邀请高校和研究所的环境保护、生态学或气候学专家就是重要的分销渠道，他们肩负着增强民众环境保护观念和进行实践的主要责任。

在实践中，会议、论坛等已成为当前社会组织利用人际渠道进行品牌传播的一种升级形式。例如，2021 年 7 月永续全球环境研究所联合桃花源生态保护基金会和公民生物多样性保护联盟等十余家机构，召开了"迈向昆明：非国家主体贡献 2020 后全球生物多样性保护论坛"，除政府和民间组织外，此次会议还邀请了高校、研究机构的专家学者，共同讨论在生物多样性保护目标下非国家主体应发挥的积极作用。

三是知名人士。知名人士（包括名人与伟人）通常是指具有较高的社会知名度的人，如政界领导、商界精英、影视明星等。因此，社会组织可充分利用名人效应来开展营销活动。鉴于社会组织的社会公益性质，在选择知名人士时，应考虑知名人士的受尊重程度甚至社会威望，以避免所选知名人士的负效应给社会组织营销带来错误的导向和影响。20 世纪 80 年代末，我国每年约有 100 万名儿童因家庭贫困失学。1989 年 10 月，团中央、中国青少年发展基金会启动了旨在救助贫困地区失学儿童的公益基金——"希望工程"。1990 年 9 月 5 日，邓小平欣然为"希望工程"题名，并以"一个老共产党员"的名义两次捐款。1992 年 4 月 15 日，邓小平同志为希望工程的题词在《人民日报》上发表，由此揭开了"希望工程百万爱心行动"的序幕。

2022 年初，上海联劝公益基金会启动了推进未成年人保护工作的"宝藏小屋"项目，并获得了林书豪、韩东君和陈学冬三位知名人士的参与和助力。其中，林书豪在 2022 年度的 CBA 赛季每投出 1 个三分球，将捐赠 3000 元，用来支持"宝藏小屋"项目。

在实践中，针对无形产品的分销渠道设计需要注意两方面。一方面，大众传媒渠道与人际渠道应根据情况灵活使用。通常，对人际性联系和相关服务要求较高的产品分销宜采用人际渠道。例如，扫盲运动和计划生育分别要依靠学校和医院等机构来推进，工作活动很大程度上需要依赖这些机构中的志愿者和专业人士。另一方面，大众传媒渠道与人际渠道之间并非孤立的，社会组织多采取这两种渠道相结合的方式开展活动。

另一方面，时代化。社会组织的品牌沟通渠道应该紧跟时代步伐，采用新型的品牌传播工具。当前，组织品牌传播媒介形式也在不断地变化，呈现着由传统大众传媒向新媒体转变的趋势。作为除报纸、杂志、电视、广播之外的第五种媒体形式，新媒体主要包括智能手机、互联网、网络电视等数字化的媒体形式，其具有灵活性强、覆盖面广、成本低、互动性强等多种优势，能够有效地提升社会组织品牌的知名度。在新媒体中，以社会交往为核心功用的网络媒体更受大众偏爱，如国外的 Facebook、Youtube、Twitter、Instagram，国内的"两微一抖一红书"（即微信、微博、抖音和小红书）等，都已经成为社会组织进行品牌传播的重要平台。通过社会化媒体进行的品牌传播能够实现信息在较短时间内传达给相关用户的效果，可带来较高的参与传播话题讨论的用户量。事实上，在实践中，一些优秀社会组织已经把基于新媒体的沟通看成连接利益相关者的重要手段。

作为搭建互联网公益平台的优秀代表，腾讯公益基金会不断利用数字化手段，拓宽公益边界。例如，2019 年腾讯公益基金会推出"回响计划"，以媒体报道、短视频、直播等传播形式，致力于打通、简化公益项目和爱心网友之间的传播链路；2022 年 5 月腾讯公益平台"很透明"地推出"小红花来信"功能，通过微信提醒，可以让捐赠人更清晰地看到自己捐助公益项目的进展。

值得注意的是，新媒体的运用并不是对传统媒体的排斥。近两年，融媒体已经逐渐成为组织品牌传播的一种新取向，即要求组织能够充分、综合性地利用各类存在互补性的媒体，如电视、广播、报纸，从而达到品牌传播的协同效果。例如，以行业协会为例，其不仅可以建立与国家、地方传统媒体，以及相关部门如工商联等的交流与报送机制，也可以与新媒体进行积极合作，如在网易新闻、搜狐新闻等手机新闻资讯客户端常态化推送新闻，以提升组织品牌影响力。

## 三、社会组织的品牌资产与品牌维护

### （一）社会组织品牌资产

作为外部品牌管理的重要成果，品牌资产又被称为品牌权益，是指与组织品牌（包括其名称、标志等）相联系，能够增加或减少组织产品或服务价值的一系列资产或负债（Aaker，1991）。通常，社会组织品牌资产表现形式多样，如品牌知名度、品牌忠诚度、品牌联想度和品牌美誉度等。

### 1. 品牌知名度

品牌知名度又被称为品牌知晓度，是某组织品牌被社会公众所知晓和了解的程度。在实践中，品牌知名度常通过识别度和回忆度这两方面来进行评测，即通过社会公众能否从众多品牌中辨识出、想起或记得目标品牌来加以判断。

社会公众可以借助品牌知名度来推测其公益交易行为（如购买和捐赠）的可靠性，以做出交易决策。这是因为，公益品牌具有较强的扩散性。相比具有较低知名度的组织品牌，具有较高知名度的社会组织品牌更易受组织负面事件影响并且被损害程度更大。因此，为了避免组织声誉受损，高品牌知名度的社会组织不太可能实施违法违规行为。因此，品牌知名度有利于增强公众对社会组织的信任感，提高其产品或服务在公众心目中的认同度，从而获得公众的广泛支持，如参与购买和捐赠等。实践中，为了提升品牌知名度，社会组织需要积极展示其品牌，创建独特且易于记忆的品牌标识，持续开展品牌公关（如新闻报道）和邀请知名人士代言等品牌推广活动。

### 2. 品牌联想度

品牌联想是指消费者记忆中所有与组织品牌相关联的事情。换而言之，品牌联想是指当外部受众看到某一品牌时，在其记忆中所引发的对该品牌的想法，如感觉、经验等。基于凯勒（Keller，2003）的联想网络模型，品牌联想包括属性联想、利益联想和态度联想三类。其中，属性联想是受众对产品或服务特征的联想，利益联想是受众对产品或服务所承载利益的联想，态度联想则是受众对产品或服务的整体评价。

通常，品牌联想会加深受众记忆中有关品牌信息的理解和认知，在受众心中形成独特的品牌形象和品牌情感依恋，从而促使其做出品牌选购判断。因此，社会组织应积极提升品牌联想度，增强品牌与目标受众的关联度（如身份、地位、价值观等）。例如，公众在献血时通常会想到中国红十字会，在提及青少年助学领域的公益机构时常会联想到中国青少年发展基金会。为此，在品牌外化过程中，社会组织应当考虑由品牌个性和形象等引发的品牌联想刺激。实践中，品牌故事是强化社会公众进行公益品牌联想的一种有效方式，这是因为品牌故事传播渠道和形式多样，不像广告过于直接，更易使社会公众接受品牌所代表的情感和品质，并使其在不经意间了解品牌及其文化。例如，社会组织（或慈善项目）可以在公开场合或通过公共媒体来讲述品牌创立的艰辛或让工作人员（或项目发起人）讲述公益活动过程中温馨、感人的故事。

非营利性机构 Charity: Water（中文常被翻译为：上善若水）是一家致力于保护水源的慈善机构，其主要服务内容是向贫困地区捐赠水井，帮助因饮用污水而致病的人群。它最初爆红于公益圈是由一个名叫 Rachel 女孩的故事引发的。Rachel 在她 8 岁的时候取消了生日派对，要求的好友礼物是每人捐 9 美元，以便为非洲挖井而筹资。9 岁那年，她建了一个生日主页，为挖井筹集 220 美元。她想亲自去看看那些水井，但一个月后，一次车祸后，她却没有再醒来，只有 9 岁。在她意外去世之后，她所建立的生日主页却没有因此消失，并引起了社会媒体的广泛关注。捐款不曾停止，每一笔都是 9 美元，目前已经筹款超过 100 万美元。

### 3. 品牌美誉度

品牌美誉度主要指目标受众对某一品牌的信任度与好感程度。一般而言，品牌美誉度越高，越代表目标受众对品牌赞美的程度越高。从本质溯源上看，品牌美誉度是个体结合自身体验并与其他组织信息对比后所产生的对某一组织品牌价值的心理感受，并因此表现出对该组织品牌的赞赏和喜欢程度。对于一家社会组织而言，美誉度是公众给予该社会组织美丑与好坏评价的舆论倾向性的指标。

总体上，相较于品牌知名度与联想度，品牌美誉度能较好地反映非营利品牌在社会公众心目中的价值水平。这是因为，品牌知名度和联想度代表着某个非营利品牌能否被公众了解和记忆，而品牌美誉度却能衡量该非营利品牌是否在公众心中具有良好的形象以及能否被信赖。当前，品牌美誉度对社会组织的发展十分重要，特别是在非营利产品日趋同质化的背景下。鉴于其代表着某一社会组织公共关系的和谐程度并在吸引志愿者与社会资源等方面发挥着积极的作用，品牌美誉度应当引起社会组织的重视。

### 4. 品牌忠诚度

品牌忠诚度是指消费者对某一组织品牌的忠诚表现，其可以从行为和态度两个视角来理解。行为层面的品牌忠诚度是指消费者对某品牌产品或服务实施的持续和重复性的购买行为。换而言之，当消费者较为频繁地购买某一品牌产品或服务时，即表明其对该品牌具有较高的品牌忠诚度。品牌资产研究早期学者塔克（Tucker，1964）曾指出，消费者对某一品牌购买次数达到 3 次时，该消费者便可被视为忠诚的消费者。总体上，从行为视角看，对某一品牌所表现出来的消费行为较好地体现出消费者对该品牌的忠诚情况。相比较而言，态度视角下的品牌忠诚度是一种强烈的情感倾向，即消费者购买产品时对某一品牌的强烈的喜爱与偏好。在态度视角下，消费者对某一品牌的忠诚度主要取决于其对该品牌产品所持有的喜爱和偏好程度。当然，为了全面地诠释品牌忠诚度的内涵，需要结合消费者的行为和态度来看。这是因为，真正的品牌忠诚即需要消费者同时具有重复的购买行为与强烈的喜爱和偏好倾向。

鉴于第三部门中产品或服务存在购买与消费相分离的情况，对社会组织品牌忠诚的人不仅包括实际消费者即服务对象，也包括购买产品但未消费的群体，如捐赠者和政府部门。因此，高品牌忠诚度也意味着捐赠者对某一社会组织的持续捐赠和强烈的捐赠偏好，或公共服务购买中政府部门对某一社会组织的持续购买与偏好。从这个角度看，品牌忠诚度是提高社会组织竞争力水平与可持续性发展力的重要影响因素，是品牌资产的高级形态。实践中，社会组织可以通过个性且清晰化的品牌定位、产品或服务的品质提升以及对外品牌沟通与宣传的强化等多种方式来提升消费者或购买者对其品牌的忠诚度。

知名度、联想度、美誉度和忠诚度是社会组织外部品牌管理的结果，即品牌资产的主要形式。从品牌资产形成层级上看，品牌知名度、品牌联想度、品牌美誉度和品牌忠诚度呈现出一种由低到高的递进关系。其中，品牌知名度与品牌联想度是社会组织的浅层品牌资产，是目标受众对社会组织品牌价值的间接体验，而品牌美誉度与品牌忠诚度则属于社会组织的深层品牌资产，是目标受众对社会组织品牌价值的直接体验。因此，社会组织品牌资产建设遵循着由低到高的逻辑：首先，品牌被受众所知晓（品牌知名度）；其次，品牌能够被受众在产品选择时所记忆和形成情感共鸣（品牌联想）；再次，品牌在品质和价值方面获得受众的赞美和信赖（品牌美誉度）；最后，品牌能够获得了受众强烈的喜好并重复购买（品牌忠诚度）（图12-7）。

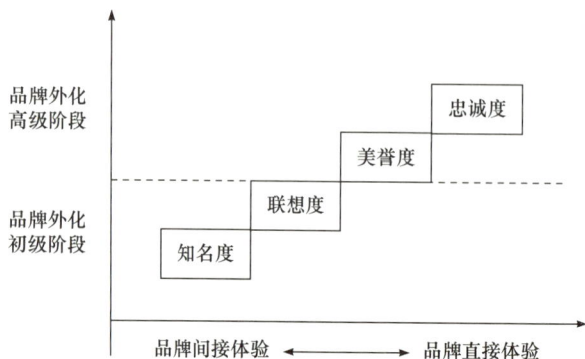

图12-7　社会组织品牌资产的建设阶段

资料来源：张冉，叶超. 2021. 中国社会组织品牌化研究：结构维度与效能机理. 北京：知识产权出版社

## （二）社会组织品牌维护

### 1. 品牌维护的含义

品牌维护又称品牌维系，是社会组织对自身品牌资产进行的维护与管理。通常，组织品牌的建构是一个漫长的过程，需要投入较多时间、资金和精力。然而，品牌也具有脆弱性，极易损耗。社会组织品牌多依赖于社会公众及利益相关者的信任，而这种信任又极易受损。为预防任何相关组织（或个体）的负面事件、行为给组织品牌带来的稀释和损害，社会组织有必要对品牌管理所形成的品牌资产进行动态的监控与评估，对任何负面事件及时地采取干预和改进措施，以推进品牌健康且可持续性的建构。因此，从这个层面上看，品牌维系实际上是一个进行品牌效果评估的过程。

### 2. 品牌维护的基本原则

除了持续地进行品牌沟通外，品牌维护需要坚持以下原则：

（1）产品品质保障原则。从服务的视角看，顾客满意心理形成的根源在于，顾客所感知的产品或服务的质量。只有建立在优质产品与服务的基础上，社会组织进行积极的品牌沟通才能发挥出应有的效果，品牌资产也才能持续积累和增值。并且，当前非营利产品与服务存在趋同化现象，这决定了社会组织在面对其他同行竞争时必须提供具有品质优势的产品与服务，从而取得竞争优势并提升品牌忠诚度，特别对那些质量敏感的目标受众更是如此。此外，优质的产品或服务本身也可以成为社会组织在品牌外化工作中的沟通亮点。

（2）信息全面管理原则。这主要指社会组织需要能够全方位、全过程且快速地收集和获取有关组织品牌管理的相关信息。全方位强调所收集的品牌信息不仅包括该组织的品牌市场表现，也包括同行的品牌活动，甚至包括国家或地方政府政策的相关规定。全过程则要求社会组织能够掌握在整个品牌建设周期中的品牌活动及表现情况。例如，国家政策规定能够为社会组织调整品牌定位提供参考，而同行品牌信息则可用来指导组织品牌定位或品牌沟通活动的开展。

（3）组织系统设计原则。外部品牌管理是组织与外部受众进行品牌传播和沟通的过程。然而，其不能仅是组织品牌或营销部门的责任，需要组织进行系统化设计，需要实施品牌管理的多部门协同与合作，甚至需要外部营销机构或专家的支持。在实践中，社会组织可考虑建构无边界组织，即来自不同机构以及组织内部不同部门、背景和经历的人员针对品牌管理议题建立起一个跨组织、跨部门、跨职能的无边界品牌管理团队，以实现品牌管理工作的整合。在现实中，有条件的社会组织可考虑设立品牌管理工作委员会，定期讨论品牌管理工作中存在的问题和找到解决办法。

（4）关系积极互动管理原则。对社会组织而言，品牌维护不只是意味着精心安排的营销交流活动，还应包括与利益相关者互动并进行关系维护。通常，社会组织品牌维护对象涉及社会公众（包括服务对象）、政府部门、竞争者和媒体等。对于社会公众而言，社会组织需强化他们对组织品牌的知晓度和认可度，鼓励他们参与组织活动并使其获得持续的良好品牌体验，使得他们对组织品牌长期持有较高的品牌忠诚度和美誉度。对于政府部门而言，社会组织需积极开展政社对话，自觉遵守相关法律法规，自觉接受和配合政府的监督工作，协同政府部门做好社会治理工作。对于竞争者而言，社会组织需深入发掘自身的发展特色、提供差异化服务，在竞争的同时与同行开展品牌合作。对于媒体而言，社会组织应积极寻求与媒体机构进行合作，不仅要与偏市场化的新兴媒体维持良好关系，有时也要依靠有影响力的党政媒体进行品牌背书，以强化品牌可信任度和认可度。

### 3. 品牌的危机管理

社会组织在发展过程中不可避免地会遇到一些有损组织品牌资产和形象的危机事件。例如，中国红十字会未能很好地处理郭美美事件而使得组织品牌资产受到损害，捐赠者的品牌忠诚度也随之降低，主要表现为组织捐赠额在事件发生后锐减。为此，开展品牌危机管理是品牌维护和实现品牌资产积累的重要保障。通常，对于社会组织而言，一个有效的品牌危机管理体系主要由以下内容构成。

（1）制定品牌应急管理预案。基于服务领域实际情况，并结合组织自身发展需要及品牌管理特征，社会组织应制定系统性的突发事件应急预案，能够明晰一定时期内可能发生的品牌舆情事件或活动。同时，社会组织还应积极建立组织品牌危机公关制度，为品牌危机管理提供依据。

（2）明确应急管理责任主体。为进一步加强品牌应急管理工作，社会组织应明确负责应对组织污名事件的责任机构和责任人，条件成熟的社会组织可考虑在秘书处成立应急管理工作小组，负责日常应急值守、信息汇总和衔接协调等工作。

（3）构建应急管理沟通系统。在组织内部，社会组织需要构建内部应急管理报告机制，明确应急事件报告的范围、主体、内容、时限和方式。比如，一些社会组织因未能在有限的时间内做出及时有效的决策丧失了最佳时机，从而造成严重后果。相比较而言，外部沟通机制主要是对外联系机制。即面向组织外部，社会组织需能够及时地联系相关媒体、业务管理部门、舆情利益主体等，进行及时、有效的沟通，以防止事态恶化。在危机事件发生后，社会组织应讲究诚信，及时发布权威信息，解读危机背后的原因、处置方式和流程等，以获得社会公众和媒体的认可与理解。

（4）健全应急管理动态监查机制。这主要指社会组织应注重组织社会舆情的分析，定期对组织品牌可能存有的公共事件隐患进行审视和排查，以开展品牌资产的过程控制而非"亡羊补牢"的事后控制。其中，对于社会团体（如行业协会）来说，组织不仅需要对自身品牌进行实时审查，还需对会员单位和行业深入开展突发公共事件风险隐患普查和统计工作。

2011 年，美国红十字会的一名员工错将发给老板的私人信息发到机构推特主页上。该信息是："罗恩找到两件四个包装的 Dogfish Head 牌 Midas Touch 系列的啤酒，我们庆祝时，它可以派上用场了。"面对危机，美国红十字会并没有在第一时间选择删除帖子。虽然最后，红十字会还是删掉了帖子，但却用一种较幽默的方式弥补了这个错误，即发了另一条信息："我们已经删掉了刚才那条看起来不雅的帖子，但是我们保证红十字会其他的承诺都是在清醒的时候做出的。"此后，美国红十字会在官方博客上解释了事情的起因，错发此帖的员工出面向公众道歉并重新将帖子发到了自己的推特上。这条帖子引起了 Dogfish Head 公司的注意，其公司副总裁也在推特上号召 Dogfish Head 的粉丝开展筹款、献血活动。至此，美国红十字会用一种既有诚意又充满幽默的方式处理了此次危机事件，甚至变危机为契机[①]。

## 本章小结

当前，我国社会组织正从数量增长转向质量提升，而品牌管理正是社会组织质量提升的重要抓手。社会组织品牌管理是基于组织使命和宗旨，借用市场化策略，在利益相关者心中塑造差异化的组织标识、传达特有的品牌价值，以提升组织内部凝聚力和外部公信力的过程。当前，我国社会组织品牌管理在管理理念、组织人事和资源投入等方面面临着诸多挑战，需坚持思想引领、战略关注、亲密关系和市场运作的实施导向。根据品牌管理对象，社会组织品牌管理分为内部品牌管理和外部品牌管理两部分。其中，内部品牌管理是社会组织面向内部成员进行的品牌价值传递，由组织品牌内化与员工品牌内化构成，表现为行动（如品牌沟通、品牌培训）和结果（如品牌情感、品牌行为）两个层面。外部品牌管理是社会组织通过市场化的品牌塑造和传播策略来向外界传递出与品牌价值相关的信息的活动，其实施过程涉及品牌定位、品牌识别和品牌沟通等方面，需要注重品牌资产建设以及品牌维护。

---

① 如何应对"汹涌"的舆情？—— 浅谈慈善组织的危机公关（下）. https://www. kaiming. org. cn/news/post/show/274，2018-01-01.

## 案　例

### 安徽新华女性公益发展中心的品牌化之路①

安徽新华女性公益发展中心（以下简称中心）是安徽首家省级女性慈善组织。自 2016 年 6 月在安徽省民政厅登记注册以来，中心围绕"关爱女性、呵护女童"的宗旨，先后打造"阳光助学圆梦计划""关爱女童花蕊计划"等特色品牌项目，经过数年深耕已成长为安徽省 5A 级公益组织，获得了"全国先进社会组织""中国青年志愿者优秀组织奖""安徽省社会组织先进党支部"等多个荣誉称号。

作为安徽省首家女性公益组织，中心自成立以来在发展过程中一直坚守组织定位，专注于女性公益事业，长期关注山区女性问题，所开展的活动八成以上面向女性，目前已成为安徽省甚至全国女性公益慈善领域的标杆性组织，在女性公益领域具有较强的知名度与影响力，而组织掌舵者即中心理事长王文娜也正是一名优秀的 80 后女性公益人。作为合肥市政协委员，王文娜理事长结合本职工作积极履职，以满腔热忱投身公益事业，每年寒暑假都会带领伙伴们开展边远支教、志愿服务、关爱乡村女童等活动，由此荣获了"全国农村留守儿童关爱保护和困境儿童保障先进个人""安徽省级社会组织优秀党务工作者""安徽省慈善楷模"等称号。在文娜理事长的感召和动员下，中心凝聚了一批来自各行各业的骨干志愿者队伍。例如，于 2021 年底启动以女性健康教育及咨询为核心内容的"幸福妈妈加油站"项目便获得了合肥市 20 位女政协委员的志愿加盟，委员们有着企业家、医生、心理咨询师、专职公益人等多元职业背景，从各自行业和领域助力女性健康事业。

为避免使命偏离，中心在承接政府购买服务项目或与其他机构开展合作时，会考虑组织品牌和服务定位的要求。例如，中心曾接到过所在街道社区服务购买的需求，希望中心参与到居民自治、品牌宣传等社区治理工作中。然而，考虑到组织主要定位于关爱女性与保护女童，文娜理事长在与理事成员商议后选择了放弃服务承接，由此少了一次获得政府资助的机会。然而，中心一直践行在公益事业之路上，在放弃社区服务委托项目后，却无偿地组织志愿者参与社区公益活动，这可谓"业务不存、志愿犹在"。文娜理事长认为，参与社会公益志愿活动是一家公益组织应积极承担的社会责任。自 2020 年初新冠疫情全球蔓延后，中心坚持党建引领，支部党员积极参与志愿服务。其中，2020 年初中心招募 571 名志愿者参与合肥市抗疫工作，自制鞋底消毒池并为合肥市近 200 个工作单位捐赠了 600 余套消毒池，以供抗疫一线的人员进行消毒。2022 年 4 月，合肥市遭遇新一轮新冠疫情，有些市民服用的特殊药品在市内购买不到，委托亲友从外地购买的药品也难以快速到达市民手中。在此非常时期，文娜牵头招募了 109 名志愿者，并组织 29 名核心成员加入合肥市抗疫爱心志愿服务队，

---

① 笔者基于安徽新华女性公益发展中心提供的真实资料编写而成。

为市内及兄弟城市急危重症患者和孕产妇等急需帮助的人提供送药就医等服务,志愿者常通过各种运送方式往返于一些疫区。可以说,中心女性公益慈善事业不仅获得了社会的积极肯定,其社会志愿行动也获得了广泛的社会关注,很大程度上提升了组织的社会声誉与品牌形象。为此,不少社会人士主动通过小红书、抖音等自媒体来助力中心公益项目及理念的宣传,由此使中心获得众多社会支持者和粉丝,甚至带来了一些合作项目并达成合作意向。

对于社会组织而言,人力资源是组织品牌实现对外承诺的基本载体。为此,中心将品牌管理嵌入于组织人力资源管理职能之中。在人员招募方面,中心十分注重个人与组织理念的契合。针对志愿者招募,中心会专门了解志愿者对于女性公益事业的态度,关注其职业背景与组织宗旨的适配度,如组织更为青睐心理咨询师、幼师、高校毕业生等;对于专职人员的招募,志愿精神是重要的人才筛选标准,如中心会通过"在岗位薪酬外是否愿意参加无报酬的志愿活动"等问题来探究其是否具备志愿精神。在入职后(包括志愿者),中心还设计了入职培训、员工沙龙等内训活动,创设"先实践后分享""负责人带教"等干中学的实践机制,理事长也亲自与每位成员进行组织使命和品牌感受的分享与沟通。总体上,这些举措有效地促进了由外部成员向内部成员的转化,促使组织成员实现对组织品牌的"买入"与践行。

品牌是社会组织的生产力,而品牌标识打造正是品牌建构的重要一环。与多数同行需要借助于专业广告设计机构不同,中心品牌标识 Logo 灵感主要来自于中心负责人王文娜女士,并由一位来自陶艺工程领域的专业志愿者设计。除 Logo 外,中心还针对每个项目打造了子 Logo(图 12-8 和图 12-9)。例如,《花蕊计划》主要关注女童健康成长,其 Logo 由一个坐在花骨朵上、不敢直视外界的小女孩和一道金色光构成,而中心 Logo 则嵌入于支撑着小女孩的花骨朵中心。此外,中心也非常重视"在场化"品牌呈现,在办公走廊、办公室等工作场所,以及文化衫、笔记本、水杯等用品中均嵌入了中心品牌标识及相关符号,以通过全方位的有形展示来提升员工对组织品牌的认知与接纳。

图 12-8　关爱女童《花蕊计划》Logo

图 12-9　幸福妈妈加油站 Logo

品牌管理不能仅止步于品牌符号的打造,还应依托于后续健全的品牌管理体系。为此,中心建立了严格的品牌信息管控机制。例如,中心为组织及项目 Logo 均注册了独立的商标;重要资料对外呈现前都须经中心理事长或秘书长审核,并要获得理事会全员的签字。此外,中心会持续跟踪有关组织外部宣传信息并及时纠偏。例如,"爱洒蓝天下人间四月天"是中心每年定期举办的关爱孤独症儿童的项目,常吸引众多媒体、社会机构参与，其中一些组织为了吸引流量未与中心沟通就传达不当信息，如声称其参与了活动、未经允许使用照片（中心在使用照片时须经监护人同意并打上马赛克）、使用"孤独症小孩"（中心要求使用"来自星星的孩子"来表述）等话语。对此，中心及时沟通，对于拒不补救的机构或个人，会及时拿起法律武器进行维权。当然，文娜理事长认为，法律行动并非目的，而是在于唤醒与警示，即使得公益事业能够获得更多的社会尊重。除品牌保护外，有效的品牌对外沟通则是扩大组织品牌影响力的重要手段。在现有官方网站基础上，中心积极利用微信、微博等网络新媒体来推进公益理念的社会传播。在品牌建设过程中，中心与时俱进，每年会在理事会上定期讨论品牌定位及当前品牌表现情况，组织员工赴外地向其他优秀公益组织取经，据此进行未来行动的探讨与修正。未来，中心将进一步加大品牌建设力度并提升品牌管理专业化，拟在2022年底召开的理事会上正式开启新华品牌宣传行动，筹备建立专职品牌人员负责制，以号召更多人士参与关爱女性和保护女童的公益事业（注：该活动已经圆满结束）。

慈善没有止境，公益永不止步。作为中国公益慈善"她"领域中璀璨且耀眼之星，中心将始终遵循"党建引领，做有温度公益"的思路，不忘初心，继续前行，为助推女性公益慈善事业发展做出新的、更大的贡献。

**案例分析题：**

1. 结合案例讨论，组织领导者在社会组织品牌建设过程中的价值是什么？
2. 中心将品牌管理嵌入于组织人力资源管理活动的目的是什么？
3. 社会组织品牌外部管理的主要活动包括哪些，并请联系案例进行说明。
4. 请对中心未接受街道社区服务购买这一情况进行评价与讨论。

**本章思考题**

❶ 如何理解社会组织品牌管理？
❷ 社会组织品牌管理的构成内容及相互关系如何？
❸ 社会组织品牌管理实施过程中可能会遇到哪些挑战？
❹ 社会组织内部管理的管理体系是什么？
❺ 社会组织外部管理的管理流程如何？
❻ 社会组织品牌资产包括哪几种形式？相互之间的关系如何？

# 参考文献

白长虹，邱玮. 2008. 品牌内化研究综述：基于员工和组织层面的主要观点. 管理世界，（11）：160-165.

彼得·德鲁克. 2007. 非营利组织的管理. 吴振阳译. 北京：机械工业出版社.

菲利普·科特勒. 1997. 营销管理：分析、计划、执行和控制. 梅汝和，等译. 上海：上海人民出版社.

何佳讯. 2019. 品牌的逻辑：经典与颠覆. 销售与市场（管理版），（8）：72-75.

黄光，叶慧玲，周延风，等. 2016. 我国慈善组织品牌导向的维度构建研究. 管理学报，13（9）：1296-1304.

莱斯利·德·彻纳东尼. 2002. 品牌制胜：从品牌展望到品牌评估. 蔡晓煦，等译. 北京：中信出版社.

李海廷，周启龙，曹永智. 2021. 中国情境下品牌管理研究的文献计量分析. 烟台大学学报（哲学社会科学版），34（5）：110-116.

李晓青，周勇. 2005. 中外企业品牌管理研究综述. 商业研究，（21）：77-80.

唐代盛，李敏，边慧敏. 2015. 中国社会组织人力资源管理的现实困境与制度策略. 中国行政管理，（1）：62-67.

文军. 2012. 中国社会组织发展的角色困境及其出路. 江苏行政学院学报，（11）：57-61，67.

余可发. 2013. 组织品牌内化及员工品牌内化的整体概念模型研究. 当代财经，（4）：85-93.

张辉. 2019. 品牌内化对品牌资产影响的实证研究——以酒店品牌为例. 旅游学刊，（2）：94-105.

张舟，叶超. 2021. 中国社会组织品牌化研究：结构维度与效能机理. 北京：知识产权出版社.

张锐，张炎炎，周敏. 2010. 论品牌的内涵与外延. 管理学报，7（1）：147-158.

周俊，张舟，宋锦洲. 2017. 社会组织与慈善组织管理. 北京：北京大学出版社.

周延风. 2015. 我国慈善组织品牌建设策略与困境分析. 社会科学家，（1）：64-71.

Burmann C, Zeplin S. 2005. Building brand commitment: a behavioural approach to internal brand management. Journal of Brand Management, 12(4): 279-300.

De Chernatony L, Drury S, Segal-Horn S. 2004. Identifying and sustaining services brands' values. Journal of Marketing Communications, 10(2): 73-93.

Durkheim E. 1962. Socialism. London: Collier-Macmillan.

Keller K L. 2003. Strategic Brand Management: Building, Measuring, and Managing Brand Equity. 2nd. Upper Saddle River : Prentice Hall.

Madhavaram S, Badrinarayanan V, McDonald R E. 2005. Integrated marketing communication（IMC）and brand identity as critical components of brand equity strategy: A conceptual framework and research propositions. Journal of Advertising, 34（4）：69-80.

Meyer J P, Allen N J,Smith C A. 1993. Commitment to organizations and occupations: Extension and test of a three-component conceptualization. Journal of Applied Psychology, 78（4）：538-551.

Miles S J, Mangold G. 2004. A conceptualization of the employee branding process. Journal of Relationship Marketing, 3（2/3）:65-87.

Reeves R. 1961. Reality in advertising. New York: Knopf.

Sargeant A, Ford J B, Hudson J. 2008. Charity brand personality: the relationship with giving behavior. Nonprofit and Voluntary Sector Quarterly, 37(3): 468-491.

Tapp A. 2015. Charity brands: A qualitative study of current practice. International Journal of Nonprofit & Voluntary Sector Marketing, 1（4）: 327-336.

Thomson K, de Chernatony L, Arganbright L, et al. 1999. The buy-in benchmark: How staff understanding and commitment impact brand and business performance. Journal of Marketing Management, 15（8）: 819-835.

Tucker W T. 1964. The development of brand loyalty. Journal of Marketing Research, 1（3）: 32.

# 第十三章

社会组织问责

1. 了解社会组织问责的必要性。
2. 理解社会组织问责的具体内涵。
3. 了解社会组织问责的理论基础。
4. 掌握社会组织问责的主要类型。

● 社会组织问责始于 20 世纪 90 年代初期，强调社会组织应就其组织行动，通过公开的途径向问责主体进行说明、解释和辩护，厘清行动结果的责任归属并承担相应后果，以提升社会组织绩效和实现价值目标。面对日趋激烈的外部资源竞争，社会组织管理者在努力提高组织内部运作效率的同时，日益重视提高组织管理运作的透明度，主动接受问责，以赢得利益相关者的信任和支持，进而实现组织的可持续发展，并提升行业整体形象和社会影响力。

# 第一节　社会组织问责的必要性

当前我国数量庞大的社会组织在社会服务、环保、教育、文化娱乐、社区治理等领域发挥重要作用。然而，与政府面临"政府失灵"和市场面临"市场失灵"一样，社会组织也难以避免陷入"社会组织失灵"之困境。

作为"社会组织失灵"的重要表征之一，诸如"中国妈妈"胡曼莉事件、中华慈善总会虚开发票事件等重创社会组织公信力的事件时有发生。针对这些因失责进而失信的问题，有学者一针见血地指出，聚焦我国社会组织发展的现实，除去规模发展等方面的表征外，公信力比较匮乏是对组织整体演进的当下判断，具体表现为公益腐败现象的出现、社会资源的有限获取、公益行业的分布不均等（李军，2009）。与之相类似，有西方学者将"社会组织失灵"所引发的问题归纳为四大类，即低成效（不能圆满完成社会使命）、低效率（与花费的金钱相比，组织取得的成果距理想效果相差甚远）、中饱私囊（掌管社会组织的个人为自己谋取额外的利益）、风险过高（将资金投资于风险业务而导致财政崩溃）。解决社会组织失灵问题的关键在于建立社会组织问责机制（赫兹琳杰，2004）。

除了"社会组织失灵"，以公益之名从事营利事业，进而享有税赋上的优惠并获得政府补助和社会捐赠，从事非法活动等问题的存在，以及出于推动社会组织和行业的发展目的等，都是推动社会组织问责机制建立的重要原因（林淑馨，2018；张远凤等，2016）。

# 第二节 社会组织问责的缘起与界定

## 一、社会组织问责的缘起

从词源学上看，"问责"（accountability）[1]是古希腊和古罗马借款制度中的术语，原意为借款人向当地教堂或地主借款时，借款人就对贷款人负有解释说明的责任。嗣后，欧洲中世纪庄园制度也援用这种说明责任的制度，庄园主的管家每年需要向庄园主进行述职，这样的报告过程被称为"问责"（卢宪英，韩恒，2010；于常有，2011）。

有学者认为，从历史渊源和语义方面来看，问责与交代存在密切关系，其根源可追溯至威廉一世统治时期。1085年，威廉一世要求在他统治范围内的所有财产占有者呈报其财产数目。为此，皇家机构可在土地清账书册中评估臣民的财产。在威廉一世之后的数个世纪，"问责"逐渐从"记账"这个语源学上的束缚中挣脱出来。在当代政治科学话语中，"问责"与"负责任"不再具有传递簿记和财务管理的乏味单调之内涵，转而具有公平和公正治理的强烈意味。更为重要的是，交代关系几乎彻底颠倒过来，即"问责"不再指统治者要求其统治对象进行交代，而是指权威自身被公民要求承担责任（博金鹏，2012a）。

"问责"概念在政治学科得到逐步确立并被不断实践之后，伴随市场经济在全球范围内的兴起，开始进入经济学科领域并受到高度关注。正如有学者所指出的："'问责'并不是什么新概念，政治问责和行政问责早已在世界各地得到广泛的实践和讨论"，"20世纪80年代以来，'问责'在全球风行一时，在这一问责潮流中，政府首当其冲，企业也未能幸免，均成为问责的对象。"（丽莎·乔丹，彼得·范·图埃尔，2008）

"问责"概念进入社会组织部门始于20世纪90年代初期，其契机是该时期美国发生了多起社会组织的丑闻事件，如社会组织高级主管的超高薪酬及贪污事件，重创了社会大众对社会组织的信任。社会组织管理缺乏一套适合的责任机制，使得无法高效完成使命，投入服务对象的资金占比较小，内部人员唯利是图、草率进行投资或财务决策等问题一再出现。不仅如此，社会组织为了解决财政窘困问题，以商业化的方式增加营收，导致组织使命与利益目的之间出现冲突，由此引发社会大众对社会组织问责议题的关注（林淑馨，2018）。在中国，2003年春因非典疫情导致两位中国政府部级高官被免职，从而使得"问责"概念第一次进入中国公众的视野，进而在企业部门和社会组织部门中迅速传播开来（丽莎·乔丹，彼得·范·图埃尔，2008）。由于我国的社会组织治理长期存在法律文本缺失的问题，呈现显著的运动式政府管制特征，社会组织的"查处失信率"呈上升趋势。为此，有研究指出，避免失信成为一种生存本能，我们需要构建规制社会组织"失信"的全约束机制，包括由自律、互律、他律、政律构成的"四律"机制、问责体系等（葛道顺，2021）。

---

[1] 在使用汉语的国家和地区，"accountability"一词的翻译不尽相同。例如，我国香港地区将其翻译为"问责"，我国台湾地区则习惯将其翻译为"课责"，而日本则直接翻译成"说明责任"或音译为"アカウンタビリティー"。

## 二、社会组织问责的定义

如前所述,"问责"一词作为社会建构意义上的概念,其内涵极为复杂、模糊和多变,从而使其成为社会科学中最难把握的词汇之一。"问责"一词进入社会组织领域后,国内外学者试图援用其在政治学科和经济学科中的研究积累,努力构建符合社会组织部门的概念及其理论。

国际上的一些公益慈善机构会主动发起社会组织问责行动,其目的在于解决社会组织目前所面临的问责难题。它们认为,问责的目的在于保证公益慈善权力能在公正、尊重以及公平的框架内实施。受社会组织行为影响的群体有权被告知、被咨询以及能够讨论和参与决策过程,同时有权提出他们的现实关切并得到积极回应(俞祖成,刘震,2020)。

在我们看来,社会组织问责是指为了提升社会组织实现使命、价值和目标的能力,通过开放式对话向外部和内部的多重相关利益者说明、解释或证明其行为的正当性,并承担相应后果的过程。进而言之,社会组织问责的概念至少包括以下四层含义(傅金鹏,2012a)。

第一,问责同时来自社会组织外部和内部。社会组织的外部利益相关者(如规制者、资助者、顾客或受益者、与之共事的合作伙伴、社会组织共同体、志愿者、社区、媒体或一般公众),以及社会组织内部的员工均能够从不同角度就关心的事项进行问责。

第二,问责是社会组织与多重利益相关者之间进行对话的过程。社会组织通过正式或非正式方式向利益相关者公开信息,并说明、解释或证明行动及其结果的正当性。由于不同利益相关者之间在地位上存在差异,社会组织与他们的对话在优先性、内容、方式和途径等方面必然存在区别。

第三,问责必须使社会组织承担恰当的后果。问责的逻辑后果必然是承受激励性或惩罚性的后果,前者包括增加拨款、扩大合作、得到晋升和奖励等,后者主要有撤资、终止合作、拒绝接受服务、降级、退出组织和注销等。

第四,问责本身是一种治理工具而不是目的。社会组织问责必须能够有助于促进社会组织部门的良性治理,进而提升其行动能力并促进其成长。如果问责的目的或结果将削弱、钳制或消解社会组织的独立性,那么这是一种不良的问责,必须加以避免。

## 三、理解社会组织问责的三个视角

学界普遍认为,"社会组织问责"这一概念得以提炼,主要得益于诸多学者基于三个视角的讨论、衍生和深化。概括而言,这三个讨论视角包括"控制-交代""内部-外部""过程-机制"视角(傅金鹏,2012a)。

### (一)基于"控制-交代"视角的讨论

政治学科中的"问责"内涵深刻影响了早期学者对社会组织问责的理解,甚至导致他们直接将政治学科中的"问责"含义移植到社会组织之中。在政治学科中,"问责"被界定为"行使权力的个人被外部方式和内部规则所约束的一种状态"(傅金鹏,2012a)。显然,对于并不行使公共权力的社会组织来说,这个解释不适用。当然,也有政治学家认为，"问责是个人必须为其在社会中或组织内的行为向法定的或组织的更高权威承担责任，是对财产、文书或资金进行准确记账的义务"（傅金鹏，2012a）。然而，这个典型的传统问责定义旨在突出具有权势地位的问责主体，强调通过"文字报告"交代事情的单一问责形式，聚焦资金或拨款的使用及其直接结果，从而招致不少学者的批评。

显而易见，从"控制-交代"视角理解社会组织问责会给问责实践带来诸多问题，包括"偏向于具有权势地位的政府和资助者的问责，而忽视其他更重要的问责主体""采用的问责方式局限于项目评估和报告等，不重视其他关注社会组织使命、价值和目标的问责形式""主要关注资金使用带来的短期结果，而对社会组织活动产生的长期影响缺乏全面的评价和准确的反馈"（傅金鹏，2012a）。为此，Edwards 和 Hulme（1996）对问责的内涵进行修正，提出"问责是个人或组织向'认可的权威'报告并对其行为承担责任的方式"。其中，"认可的权威"不仅仅指具有权势地位的向上的问责主体（如信托人、捐赠者和政府部门），还包括向下的问责主体（如与之共事的伙伴、受益人或顾客、员工和支持者）。

### （二）基于"内部-外部"视角的讨论

Tandon（1996）指出，社会组织问责应涉及三个方面，即对组织使命问责、与使命有关的绩效问责以及对组织作为行动者在市民社会中的功能问责。由此，社会组织问责开始关注组织内部和组织本身，亦即关注组织使命和组织功能问题。1996 年，Najam（1996）构建了一个社会组织问责框架，提出社会组织在接受资助者和顾客或受益人问责的同时，还应对自身问责。受其影响，Christensen 和 Ebrahim（2006）将社会组织问责重新定义为："因组织行为向利益相关者承担责任，无论由内部还是由外部发起。"

简而言之，持"内部-外部"视角的学者认为，外部利益相关者的问责要求和方式与社会组织使命、价值、目标的实现程度紧密相关，故偏离组织使命和价值的问责无疑会削弱社会组织取得成功的能力，为此需要将资助方（捐赠者）、规制者（政府或社会组织共同体）、顾客或受益者、社会组织自身、合作伙伴甚至开展活动所在社区等多重利益相关者纳入问责体系之中。换言之，该观点的提出意味着社会组织问责的形式和内容都将发生变化，即通过项目评估的形式关注短期的量化结果只是社会组织问责的一部分，而对社会组织愿景、使命、价值的问责则很难通过短期性的量化指标实现。

### （三）基于"过程-机制"视角的讨论

从"过程-机制"视角理解社会组织问责是一个重要贡献。在研究世界银行和非政府组织的问责问题时，Fox 和 Brown（1998）将"问责"定义为"使行动者对行为承担责任的过程"。与之相类似，Slim 也将社会组织问责理解为一个过程，认为社会组织在问责过程中"应该公开地为以下内容负责，包括它的信念、它做了什么、没做什么，应该向所有与此相关的人群或机构展示，同时应踊跃地对所有了解到的进行回应"（丽莎·乔丹，彼得·范·图埃尔，2008）。

学界普遍认为，首次将社会组织问责的过程和机制进行清晰化描述的学者，当属Bovens（2007）。他从狭义层面将问责理解为"行动者（actor）和议事论坛（forum）之间的一种关系。在这种关系中，行动者有义务解释和证明他或她的行为具有正当性，议事论坛能质疑或做出判断，并且行动者会面临后果"。其中值得我们关注的是，Bovens将后果视为问责的关键要素之一。因为在他看来，如果不承担一定的后果，社会组织问责就将失去了约束力。

## 第三节　社会组织问责的理论基础

一般而言，概念的构建离不开理论的强有力支撑。面对充满希望和争议的社会组织部门（非营利部门），西方学者尝试运用多元化和跨学科的理论对社会组织问责议题进行深入探讨，进而试图为社会组织问责的概念构建与实践开展提供理论支撑。概括而言，与社会组织问责相关的代表性理论包括资源依赖理论、利益相关者理论、委托-代理理论以及管家理论（傅金鹏，2012b）。

### 一、资源依赖理论

资源依赖理论认为，没有任何组织能够完全控制其生存所需的资源，组织生存的关键是获取和维持资源的能力。组织对掌握其生存资源的其他组织具有依赖性。对外部的依赖性越强，组织就越容易受到更多的影响。

资源依赖理论属于分析商业组织运作的主流理论之一，但学者们普遍认为它也适用于分析社会组织与其资助者的关系。其理由是，任何社会组织对其他个人或组织均存在或强或弱的依赖关系，需要一定的资金、财物甚至是劳动力才能生存和开展活动。甚至有学者还推断，社会组织对外部资源的依赖程度更甚于商业组织，这种依赖关系使社会组织的资助者具有更强的话语权（傅金鹏，2012b）。为此，资助者能够要求社会组织说明和解释资金的使用情况及其产生的结果，而社会组织为了生存必须满足资助者的各种要求。同时，项目评估和报告成了资助者问责社会组织的主要方式。当然，社会组织一般不敢懈怠，会尽力按照预定计划使用资金并如期提交项目报告。

不过，资源依赖语境下的社会组织问责主要关注资源的使用，有明确的问责要求和目标，从而可能导致出现以下问题，即"问责近视"（资助者关注的内容往往是资金如何使用及其产生的短期效果，而忽视其对社会变迁产生的长远影响）、"过度问责"（资助者倾向向社会组织提出过多过细的条件，以确保资金的安全和有效使用）以及"象征问责"（社会组织为了让资助者满意，可能仅仅收集或提供其关心的数据，而不是收集对组织使命和价值实现有用的信息）。

### 二、利益相关者理论

利益相关者理论认为，组织既要关注对其目标和绩效有助益或损害的任何组织或个体，也要考虑受组织行为影响的组织或个体的利益。这一理论的提出，迅速推动了学界对商业组织社会责任、绩效和伦理的研究。商业组织和社会组织在性质与功能等方面尽管存在较大差别，但利益相关者理论已成为研究社会组织问责的代表性理论之一。需要注意的是，使用利益相关者理论分析社会组织问责的关键在于如何确定社会组织的利益相关者。

目前，学界普遍认为，每一个个体都有参与决定对其产生影响的事务的基本权利，并且这种权利的存在与个体是否拥有支配他人行为的权力关。据此，社会组织的利益相关者更为广泛，不仅包括社会组织为之服务或代表其利益的群体，而且包括受其行动间接影响的个体、社区和地区；既包括外部受社会组织直接或间接影响的个体或组织，又将其内部员工纳入其中。

总而言之，如果一个社会组织能够对如此广泛的利益相关者承担起相应的责任，那么这个组织无疑具有很强的责任，并且有利于其维持和提升组织的生存发展能力。然而值得警惕的是，与资源依赖理论相比，利益相关者理论更具有包容性和广泛性，它将顾客或受益者、员工、志愿者、媒体、社区甚至一般公众均纳入问责体系，从而引发一个难题，即是否应该对各种利益相关者承担起同等程度的问责责任。很显然，如果社会组织对各种利益相关者承担同等程度的问责责任，那么很可能陷入"多重问责失序"之困境。换言之，如果社会组织试图在多个方面承担责任，那么很可能最终没有一个会令人满意。如此一来，我们是否应该要求社会组织在面对各方问责之际确定问责的优先次序？对此，利益相关者理论迄今未能给出确切的答案。

## 三、委托–代理理论

委托–代理理论的核心观点在于，许多活动的成本太高或太复杂，很多时候无法依靠一个委托人来完成。为此，委托人需要雇用一个具有必要知识和技能的代理人，采取缔结契约的方式授权代理人采取行动并要求其达到契约规定的结果。当然，如果代理人没有达成委托人所期望的结果，那么将需要承担一定的后果。委托–代理理论在经济学和政治学得到广泛运用，并逐渐成为研究社会组织问责议题的重要理论。

根据委托–代理理论，向社会组织提供拨款（或资助）的政府或其他组织，以及向其捐赠物品或资金的组织或个体是委托人，而社会组织则被视为代理人。于是，作为代理人的社会组织有责任按照委托人的要求和期望妥善合理地使用拨款或捐赠，而委托人则有权监督、检查和评估代理人使用拨款或捐赠的情况。如果代理人未能遵守约定，就有责任向委托人做出说明和解释并可能需要接受来自委托人的相应制裁。显而易见，基于委托–代理理论的社会组织问责成为控制委托人与代理人关系的机制。在这个机制中，委托人必须建立一种制度，从而使他们能够获取监督绩效的信息并能够制定激励和制裁措施，以确保代理人能够履行在接受拨款或支持时所约定的义务。

当然，委托–代理理论在社会组织问责实践过程中也面临一些困境。例如，该理论更多地聚焦于作为代理人的社会组织之行为，而容易忽视与委托人有关的重要影响现象（诸如委托人对组织行为目标的要求）；又如，在代理人利益与委托人利益相冲突的时候，代理人很可能在实现自身利益的同时制造出满足委托人利益的假象；再如，委托人为了确保委托目标的实现，往往热衷于制定清晰而详细的面向代理人的递送服务、绩效测量与监督标准。换言之，委托人非常重视对代理人的外部控制，而容易忽视针对诸如组织使命和价值的组织内部问责；最后，如果委托人不止一个时，社会组织在问责过程中也容易陷入"多重问责失序"之困境。

## 四、管家理论

与委托–代理理论不同的是，管家理论的前提假设是"委托人与管家是以信任、声望、共同目标以及参与为基础进行关系构建和维系的"，目标一致是关系互惠的产物。如果将管家理论运用至社会组织部门，那么我们可以发现，其实很多时候资助者（委托人）和社会组织确实拥有共同的目标、相似的利益以及"行善"的本能。因此，在管家理论背景下，管家根据委托人的最大利益进行决策并将更大的价值置于共同的（而非个人的）目标之下，将组织或合同的成功视为自身的成就和前进动力。

进而言之，管家的责任感和忠诚度并不为个人利益所驱动，而是被内在的报酬（如信任、声望、互惠、自由裁量与自治、工作满意度、职位责任以及使命一致）所激励。就社会组织问责而言，与委托–代理理论中的委托人使用严密的监督机制和烦琐的报告机制并运用激励与惩罚措施以实现预期目标不同，管家理论中的委托人采取诸如让管家参与决策过程、定时交流与沟通、使用相互认同的方式维护两者之间的关系等方式，以构建和发展与管家之间的信任关系。如此一来，委托人要求社会组织向其报告结果及其他绩效信息就成为一种交流沟通机制，进而有助于提升组织的诚信度并巩固双方利益的一致性。

不过即使如此，作为管家的社会组织仍经常纠结于组织的绩效评估，因为它们往往缺乏时间、资源和专家来开展评估与测量绩效工作，同时时常质疑那些聚焦于短期目标的评估报告。然而为了避免失去资助方的信任，许多社会组织仍需要努力满足委托人提出的烦琐甚至是相互冲突的要求。

# 第四节　社会组织问责的类型

如上所述，目前社会组织问责的视角及其理论基础，均呈现出多元化的态势，从而推动形成了不同的问责内容和问责方式，进而演绎出形态多样的社会组织问责类型。时至今日，社会组织的问责分类可谓数不胜数。概括而言，目前较为流行的社会组织问责类型主要包括"等级问责"（hierarchical accountability）、"整体问责"（holistic accountability）、"功能问责"（functional accountability）、"战略问责"（strategic accountability）、"基于控制要求–反映性质的问责""基于社会交代的问责""积极–消极问责""基于成本导向的问责""基于社会责任的问责"，以及基于"四律"机制的问责。

## 一、等级问责与整体问责

等级问责是指具有不同地位与优势的外部和内部利益相关者对社会组织的问责，包括向上问责、向下问责以及横向问责。向上问责是指社会组织向在权力或资源方面拥有优势地位的利益相关者（如资助者和规制者）说明、解释或证明其行为的正当性并接受相应后果的过程。向下问责是指社会组织向接受其服务或受其行为影响的顾客或受益人和社区承担相应责任的过程。横向问责是指社会组织向自身或与之地位相当的利益相关者（包括理事会成员、内部员工、志愿者、同行共同体或其他合作伙伴组织）承担相应责任的过程。

在问责实践过程中，掌握关键资源的资助者和规制者能够对社会组织的生存造成威胁，向下问责的主体不具备相应的问责能力与有效的问责手段，以及横向问责和向下问责的方法存在正规化不足的缺陷，导致向上问责在实践中得到偏爱甚至在问责形态中占据支配地位。如果这种向上问责占据支配地位的现象不断被强化和延续，有可能牺牲对顾客和组织使命的问责，进而对社会组织的长远发展构成威胁。

针对向上问责占据支配地位的现象，有学者提出"整体问责"的概念。整体问责，是指一个社会组织的行为对或能对广大范围的其他组织、个体和环境产生的影响而进行的更广泛的问责形式（傅金鹏，2012a）。作为对等级问责尤其是向上问责的"牵制"，整体问责试图将受社会组织行为影响的所有利益相关者都纳入问责体系，同时扩大等级问责所界定的"绩效"之内涵，从而将实现组织使命的成效及其带来的社会结构变迁也涵盖其中，并综合运用定量和定性的绩效评估机制考核"绩效"。相关研究表明，向上、向下问责能起到互相补充的作用，当向上问责需要与向下问责相互联动的时候，社会组织更有可能支持针对受益人的问责活动（Kingston et al.，2019）。

## 二、功能问责与战略问责

功能问责，就是指"对资源的短期问责"，要求问责对象就资源获取、资源使用及其产生的直接影响进行解释和说明。与之相对应，战略问责则倾向于要求问责对象就组织行为对其他个人或组织的行为以及外部环境造成的影响进行解释和说明。从中我们不难看出，功能问责等同于向上的等级问责，而战略问责将视野延伸至组织行动产生的长期影响及其自身使命和价值实现问题，与前述的"整体问责"较为相似。

从问责实践的经验反馈来看，功能问责和战略问责并未受到同等程度的重视。较之战略问责，功能问责明显更受重视。究其原因，战略问责的成本较高，社会组织对社会的长远影响难以通过量化指标加以测量和评估，此外资助者都乐意看到其所提供的资金所产生的直接结果。

## 三、基于控制要求–反映性质的问责

美国学者 Kearns（1994）认为，社会组织问责体系包含两大维度，即由组织环境产生的一系列明确或模糊的绩效标准、来自组织内部反应性的（reactive）（即策略上）或前摄性的（proactive）（即战略上）回应。其中，明确的绩效标准是指那些被编纂在法律、行政规章或合同条件中的规定。模糊的绩效标准是指那些涉及由社会价值或社会信念等所界定的行政活动和组织行为所形成的结果。而社会组织对这些来自外部环境的绩效标准的回应通常有两种方式，即反应性的和前摄性的。

进而言之，根据外部控制要求的明确与否，我们可以进一步区分出两种反应性问责形态，即服从问责（compliance accountability）和协商问责（negotiated accountability）。服从问责是指社会组织服从由外部利益相关者施加的明确的绩效标准或一套清晰的运作程序，或者遵守组织制定的内部规则和操作程序。例如，社会组织向政府提交审查报告、向资助者报告项目执行情况、接受行业共同体的评估、按照组织内部规定采取行动以及履行合同义务。协商问责是指社会组织在面对变化的社会价值和信念，或者正出现的但未编纂成法律和规章的标准的时候，与外部利益相关者进行协商，以期达成一个双方都能接受的结果。

根据外部控制要求的明确与否，我们也可以进一步区分出两种前摄性问责形态，即职业问责（professional accountability）和预期问责（anticipatory accountability）。职业问责又称裁量问责（discretionary accountability），是指在缺乏来自外部环境的直接威胁或制约时，社会组织寻求将模糊的或变化不定的社会标准中存在的某些职业绩效标准内部化，进而采取一种便宜行事的方式，从而使得组织行为更大限度地契合职业伦理或职业规范。预期问责又被称为定位问责（positioning accountability），是指社会组织在面对外部施加的明确的绩效标准的时候，试图预先将那些标准进行格式化以定位组织的未来发展。例如，在政府制定和出台有关社会组织问责的法律或行政法规的过程中，社会组织积极参与其中，以争取有利的条件，并对组织的未来发展进行定位。

## 四、基于社会交代的问责与积极–消极问责

进入 21 世纪后，针对我国社会组织发展过程中出现的诸如滥用减免税特权以牟取暴利、通过过高的工资奖金进行变相分红以及内部贪污等问题，邓国胜（2003）提出，我国应尽快建立基于社会交代的社会组织问责机制。在他看来，问责是指"个人或组织对其使用的资源的流向及其效用的交代"。在此基础上，他认为社会组织问责所应强调的是社会组织的社会交代机制，其交代的内容应包括两个方面：一是社会组织的资源（主要是资金）都用到哪里去了；二是这些资源使用的效果怎么样。进而，他提出构建基于社会交代的社会组织问责机制，即强化社会组织面向政府的问责交代制度、开辟社会组织信息披露渠道以及建立面向社会组织的独立评估机构。

众所周知，我国社会组织部门在 2002 年发生两件轰动一时的大事，即著名的官办社会组织"中国青少年发展基金会"和著名的民办社会组织"丽江妈妈联谊会"同时受到媒体指责。在康晓光和冯利看来，这意味着如何完善社会组织治理已经成为摆在中国人面前的一个紧迫而又严峻的现实问题。他们认为，我国社会组织治理应以"权利""责任""负责""问责"为核心，而其中的"问责"与社会组织的外部监督机制紧密相关，即强调利益相关者有追究社会组织责任的权利和与之对应的监督机制作为保障。在此基础上，他们将问责进一步区分为积极问责和消极问责。前者是指事后的追究和惩处，后者是指利益相关者的不合作行为（丽莎·乔丹，彼得·范·图埃尔，2008）。

## 五、基于成本导向的问责与基于社会责任的问责

当前，受一些社会组织负面事件的影响，我国社会组织的问责议题受到社会越来越多的关注。然而，由于社会组织有各式各样的利益相关者，相应地存在各种各样的期望

和问责。这些不同类型的问责可能相互冲突，所以存在对不同类型问责的权衡取舍问题。换言之，已有相关研究无法系统、圆满地回应现实问责需要，学术界和实务界迫切需要为社会组织开发一些一般化的理论，来为不同问责的取舍和问责适当性的判断等提供依据。为此，陈志广（2012）在参考已有的社会组织问责分类研究的基础上，借鉴和运用威廉姆森的治理学说、布坎南和塔洛克的立宪学说，为社会组织问责提供了一种新的分类标准——问责方偏好与社会组织使命的吻合程度、问责方对负责方的强制程度，并基于此提出了新的问责分类——社会问责、自我问责、法令问责、层级问责。

基于与陈志广相同的问题意识，蔡瑞林等（2015）认为，社会组织在运行过程中同时具有商业性和公益性，因此建议将社会组织纳入经济法的范围加以考察，以便将社会组织的问责区分为商业性问责和公益性问责。他们结合 ISO 2600 标准，从时间维度（短期和长期）和强制维度（自愿和强制）出发，构建基于社会责任的社会组织问责分析框架，并将社会组织问责区分为功能问责、使命问责、商业问责以及战略问责。

## 六、基于"四律"机制的问责

我国学者葛道顺（2021）指出，在我国，自律和他律并不十分显性，行业互律多是空白的。政府的政律和社会组织行动的相互博弈是主要形式。评估技术被政府和社会组织选择采用，但并不具有独立权威，所以也不是有效的问责方式。

所谓自律，是指社会组织个体层面的自我约束机制，包括组织文化伦理的约束、组织内部治理体系的约束以及组织具体运行制度的约束，这些主要体现于组织章程中；所谓互律，属于社会组织行业层面的同行约束机制，主要是指行业性共同价值规范和行为标准对社会组织成员的约束；所谓他律，属于社会组织社会层面的广泛约束机制，具体指独立第三方评估机构、大众媒体与公众监督形成的约束机制；所谓政律，是对社会组织进行监管的行政约束机制。不同体制和法系的国家对社会组织的行政监管都是存在的，表现在登记、注册、稽核、税收及其减免、整改、撤销等方面。政律一般直接依据国家的相关法律和规定执行（葛道顺，2021）。需要指出，"四律"机制并非独立发挥作用，一机制的运行会影响其他机制的效用。例如，Chu 和 Luke（2023）研究发现，互联网时代对社会组织的问责重点为是否披露社会组织的业务、财务绩效和社会绩效，缺乏相关的信息和报告意味着同行和社会无法了解某一具体社会组织"在做什么好事"。因此，各机制互相配合是对社会组织问责的理想状态。

结合我国社会组织治理的现实情况，我们可以从内部合章合规审查（自律）、行业规训（互律）、第三方独立评估和社会审计（他律）、行政审查和执法（政律）四个层次构建社会组织的社会问责体系和政策体系。具体而言，内部合章合规审查的合法性来自于自律机制，一般由社会组织内部上级机构对下级机构、决策机构对执行机构或者权力机构对受托机构的行为进行合乎章程等规章制度的审查；行业规训问责是行业性社团组织，如联合会、协会根据得到成员广泛认可并承诺遵守的道德标准和行为规范，对成员组织进行问责；第三方评估和社会审计由独立机构分析与评估，如大众媒体和专业组织依据社会部门披露的信息或专门调查信息实施的分析，对发现的问题进行责问；政律问责，即行政审查和执法检查，以相关行为法和"三个条例"与行政规定为依据，对社会部门的法人性质、内部治理、收入和支出、接受捐赠的原则与规范、财政处置、信息公开等进行全面审查，包括年度核验和专项检查，以纠正和惩处不合法行为（葛道顺，2021）。

## 本章小结

本章认为，必须在当下新的社会治理环境中把握社会组织问责的原则与方向。换言之，如何依据不同的社会环境选择最适合的问责机制，应成为影响社会组织未来发展的关键所在。在实践中，对于倡导型社会组织和服务型社会组织而言，其问责的重点与严苛程度应有所不同；对于那些自身结构不健全并面临不利的外部政治经济环境的社会组织而言，则应当加强对其的法律问责和等级问责；对于发展良好的社会组织而言，我们则宜采取职业问责和使命问责，以契合社会组织对于较高自主性的要求。尤其需要强调的是，对于草创时期的社会组织而言，过多的法律问责和等级问责，往往又会对其成长活力产生抑制作用，从而不利于保障其自主性。对于社会组织问责，需要把握限度，因为如何有效问责，往往涉及社会组织在自律与他律机制之间的选择与平衡。

## 案 例

### 基金会中心网的社会组织问责实践[①]

#### 一、透明度与社会组织问责

不管我们如何理解社会组织问责的内涵，也不管我们如何构建社会组织问责的理论基础及其类型，透明度无疑是社会组织问责的基础和前提。其理由是，社会组织的"资源取之于大众，因此如何善用金钱及建立资源使用和结果联结的财务报告以展现组织的透明度，乃是建立课责（问责）的基础步骤"（林淑馨，2018）。换言之，透明度是监督与问责的基本前提，只有在问责主体及时、准确、全面了解有关信息的基础上，才能够对社会组织的运作状况做出判断和评价，并据此做出正确的决策（张远凤等，2016）。

社会组织享受了很多企业、政府和普通公众不能享受的权利，可以享受别人的捐款、提供的无偿的志愿服务，享有社会对你的尊重，等等。既然享受了权利，就要承担责任，真正的责任不是说自己尽心尽力就行了，在这样一个时代，人性总有弱的一面，因此别人有权利质疑。因此就要接受问责，从权利到责任再到问责，这是一个完整的逻辑链条。既然享受权利就要履行责任，既然履行责任，就要接受问责。透明既是自律的一个表现，也是接受问责、回应问责和推动问责的一个非常必要的环节。

对于社会组织而言，透明度是指社会组织及时公开组织的有关信息，尤其是项目和财务信息，以便政府和其他利益相关者了解其运作状况和工作绩效，判断其行为是否符

---

[①] 根据调研、访谈写作而成。

合法律、章程制度，决定是否承认其合法性，是否给予其优惠政策和待遇，是否购买或接受该组织的服务，是否对其进行捐款或支持该组织的活动，等等。与之紧密相关的是，社会组织的信息披露是指将反映其运营状况的主要信息，如提供服务状况、筹资进展、财务与投资报告、治理结构变动、年度重大事项等信息，真实、准确、及时、完整地向资助者、政府、受助者及其他利益相关者予以公开的过程（张远凤等，2016）。

由此可见，透明度和信息披露是两个密切相关的概念。一个组织的信息披露及时、准确、充分，就可以说这个组织的透明度高，否则就是缺乏透明度。学界普遍认为，在社会组织问责的诸多方式中，他律管制、自律规范、结果评估是最为常见的三种方式（林淑馨，2018）。在我国，从自律规范的视角推动我国社会组织（基金会）行业整体提升透明度的开创性实践，非基金会中心网莫属。

## 二、基金会中心网的创设背景与诞生历程

1981年7月28日，我国第一家基金会——中国儿童少年基金会宣告成立。自此之后，随着社会发展和政府政策的不断变化，我国基金会事业取得了飞速发展。然而，中民慈善捐助信息中心的调查数据显示，截至2009年末，在991家全国公募基金会中，披露年度报告的仅占30.4%，披露财务报告的也仅占28%，导致许多捐赠人并不知晓善款使用情况。对此，时任中国青少年发展基金会常务副理事长顾晓今认为，当前存在的基金会数据不清、不全、不实的现状，给行业内外带来诸多困扰，正在成为中国基金会发展的掣肘。

事实上，中国社会对公益行业信息披露的呼声由来已久。早在20世纪90年代初，以徐永光为代表的一批富有社会责任感和行业发展关怀的中国公益行业领导者，就开始关注中国公益行业的自律机制和透明度问题。然而，由于政策、社会环境、技术等条件制约，这一探索直到2009年末才出现具有实质意义的突破——行动者们决定采取行动，利用互联网技术推动行业透明度的提升和行业自律。而在基金会中心网筹建工作启动的前一年所发生的汶川地震，对基金会中心网的诞生起到了助推作用。2008年5月12日，汶川地震发生，举国震动。同年，清华大学公共管理学院邓国胜教授针对"汶川地震善款流向"进行了研究，并在当年公布了研究报告，从而引发了中国社会对善款使用的关注（梅双庆子，2018）。

2009年12月，由30多家基金会共同发起的基金会中心网筹建工作正式启动。徐永光、顾晓今、商玉生为筹备组召集人，饶锦兴为筹备组组长，程刚、耿和荪、陶泽等为筹备组副组长。2010年7月，北京恩玖非营利组织发展研究中心举办"基金会中心网启动暨行业透明大会"，宣告中国的基金会中心网正式启动，从而拉开中国公益行业通过自律规范方式提升组织透明度之序幕。当然，基金会中心网的成立并非一蹴而就，而是经历长达10年之久的酝酿和准备（表13-1）。

表13-1　基金会中心网的诞生历程

| 阶段分期 | 代表性活动 |
| --- | --- |
| 第一阶段<br>松散活动期（1990~1994年） | 1990年第一次中国民间基金会会议在河北承德召开，14个基金会参加<br>1993年第二次中国民间基金会会议在北京召开，30多个基金会和学术机构参加<br>1994年由10多家全国性基金会联合倡议成立"中华基金会联合会筹备委员会"，旨在推动交流合作和行业自律 |

续表

| 阶段分期 | 代表性活动 |
|---|---|
| 第二阶段<br>松散联合期（1998～2004 年） | 1998 年"中国基金会与 NPO 信息网"亮相，这是中华慈善总会和 17 家基金会联合在互联网上注册的"虚拟"组织，致力于推动基金会等非营利组织的信息交流和公信力建设；基金会中心网域名（www. foundationcenter. org. cn）同时注册（未运行）<br>2001 年"中国基金会与 NPO 信息网"更名北京恩玖信息咨询中心（以下简称恩玖中心）并在北京市工商局登记成立，取得法人资格，商玉生任理事长<br>2002 年恩玖中心在北京召开"中国 NPO 诚信国际研讨会"<br>2003 年在时任中华慈善总会会长阎明复推动和美国麦克利兰基金会资助下，"NPO 诚信培训工作会议"召开<br>2003 年由恩玖中心与美国麦克利兰基金会主持，国内外专家合作，开发了"公信力培训"教材系列，先后为 1000 多名非营利组织负责人提供了高质量的培训<br>2003 年在"跨国公司和公益组织国际高级论坛"上，由恩玖中心负责起草的《中国非营利组织（NPO）公信力标准》发布，数十名非营利组织负责人在上面签名<br>2004 年《基金会管理条例》公布 |
| 第三阶段<br>联合行动期（2005～2009 年） | 2005 年 11 月在中华慈善大会上，中国青少年发展基金会、中国扶贫基金会[①]、爱德基金会和恩玖中心联合主办了"NPO 自律论坛"并发起"中国 NPO 自律行动"。中国扶贫基金会副会长何道峰担任自律行动指导委员会第一任轮值主席，恩玖中心为执行机构。"中国非营利组织自律行动"提出"自愿""自律""自救"的口号，旨在通过建立自律准则，加强非营利组织行业的行为规范，提高社会公信力，促进我国公益性非营利组织的健康发展<br>2007 年由非营利组织自律行动指导委员会指导、恩玖中心起草的《中国公益性 NPO 自律准则》定稿<br>2008 年 4 月在中国人民大学"NGO 问责国际研讨会"上，《中国公益性 NPO 自律准则》正式发布<br>2009 年 1 月北京恩玖非营利组织发展研究中心在北京市民政局注册登记，何道峰任理事长<br>2009 年 7 月中国非公募基金会发展论坛召开，并发布了《中国非公募基金会自律宣言》 |
| 第四阶段 基金会中心网催生期<br>（2009～2011 年） | 2009 年 10 月中国非公募基金会高层参访团访美，参访团达成共识：基金会行业自律从信息公开开始，成立中国基金会中心势在必行<br>2009 年 11 月非营利组织自律行动指导委员会在南京召开会议，同意与中国非公募基金会发展论坛一起联合发起基金会中心网，并将其作为下一步行业自律行动的重要目标来推动<br>2009 年 12 月由 30 多家基金会共同发起的基金会中心网筹建工作正式启动。徐永光、顾晓今、商玉生为筹备组召集人，饶锦兴为筹备组组长，程刚、耿和苏、陶泽等为筹备组副组长。基金会中心网筹建工作依托于北京恩玖非营利组织发展研究中心 |

## 三、基金会中心网的组织使命与功能定位

时任基金会中心网理事长徐永光在中心网筹备工作期间认为，基金会中心设立有三点考虑：①公益慈善行业信息披露从基金会行业做起；②基金会行业自律从信息披露做起；③中心的工作业务从建立信息披露平台做起。根据这一建议，基金会中心网将其使命最终锁定为"建立基金会行业信息披露平台，提供行业发展所需的能力建设服务，促进行业自律机制形成和公信力提升，培育良性、透明的公益文化"。

基金会中心网正式启动后，时任基金会中心网副总裁的程刚提出组织未来发展的"四大功能"定位，即基金会检索功能、学习中心功能、新闻中心功能以及慈善地图功能。

---

① 2022 年 6 月 21 日，中国扶贫基金会经上级主管部门批准，该基金会名称由"中国扶贫基金会"变更为"中国乡村发展基金会"，以下不再一一标注。

围绕这些功能定位，基金会中心网逐步形成独具特色的三大服务产品，即信息产品、研究产品以及交流产品。时至今日，历经 10 多年的探索实践，基金会中心网紧跟社会形势和行业需求，成功细化了产品和服务内容，形成"数据产品"和"专题项目"两大模块，其中前者具体包括"FTI"[①] "数据报告""生态环境""对比分析"以及"数据榜单"等服务产品。

## 四、FTI 的开发运用与实际效应

基金会作为一个组织实体在社会发展中的角色越来越重要。基金会中心网相关负责人提供的统计数据显示，截至 2021 年 12 月 31 日，全国基金会的总资产达到 2186 亿元，2020 年的年度捐赠总收入为 998 亿元，2020 年的年度公益总支出为 877 亿元，公益行业规模继续扩大。

不过，虽然中国公益慈善事业整体快速发展，但是社会对于基金会行业的透明度和公信力提出了一些质疑。值得一提的是，2011 年"郭美美事件"重创了中国慈善公益行业的公信力，许多基金会意识到社会舆论的压力，希求找到合适的解决途径。面对这种困境，提高中国公益慈善事业的整体透明度、推动公益行业自身的透明及廉政建设，已成当务之急，这不仅有利于中国公益慈善事业的可持续发展，而且对于促进中国的社会和谐与稳定，同样具有战略意义。

在基金会中心网成立两周年的 2012 年 8 月 29 日，基金会中心网成功发布 FTI。FTI 是一套综合指标、权重、信息披露渠道、完整度等参数，以排行榜为呈现形式的基金会透明标准评价系统。排行榜单按照基金会最新透明分数每月更新一次，排名越靠前就代表基金会透明度越高。FTI 不但倡导透明，而且能反映出透明的状况，并且能够提供透明的解决方案，同时将公众、捐款人和基金会的利益与诉求结合起来，有效地提升透明度并逐步提升基金会的价值和影响力。概括而言，FTI 的设计原则包括以下几点。

（1）公开性。所有作为评价基金会透明度的指标和计算方法均向公众公开。一方面方便基金会了解如何提高透明度，另一方面方便公众了解透明指数的含义。

（2）科学性。透明指标构成充分考虑到当前基金会的发展水平，计算方法系统地考虑指标、权重、信息披露渠道、完整度四个方面，更加准确地反映基金会的透明度状况。

（3）倡导性。透明指数中对基金会官方网站的栏目设计制定了相应的指标，计算方法中给予基金会官方网站作为信息披露渠道的指标更高分数，所以透明指数倡导在信息时代基金会应该建立官网，并且官方网站应该包含若干信息披露栏目。

（4）民间性。FTI 由基金会中心提出，经清华大学廉政与治理研究中心、中国非营利组织自律行动指导委员会、中国非公募论坛（2016 年 11 月 23 日更名为"中国基金会发展论坛"）、基金会中心的发起机构以及一些具有一定影响力的基金会等众多基金会组织共同参与完善，最终得到行业基本认同。

（5）发展性。每年度召集专家研究指标体系的科学性和现实性，不断细化和推进基金会的透明标准，指标和权重是发展变化的。

---

① 中基透明指数（fundation transparency index，FTI）。

（6）国际性。透明指数网站提供中英文双语查询功能，方便国内外相关机构使用和查询。

FTI 总分等于 40 个指标（FTI$n$）的分数之和，满分 100 分，共分三个大类，包括基本信息（36.8 分）、财务信息（27.6 分）、项目信息（35.6 分）。FTI 的分数同时由四个参数决定，即指标是否披露（T$i$）、指标权重（W$i$）、信息披露渠道（S$i$）和信息披露的完整程度（C$i$）。某家基金会的透明度分数（FTI$n$）等于单个指标对应的 4 个参数的乘积的合计。

FTI 的具体计算公式，如图 13-1 所示。其中，$n$ 为基金会序号（如 1，2，3，…，$n$），$i$ 为指标序号（值为 1~40），T$i$ 为第 $i$ 个三级指标是否披露（值为 0 或 1），W$i$ 为第 $i$ 个三级指标的权重（值为 1~9），S$i$ 为第 $i$ 个指标的信息来源（这些信息如果出自该机构官网时，S$i$ 值为 1.2，其他渠道 S$i$ 值为 0.8），C$i$ 为第 $i$ 个指标信息披露完整度（值为 0~1，完整度越高值越接近 1）。

$$FTIn= \sum(Ti \times Wi \times Si \times Ci)$$

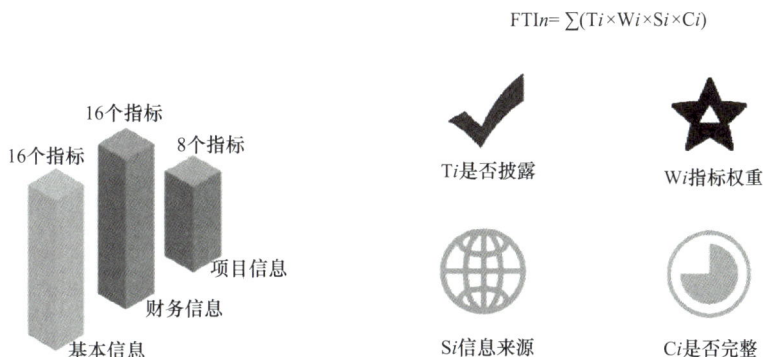

图 13-1 FTI 的计算方法

FTI 自 2012 年正式发布至今，指标涵盖内容、数量、权重、满分分值等多个维度，基金会中心网每年均略作调整，其目的在于推动基金会行业的信息公开并形成行业自律。可以说，FTI 通过复杂的机器算法得出的结果简明扼要，清晰的分数和排名，可查询的分数完成（缺失）情况以及通过基金会中心网就可以查阅的开放渠道，使之对于公众而言非常便捷。进而言之，FTI 的推出，一方面让基金会通过排名和指标、权重占比，了解自己透明度在全国的排名，并根据自己的情况有方向性地提升披露信息内容的质量；另一方面，FTI 对公众完全开放，大家可以通过透明指数作为自己的捐赠参考，进而推动行业透明度的提高和公信力的增强（梅双庆子，2018）。当然，作为一套旨在推进行业透明、体现行业自律的指数，基金会中心网自 2012 年首次发布 FTI 以来，一直在不断根据《慈善法》《慈善组织信息公开办法》等信息披露相关法律法规和基金会行业的发展情况，进行迭代与完善。例如在 2021 年，继 FTI2020 以公众视角为设计思路做出调整后，基金会中心网与基金会行业伙伴、捐赠方、媒体、管理机关等不同层面都做了多方面的沟通，希望让公众从不同视角能够对基金会"看得见""看得清"，促进基金会与公众主动且有效的互动沟通，提高公众对公益行业整体的信任度。

时至今日，FTI 已获得行业和社会广泛认同与积极响应，有效地促进了行业信息公开，提升了基金会行业的透明度和公信力（图 13-2），成为众多追求上进的基金会提升自我的一个标准。

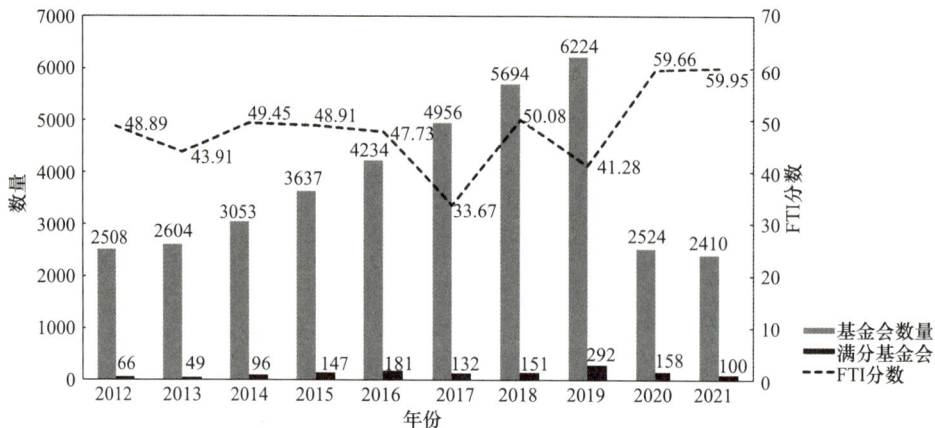

图 13-2　2012～2021 年 FTI 得分情况

## 五、基金会中心网的行业影响与未来挑战

可以说，尽管基金会中心网主要聚焦于"基金会透明"，但它代表了公众对中国整个公益行业提升自律的希冀。令人欣喜的是，在过去的 10 多年里，基金会中心网秉承使命，已经基本成为国内最具影响力的社会组织（基金会）信息披露平台，在倡导公益数据的应用方面发挥了一定作用，推出了作为基金会透明标准的 FTI，有效地推动了基金会行业整体透明度的提高；建立了良好的公共关系体系，推动了社会文明进步；建立了国内国际公益交流合作机制，开阔了国际化视野；充分发挥了倡导性平台作用，推进了基金会组织专业化发展。

换言之，经过基金会中心网数年的努力，中国基金会行业的透明度得到显著提升，为社会组织（基金会）问责奠定了坚实的基础。基金会中心网的实践探索提升了基金会行业的规范程度，促使基金会行业提升自身能力，推动了整个公益慈善行业的健康发展，实现了一定程度上的政策倡导和改良（梅双庆子，2018）。

当然，基金会中心网在未来发展方面也面临一些挑战。经过 10 多年的发展，基金会中心网已经成为基金会行业的信息平台，但是随着公众对于公益认知和期待日趋理性以及政府监管要求的日益提高，如何利用收集的基金会组织的数据服务于基金会行业、服务于全社会，如何利用好快速发展的移动互联网技术、5G 技术乃至区块链技术，仍然是要破解的难题。此外，如何通过第三次分配等政策促进公益数字化进一步提升，如何运用大数据技术来推动公益透明、公信力建设以及现代慈善文化倡导等还有很多工作要做。

**案例分析题：**

1. 请简述基金会中心网成立的社会背景及其意义。
2. 请简述基金会中心网在社会组织问责过程中扮演的角色。
3. 请简述 FTI 的主要内容及其合理性。

**本章思考题**

❶ 请简述我国社会组织问责的必要性。

❷ 请简述社会组织问责的定义及其理解视角。

❸ 请简述社会组织问责的主要理论基础。

❹ 请结合现实案例，论述与现实案例相适应的社会组织问责的内容与方式。

# 参考文献

蔡瑞林，陈万明，陆玉梅. 2015. 基于社会责任的非营利组织问责研究. 天津行政学院学报，17（3）：18-22.

陈志广. 2012. 非营利组织问责类型：一个成本导向的解释. 中国行政管理，（7）：104-109.

邓国胜. 2003. 构建我国非营利组织的问责机制. 中国行政管理，（3）：28-29.

傅金鹏. 2012a. 重新思考 NGOs 问责. 公共管理学报，（1）：94-103，127.

傅金鹏. 2012b. 西方非营利组织问责理论评介. 国外社会科学，（1）：113-122.

葛道顺. 2021. 失信与问责：我国社会组织"四律"机制和政策建构. 学习与实践，（9）：102-111，2.

里贾纳·E. 赫兹琳杰，等. 2004. 非营利组织管理. 北京新华信商业风险管理有限责任公司，译校. 北京：中国人民大学出版社.

李军. 2009. 非营利组织问责理论初探. 学会，（11）：26-30，47.

林淑馨. 2018. 非营利组织概论. 上海：华东理工大学出版社.

卢宪英，韩恒. 2010. 非营利组织前沿问题研究. 郑州：郑州大学出版社.

梅双庆子. 2018. 渐渐透明：中国基金会中心网的创业与创新. 斯坦福社会创新评论，（3）：85-98.

丽莎·乔丹，彼得·范·图埃尔. 2008. 非政府组织问责：政治、原则与创新. 康晓光，等译. 北京：中国人民大学出版社.

于常有. 2011. 非营利组织问责：概念、体系及其限度. 中国行政管理，（4）：45-49.

俞祖成，刘震. 2020. 日本社会组织问责：概念嬗变与机制构建. 国外理论动态，（1）：154-161.

张远凤，邓汉慧，徐军玲. 2016. 非营利组织管理：理论、制度与实务. 北京：北京大学出版社.

中国慈善联合会. 2017. 中国慈善捐助报告. 北京：中国慈善联合会.

Bovens M. 2007. Analysing and assessing accountability: a conceptual framework. European Law Journal, 13（4）：447-468.

Christensen A R, Ebrahim A. 2006. How does accountability affect mission? the case of a nonprofit serving immigrants and refugees. Nonprofit Management & Leadership, 17（2）：195-209.

Chu V, Luke B. 2023. NPO web-based accountability: how can we know if NPOs are doing good things?

Nonprofit and Voluntary Sector Quarterly. Nonprofit and Voluntary Sector Quarterly, 52(1): 75-105.

Edwards M, Hulme D. 1996. Too close for comfort? the impact of official aid on nongovernmental organizations. World Development, 24（6）: 961-973.

Fox A, Brown D. 1998. The Struggle for Accountability: The World Bank, NGOs, and Grassroots Movements. Cambridge: MIT Press.

Kearns P K. 1994. The strategic management of accountability in nonprofit organizations: an analytical framework. Public Administration Review, 54（2）: 185-192.

Kingston K L, et al. 2019. From monologic to dialogic. Accounting, Auditing & Accountability Journal, 33（2）: 447-471.

Najam A. 1996. NGO accountability: a conceptual framework. Development Policy Review, 14(4): 339-353.

Tandon R. 1996. Board games: governance and accountability in NGOs//Edwards M, Hulme D. Beyond the Magic Bullet: NGO Performance and Accountability in the Post-Cold War World. Conn: Kumarian Press: 60-61.

# 第十四章

## 数字技术应用与社会组织发展

1. 了解数字技术变革对社会组织的影响。
2. 掌握数字红利、数字鸿沟、技术赋能等概念。
3. 熟悉社会组织数字技术应用的主要场景。
4. 了解数字技术变革过程中，社会组织所面临的挑战及其应对之策。

● 党的二十大报告指出，要加快建设"网络强国、数字中国"。这是发挥数字化驱动引领作用、推进中国式现代化的必然选择。推进数字技术在社会领域的广泛应用，构建普惠便捷的数字社会，是数字中国建设的重要内容与应有之义。而数字社会建设，一方面需要推进数字技术在社会组织中的普及运用，另一方面也离不开社会组织不断创新数字技术的运用场景。数字技术的普及和应用对使用者产生了广泛的技术赋能效应。然而，不同组织和个人获得的数字红利（digital dividend）是不均衡的，并由此出现了数字鸿沟（digital divide）问题。社会组织一方面可以被数字技术赋能，提升其在募款、组织动员、对外宣传和政策倡导中的效能；另一方面也面临技术替代、网络舆论风险和数据化转型等挑战。本章介绍数字技术变革的现状及其对社会组织的影响，社会组织借助数字技术实现技术赋能的典型场景，以及应对技术变革给社会组织带来的挑战。

# 第一节 数字技术变革对社会组织的影响

## 一、数字技术变革与数字红利

### （一）数字技术变革

自 20 世纪 70 年代以来，信息与通信技术（information and communication technology，ICT）行业呈现出迅猛发展之势。进入 21 世纪后，以"大智移云"（大数据、人工智能、移动通信、云计算）为代表的新兴数字技术得到快速发展和广泛应用，数字技术正从各个方面改变个人的生活和工作方式，重组市场和商业的运作模式，同时也为国家、政府机关、公共部门与社会组织带来创新空间与治理挑战。这场数字技术革命，有学者称之为"第四次工业革命"。它与以往的工业革命之间有着显著区别，人类开始从工业时代向以数据和数字技术为基础的经济社会转变，即进入数字时代。

从广度上来看，以互联网为代表的信息与通信技术得到不断普及。2022 年，全球互联网用户数量约为 53 亿户，渗透率达到 66%。根据中国互联网络信息中心 2022 年 9 月发布的第 50 次《中国互联网络发展状况统计报告》，截至 2022 年 6 月，中国网民规模达

10.51 亿，居全球首位，互联网普及率为 74.4%，手机网民规模达 10.47 亿，手机网民占全体网民比例高达 99.6%，移动互联网普及率创新高。

从深度上来看，数字技术革命正在向纵深推进。随着信息技术基础设施（接入设备、宽带网络等）建设的推进以及互联网基础资源（域名、IP 地址）的部署、管理体系的不断完善，数字技术革命正在向诸多新兴领域渗透，包括 5G 技术、量子信息、人工智能、云计算、大数据、区块链技术、虚拟现实技术、超级计算机和物联网技术等。这些领域的技术突破和商业化运营，将有力地支持信息与通信技术行业未来的产品应用与模式创新。

### （二）数字技术变革带来的数字红利

数字技术变革给全球各国的经济社会、个人生活和工作都带来了积极的影响。2016 年，世界银行发布了以"数字红利"为主题的《2016 年世界发展报告》，正式提出了"数字红利"这一概念，把"数字红利"定义为"由互联网的广泛应用而产生的发展效益"（World Bank Group，2016）。报告认为，由于信息与通信技术能够大幅降低经济社会交易成本，包括搜索获取信息的成本、谈判决策的成本以及监督和执行交易的成本，所以能够带来宏观的数字红利（如更快的增长、更多的就业以及更佳的服务），且能够促进包容、效率与创新。数字红利具体可体现为：政府更加广泛地采用互联网开展政务活动以及更为有效地为公民或企业提供服务；企业通过应用互联网提高劳动生产率、拓展商业机会、降低交易成本；公民个体获得更多的就业机会（或更容易地找到工作）以及通过互联网获得更高质量、更多选择、更加便捷、更低成本的生活体验（如购物、娱乐、教育、医疗等）。

我国已经开始在不同领域收获"数字红利"。首先，数字经济引领发展。2021 年，中国数字经济规模达到 45.5 万亿元，占 GDP 比重达 39.8%，从结构上看，数字产业化规模达到 8.4 万亿元，不断催生新产业、新业态模式，向全球高端产业链迈进；产业数字化进程持续加快，规模达到 37.2 万亿元，工业、农业、服务业数字化水平不断提升（中国信息通信研究院，2022）；电子商务持续繁荣，2021 年中国实物商品网上零售额 10.8 万亿元，同比增长 12%，占社会消费品零售总额比重 24.5%；中国跨境电商进出口规模达到 1.92 万亿元，同比增长 18.6%，第三方支付交易规模持续扩大，数字服务跨境支付能力不断增强，2021 年，中国可数字化交付的服务贸易规模达 2.33 万亿元，同比增长 14.4%[①]；数字经济的蓬勃发展促进了新增市场主体的快速增长，创造了大量的就业岗位，成为保就业、保民生、保市场主体的重要渠道。

其次，信息惠民服务迸发活力，成为"数字红利"释放的重要渠道。中国适应数字技术全面融入社会交往和日常生活新趋势，积极发展在线教育、互联网医疗等公共服务形式；2022 年 6 月，中国在线教育用户、在线医疗用户规模分别为 3.77 亿人、3.00 亿人（中国互联网络信息中心，2022）。智慧城市进入全面发展时期，逐步向县级和社区延伸，

---

① 国务院新闻办公室发布《携手构建网络空间命运共同体》白皮书. http://www.scio.gov.cn/37234/Document/1732892/1732892.htm，2022-11-07.

智慧社区、未来社区、智慧物业在多地试点；数字乡村建设全面布局，农村信息基础设施建设不断完善，信息化发展的城乡差距持续缩小。此外，数字技术在疫情防控、助推共同富裕等方面也发挥了重要作用。

最后，我国数字政府建设扎实推进，互联网政务服务能力快速提升。截至 2022 年 6 月，我国互联网政务服务用户规模达 8.92 亿人，占整体网民的 84.9%。全国一体化政务服务平台建设成效逐步发挥，逐步形成覆盖国务院各部委、31 个省（区、市）和新疆生产建设兵团的数据共享交换体系。"互联网+政务"实现以信息服务为主的单向服务向跨部门、跨层级、跨区域一体化政务服务的跨越发展，共享、互通、便利成为政府服务的新趋势（中国互联网络信息中心，2022）。根据《2020 联合国电子政府调查报告》，中国电子政府发展指数国际排名上升到第 45 位。其中，作为衡量国家电子政府发展水平核心指标的在线服务指数排名大幅提升至全球第 9 位（中国网络空间研究院，2022）。

2023 年 2 月 27 日，中共中央、国务院印发《数字中国建设整体布局规划》，明确提出要推进数字技术与经济、政治、文化、社会、生态文明建设"五位一体"深度融合，要求要全面赋能经济社会发展，并且设立目标：到 2025 年，基本形成横向打通、纵向贯通、协调有力的一体化推进格局，数字中国建设取得重要进展；到 2035 年，数字化发展水平进入世界前列，数字中国建设取得重大成就。可以预见，随着数字中国建设的加快推进，数字技术变革必将在未来带来更多的数字红利，更加有力地支撑中国式现代化建设。

## 二、社会组织的数字技术应用

数字技术及其应用的日益普及同样对社会组织产生了影响。社会组织与个人、企业和政府一样，已经主动或被动地卷入数字技术革命的历史进程中。在社会组织的领域里，是谁在用何种技术做什么？本节将针对这一问题，分别从数字技术应用的主体、对象和领域三个方面概述社会组织数字技术应用的现状。

### （一）社会组织数字技术应用的主体

#### 1. 个人

与社会组织相关的个人包括社会组织的发起人、会员、管理者、工作人员、志愿者、捐赠者、受助者、服务对象、合作者、专业人士、政府管理部门的公务员、媒体、社会公众等，他们是社会组织开展数字技术应用的最小单位。

#### 2. 社会组织

社会组织可以根据自身运营需求，在组织层面应用数字技术，如设立组织的官方网站、微信公众号，组织内部的办公、通信、财务管理系统等。

#### 3. 平台型组织

平台型组织指那些与社会组织有服务、合作或管理关系的平台型机构，可分为三类：一是通用型平台组织，指那些服务对象包括但不限于社会组织的平台组织及其产品或服务，如微信、微博、Facebook、Twitter、各种网络论坛等；二是专业型平台组织，指那些服务对象限于社会组织或某类社会组织的平台组织及其产品或服务，包括公益项目平台（如中国好公益平台）、互助平台（如水滴筹）等；三是公共平台组织，一般是由政府部门出于公共服务、监管的目的所设立的官方平台组织，如民政部社会组织管理局主办的中国社会组织政务服务平台，就是为登记管理机关、社会组织以及社会公众提供信息服务和工作交流的政务网站；四是官方认证的信息发布平台，一般是政府部门为贯彻落实相关法规政策，遴选出的非官办平台机构。例如，为落实《慈善法》有关规定，民政部发布了推荐性行业标准《慈善组织互联网公开募捐信息平台基本管理规范》，并先后遴选了 30 个慈善组织互联网公开募捐信息平台。

### （二）社会组织的数字技术应用工具①

#### 1. 万维网与电子邮件

早在 20 世纪 90 年代，一些国外的非营利机构已经开始尝试线上通信。万维网和电子邮件是最早被应用的数字技术，也是最近 30 年来社会组织最有力的在线通信工具。截至 2022 年，大约有 91%的社会组织建有网站，其中，94%的网站对移动端浏览进行了优化，68%的社会组织运用电子邮箱开展营销活动，其中，通过电子邮件定期发布信息和捐赠请求的比例分别为 92%与 74%（Nonprofit Tech for Good，2023）。

#### 2. 在线募款平台

社会组织使用互联网支付技术，使在线捐款成为可能。2022 年，约有 93%的社会组织在自己的网站上接受在线捐款，其中，91%的网站接受信用卡支付、53%的网站接受PayPal（在线支付），45%的网站接受电子支票转账，4%的网站接受比特币（Nonprofit Tech for Good，2023）。

#### 3. 社交媒体

社交媒体诞生于 Web 2.0 取代 Web 1.0 的时期。由于可以提供动态的、人际互动的网络体验，社交媒体成为线上募款、招募志愿者等的有力工具。截至 2022 年，约有 96%的社会组织在使用 Facebook 等社交媒体，87%的社会组织常态化地在其营销和募款战略中运用社交媒体。2021～2022 年，47%的社会组织加大了在社交媒体上的广告投入（Nonprofit Tech for Good，2023）。

#### 4. 生产性和新兴技术的运用

基于数字技术的管理和运营工具正被越来越多的社会组织所采用。截至 2022 年，大约有 37%的社会组织引入了月捐计划，29%的社会组织采用了点对点捐款模式，23%的社会组织开展了虚拟募捐活动，21%的社会组织运用视频工具，15%的社会组织开展在线公益众筹活动（Nonprofit Tech for Good，2023）。

---

① 本节数据来自一项于 2021 年至 2022 年开展的，对全球 116 个国家中的 1732 位非营利专业人员的调查报告：《2023 年非营利技术为善报告》（2023 Nonprofit Tech for Good Report）。由于该报告的调查范围未覆盖中国，故调查结果未反映中国社会组织的数字技术应用情况。

### （三）社会组织数字技术应用的功能

#### 1. 通信

信息交流依然是数字技术最基本的应用。通过电子邮件、即时通信技术和社交媒体等，社会组织能够更为便捷、及时地与其内部成员及外部的捐助者、合作者等进行沟通。

#### 2. 消息发布

通过官方网站、社交媒体、博客、微博、微信等新媒介，社会组织能够自行向公众发布本组织的最新消息、观点、通知公告。相较于报纸、电视等传统媒体，新媒体赋予了社会组织更为自由的表达权利与行动能力。

#### 3. 招募志愿者

基于 Web 2.0 技术，社会组织能通过社交媒体等与志愿者、成员实现双向交流，有助于提升目标对象的参与感，令其有更强烈的意愿参与社会组织的线上与线下活动。

#### 4. 募款

基于在线支付功能、电子邮件、公益众筹平台，社会组织有了比以往更为多样化的募款手段。

#### 5. 数据管理与安全防护

客户关系管理软件有利于让社会组织成为高效的、数据驱动型组织，此外云计算技术为社会组织提供了安全的信息存储服务。

## 三、社会组织的技术赋能

### （一）技术赋能的概念

"赋能"（empowerment）又可译作"赋权""授权"，原意是许可，或者"在特定情况下，授予人们权力或地位"。在不同的情境里，权力的授予方可能是管理者、法律或者上级部门，授予的对象可能是个人、群体、组织或者一个阶级。技术赋能可以理解为一种特殊的赋能形式，即通过技术来赋予人们权利或能力。在历次技术革命中，都曾出现大规模的技术赋能现象。如马克思和恩格斯（2009）指出，"火药、指南针、印刷术——这是预兆资产阶级社会到来的三大发明。火药把骑士阶层炸得粉碎，指南针打开了世界市场并建立了殖民地，而印刷术则变成新教的工具……"。这里所描述的正是历史上出现过的技术赋能情境。本章中的"技术"特指当前以移动互联网、云计算、大数据、物联网为代表的新兴数字技术。这种技术赋能的特点是在数字维度上增强赋能对象的能力，进而令其获得新的权力。具体而言，在数据供给维度，通过技术赋能提升系统整体的数据供给总量，随着政府数据公开力度的加大，海量的官方数据正在从沉睡状态被激活、调动起来；企业与社会组织、公民个体在数据平台上正成为新的数据供给者和消费者；在数据交互维度，新媒体技术使数据交流具有扁平、便捷、实时和共享等特性，这促进了数据传递由单向传接的"金字塔"形垂直机制向双向交互的"网络"型平行机制转变；

在数据应用维度，大数据与人工智能等技术正在为不同的治理场景提供更多的创新性应用和服务，该过程正在赋予政府与非政府主体掌握复杂技术和学习治理规则的能力。由此，数字时代技术赋能的实质是通过数据供给、数据交互与数据应用的革新，提升赋能对象的数据获取、交流和使用能力。

### （二）数字社会的技术赋能特点

人类社会正在经历数字化的过程，数字社会的技术赋能与以往历次技术革命中的技术赋能相比，存在显著差异。

#### 1. 技术的泛在化

在传统社会，技术是依附于人的。例如，掌握了某种技艺的工匠，只有通过技术所依附的人才能获得技术，即所谓的拜师学艺；进入近代以后，政府和组织逐渐垄断了技术，人们必须通过组织才能获得并应用技术，如人们要使用电报这一技术，就要通过电报公司；到了现代社会，技术进入人类的日常生活，成为无处不在的工具，此即技术泛在化（technical universalism）。邱泽奇（2019）认为，"信息化让技术与社会的关系缔结突破了政府垄断和组织垄断，直接与社会相连……技术的社会创新与社会应用已成为一种普遍形态"。

#### 2. 技术赋能的对象个体化

在数字时代，由于技术的泛在化，人们在使用技术时，拥有更多的自主选择权。例如，用户在使用电子邮件时能自由地选择邮件发送的对象、数量和时间，而在寄送传统信件时则要受到邮政公司相关规定、时间和成本的约束。更为重要的是，用户在使用电子邮件时，基本无须提供电子邮件服务的供应商的直接介入；而在寄送传统信件时，则需要邮局工作人员在信件投递、运输、送达等多个环节的人工介入。这表明，以往的技术赋能往往需要以组织为中介，而在数字时代，组织对技术赋能过程的介入减少了很多。这使得用户能根据自身需求，定制赋能的领域与方式。

#### 3. 技术赋能的场景虚拟化

在前数字时代，人们使用技术时的场景通常都是实在的。而在数字时代，人们使用技术的场景扩展到了虚拟空间。比如，人们可以通过网络论坛，与不在自身生活或工作空间现场的陌生人讨论交流；用户可以在手机应用商店自行下载、购买和使用应用软件，而无须与软件开发者直接沟通；用户甚至可以在网络上参与各类商业或公益活动，如"双11"网上购物节、支付宝的"蚂蚁森林"公益植树行动等。总之，人们可以在赋能主体、对象不在场且身份未知的情况下，或者说在虚拟场景中实现技术赋能，一方面大幅度提升数字技术赋能的普及性与便捷性，另一方面也有可能给个人隐私、数据安全等带来风险。

## 四、数字技术应用对多维社会治理格局的形塑

在数字技术革命的影响下，社会治理的格局正在向多维治理的新形态转变：政府、

传统社会组织、公民个体等既有治理主体正在经历数字化，而技术性社会组织正成为新兴的治理主体；政府与社会组织合作的维度从线下延伸到线上；经济社会的数字化产生了新的社会问题，拓展了社会治理的领域。转型中的社会多维治理格局正在为社会组织释放更宽广的未来发展空间。

## （一）社会治理主体的数字化

### 1. 传统社会治理主体的数字化

当前，并非只有社会组织在运用数字技术，政府、企业、公民个体在运用数字技术的广度和深度方面都是毫不逊色于社会组织的，在很多情况下甚至是远超社会组织的。对社会组织而言，其他社会治理主体数字化同时带来了机遇和挑战：一方面，更加数字化的政府、企业，基于电子政务或商务平台，能够更有效地与社会组织开展协作，数字技术赋予公民个体在虚拟空间中的交往沟通能力，大大提高了社会组织联系与组织志愿者和成员的效能；另一方面，其他治理主体的数字化，可能会消除社会组织在协调、组织、沟通等方面的相对优势，其他治理主体可能会绕开社会组织，更为直接地开展协同治理。

### 2. 技术型社会组织的涌现

在经济社会数字化的进程中，数字技术行业从业者的重要作用日益凸显，其中一些人士想要投身于公益慈善事业，为公共利益做出贡献。在这些科技向善者中，有的运用商业上取得成功的数字平台或技术，支持公益慈善事业的发展，赋能社会组织，如支付宝的"蚂蚁森林"就是带动公众低碳减排的公益项目；也有一些科技向善者自发组织起来，成立社会组织，将自己的技术特长直接运用到公益事业中，或者与公共组织合作，参与公共事务治理。例如，DataKind（常被翻译为数据慈善）是一家全球性非营利组织，积极引导全球公益数据科学家和社会变革组织在重大人道主义问题上开展合作。自 2011 年成立以来，DataKind 及其拥有的超过 18 000 名数据科学志愿者、社会变革者和资助合作伙伴已完成超过 250 个项目，并向全球近 200 家组织提供无偿数据科学支持，在提升交通安全性、推进智慧城市建设方面做出了巨大的贡献（Pirog，2014）。

### 3. 数字治理主体的兴起

随着数字经济在推动国民经济发展中的地位的快速上升，相关产业的行业性组织的地位与影响力也在相应提高。特别是一些国际性组织在相关行业的技术标准制定、行业治理等方面有着很大的话语权，日益成为数字治理中与国家、科技巨头等并列的重要一极。2021 年微软、英国广播公司（British Broadcasting Corporation，BBC）、照片验证平台 Truepic 等科技与媒体公司共同成立了内容溯源和真实性联盟（Coalition for Content Provenance and Authenticity，C2PA），在技术层面为追溯内容来源、解决虚假信息和错误信息及在线内容欺诈扩散问题提供了可行办法。由大量技术专家、研究机构及各类相关企业共同参与的国际互联网工程任务组（The Internet Engineering Task Force，IETF）、万维网联盟（World Wide Web Consortium，W3C）、电气与电子工程师协会（Institute of Electrical and Electronics Engineers，IEEE）等非政府组织，也在数字技术领域的标准制定上发挥着重要作用，正成为全球数字治理规范的重要贡献者。国内数字经济相关产业的新型行业组织也在不断涌现，并发挥着独特的功能。例如，中国开放原子开源基金会能为开源软件、硬件、芯片及内容等开源项目提供中立的知识产权托管，保证项目的持续发展而不受第三方影响。

### （二）社会治理体系的平台化

#### 1. 政府数字治理平台

随着各国数字政府建设的推进，各类政府智能化、信息化管理平台不断涌现。其中，有些平台侧重于通过数字化技术加强政府跨部门协调和数据整合，建设整体政府，也有不少平台侧重于面向社会，为社会与公众服务。比如，民政部设立的志愿服务官方平台——中国志愿 APP，该平台面向全国的志愿者和志愿队伍，提供注册登记服务。该平台通过发布志愿项目、招募志愿者，对接志愿服务与求助者需求，同时还集成了志愿服务领域的政策发布、媒体宣传、研究培训、志愿服务评价、证明等功能，成为促进我国志愿服务和相关社会组织发展的重要平台。还有些政府平台通过数字化渠道获取社情民意，加强政会协作。比如，浙江省嘉兴市建设了以"微嘉园"为主面向社会的网上服务数字治理平台，当地的社会组织等通过在"微嘉园"平台实名申请、后台审核的方式加入线上网格群，组织公益活动，调解居民无法自决的问题，并将难以解决的问题和重要的社情民意通过数据流动，传送到另一个面向政府内部各部门协调统筹的数字治理平台——"社会治理云"，由行政系统内部联动多部门解决，实现了政府与社会的有效互动。

#### 2. 政府开放数据平台

在数字时代，政府机构累积的海量社会管理和公共生活数据已成为重要资源。为了满足广泛的社会需求，世界上众多国家实施了政府开放数据战略，面向社会大众开放政府数据，任何公民或第三方都可以对开放数据集进行开发利用，如 APP 应用开发、研究分析等。有研究显示，主要发达国家政府开放数据应用开发者的主体中，政府机构占比为 50.27%，企业占比为 13.71%，社会组织占比为 7.26%，排名第三（周文泓等，2020）。2015 年，国务院印发《促进大数据发展行动纲要》，明确指出要加快推动政府数据开放共享。目前，依托全国一体化政务服务平台的政务数据共享枢纽已经建成，并持续整合不断涌现的地方政府开放数据平台，截止到 2021 年底，全国一体化政务服务平台已发布 53 个国务院部门的 9000 余项数据资源，支撑各地区各部门共享调用超过 2000 亿次[①]。政府开放数据平台中的海量数据正成为社会组织获得数据资源的重要渠道，也是政府在数据资源层面支持社会组织数字化转型的重要举措。

#### 3. 社会组织构建的数据平台

在数字技术开发与应用的资源投入、技术储备等方面，社会组织总体上与政府、企业相比差距较大，但是，社会组织往往根植于某一行业、地区、人群、领域，对其了解较为深入、持续，为其在收集数据方面带来一定的比较优势：一是扎根特定领域的社会

---

① 中国互联网信息中心. 第 49 次中国互联网络发展状况统计报告. https://www. 1608. cn/pptx/62087. html.

组织，在收集相关数据方面更专业、更精准；二是社会组织有着较为广泛的线下信息收集渠道，往往能够收集到线上渠道无法获取的非标准化数据，（如一些组织、个人的背景信息，以及非正式信息、行业默会知识等）；三是一些社会组织所积累的信息化时代前的历史数据，具有不可替代性。例如，成立于 2002 年的非营利组织"北极星计划"（polaris project）一直致力于"打击人口贩运和现代奴隶制"，该组织对这一特殊领域有着丰富的工作经验与信息渠道。2007 年，美国卫生与公共服务部（United States Department of Health and Human Services，HHS）与该组织合作，建立了美国首个"国家人口贩运举报热线"（The National Human Trafficking Hotline），并为其提供充足的资金支持。该组织通过热线，收集了大量非结构化数据以汇总犯罪信息、与政府部门共享数据并合作，使得美国政府更好地保护受害人群，最大限度地打击人口贩卖犯罪。数据呈现上，该组织还结合地理信息系统向人们展示人口贩运的趋势，以及哪些地区容易发生人口贩运，不仅有效打击了人口贩运行为，也增强了公众的防范意识（孙宗锋等，2018）。

### （三）经济社会数字化产生的社会治理新需求

#### 1. 数字经济治理

数字经济迅猛发展的同时也带来了新的治理挑战。首先，数据是数字经济的核心生产要素，面临着阻碍数据开放共享的"数据孤岛"等问题；其次，算法滥用问题日益突出，特别是出现了推送用户单一内容的"信息茧房"现象，以及对个体进行信息标注的算法歧视等问题亟待解决；最后，数字平台存在滥用市场支配地位、用户数据泄露等问题。法律机制、政府部门、平台企业是数字经济治理中的主导力量，但由于信息、技术不对称、利益冲突等原因，单一治理主体存在治理能力或合法性上的短板。多元主体共同协作，构建数字经济协作治理体系成为新的趋势。已有业内专家倡导社会组织参与数字经济，如鼓励行业协会积极搭建政府与平台之间的沟通渠道、加强行业自律（中国信息通信研究院，2019）。

#### 2. 数字公益助力共同富裕

发挥第三次分配作用，发展慈善等社会公益事业，是实现共同富裕目标的重要内容。社会组织是承载第三次分配机制和发展公益事业的核心主体，通过与数字技术的结合，可以支持社会组织更有效地参与和推动普惠发展，助力共同富裕目标的实现。在普惠发展领域，社会组织与企业、互联网平台有着非常广泛的合作空间，在互联网技术赋能下涌现出的"随手公益""指尖公益"为公众参与提供了便捷的渠道，日捐、月捐、企业配捐等新颖的捐赠形式对公益传播和民众参与均起到积极推动作用。以"99 公益日"为例，该项目通过互联网科技连接和重建信任，在 2019 年实现透明度较高的"财务披露+独立审计+随机抽检"，以规则共建和社会化监管有效破解了传统公益捐赠模式难以破解的信任困境，提高了公益捐赠的传播性，扩大了公益捐赠的覆盖面（王瑜等，2020）。2020年，"99 公益日"参与人数累计 5780 万人次，捐赠善款达到 23.2 亿元，加上 3.24 亿元企业配捐和 4 亿元腾讯基金会配捐，共募得善款 30.44 亿元（中国网络空间研究院，2021）。

### 3. 服务数字化转型中的特定群体

在经济社会数字化转型过程中，数字鸿沟的存在以及个体的特质，使得一些群体更容易暴露在数字化带来的风险或负面影响中。比如，青少年群体容易受到网络不健康信息、极端言论等的负面影响；老年人群体受限于数字技术应用能力，以及拼音、打字等基础技能的缺失，在使用互联网、智能终端设备方面存在不少困难，对网络诈骗的鉴别与防范能力较弱；残疾人在使用互联网网站等方面存在视听、信息输入等方面的障碍；农民群体中，部分农户、农民的数字化素养和能力有待提高，难以适应乡村产业数字化和数字乡村发展的需要。社会组织可以在各个领域为上述群体提供服务与支持，包括：网络信息安全教育、风险防范教育、网络生态的维护；为老年人、农民等群体提供运用智能化产品、网络应用的技能培训；参与信息无障碍设施的建设；协同相关政府部门，在出行、就医、就餐、购物等高频服务场景中构建数字技术运用的规范体系，防止出现强制性数字应用、诱导性线上付款等违规行为。

## 第二节　社会组织数字技术应用的场景

### 一、在线募款与收费

随着在线支付和移动在线支付技术的成熟，通过互联网来募集资金成为社会组织数字技术应用的重要场景之一。根据募款主体与目的的差异，社会组织在线募款可以分为三类：公益众筹、互联网公开募捐平台和项目众筹。前两类适用于公益性社会组织，项目众筹适用于采取会员制的社团组织。

#### （一）公益众筹

众筹（crowd-funding）是一种大众通过互联网相互沟通联系，并汇集资金支持由其他组织和个人发起活动的集体行为（Ordanini et al.，2011）。根据项目回报不同，众筹可以分为公益众筹、股权众筹、债权众筹和商品众筹等模式。公益众筹与其他众筹最大的不同点就是其项目回报基本是象征性的实物报酬或是精神回报。

公益众筹项目运作的一般机制包括：项目发起人提出公益项目申请，经过公益众筹平台审核后，项目上线开始众筹；在众筹资金达到众筹目标数或众筹时间截止后，由众筹平台拨付众筹资金给项目发起人；项目发起人按计划完成项目，并向支持者发放回报；众筹平台拨付剩余款项，结束项目（柯湘，2017）。

根据项目发起人与众筹平台的关系，公益众筹可以分为以下几种模式。

#### 1. 自建平台模式

项目发起人组建自己的网络众筹平台，并通过平台发布自己发起的项目，众筹资金并实施该项目。

## 2. 第三方平台模式

项目发起人向第三方众筹平台申请项目发布，众筹平台对项目予以审核，审核通过后由众筹平台发布项目并进行众筹，众筹期间相关资金一般由第三方资金收付机构代为收取，众筹成功后先拨付一定比例的资金（一般为 70%左右）给项目发起人，项目完成后拨付剩余资金。也有一些平台将公益项目的审核和项目资金接收交由公募机构（如腾讯公益）完成，然后再由公募机构向项目发起人拨付资金。第三方众筹平台可以是综合众筹平台（如众筹网、淘宝众筹），也可以是专门的公益众筹平台（如新公益、腾讯公益）。

## 3. 混合模式

项目发起人通过众筹平台进行项目发布和资金筹措。第三方众筹平台不仅仅站在第三方的角度，还充当了优秀项目后备资助人的角色。这些众筹平台本身往往就是公益组织设立的平台，但其又不像自助模式下的平台设立人一样本身就专注于某一具体公益执行领域，而是利用其网络众筹平台实现在为他人筹集资金的同时，也为自身资助、孵化在众筹过程中发现的优秀项目（包括其自身认为较为优秀的项目和在众筹过程中获得公众认可度较高的项目）（柯湘，2017）。

### （二）互联网公开募捐平台

2016 年实施的《慈善法》第二十三条规定："慈善组织通过互联网开展公开募捐的，应当在国务院民政部门统一或者指定的慈善信息平台发布募捐信息，并可以同时在其网站发布募捐信息。" 2017 年 7 月 20 日，民政部发布了推荐性行业标准《慈善组织互联网公开募捐信息平台基本技术规范》，其中明确指出，互联网公开募捐信息平台（Online Fundraising Platform）是指"通过互联网为具有公开募捐资格的慈善组织发布公开募捐信息的网络服务提供者"。"在平台上进行募捐的主体应是获得公开募捐资格的慈善组织，其他组织、个人包括平台本身没有公开募捐资格。"

民政部先后于 2016 年、2018 年和 2021 年遴选了三批"互联网公开募捐信息平台"，除去第一批中申请退出的 2 家平台，截至 2022 年，我国共有 30 家慈善组织互联网公开募捐信息平台（表 14-1）[①]。

表 14-1　慈善组织互联网公开募捐信息平台

| 序号 | 平台名称 | 运营主体 |
| --- | --- | --- |
| 1 | 腾讯公益 | 腾讯公益慈善基金会 |
| 2 | 淘宝公益 | 浙江淘宝网络有限公司 |
| 3 | 蚂蚁金服公益 | 浙江蚂蚁小微金融服务集团有限公司 |
| 4 | 新浪微公益 | 北京微梦创科网络技术有限公司 |
| 5 | 京东公益 | 网银在线（北京）科技有限公司 |

① 2023 年 7 月，百度公益平台下线，原有 30 家慈善组织互联网募捐信息平台变成 29 家。

续表

| 序号 | 平台名称 | 运营主体 |
|------|----------|----------|
| 6 | 百度公益 | 百度在线网络技术（北京）有限公司 |
| 7 | 公益宝 | 北京厚普聚益科技有限公司 |
| 8 | 新华公益 | 新华网股份有限公司 |
| 9 | 轻松公益 | 北京轻松筹网络科技有限公司 |
| 10 | 联劝网 | 上海联劝公益基金会 |
| 11 | 广益联募 | 广州市广益联合募捐发展中心 |
| 12 | 美团公益 | 北京三快云计算有限公司 |
| 13 | 滴滴公益 | 北京小桔科技有限公司 |
| 14 | 善源公益 | 北京善源公益基金会（中国银行发起成立） |
| 15 | 融E购公益 | 中国工商银行股份有限公司 |
| 16 | 水滴公益 | 北京水滴互保科技有限公司 |
| 17 | 苏宁公益 | 江苏苏宁易购电子商务有限公司 |
| 18 | 帮帮公益 | 中华思源工程扶贫基金会 |
| 19 | 易宝公益 | 易宝支付有限公司 |
| 20 | 中国社会扶贫网 | 社会扶贫网科技有限公司（国务院扶贫办指导） |
| 21 | 字节跳动公益 | 北京字节跳动科技有限公司 |
| 22 | 小米公益 | 小米科技有限责任公司 |
| 23 | 亲青公益 | 中国青少年发展基金会 |
| 24 | 哔哩哔哩公益 | 上海宽娱数码科技有限公司 |
| 25 | 平安公益 | 深圳市平安公益基金会 |
| 26 | 360公益 | 北京奇保信安科技有限公司 |
| 27 | 中国移动公益 | 中移在线服务有限公司 |
| 28 | 芒果公益 | 湖南快乐阳光互动娱乐传媒有限公司 |
| 29 | 慈链公益 | 佛山市顺德区慈善组织联合会 |
| 30 | 携程公益 | 上海携程商务有限公司 |

资料来源：民政部关于发布慈善组织互联网公开募捐信息平台名录的公告.https://www.mca.gov.cn/article/xw/tzgg/201806/20180600009425.shtml，2018-06-04；民政部关于指定第三批慈善组织互联网募捐信息平台的公告. https://www.mca.gov.cn/n1288/ n1290/n1315/c39398/content.shtml，2021-11-15

公益众筹和互联网公开募捐平台都是公益类社会组织进行在线募款的途径。两者之间存在一定的联系和区别（表14-2）。总体而言，互联网公开募捐平台对公益组织的资质审查和管理要求得更为严格，而公益众筹模式相对较为灵活，参与性和创新性更强。根据我国现行的相关法律法规与政策，公益众筹若涉及网络公开募捐行为的，必须通过民政部门认定的慈善组织互联网公开募捐平台来完成。

表14-2  公益众筹与互联网公开募捐平台的比较

| 比较内容 | 公益众筹 | 互联网公开募捐平台 |
|---|---|---|
| 发起方资质 | 无公募资质的要求 | 具备公募资质的组织 |
| 募款时效性 | 众筹与项目运作有时间限制 | 长期接受捐赠 |
| 已筹资金是否可退 | 众筹失败须退还已筹资金 | 无退款约束 |
| 是否设置回报 | 可设置回报（通常为象征性、精神性回报） | 无回报 |
| 募集资金是否存放第三方平台 | 在募集期结束前，暂存第三方平台 | 不存放，通常由有公募资格的公益组织统一管理 |

资料来源：根据相关文献自制表格。文献参见：柯湘. 互联网公益众筹：现状、挑战及应对——基于慈善法背景下的分析. 贵州财经大学学报，2017（6）：53-60

### （三）项目众筹

采取会员制的社团组织的传统运营模式是向其会员收取会费，以支付社团日常运转、组织集体行动、服务会员等社团事务的成本。会费的实质就是会员对社团提供的"一揽子"服务进行统一付费。如果会员对社团提供的服务不满意，或只愿为其中的部分服务付费，就有可能抗拒这种捆绑式的收费模式，导致其拖延缴费甚至退会。社团为了吸引会员，可以采取降低会费的策略，但须付出控制成本、减少服务的代价；另一个策略则是将部分会员服务业务剥离出来，进行项目化运作，并向想要得到服务的会员收取费用，但传统的项目化运作需要有前期资金的投入，对中小型社团而言门槛相对较高。

由此可见，只有采取更为灵活且门槛更低的成本分摊模式，才有可能解决社团组织收费难的问题，而基于互联网的众筹为社团收费模式创新提供了技术上的可能性。例如，2015年成立的顺德民营企业发展商会采取了新的商会收费模式，其主要收入包括三部分：进入商会理事会的成员缴纳3万～20万元/5年的"门票"费，普通会员不缴纳会费；向会员企业提供企业项目申报、融资对接、企业政策咨询等低价收费服务；通过项目众筹，建立产业链合作与项目对接平台，服务会员企业，并用众筹收入反哺商会。

相较于公益众筹，社团组织的项目众筹尚处于探索阶段。从已有的实践来看，项目众筹有助于降低社团项目管理的资金门槛，令其更为容易地拆分现有业务，并进行项目化运作；通过项目组合，社团可以为会员提供多样化的服务与付费方案，提升对会员的吸引力，扩大社团的会员基础和收入来源；通过众筹机制，发起人和认筹人分摊了进行创新的成本与风险，这也降低了社团开发新业务的试错成本。

## 二、网络社群

社群即社会群体，网络社群是指人们通过互联网互动而形成的、由一定的社会关系联结起来进行共同活动的集合体。网络社群呈现出多元化的形态，既有只存在于网络虚拟空间的，也有与线下现实世界发生联系的网络社群。本小节将主要介绍与社会组织关系较紧密的网络社群，以及网络社群对社团组织的积极作用。

### （一）网络社团

网络社团是一种介于普通网络社群与正规社团组织之间的组织形态。相对于普通网络社群，它具有更强的组织性；相对于正式的社会组织，网络社团成员关系较为松散，且没有明确规范。因此，有学者认为网络社团是一种准社会组织（熊光清，2018）。网络社团通常可分为三类：第一类是自发形成的网络社团，通常是由共同爱好、经历、地域或因特定事件而在互联网上产生，并逐渐形成成员相对稳定的网络团体。这类网络社团有可能在条件成熟时，向民政部门提出申请，成为正式的社会组织。例如，温州市宠物用品销售行业的从业者最初通过 QQ 群进行网上交流，逐步发展为线下的聚会活动，最后由群主发起组建了温州市宠物行业协会，会员单位涵盖了宠物繁殖与经营、食品与用品、诊疗与美容、宠物服务等整个产业链①。第二类是因组织相对薄弱、资源不足等原因，暂未达到申请成立社会组织法人的标准或是暂时不适合成立社团组织的，故而在网络上设立虚拟社团组织作为替代。第三类是社会组织出于会员管理、沟通交流等需要，在网络上设立的虚拟社团组织，是对既有社会组织活动与交往空间的主动拓展。由此可见，网络社团与社会组织的关系日益密切，网络社团正成为社会组织在网络空间中的后备、替身与延展，也必将成为社会组织未来的赋能器，能够有效提升社会组织在内部经营、会员管理与协同服务等方面的能力。

### （二）虚拟社会资本

社会资本是有利于个人和组织达成集体行动的可用资源，它提供的成员间信任、凝聚力和行为规范，是社会组织生成和维持良好运作的重要条件。网络社群可以拓展社会组织积累社会资本的空间。在前互联网时代，潜在的社团成员基于业缘或地缘形成关系网络、逐步积累社会资本，待时机成熟时建立正式组织，实施集体行动。而在互联网时代，人们可以在现实世界与网络空间中同时建构社会网络，将线下社群拓展到线上，令网络社群也产生出"虚拟社会资本"，通过线上线下的有机互动，加快社会资本的积累进程。

网络社群还能帮助人们突破社会资本生成的物理时空限制。社会资本可分为基于弱关系的桥接型社会资本（bridging social capital）和基于强关系的黏合型社会资本（bonding social capital）。社会组织的成员只有保持经常性的社会交往，建立和维持相互间的强关系，才有可能积累黏合型社会资本，继而建立成员内部的信任与行为规范。传统的社团组织通常通过召开年会、理事会议、定期活动等方式向其会员提供建立强关系的正式机会。但这种方式对产生黏合型社会资本的作用并不明显，往往需要会员间非正式的社交活动予以补偿。这种补偿机制的有效性取决于会员是否处在一个较为集中的区域，从而能较为便利地开展日常交往。虚拟社会资本的一个优势就在于可以突破时空限制。有学者发现 Facebook 的使用频率与保持社会资本有显著的正相关性，由此提出维持社会资本（maintained social capital）的概念，即指社交媒体所具有的克服物理障碍、维持已有的社会资本的功能（Steinfield et al.，2008）。实证研究表明，中国网民社交媒体的使用频率

---

① 2015 年 7 月，浙江大学社会组织与社会治理研究中心研究团队对温州市宠物行业协会会长周青录的访谈。

和其桥接型、黏合型与维持社会资本也呈现显著的正相关性，其中，微信对桥接型社会资本和黏合型社会资本的影响最为明显，微博对维持社会资本的影响最为明显（赵曙光，2014）。截至 2018 年 12 月，微信朋友圈、QQ 空间和微博在中国互联网用户中的使用率已分别达到了 83.4%、58.8% 和 42.3%。社交应用的普及为社会组织扩大积累社会资本的空间范围与提升其持续性奠定了技术基础（中国互联网络信息中心，2019）①。

### （三）社会组织网络动员机制

网络动员是以互联网为媒介，围绕某个特定目标（或事件）引导人们参与集体行动的过程。社会组织网络动员是其中的一种动员方式，是以社会组织为动员主体，以社会性目标、社会活动或社会事件为中心，以网络媒体为媒介，组织和引导人们在线上或线下形成集聚与集体行动的过程。

社会组织网络动员的特点：一是现实理性主导。社会组织有明确的使命和宗旨，网络动员是其集聚人、资源和影响力以实现其目标的方式，因此社会组织的网络动员通常以指向现实的理性目标或诉求为主，而较少是纯粹网上虚拟的群体情感表达或是寻求非理性目标。二是以寻求集体性目标为主。除非其具有一定的社会性，社会组织进行网络动员的目的通常是其成员、特定群体或社会公众的集体性目标，而较少关注个人性的目标或事件。三是以共意性网络动员为主。共意性动员是指享有最广泛的态度上的支持，且没有或很少找到有组织反对的社会动员；与之相对的是冲突性动员，是指那些试图改变社会结构、更改通行的基本政策或打破群体之间权利平衡的过程中，找到有组织反对的社会动员。社会组织通常更多进行的是共意性网络动员，如广大社会组织在汶川地震灾后救援、灾后重建过程中的网络动员，此外在环保、维权等领域，也会出现具有抗争性的冲突性网络动员。

社会组织网络动员机制以特定议题为核心，从动员的发起到结束，通常可分为四个阶段：首先，焦点议题的出现，议题可以是来自社会突发事件、热点事件，也可以是社会组织事先策划的有吸引力的话题、活动等；其次，是社会组织与个人意见的网上表达，针对议题，社会组织与个人都可以发表自己的观点、意见与建议，如涉及社会组织的正式信息，也可在这一阶段及时发布；再次，各方意见在网络上的汇集与讨论，组织和个人多元化的意见在网上碰撞交锋，逐渐形成某种意见赞同人数骤增的趋势，并最终达成共识；最后，产生现实影响，促成现实行动。由动员产生的意见最终落实为具体的行动（如社会组织线下活动的举办、网上形成共识的意见在现实中的表达等）。

## 三、网络信息发布、宣传与政策倡导

论坛、微信、微博等社交应用，新闻客户端等互联网平台的出现，造就了网络公共领域。越来越多的社会组织在网络公共领域发布消息、发表观点，成为其中重要的参与主体。在新媒体的赋能下，社会组织可以在信息发布、公益宣传、政策倡导等领域更有

---

① 2019 年 2 月 28 日，互联网络信息中心发布的第 43 次《中国互联网络发展状况统计报告》，这一数据在互联网络信息中心此后发布的报告中不再统计。

成效的工作。

### （一）在线信息披露与发布

对公益慈善类社会组织而言，真实、完整、及时地进行信息披露对保障组织的合规性、公信力与绩效都是十分必要的。我国《慈善法》明确规定"慈善组织、慈善信托的受托人应当依法履行信息公开义务"，公开信息包括组织章程、决策、执行、监督机构成员信息、工作报告、财务会计报告、募捐情况、慈善项目实施情况、募得款物使用情况等。有研究表明，通过信息披露，慈善组织能够吸引更多的捐赠者，进而会提升组织公信力。

《慈善法》明确规定，"县级以上人民政府民政部门应当在统一的信息平台，及时向社会公开慈善信息，并免费提供慈善信息发布服务"。目前，我国政府的慈善信息平台建设工作尚处于起步阶段，特别是在地方政府层面，官方信息披露渠道覆盖面还很小。一项针对我国社会组织的问卷调查结果表明，社会组织通过地方政府官网披露信息的比例仅占14%。而对社会组织而言，使用传统媒体进行信息披露，费用高、时效性差、覆盖面也不够广泛，因此必须拓展新的信息披露渠道。

在互联网时代，在线平台因为其易获取性、低成本等优点，正成为社会组织进行信息披露的重要渠道。然而，实证研究表明，目前我国社会组织在线信息披露质量总体还不理想，社会组织披露较多的是组织的基本信息，而对财务信息、项目信息和捐助信息的披露质量比较差。而实证研究表明，社会组织财务信息披露质量与后期捐赠收入显著正相关。或者说，财务信息披露质量能影响捐赠者的捐赠额（刘亚莉等，2013）。因此，社会组织在线信息披露时，须注意信息特别是财务信息披露的质量。

### （二）新媒体公益传播

公益传播是指具有公益成分、以谋求社会公众利益为出发点，关注、理解、支持、参与和推动公益行动、公益事业，推动文化事业发展和社会进步的非营利性传播活动。公益传播的主体包括政府、企业、媒体、公众和社会组织等。

对社会组织而言，公益传播是一项十分重要的工作。通过公益传播，社会组织可以宣传其组织宗旨、公益理念；进行社会倡导、公众教育，影响和形塑公众的公益观念；动员公众关注公益议题，参与公益活动；营造自身良好的公共形象，促进志愿者招募和公益募款。

媒体是社会组织接触公众、进行公益传播的有效渠道。在传统媒体格局下，社会组织通过广播、电视、报刊等大众主流媒体进行公益传播存在诸多限制，特别是一些草根社会组织较难在大众传媒中获得表达空间。

以互联网等信息与通信技术为基础，为用户提供咨询、内容和服务的新媒体的出现，为社会组织进行公益传播创造了新的机遇。新媒体降低了社会组织使用媒体的技术、专业与成本门槛，使得许多社会组织能在一定程度上绕开大众传媒，直接向公众传播。此外，相较于传统大众媒体，新媒体还具有传播范围广、传播载体丰富，以及内容互动性、参与性、即时性强等特点，可以提升社会组织在使用新媒体进行公益传播时的效能和效果。

### （三）网上政策倡导

政策倡导是社会组织通过特定渠道和程序影响政府公共决策的活动。在我国，行业协会商会是较常进行政策倡导的一类社会组织。传统的政策倡导方式主要在体制内部进行，包括：向各级人大递交议案、向政协递交提案，向各级党委和政府提出政策建议，接受政府委托参与政策调研和起草，通过听证会、座谈会等方式传递政策主张，等等（周俊，2009）。这种政策倡导行为存在很大局限性，层级较低的地方性行业协会商会通过传统途径进行政策倡导的空间是比较有限的，特别当其政策倡导内容与政府部门"利益契合"程度较低的时候，空间更小。

借助新媒体，不仅能降低行业协会商会等社会组织在网络公共领域发布信息的技术和成本门槛，而且扩大了信息传播的范围，提高了信息传播的速度；互联网的技术结构所具有的消解等级制和权力去中心化特性，令社会组织能在网络公共领域相对自由地提出政策倡导议题，而较少受到身份和议题内容的限制。通过网络公共领域，即使是地方性的行业协会商会也能开展诸如呼吁政府保护企业产权、公正廉洁、依法行政等政策倡导。例如，2010年1月8日，浙江省浙商资本投资促进会发布公开信，认为此前山西省政府在煤矿行业重组改革中的政策与措施有失公平，损害了投资山西煤矿的浙商利益，将山西省列入"2010浙商投资预警区域"的提名候选者，并呼吁全球浙商登录其官方网站进行投票评选。2016年4月6日，浙江省自行车电动车行业协会在网上发布公开信，强烈要求广州市人大、政府暂缓《广州市非机动车和摩托车管理条例（草案）》的出台，并举行立法听证会，建议取消对电动自行车实行禁售、禁行、禁停等条款，并出台有效可行的管理办法。在上述两个案例中，两个地方性的行业协会商会通过网络途径，分别对地方政府具体政策的执行结果与制定过程进行了政策倡导，并取得了一定的成效①。

## 第三节　社会组织面临的数字技术变革挑战与应对

### 一、数字鸿沟与技术替代

#### （一）数字鸿沟的内涵

数字技术不仅在为社会组织赋能，也在为其利益相关者——政府、企业和公众赋能，而且赋能程度未必是均等的。数字技术运用的扩散有可能产生一种新的不平等——数字

---

① 在浙江省浙商资本投资促进会案例中，媒体对其进行了广泛转载，并对山西煤改进行了后续报道；在浙江省自行车电动车行业协会案例中，广州市人大和政府在相关政策条例的二审稿中，将对电动自行车的全面禁行改成在上级政府批准的区域内禁止行驶。

鸿沟。数字鸿沟的发展至少经历了两个阶段：接入机会差异导致的数字鸿沟和因使用互联网的差异而产生的数字不平等（Dimaggio et al.，2004）。中国已进入接入可及性差异缩小，而运用差异逐渐显现的阶段。也就是说，随着互联网基础设施、网络终端接入设备的普及，造成数字鸿沟现象的主要原因在于数字技术使用上的差异。第 50 次《中国互联网络发展状况统计报告》的数据显示，截至 2022 年 6 月，我国非网民规模为 3.62 亿人；造成非网民不上网的原因中，"没有电脑等上网设备"的仅为 16.0%；"不懂电脑/网络"、"不懂拼音等文化程度限制"和"年龄太大/太小"等个人因素是非网民不上网的主要原因，分别占不上网原因的 60.7%、28.0% 和 19.8%。而在互联网用户中，国内外实证研究发现经济地位较高的用户更多地通过互联网获取非娱乐信息，而经济地位较低的用户更倾向使用互联网的娱乐功能（Bonfadelli，2002）；互联网应用的深度与范围也存在较大差异（钟智锦，李艳红，2011），这些差异都会影响到不同用户数字技术应用的实际效果，继而有可能产生进一步的数字不平等。

### （二）社会组织数字鸿沟的表现与成因

社会组织的数字鸿沟主要表现为三个方面：一是社会组织与其他组织间的数字鸿沟。总体而言，我国社会组织数字技术使用的广度和深度与企业、政府机关相比，都有较大差距。二是社会组织内部不同类别社会组织间的数字鸿沟。公益慈善类社会组织在数字技术使用方面较其他类别的社会组织更为活跃。三是同类社会组织间的数字鸿沟。实证研究表明，我国草根社会组织计算机与互联网的普及率很高，并不存在明显的"数字硬件鸿沟"，但是不同的社会组织在计算机和互联网的应用方面有较大的差异，存在"数字媒体应用鸿沟"（钟智锦，李艳红，2011）；我国民间公益组织使用新媒体的传播能力也因组织所在区域、规模而存在差异（马贵侠，谢栋，2015）。

造成我国社会组织数字鸿沟的原因是多方面的。首先，社会组织非营利的性质以及总体组织规模偏小是最为重要的原因，这使得社会组织无法像企业或政府那样能够调动大规模的资金用于数字技术的应用开发。对大部分社会组织而言，只能依托第三方应用和信息平台来使用数字技术。其次，社会组织的人力资源较为薄弱，部分社会组织专业人才匮乏、年龄结构偏大的问题较为突出（郁建兴，谈婕，2016），对数字技术应用在技能和认知上的准备不足。最后，社会组织的个体特质也有可能造成数字技术使用的差异，实证研究表明，社会组织的服务领域、所在地区、业务覆盖的地域层次（面向国际、全国或是地方性服务）、组织规模、宣传资金占比等都会影响社会组织应用数字技术的能力（钟智锦，李艳红，2011）。

### （三）数字鸿沟的后果：技术替代

社会组织因数字技术使用差异所造成的数字鸿沟可能导致部分社会组织发展得相对落后，由此带来被技术替代的风险，主要的威胁可能来自以下三种情况。

首先，社会组织的部分传统职能可能会被数字技术催生出的新业态所替代。例如，许多社团组织，如行业协会商会、专业协会、学会都有自己的会刊、网站，用以发布本行业、专业领域的新闻资讯。在新媒体蓬勃发展的背景下，行业类的 B2B（business-tobusiness，企业对企业）垂直网站以及移动互联网用户端，如微信、微博、新闻客户端等可以比会刊、协会网站等传统渠道更有效地发布信息，而且成本更为低廉。因此社团组织的会刊、网站等业务或者转型为新媒体，如创办微信公众号等自媒体，或者将被新媒体完全取代。

其次，同类社会组织间的竞争将会加剧，以传统模式运营的社会组织有可能被获得技术赋能的新兴社会组织所取代。例如，在公益慈善领域，公益组织如能拥有互联网公开募捐平台或与平台合作，能够综合运用新媒体技术进行公益宣传、组织动员，将在社会影响力、公信力、募集捐款等方面取得不对称的巨大优势，令传统的公益组织难以与之竞争。

最后，某些类别的社会组织可能会面临其他组织"跨界竞争"的挑战。例如，以服务企业为基本宗旨的行业协会商会类社团组织将遭遇到的最大竞争可能不是其他行业协会商会，而是像阿里巴巴集团那样以"让天下没有难做的生意"为宗旨，以服务中小企业为目标的互联网平台企业。相较于行业协会商会，后者在互联网运用方面拥有巨大的技术、资本和市场优势。例如，某知名服装商会曾经想联合行业内的龙头企业共同建立一个服装行业的电子商务垂直平台，后来发现平台建设对资金投入的要求实在太大，而且与国内已有的综合性平台相比并不具有竞争优势，最终不得不放弃。行业协会商会不仅在与互联网相关的新兴业务上不具有优势，其许多传统职能，如行业信息发布、行业人才培养、会员企业融资担保、行业秩序维护等，都有可能受到诸如新媒体、在线教育、互联网金融服务、众筹平台、在线交易平台等互联网新业态的冲击。

## 二、网络舆论与社会组织公信力风险

### （一）社会组织公信力风险

公信力，即令公众信任的力量。社会组织公信力是指社会和公众对社会组织的认可度、信任度和满意度。公众对社会组织的信任主要包括两个方面。一是组织的诚信，即组织是否诚实可靠、会不会履行义务、是否信守组织宗旨承诺、能否提供公益服务、能否满足捐赠者的期望、能否推动组织使命和目标的实现；组织行为与程序是否符合法律道德规范，是否正当与合理。二是组织的效能，即组织是否有能力履行其义务，能否以经济高效的方式提供公益服务。我国部分社会组织长期存在内部治理结构不完善、管理制度不规范、内外部监督机制缺失、财务信息不透明、服务成效不显著等问题，导致其公信力不足，继而使社会公众对社会组织特别是公益慈善类组织的整体公信力评价不高。一项针对北京、南京、深圳、武汉、西安五地公众的大型问卷调查结果显示，受访对象对国内慈善组织公信力评价的平均得分为 5.4 分（满分为 10 分），尚未达到及格水平，低于对发达国家慈善组织公信力评价的平均得分（6.6 分）。此外，与国内其他机构和组织（包括教育机构、科研机构、政府部门、电视台、报纸、门户网站等）相比，慈善组织的公信力评价得分也是最低的（石国亮，廖鸿，2015）。

## （二）网络舆论风险

网络舆论是经由网络表达的社会舆论，特别是普通网民通过网络表达的舆论。相较于传统的社会舆论，网络舆论具有更强的开放性、即时性和互动性。网络舆论既能发挥舆论监督的积极作用，也有可能带来消极后果，形成不可预料的风险。有学者借用混沌学中的"蝴蝶效应"概念，提出了新媒介有别于传统媒介的独特的舆论生成机制（韩立新，霍江河，2008），即在匿名、开放的虚拟网络空间，网民对某一社会事件的讨论可能出现情绪性、随意性、娱乐性的非理性现象，并形成巨大的舆论影响力，导致不可预料的舆情结果乃至舆情危机。在公众对社会组织公信力总体评价偏低的情况下，公众容易对社会组织产生不信任感，乃至产生负面印象。在此背景下，当与社会组织有关联的社会事件特别是负面事件产生时，公众就有可能将自身对社会组织的负面印象与事件联系起来，并加入对此事的网上讨论，形成舆论压力。若涉事社会组织未能及时、有效地应对网络舆论对事件的关切或质疑，就有可能进一步引爆新一轮的网络舆论，造成事态的扩大。如2011年的"郭美美事件"，就是由新浪微博上的个人炫富信息引发公众对中国红十字会内部管理的质疑，继而演变为一场公关危机的舆情事件。在新媒体日益发达的时代，社会组织的短板极易被曝光在网络舆论的聚光灯下，若社会组织缺乏有效的公共关系和危机管理意识，无法及时有效地回应网络舆论，很有可能遭遇重大的公关危机和信誉损害。

## （三）网络舆论危机对社会组织的负面影响

网络舆论不仅风险难以预期、不可控，而且在造成舆论危机后，还将对社会组织的公信力乃至捐赠收入产生巨大的伤害。以"郭美美事件"为例，2011年6月事件发生后，中国红十字会的公信力立即遭到重创，接受捐款数出现大幅下降。该事件还进一步引发了公众对中国公益慈善机构的整体不信任。根据民政部发布的2011年1~4季度全国民政事业统计数据，2011年的社会捐款总数为145.2亿元，仅为2010年的37%。2011年6月，全国社会捐款为10.2亿元，"郭美美事件"发生后的7月全国社会捐款数仅为5亿元，降幅超过50%（刘春湘，郭梓焱，2016）。

由此可见，网络舆论正在成为社会组织外部风险的重要来源，网络舆论的"蝴蝶效应"极易放大公众对社会组织公信力不足等问题的关注和批评，甚至形成非理性的舆论压力，对社会组织产生即时、扩大且持久的伤害。在新媒体、自媒体盛行的时代，缺乏应对网络舆论和公共关系处理能力的社会组织将会是十分脆弱的。

# 三、社会组织的数字化挑战

## （一）客户关系管理与社会组织的数据采集

2021年，民政部印发《"十四五"社会组织发展规划》，其中明确指出，"加强数字赋能。加快社会组织数字化能力建设，推广社会组织智能化办公系统。……提升社会组织的'互联网+'服务水平"。当前，社会组织的数字赋能主要集中在数据传输效率提升的环节，即通过使用基于互联网技术的新媒介，来提升其在资金募集、社群建设、信息发布等方面的能力。而在数据采集、存储、分析等领域，社会组织的数字赋能程度是十分有限的。在大数据时代，社会组织必须像企业和政府那样，积极提升除数据传输之外的数字技术应用能力，只有这样才有可能维持自身的竞争优势。国外社会组织在这方面已经取得了相当的进展。《2023 年非营利技术为善报告》的数据显示，24% 的受调查社会组织使用了客户关系管理（customer relationship management，CRM）软件用于追踪捐赠信息，并对其捐赠者和支持者进行通信管理。客户关系管理不仅仅是又一个移植到社会组织管理中的企业管理理念与工具，还是信息时代社会组织发展的战略性技术赋能工具。在互联网时代各类组织普遍赋能的背景下，相对于互联网企业和政府的数据综合收集能力，社会组织在对其捐赠人、受助人、会员等信息的熟悉与可获得方面，仍有一定的比较优势。在公益慈善、行业、专业治理、社会服务等领域，不同类别的社会组织是实现社会数据收集与传递"最后一公里"的理想主体。基于客户关系管理系统，社会组织能够主动收集捐赠人、受助人、会员等利益相关者的相关数据，有助于社会组织更了解他们的偏好和需求，从而改进自身的服务与募款行为，更好地为用户创造价值，维护长期的合作与支持关系。更为重要的是，社会组织能够以客户关系管理系统为切入点，推进自身在数据采集、存储和分析方面的技术赋能，实现向数据驱动型组织的转型。

### （二）社会组织的数据隐私保护与数据安全

社会组织要合法、合理、负责地推进数据领域的技术赋能，亟待在规范和技术层面解决好数据隐私保护和信息安全问题。

数据隐私是指个人、组织机构等实体不愿意被外部知道的信息。例如，个人的行为模式、位置信息、兴趣爱好、健康状况、公司的财务状况等，主要涉及数据的模糊性、隐私性、可用性。对我国社会组织而言，数据隐私保护还是一个较新的领域，一些基本的理论问题尚待解决。首先是个人数据隐私保护的通用规范在社会组织领域的适用问题。社会组织的捐赠人、受助人、会员作为数据主体，应享有对自身数据的访问权、更正权、擦除权与携带权等基本权利；社会组织在收集与处理用户数据时，应遵循"合法性、合理性和透明性，目的限制，数据最小化，准确性，限期储存，诚实与保密，可问责性"等原则（丁晓东，2018）。其次是社会组织特殊的数据隐私保护问题。例如，公益慈善组织一方面有义务披露捐赠财物使用和公益慈善项目运作的信息，另一方面也要保护捐赠人、受助人的个人隐私，两者之间存在紧张关系，需要对社会组织利益相关者的知情权和隐私保护权进行合理、合法的协调。最后是社会组织自身数据隐私的保护，涉及社会组织数据隐私权利范围的适当界定和实际保护机制的建立等问题。

根据《中华人民共和国数据安全法》第三条，数据安全是指通过采取必要措施，确保数据处于有效保护和合法利用的状态，以及具备保障持续安全状态的能力。对社会组织而言，数据安全建设一是要依法依规开展数据处理活动，建立健全全流程数据安全管理制度，开展数据安全教育培训，采取相应的技术措施和其他必要措施，保障数据安全；二是要加强风险监测，做好预案工作，以便在发生数据安全事件时，立即采取处置措施；三是要注意我国境内的社会组织及其成员，非经中华人民共和国主管机关批准，不得向外国司法或者执法机构提供存储于中华人民共和国境内的数据。此外，《中华人民共和国数据安全法》还明确了行业性社会团体（行业组织）可依法制定数据安全行为规范和团体标准、参与数据安全保护工作，并在数据安全风险评估、防范、处置等方面开展协作。

## 四、社会组织应对技术变革挑战的举措

### （一）确立社会组织的数字化战略

信息技术革命造成了社会组织外部技术环境的深刻变化，这种变化是不以个人主观意志为转移的，只能由社会组织通过改变自身来主动适应。但这并不意味着社会组织必须进行颠覆式的全盘改变，而是要有所为有所不为。组织使命是社会组织存在的基础，一般而言是长期稳定的，不因外部环境的变化而改变。社会组织需要改变的是其组织战略，即在目标定位、组织架构、运作方式上进行主动调适，从而找到适应信息化社会的组织新形态，以更有效的模式来履行其使命。

数字技术赋能的实质是人类社会获得、存储、传输和分析信息能力的质的飞跃。随着信息能力的提升，人类社会的生产与生活方式或是得到改进，或是被取代，或是产生新的形态。对社会组织而言，制定信息化战略的核心问题就是要在新的数字技术条件下，梳理出需要淘汰、改进或创新的组织业务和运营模式。当前，社会组织在资源获取、内部沟通、组织能力提升、对外信息传递等方面的业务已经可以实现数字技术赋能；社会组织运作的新形态，如虚拟社群、信息平台、众筹平台、募款平台等也不断涌现。社会组织可以结合自身使命和组织特点，在上述领域有针对性地推进信息化战略，以实现业务和运营模式的优化与创新。

### （二）推进社会组织的数字化转型

受制于资金与技术能力，社会组织与企业和政府相比，在数字技术应用的先进性和规模性上不具有优势。因此，社会组织的数字化一定不是追求数字技术能力的绝对优势，而是在社会公益或互益领域，通过数字技术赋能，获得相对优势，实现"错位发展"。换言之，在数字时代，非营利、非公立的组织使命与特性依然是社会组织在公益或互益领域拥有比较优势的根本保证，而数字技术的作用在于放大而非替代这种比较优势。

目前，社会组织数字化尚处于互联网化的阶段，表现为基于互联网的各类衍生技术应用在社会组织中的逐渐普及。社会组织互联网化的技术赋能效应主要体现在信息传输效能的提升上，继而使得社会组织在资源获取、动员、交流、宣传等方面获得突破物理空间限制的能力。随着数字技术变革的继续推进，社会组织数字化极有可能进入新阶段。在这一阶段，社会组织的技术赋能效应将会扩展到数据获取、存储和分析领域，从而实现社会组织客户（会员、志愿者、捐助者、受助者等利益相关者）管理、财务管理、公共关系管理、政策倡导等事务的精准化和实时化，继而推动社会组织新形态、新业务、新模式的涌现。

总之，数字化是在后互联网时代进一步放大社会组织比较优势的起点，是社会组织获得新一轮数字红利的契机，也可能是造成社会组织数字鸿沟进一步扩大的分水岭。社会组织应及时把握数字技术变革的新趋势，在数据获取、分析等方面做好布局准备，适时推进自身的数字化转型。

## （三）构建社会组织技术风险防范机制

相较于数字技术应用能力不足的问题，数字技术的误用和滥用可能是社会组织在数字时代所面临的更大的挑战。因此，社会组织应尽早将技术风险防范机制的建设列入组织发展的议事日程。

社会组织技术风险，往往是由其制度规范和管理中的已有缺失，被技术因素引发或放大而造成的。因此，社会组织技术风险防范机制的构建，也应从制度、管理和技术等多个层面推进。在制度规范层面，社会组织首先应遵守相关的法律法规（如《网络安全法》），建立良好的法人治理体系，打好风险防范的基础。在数据隐私保护等立法、政策制定相对滞后的领域，社会组织可以参考国外相关制度［如欧盟（European Union，EU）《通用数据保护条例》］、企业相关标准（如阿里巴巴集团《隐私保护和数据安全白皮书》），制定并执行自我约束或行业自律规范。在管理层面，社会组织应根据外部环境变化和自身发展需要，完善内部管理机制。例如，为了维护组织公信力，社会组织不但应尽快建立健全信息披露制度，加强组织信用建设，而且应着手建立网络公共关系管理与危机管理的相关管理制度。在技术层面，社会组织应根据自身需求，引入必要的防范技术手段，如为了保障社会组织的数据安全，安装相关的网络安全和隐私保护软件等；在公益慈善领域，可以探索引入基于区块链的数字证书认证，以提升慈善募款的透明度和相关公益慈善组织的公信力。

## 本章小结

数字技术变革深刻地改变了社会组织的环境。互联网、社交媒体和即时通信等数字技术的应用，很大程度上提升了社会组织各方面的运作效能。当前，社会组织应用数字技术实现技术赋能的主要场景有基于众筹和公开募捐平台的在线募款与收费、基于 Web 2.0 技术的网络社群的建设，以及基于新媒体的在线信息披露与发布、公益传播和网上政策倡导。与此同时，数字技术变革也给社会组织带来了新的风险和挑战，如因不同组织的数据使用差异造成的数字鸿沟，对社会组织造成的技术替代威胁；网络舆论的"蝴蝶效应"对社会组织公信力带来的风险与负面影响；社会组织数据采集所涉及的数据隐私保护和信息安全；等等。

## 案　例

### 上海联劝公益基金会"一个鸡蛋的暴走"网络公益筹款活动[①]

上海联劝公益基金会（以下简称联劝）是上海第一家民间发起的资助型公募基金会，

---

[①] 根据上海联劝公益基金会官方网站对"一个鸡蛋的暴走"公益活动的相关信息编辑整理而成，参见：https://baozou.lianquan.org/.

成立于 2009 年。联劝的使命是联合劝募、支持民间公益，愿景是让中国民间公益拥有互信、合作、可持续发展的环境。

"一个鸡蛋的暴走"（以下简称"暴走"活动）是联劝于 2011 年 10 月发起的国内首个公益徒步筹款活动，旨在为联劝"U 积木计划"及"U 泉计划"筹款，致力于让 0~18 岁少年儿童健康成长、平等发展。

"暴走"活动是一项具有挑战性的团队活动，参与者必须 4~6 人组成一队，在 12 小时内走完 50 公里。队员和身边亲友约定，只要自己在 12 小时内走完 50 公里，亲友就必须为西部贫困地区的孩子捐款买鸡蛋（后拓展为其他公益项目）。队员们一路上相互扶持和鼓励，克服种种困难，并通过穿着奇装异服、义卖 party、现场求婚等创意方式，向熟人网络募集善款。

"暴走"活动秉承联劝"快乐公益、多元公益、理性公益"的理念。首先，"暴走"活动让公众、企业、公益组织用不同的方式参与到公益中，鼓励参加者发挥创意，展示个性，为公众带来快乐的公益体验。其次，"暴走"活动为公众提供多元的公益参与方式，包括成为暴走队员，为"暴走"活动做摄影、医疗、骑行、自驾、表演、指路志愿者，或者为"暴走"活动捐款、为公益传播。最后，"暴走"活动倡导理性地支持公益，支持理性的公益。每年，"暴走"活动结束后都会举办公众评审会、项目分享会、后续探访等活动，鼓励公众深度参与公益，与联劝共同监督善款的使用，思考社会问题的解决方案。

"暴走"活动最早起源于联劝团队的一次春游打赌。当时，有团队成员提出："如果我成功挑战 50 公里徒步，你是否愿意为贫困山区的孩子们捐钱，让他们每天吃上一个鸡蛋？"这场赌局获得了意外热烈的回应，联劝通过微博等方式筹集到了近 9 万个鸡蛋，用于支持"一个鸡蛋"项目。2012 年，"暴走"活动发展为平台型筹款活动，为儿童营养健康、教育发展、安全保护、社会融合四个领域公益项目及机构筹款；同年，"暴走"活动开启"公众评审会"，让捐赠人与专家共同参与决策善款流向；2014 年，"暴走"活动开发微信筹款工具爱扑满、线上筹款游戏，丰富参与渠道与筹款方式；2016 年，"暴走"活动筹款破 1000 万元；同年，"暴走"活动举办资助成果展、项目分享会、联劝开放日及项目探访，让公众更深度地参与公益；2017 年，"暴走"活动设立"公益观察员"制度，邀请捐赠人持续跟进项目一年。

自 2011 年以来，先后有 63 580 名参与者为这项活动筹款 470 433 笔，筹款金额超过 8231 万元人民币，以支持联劝在儿童营养健康、教育发展、安全保护、社会融合等方面开展的公益资助。联劝运用筹得的资金，资助了以下的公益项目：连续 11 年，让广西、云南、贵州、四川等地的农村孩子在校期间每天吃到一个鸡蛋；医疗服务项目、寄宿制学生健康卫生项目等资助超过 9 万名儿童，改善其卫生习惯和健康状况；改善甘肃、陕西、贵州等地撤点并校住校儿童及事实孤儿的阅读和学习环境；对偏远地区住校儿童、少数民族女童、城市流动儿童进行安全保护教育、性教育；对新疆、上海、陕西等地的留守儿童、流动儿童、残障儿童开展社会融合项目；等等。截至 2020 年底，"暴走"活动筹集的善款累计支持了 219 家公益机构、478 个公益项目，超过 78 万人次受益。此外，活动善款还支持了境困儿童服务公益组织的发展，累计支持了 213 家公益机构、341 个公益项目，累计超 58 万人次受益。

目前，"暴走"活动已经获得了广泛的社会认可，曾被澎湃、界面、东方网、环球网、和讯网、文汇报、新民晚报、网易、新浪等多家媒体报道；网页新闻与微信传播累计 900 余篇，传媒累计触达约 2000 万人；曾获责任中国 2013 公益行动奖、南方周末 2013 年度责任案例奖、第三届中国公益慈善项目大赛铜奖、首届中国青年志愿者服务项目大赛金奖、中华慈善奖提名奖、第六届中国公益节年度公益项目奖、第十届中华慈善奖、2018 中国（上海）社会治理创新实践"优秀案例"等多个奖项。

**案例分析题：**

1. 联劝组织的"暴走"活动运用了哪些数字技术？
2. 你认为数字技术在"暴走"活动的成功中起到了什么作用？
3. "暴走"活动在线上线下活动结合方面有哪些创意？
4. 在"暴走"活动中，究竟是活动创意还是数字技术发挥了更重要的作用？
5. 你认为"暴走"活动在数字技术应用方面是否还有进一步完善或创新的空间？

**本章思考题**

❶ 数字技术变革的本质是什么，数字技术变革能给社会组织带来哪些数字红利？

❷ 举例说明社会组织通常会使用哪些数字技术应用，用来做什么。

❸ 什么是数字鸿沟？你认为与企业、政府相比，社会组织在数字技术使用方面落后了吗？社会组织是否有可能被数字技术替代？

❹ 社会组织应如何预防和应对网络舆论风险？

❺ 社会组织在进行数据采集、使用时，应注意哪些数据隐私保护和信息安全问题？

# 参考文献

丁晓东. 2018. 什么是数据权利？——从欧洲《一般数据保护条例》看数据隐私的保护. 华东政法大学学报，21（4）：39-53.

韩立新，霍江河. 2008. "蝴蝶效应"与网络舆论生成机制. 当代传播，（6）：64-67.

柯湘. 2017. 互联网公益众筹：现状、挑战及应对——基于《慈善法》背景下的分析. 贵州财经大学学报，（6）：53-60.

刘春湘，郭梓焱. 2016. 当前我国社会组织公信力危机及重构. 湘潭大学学报（哲学社会科学版），40(4)：

43-46, 139.

刘亚莉, 王新, 魏倩. 2013. 慈善组织财务信息披露质量的影响因素与后果研究. 会计研究, (1): 76-83, 96.

马贵侠, 谢栋. 2015. 新媒体环境下民间公益组织传播能力建设: 现状、反思与提升策略. 新闻界, (6): 36-41, 51.

马克思, 恩格斯. 2009. 马克思恩格斯文集 (第10卷). 中共中央马克思恩格斯列宁斯大林著作编译局译. 北京: 人民出版社.

邱泽奇. 2019. 技术化社会的3.0版. 民主与科学, (1): 35-37.

上海社会科学院信息研究所. 2013. 信息安全辞典. 上海: 上海辞书出版社.

石国亮, 廖鸿. 2015. 慈善组织公信力的危机与重建. 马克思主义与现实, (6): 86-94.

孙宗锋, 姜楠, 郑崇明. 2018. 大数据在国外政府治理中的应用及其启示. 甘肃行政学院学报, (4): 12-21, 126.

熊光清. 2018. 网络社团的发展与网络空间治理——从准社会组织视角考察. 哈尔滨工业大学学报(社会科学版), 20 (5): 2-7.

杨永恒, 王永贵, 钟旭东. 2002. 客户关系管理的内涵、驱动因素及成长维度. 南开管理评论, 5 (2): 48-52.

郁建兴, 谈婕. 2016. 行业协会人力资源困境的突破及其风险. 行政论坛, (6): 53-60.

郁建兴, 等. 2023. 数字时代的政府变革. 北京: 商务印书馆.

赵曙光. 2014. 社交媒体的使用效果: 社会资本的视角. 国际新闻界, 36 (7): 146-159.

中国互联网络信息中心. 2019. 第43次《中国互联网络发展状况统计报告》. https://www.cnnic.net.cn/n4/2022/0401/c88-838.html

中国互联网络信息中心. 2022. 第50次《中国互联网络发展状况统计报告》. https://www.cnnic.net.cn/n4/2022/0914/c88-10226.html

中国网络空间研究院. 2021. 世界互联网发展报告. 2021. 北京: 电子工业出版社.

中国信息通信研究院. 2019. 数字经济治理白皮书 (2019). http://www.caict.ac.cn/kxyj/qwfb/bps/201912/t20191226_272660.htm.

中国信息通信研究院. 2022. 中国数字经济发展报告 (2022年). http://www.caict.ac.cn/kxyj/qwfb/bps/202207/t20220708_405627.htm.

钟智锦, 李艳红. 2011. 新媒体与NGO: 公益传播中的数字鸿沟现象研究. 思想战线, 37 (6): 112-117.

周俊. 2009. 行业组织政策倡导: 现状、问题与机制建设. 中国行政管理, (9): 91-96.

周文泓, 文传玲, 许强宁, 等. 2020. 面向政府开放数据利用的发达国家与地区应用开发调查及其启示. 情报杂志, 39 (2): 124-133.

Bonfadelli H. 2002. The internet and knowledge gaps. European Journal of Communication, 17 (1): 65-84.

Dimaggio P, et al. 2004. Digital inequality: from unequal access to differentiated use//Neckerman K. Social Inequality. New York: Russell Sage Foundation, 355-400.

Nonprofit Tech for Good. 2023. 2023 Nonprofit Tech for Good Report. https://www.nptechforgood.com/2023/02/01/announcing-the-2023-nonprofit-tech-for-good-report, 2023-02-01.

Pirog M A. 2014. Data will drive innovation in public policy and management research in the next decade. Journal of Policy Analysis and Management, 33 (2): 537-543.

Steinfield C, Ellison B, Lampe C. 2008. Social capital, self-esteem, and use of online social network sites: a longitudinal analysis. Journal of Applied Developmental Psychology, 29 (6): 434-445.

World Bank Group. 2016. World Development Report 2016: Digital Dividends. Washington: World Bank Publications.

# 第十五章

## 社会组织国际化

1. 掌握社会组织国际化的概念。
2. 了解社会组织国际化的主要形式和领域。
3. 理解社会组织国际化的原因和意义。
4. 了解国外非营利组织国际化的基本经验。
5. 掌握我国社会组织国际化的概况。
6. 掌握我国社会组织国际化的当前情况和未来发展。

● 伴随着经济全球化的发展，越来越多的非营利组织活跃在国际舞台上，它们在不同区域、国家开展活动，组成了庞大的网络，它们呼吁人与自然和谐发展，对受灾、贫困地区进行人道主义救援，为争取少数群体的权益振臂呼吁，为救助战争中的伤民奔走于战火之中，在促进世界和平与发展方面发挥着不可替代的作用。改革开放后，我国与世界其他国家的联系越来越密切，社会组织也渐渐走出国门，到海外扶危助困，为解决全球治理问题贡献中国经验。2021 年开始实施的《"十四五"社会组织发展规划》提出，稳妥实施社会组织"走出去"，有序开展境外合作，增强我国社会组织参与全球治理能力，提高中华文化影响力和中国"软实力"。这就为社会组织走出去参与国际事务提出了新要求。本章围绕社会组织国际化展开，主要介绍社会组织国际化的内涵、动因和意义，以及国外非营利组织国际化和我国社会组织国际化的主要进程和当前概况，并针对社会组织国际化中的不足提出建议。

# 第一节　社会组织国际化概述

## 一、社会组织国际化的内涵

### （一）社会组织国际化的界定

社会组织国际化既是一个过程性概念，也是一个结果性概念。当作为一个过程性概念时，社会组织国际化是指一国社会组织走出国门，开展国际性活动，或者国际非营利组织开展跨国活动的过程。《民政部办公厅关于修改民政事业统计台账民间组织分类的通知》对社会组织的分类中，有一类为国际及涉外组织，包括国际性非营利组织、外国商会、境外非营利组织驻华机构等。其中，外国商会、境外非营利组织即国外社会组织，当它们在我国开展活动时，就是其自身的国际化过程；国际性非营利组织在我国开展活动，是它们国际性的体现。

当作为一个结果性概念时，社会组织国际化是指获得了国际非营利组织身份的社会组织。国际非营利组织也称为非政府（间）国际组织、国际非政府组织。目前对国际非营利组织最为权威的界定来自《国际组织年鉴》，它规定国际非营利组织必须具备以下条件：第一，宗旨具有国际性质，并意图在至少 3 个国家开展活动；第二，有完全投票权的个人和（或）集体成员应来自至少 3 个国家；第三，成员有权依照该组织基本文件定期选举执行机关及其官员，有固定的总部，并规定了该组织活动的连续性，官员通常应来自不同的国家；第四，很大一部分的预算应来自至少 3 个国家，并且不以营利为目的。

本书采用社会组织国际化的过程性含义，将其界定为：一国社会组织开展跨国性活动的过程，以及国际非营利组织的国际性活动。为表述方便，本书将社会组织国际化的主体统一称作社会组织，除特殊情况以外，不再使用国际非营利组织的概念。

### （二）社会组织国际化的形式和活动领域

#### 1. 组织类型

根据国际协会联盟提出的分类方法，社会组织国际化的主体可以分为以下四类（万俊，罗猛，2006）：

（1）国内和国际组织的联合体。这类组织设立的目的是促进成员间的合作交流，它们由同一个组织在不同国家设立办事处或国际联络机构组成。例如，世界自然基金会（World Wide Fund for Nature，WWF）在各个国家设立分支机构和办事处，且各办事处相互独立，有各自的资金来源和工作重点。

（2）世界性会员制组织。此类组织实行会员制，其会员分布在多个国家。例如，成立于 1919 年的人道主义救援组织——红十字会与红新月会国际联合会，截至 2022 年底，该组织的成员遍及 192 个国家[①]。

（3）区域性会员制组织。此类组织的会员分布在特定的跨国区域范围之内。例如，成立于 2019 年的亚洲铸造业联合会是在中国铸造协会倡议下联合亚洲各国家和地区铸造行业协（学）会、企业、大学、科研院所和铸造标准化机构成立的一个社会组织。

（4）以开展国际活动为目标的国内组织，以及部分或全部关注国际问题的国内社会组织。例如，中国扶贫基金会除在国内活动以外，2005 年以来先后在印度尼西亚、朝鲜等多个国家和地区开展援助项目。

国际非营利组织通常被划分为倡议型、支持型和运作型三类。倡议型国际非营利组织主要对特定问题、观点、兴趣等进行政策倡议活动，这类组织能够为政府和国际组织提供决策咨询服务、影响公众舆论；支持型国际非营利组织主要是提供资金支持或建立网络关系的组织，主要包括基金会、非营利组织联盟等；运作型国际非营利组织以各种项目为主要业务内容。

#### 2. 活动方式

（1）政策倡导。通过多种途径提出政策建议，进行政策宣传，推动国际公共政策调整和发展。

---

① 该数据来自 https://www.icrc.org/zh/who-we-are/movement.

（2）资金援助。为其他国家或地区的社会组织、公益团队或个体公民提供资金，资助相关服务、研究和政策倡导等活动。

（3）物资支援。为其他国家或地区的组织、公益团队或个体公民提供物资，通过物资支援帮助其解决问题。

（4）人才派遣。向其他国家或地区派遣专家、技术人员、志愿者等，帮助当地解决人力资源不足的问题。

（5）项目合作。通过项目的形式与其他国家或地区的组织、公益团队或个体公民开展合作，共同解决问题或提供服务。

### 3. 活动领域

（1）人道主义救助。社会组织在国际人道主义救助领域发挥着重要作用，在饥荒、疾病、战争中，通常可以看到社会组织的身影。

（2）扶贫济困。扶贫济困是社会组织国际化的重要领域。社会组织一般通过直接资助和产业扶持的方式帮助受援国家或地区减少贫困。

（3）医疗卫生。医疗卫生问题长期受到社会组织的关注。在促进各国开展传染病和慢性病防治、改善公共卫生设施等方面，社会组织的作用非常突出。

（4）环境保护。许多社会组织关注濒危动物、大气和土壤、能源资源以及环境教育等方面的问题，在保护地球、促进可持续性发展方面做了大量工作。

（5）文化传播。随着全球化进程的推进以及国际文化交流的增多，许多社会组织专注于促进国际文化交流和传播，积极推动各类组织、各界人士的跨国交流与合作。

（6）人权发展。部分社会组织以促进人权发展为宗旨，它们在对妇女、儿童、残疾人等的权益维护工作上展开积极行动。

（7）和平安全。在和平与安全领域存在大量社会组织，它们通常通过向政府和国际组织提出建议、施加压力，利用新闻媒体争取民意等方式影响和平与安全进程。

## 二、社会组织国际化的动因

### （一）共建美好社会

萨拉蒙等（2007）认为，在全球社团革命的进程中，非营利组织的力量和作用不可忽视，它对国际关系产生的影响甚至不亚于民族国家的兴起对19世纪世界历史发展产生的影响。即使是在全球化时代，民族国家之间的割裂状态依然阻碍国际交流合作，而社会组织在主权国家较少涉及的领域和议题上展开广泛合作，关注落后地区人们的生存发展问题和威胁全人类生存的安全、环境等问题，争取实现超越国家范围的公共利益，为构建美好社会而努力。

### （二）解决或缓解治理难题

全球化过程中出现了很多世界范围内的、关乎人类生存发展的问题。例如，环境问题日益严峻，环境污染、生态失衡、全球变暖等问题直接威胁到了人类的生存；贸易自由化和经济全球化以及与其相反的贸易保护主义和逆全球化加剧了世界经济发展的不平衡，给发展中国家带来更大的风险，落后地区经济面临更大挑战；人权问题依旧凸显，残疾人、老人、妇女等少数群体或弱势群体尚未谋求到平等权益，性别歧视、种族歧视等问题仍然存在；全球安全也面临威胁，局部地区战乱不止，恐怖主义活动频繁。主权国家和国际组织在治理这些全球问题中的作用有限，需要社会力量加入。社会组织通过国际合作的方式在帮助摆脱全球治理困境上发挥了重要作用。以环境问题为例，由于环境问题牵涉国家经济发展，主权国家在环境治理中常常有所保留，治标不治本的现象广泛存在。许多环保领域的社会组织积极参与全球环境治理，通过发起政策倡议、开展环境教育等方式影响环境政策、增强公民的环保意识。

### （三）国家力量推动

社会组织国际化的合法性需要得到国家认可，国家也是推动社会组织国际化的重要力量。部分社会组织在政府资助下开展国际合作，难以避免地成为国家意识形态的传输者和国家利益的维护者；部分社会组织将增进国家利益作为组织宗旨，如美国福特基金会的宗旨就包括"在海外直接或间接推进美国的利益"；部分社会组织旨在通过开展国际活动推行自身价值观（黄浩明，2015）。

社会组织国际化也可以成为国家外交的一种特殊方式（胡澎，2011）。社会组织关注的问题具有跨越国界的特点，超越狭隘的国家利益，更容易得到受援国民众的支持。因此，一些国家主动推动社会组织国际化，以展示或树立国家形象（徐彤武，2010）、传播国家意识形态、提高国家影响力。

### （四）组织使命指引

社会组织国际化是由组织本身的使命和发展战略决定的，主要分为两种情形：一种是组织成立时所确立的使命，即致力于解决国际性问题，或是帮助其他国家或地区解决问题；另一种是组织本身虽然最初旨在服务本国国民，但在发展过程中，组织目标逐渐转向国际范围，以参与海外援助或全球治理等为新的组织宗旨。例如，世界自然保护联盟是世界上规模最大、历史最悠久的国际非营利性环保机构，其使命是"致力于帮助全世界关注最紧迫的环境和发展问题，并为其寻找行之有效的以自然为本的解决方案"，它从一开始就把在全球范围内活动作为自身使命。中国扶贫基金会是全国性扶贫公益组织，但进入 21 世纪以后，它开始国际化探索，并于 2007 年将国际化作为机构战略之一，将在境外开展项目与在国内进行国际化倡导并举，致力于发展成为一家"国际型民间社会组织"（黄晓勇，2018）。

受组织使命指引的社会组织虽然以参与国际事务、促进全球有效治理为目的，但在国际化过程中，也有可能由于组织背后的意识形态、价值观等的不同，而给一些国家和地区带去负面影响，严重的甚至会引起社会不稳定。例如，索罗斯基金会和开放社会基金会将"开放社会"作为基金会的使命，向全世界输出美国的意识形态和价值观念，意图利用援助和扶贫在那些它们认为"不够民主"的国家掀起"民主浪潮"，策动"颜色革命"，造成社会动荡和暴力冲突等。它们的做法受到罗马尼亚、匈牙利等众多中欧、东南欧国家的强烈质疑。

## 三、社会组织国际化的意义

### （一）为受援地提供帮助

社会组织通过海外援助等方式进行跨国合作，最直接的方式是对受援地提供帮助。在美国非营利组织国际化100多年的进程中，海外援助是非常重要的部分，援助领域从传统的紧急救灾、慈善捐赠、文化教育、经济贸易等逐渐扩大到人权、国家安全、民主和外交等领域。社会组织在全球范围内的关怀对象涉及各个领域，给受援国家和地区带去了资金支援、物资支援，以及文化交流、信息传播等非物质资源，改善了受援地民众的生存和发展条件，体现了共建"人类命运共同体"的愿景。

### （二）解决全球治理问题

社会组织有自身的使命和宗旨，许多社会组织的目标是解决经济、政治、文化、和平、人与环境和谐发展等全球治理问题，这些组织开展活动以完成自身使命的过程，实际上也是参与全球治理的过程。其中，一些社会组织因为具有相同或相似的宗旨和使命，在参与全球治理过程中进行磋商和合作，共同解决问题，它们不仅形成了强大的跨国网络，促进了全球团结，而且对民族国家和全球资本产生压力，促使它们建立多元主体的全球治理体系，与社会力量携手共同解决全球问题。

### （三）促进社会组织发展

社会组织国际化将社会组织的发展空间从国内扩展到全球，服务对象、资金来源、志愿者身份等更加多元化，这对社会组织提出了挑战，也促使它们不断学习和进行组织完善。社会组织在国际化过程中既能够结合不同国家和地区的文化特点与地方性需求改进项目管理，又能够与更多的组织交流与合作，相互学习借鉴组织管理和项目实施经验。对社会组织来说，国际化的过程实际上是一个发展壮大、自我完善的过程。

### （四）补充和监督政府部门

社会组织作为政府与市场之外的第三部门，对政府和市场既有补充功能，又有监督作用。在全球治理中，社会组织通常在政府不能或不愿发挥作用的领域开展活动，以补充政府角色的缺失。社会组织扮演跨国监督者角色虽然并不总是受到欢迎，但在许多时候有助于推进被监督国家相关问题的解决。

### （五）助推社会力量参与

社会组织国际化也是动员社会力量参与全球治理的过程。全球治理旨在解决全球性问题、实现世界和平与人类发展，全球治理的主体归根结底是世界各国民众。社会组织本身是民众结社的产物，加入社会组织、参与社会组织活动是一种组织化的社会参与。社会组织还通过信息传播、向公众募捐、招募志愿者等方式，直接或间接号召公众参与全球治理，激发公众参与全球治理的热情。全球最大的独立医疗救援组织之一"无国界医生"的成员遍及全世界，每年超过4万名来自世界各地的无国界医生工作人员为受困于危难中的人们提供援助，组织逾九成的经费来自全球超过 500 万名的独立捐款者①。

# 第二节　国外非营利组织的国际化

## 一、英国非营利组织的国际化

### （一）英国非营利组织国际化发展概况

#### 1. 发展阶段

英国政府内部改革和外交政策变化对非营利组织的兴起和国际化起到了重要的推动作用，而非营利组织的发展也在一定程度上支持了政府改革的深入推进以及外交环境的改善。根据英国非营利组织和政府关系的变化，可以将英国非营利组织国际化划分为以下三个阶段。

第一阶段为 17 世纪至 19 世纪中后期的"自由放任时期"。在工业革命之前，英国非营利组织存在的主要形式为社区志愿与互助组织或行会，组织规模普遍较小。当时由于英国政治和社会发展条件不成熟以及社会组织管理经验的缺乏，主动开展国际合作的非营利组织很少，英国政府对少数谋求国际参与的非营利组织采取自由放任政策。17 世纪初，英国政府制定《慈善法》和《济贫法》，为日后非营利组织参与国际活动奠定了法律基础。

第二阶段为 19 世纪末至 20 世纪中期的"政府主导时期"。19 世纪中期，随着英国经济贸易和工业化的发展，非营利组织获得了良好的发展空间，但也出现了"志愿失灵"现象。从 19 世纪中后期开始，英国政府对非营利组织及其国际参与的管理逐渐由自由放任向政府主导模式转变。非营利组织"走出去"开展国际活动、参与国际合作的实际能力因此受到影响。

第三阶段为 20 世纪 70 年代以后，英国非营利组织和政府的互动合作关系正式确立。首先，此时英国国内的非营利组织呈现井喷态势，内部管理实现专业化，资金来源实现多样化，英国政府对非营利组织进行扶持。其次，自 20 世纪 70 年代以来，联合国提出人口、粮食安全、能源资源、环境保护等一系列涉及人类发展的全球性议题，引发了全球性探讨（Gaer，1995），与此同时，联合国的专门委员会推动国际非营利组织在全球性问题上加强合作。在这一背景下，英国非营利组织开始在联合国和其他国际非营利组织的号召下参与国际事务、开展国际合作（欧阳骞，2017）。

#### 2. 发展现状

悠久的历史传统和良好的政策环境促使英国非营利组织在国际事务中发挥重大作用。英国海外发展非政府组织促进发展（British Overseas NGOs for Development，BOND）2019 年的业务统计数据显示，超过 450 家英国非营利组织参与国际发展，其中既包括全

---

① 数据来自：无国界医生官网（https://msf.org.cn/5386）。

球性的大型机构，也包括小型的专业化组织。英国非营利组织的国际化方式主要包括：向受援国提供资助，与受援国的社会组织建立合作伙伴关系，发挥受援国社会组织和公众的作用，根据项目需要派遣志愿者和专业人员参与项目的执行和行动，等等（王名等，2009）。

英国非营利组织国际化的领域不断变化。早期英国非营利组织主导的对外援助主要集中在城市区域，重点关注儿童保护与救助、基础教育等内容；随着人类面临的全球治理问题不断增多，英国非营利组织的国际参与范围逐步扩展到全球经济治理、青年的国际化培养、应对气候变化与环境污染、社区发展等多项议题上。

英国有多家著名的国际非营利组织，英国救助儿童会（Save the Children）是其中之一。英国救助儿童会成立于 1919 年，是英国最大的国际非营利组织之一，目前在 120 个国家开展工作。它的使命是"推动全社会在对待儿童方面取得突破性的进步，为儿童的生活带来及时和持久的改变"，愿景是"一个所有儿童都能享有生存、保护、发展及参与权利的世界"。早在 1920 年，救助儿童会就向中国捐赠了第一笔款项约 250 英镑用于饥荒救济。20 世纪 80 年代末，救助儿童会在云南省、安徽省和西藏自治区开始开展儿童教育等项目。当前，英国救助儿童会的在华代表处设立在北京，在中国多个省、自治区和直辖市开展儿童救助、健康、保护、减贫、减灾救灾和儿童权利倡导等工作。

### （二）英国非营利组织国际化的特点

英国非营利组织国际化所涉及的领域广泛、项目众多。多数参与国际合作的英国非营利组织宗旨明确，几乎每一个非营利组织都有强大的专家队伍和专业志愿者人员。专业化运作提高了英国非营利组织的国际地位，帮助其获得领导地位。在专业化运作的背后，是英国非营利组织对组织软件建设，尤其是人力资源开发和利用的关注。英国非营利组织非常重视招募有经验的、熟练的和有专业知识与技能的志愿者，常常开展全球性招募。此外，英国非营利组织在国际上的领导地位离不开政府的大力支持。英国政府鼓励非营利组织参与国际合作，设立特别的地区方案以推动英国非营利组织走向世界。

英国非营利组织国际化过程中日益强调与政府之间的合作。英国政府对外援助资金通常并不直接拨付给受援国，而是通过非营利组织与受援国非营利组织建立项目合作伙伴关系来实现援助。此外，英国政府设立专门基金，如"联合基金计划"来支持非营利组织的海外发展工作。

英国非营利组织国际化的重要特点是利用双边或多边渠道开展工作。英国非营利组织在国际双边合作中非常活跃，覆盖的国家面广，项目涉及经济社会发展中的各个领域。在国际多边合作中，英国非营利组织起主导性作用，英国关注通过非营利组织国际化维护英国的国际地位（黄浩明，赵国杰，2014），通常以倡导者身份推动非营利组织形成联盟，建立各种形式的国际网络。例如，英国的"全球消除贫困联盟"吸引了100多个国家非营利组织的加入。

### （三）英国非营利组织国际化对我国的启示

（1）利用国际网络的双边和多边渠道推动社会组织国际化。我国社会组织总体规模较小、资金有限,"走出去"的机会和能力有限。如果能够结合政府的外交战略,通过双边和多边渠道开展国际合作,社会组织国际化将拥有更大空间。我国社会组织国际化不能仅限于社会组织自身在海外开展援助工作,而是需要政府合理利用国际网络优势,搭建双边和多边合作渠道,增加社会组织国际化的机会,提高社会组织的国际地位和影响力。

(2)与受援国社会组织建立良好的合作关系。英国非营利组织在国家外交战略中的主要任务是与受援国非营利组织进行合作,通过建立良好的合作关系,提高非营利组织的国际影响力,进而提升英国的国际地位。我国社会组织国际化对于国家外交战略的意义需要受到充分重视,在利用政府的国际网络进行国际化时,社会组织自身也要努力建立与其他国家非营利组织的合作网络,扩大自身影响。这要求社会组织进行海外合作时,特别应当加强能力建设和人才培养,以建立和拓展合作关系。

(3)在与政府合作和保持自身独立性之间取得平衡。社会组织国际化可能获得政府的资金等支持,甚至成为国家外交战略的内容。但是,社会组织本质上是独立于政府的非营利组织,如果在与政府合作的过程中出现了使命偏移或目标替代,则会丧失非营利组织的属性,这就要求社会组织须掌握合适的平衡点。我国社会组织国际化在方向上需要接受政府指引、符合国家外交战略的原则,在资金上需要来自政府的支持,但在组织管理和项目执行上,则需要保持自身的独立性和专业性。

## 二、美国非营利组织的国际化

### (一)美国非营利组织国际化发展概况

#### 1. 发展阶段

美国政府一直把非营利组织看作推行其全球霸权战略和美国价值观的重要行动者,是其全球软实力的重要体现,认为本国社会组织在美国全球霸权地位的扩张和巩固上起到了重要且无法取代的作用(杨娜,吴志成,2016)。依据美国政府与非营利组织间的关系,可以将美国非营利组织国际化划分为以下四个阶段。

(1)从19世纪末到第二次世界大战结束,是美国非营利组织国际化的原生态阶段。在这一阶段,非营利组织处于不发达状态,非营利组织国际化的主体主要是宗教组织,宗教慈善救济的色彩非常浓厚。

(2)从1947年开始到1991年苏联解体,是美国非营利组织国际化的次生态阶段。早在1949年,杜鲁门总统就提出技术援助落后地区的"第四点计划",采取设立正式政府机构负责与非营利组织沟通协调等多项措施,从制度上和组织上确保非营利组织参与美国对外援助。在这一阶段,非营利组织国际化与国家的政治目标紧密结合,非营利组织与政府默契合作,共同对苏联和东欧进行意识形态渗透。

(3)从苏联解体到"9·11"事件前,是美国非营利组织国际化的亚生态阶段。在这一阶段,美国非营利组织国际化依然引领全球结社革命,同时,国际化的重心从传统的海外援助逐步转向全方位的活动,非营利组织成为美国政治外交的重要工具之一。美国第81届国会通过的《国际开发法案》第407款明确规定"应尽最大可能实现民间机构和个人的参与"，在立法上赋予非营利组织参与对外援助的权利。到了 20 世纪 90 年代克林顿政府时期，美国政府发布《新伙伴关系计划》，快速提升美国国际开发署（United States Agency for International Development，USAID）支出中资助美国非营利组织的比例，目标是达到 50%（蔡礼强，刘力达，2019）。

（4）从"9·11"事件后到当前，是美国非营利组织国际化的新生态阶段。在这一阶段，美国政府对非营利组织国际化进行干预，非营利组织国际化逐渐将重点转向对全球事务的倡导。2013 年，奥巴马政府发起"与民间社会站在一起"（Stand with Civil Society）运动，呼吁支持和捍卫民间社会，美国政府因此集中于为民间社会组织的发展提供支持性政策。最新的美国国务院和美国国际开发署共同发布的《2018—2022 财政年度联合战略计划》在开篇就表明，美国的国际事务离不开非营利组织的合作（蔡礼强，刘力达，2019）。

### 2. 发展现状

美国非营利组织国际化的重要内容是开展海外援助工作。2012 年《全球慈善和捐赠指数》报告显示，2010 年度美国民间力量（含企业捐赠部分）的海外援助总量高达 390 亿美元，超出了官方发展援助 303.5 亿美元的总额，比 2009 年的 375 亿美元增加了 15 亿美元（黄浩明，2014）。美国非营利组织海外援助的领域不断扩大，服务范围从传统的紧急救灾、慈善捐赠、文化教育、经济贸易等扩大到国家安全和外交等领域。

黄浩明（2014）的研究表明，从美国非营利组织国际化的主体来看，美国私人志愿组织是美国非营利组织对外援助的主力军，约占总体支出的 44.6%。私人志愿组织的资助主要用于国际救助和发展事业，如救灾工作和支持难民、卫生和医疗服务工作、经济增长和贸易，主要用在拉美和加勒比地区、非洲撒哈拉以南地区和亚太地区。宗教类非营利组织的对外援助支出约占美国非营利组织对外援助总体支出的 22.9%，主要用于教育领域、紧急救灾和救助领域、卫生领域、经济发展领域等，其中拉丁美洲、非洲撒哈拉以南地区、欧洲和中亚地区以及东亚和太平洋地区是主要的受捐地区。基金会的贡献仅次于宗教类非营利组织，约占总体支出的 14.6%，主要用于卫生和医疗服务、经济增长和贸易（包括环境援助）、民主和治理以及教育等领域。基金会提供的海外援助中约 70% 用于多边区域和有需要的国家。志愿事业约占美国非营利组织对外援助总体支出的 11.8%，主要用于美国海内外的紧急救灾和发展支持。

洛克菲勒、卡内基和福特基金会是美国著名的三大基金会，是构建美国国家知识基础和世界其他地区社会关键因素的中心，建立或改革了美国对外事务的能力，对世界各国非营利事业产生了重大影响（英德杰特·帕马，2018）。以洛克菲勒基金会（Rockefeller Foundation）为例，洛克菲勒基金会创立于 1913 年，是一家私有的家族基金会，关注教育、健康、民权、城市和农村扶贫。近百年来，洛克菲勒基金会秉承"促进知识的获得和传播、预防和缓解痛苦、促进一切使人类进步的因素，以此来造福美国和各国人民，推进文明"的宗旨和信条，对美国及相关国家的各种研究机构和社会团体进行资助，其触角广泛，涉及自然科学、政治、经济、军事和外交研究等众多领域，对美国政府决策及世界经济发展都产生了重大影响。如今，洛克菲勒基金会已经成为世界最有影响的基金会之一。中国是洛克菲勒基金会最早和最重要的海外工作对象，20世纪前半期，在中国建立了协和医学院及其附属医院，改革开放后最早恢复与中国合作，当前，在农业、医疗卫生等领域与中国有广泛合作。

### （二）美国非营利组织国际化的特点

（1）立法先行，政府推动非营利组织走向国际。美国联邦政府为私人志愿组织提供资金资助的法律保障。1978年，美国公法（95-424）规定由私营部门推动实施双边发展援助。1981年，美国公法（97-113）规定，政府至少提供12%的资金给予私人志愿组织。1985年，美国公法（99-83）明确规定，政府至少提供15%的资金援助给私人志愿组织。（黄浩明，赵国杰，2014）

（2）高度专业化，重视团队建设和专业管理，项目执行因地制宜。美国非营利组织在招聘人员、员工培训和薪酬等方面进行专业化管理，参照市场和政府的薪酬标准以维持专业人员的稳定性。在非营利组织开展海外合作时，对受益国家的社会需求进行可行性研究，在项目的选题和设计方面做充分分析，重视对项目执行的控制和对项目产出的评估。例如，美国比尔及梅琳达·盖茨基金会在项目的选题和设计时，充分考虑各国卫生体系和草根民间组织的特点，及时跟进项目执行情况。

（3）注重各种网络建设。首先，重视合作机构网络建设，美国非营利组织在合作关系建立前，会详细考察合作机构的社会信誉和财务情况，了解合作机构的财务报告、审计报告和人员变动信息等，在确认合作关系后会在不同合作机构之间建立关系网络。其次，重视人际网络建设。美国非营利组织会收集参与过机构活动的人员信息、各种校友信息，以及与机构相关联的其他人员信息等，并在此基础上建立人际网络。最后，重视利益相关者网络建设。美国非营利组织通常会在政府相关部门、大学与研究机构、企业行业协会、其他非营利组织和媒体等组织的利益相关者之间建立网络，为组织筹资和业务活动的开展提供便利（黄浩明，赵国杰，2014）。

### （三）美国非营利组织国际化对我国的启示

（1）为社会组织国际化提供立法支持和资金保障。2021年我国《对外援助管理办法》的颁布为社会组织参与对外援助项目提供了政策支撑，但迄今为止我国尚未出台《对外援助法》，社会组织实施国际化战略的法律保障不充分、法律依据不清晰，相关立法工作亟待推进。以法律为前提，政府还须建立社会组织国际化的资金支持机制，以实质上助推社会组织"走出去"。

（2）明确社会组织国际化的战略目标、政策方向和基本路径。美国非营利组织以人道主义援助为切入点，以培养专业人才为手段，通过联合国咨商地位的多边合作、发展民间网络的双边合作等途径，实现非营利组织的国际化战略（黄浩明，2015）。美国非营利组织国际化有清晰的战略规划，这一点非常值得我国借鉴。我国政府同样需要对社会组织国际化进行战略引导，根据社会组织自身特点寻找国际化的切入点和基本路径。

（3）加强社会组织能力建设。美国非营利组织高度专业化的运作体现了它们对自身能力建设，特别是对人才培养的高度重视。我国社会组织普遍面临专业人才少、专业能力不强等问题，在国际化进程中，这些问题更为突出，因此特别需要重视社会组织的人才培养和能力建设。在这方面，政府应做好政策引导工作，社会组织应加强学习，不断完善组织治理，在业务活动和项目管理中提高工作人员的专业水平。

## 三、日本非营利组织国际化

### （一）日本非营利组织国际化发展概况

#### 1. 发展阶段

日本非营利组织参与对外援助比欧美发达国家滞后很多年。日本首家国际性志愿组织组建于 1937 年，直到 20 世纪 60 年代，日本非营利组织才算正式"走出去"。但是，自 20 世纪 90 年代以来，日本政府逐步构建了一个比较完善的支持非营利组织参与对外援助的政策支持体系，在很大程度上促进了非营利组织国际化事业的发展。日本非营利组织国际化的进程总体上可以分为以下五个阶段。

（1）1960～1974 年，日本社会开始恢复由市民主导的国际救援活动，并相继组建真正意义上的国际非营利组织。进入 20 世纪 70 年代后，日本出现了不同于宗教性非营利组织的新型组织，吸引了大批年轻人和知识分子参与其中。

（2）1975～1983 年，随着经济的高速发展和国民收入的迅速增加，参与国际性非营利组织活动的日本市民阶层呈现扩大趋势。这一时期，为救助柬埔寨难民，日本市民成立了为数众多的非营利组织，这些组织在救助任务完成后继续开展活动并拓宽业务范围，逐渐成长为日本国际性非营利组织的中坚力量。

（3）1984～1989 年，随着国内外环境的变化，日本社会开始倡导"国际化"，促使更多日本市民关注和参与国际协力活动。这一时期，日本国际性非营利组织数量快速增长，与此同时，构建非营利组织社会网络的工作被提上日程，逐渐出现由民间主导的支持型非营利组织。

（4）1990～1999 年，日本国际性非营利组织迎来发展鼎盛期，每年新成立的组织数量至少有 30 家，活动领域从亚洲拓展至非洲。这主要是因为日本市民的国际协力意识日益增强，而这一时期发生的世界大事件引发了日本市民对国际社会的强烈担忧。

（5）2000 年以来，日本的国际性非营利组织更加注重构建和强化"跨部门合作网络"，重视市民、政府以及企业等各方利益主体之间的合作网络建设。值得关注的是，国际性非营利组织的活动目标逐渐转向可持续发展、针对武力冲突引发的人道主义危机的紧急援助、强化针对国内灾害的救援能力、加强与外部组织的合作，以及致力于跨部门合作网络的构建。

#### 2. 发展现状

根据日本国际协力 NGO 中心的统计，截至 2016 年 5 月 11 日，日本国际性非营利组织数量已经超过 400 家。根据日本外务省和国际协力 NGO 中心共同发布的《NGO 数据 2016》，接受调查的 430 家组织已经在全球 100 多个国家和地区开展活动，其中亚洲地区占 68.5%，非洲、中东、中南美洲等地占 31.5%。这些非营利组织涉及的活动领域从多到少依次为教育和职业培训（27.2%）、环境保护（19.9%）、农业渔业开发（15%）、保健和医疗（12.9%）、粮食救助和灾害救助（9%）、和平和政治（6%）、经济（5.8%）、人权（3.6%），以及其他领域。援助对象覆盖了儿童、女性、少数民族、受灾者、残障人、难民、在日外国人、被拘禁人士以及其他人群。

日本国际性非营利组织开展的项目包括资金援助、紧急救援、人才派遣、物质援助、信息提供、调查研究以及其他项目。项目实施有多种方式，主要包括日本非营利组织自己实施、本地组织①负责实施、属地组织②负责实施、非营利组织和本地组织共同实施、非营利组织和属地组织共同实施等。例如，日本国际志愿者中心在斯里兰卡某县开展女性赋权活动。当地农民收入微薄、贫困化程度高，女性结婚早，遭受家庭暴力现象较普遍。女性在离婚时往往得不到任何经济补偿，又不懂得求助于相关机构，不会用法律保护自己。针对这一现状，"亚洲社区中心 21"与当地以 "UWWO"为首的 18 家女性团体联手，面向 780 户贫困家庭的女性展开帮扶，举办了为期三个月的培训班，从法律、制度等方面对当地女性积极分子进行培训，这些女学员结业返乡后帮助村里的女性解决了许多现实问题。"亚洲社区中心 21"还帮农户建立了"共同贩卖中心"，为农村女性联系农产品的销售渠道，开展农产品包装、加工方面的培训。通过这些扶贫措施，斯里兰卡农村女性的生存处境得到了一定程度的改善，经济收入也有所增长（胡澎，2019）。

日本国际性非营利组织已经实现资金来源的多样化，主要的资金来源包括会费收入、捐赠收入、基金投资收入、自主事业收入、政府购买服务收入及政府补助金收入（俞祖成，2017）。

### （二）日本非营利组织国际化的特点

日本的国际非营利组织能够在短短的约 50 年间迅速崛起，最关键的因素是日本政府的政策支持。日本外务省国际协力机构设置专门机构负责建立和强化与本国国际非营利组织的合作伙伴关系。面向日本国际非营利组织的政策支持体系包括国际非营利组织资金援助政策群、活动环境改善支援政策群和对话协商机制。这三大机制通过给予国际性非营利组织资金支持、提供免费咨询业务、提供实习生和海外研修培训，以及与外务省进行对话合作，为日本非营利组织参与全球治理提供了强大支持（俞祖成，2017）。

在非营利组织国际化的发展过程中，日本政府对非营利法人制度进行了彻底改革。2008 年 12 月，以《一般法人法》《公益法人认定法》《整备法》为主轴的新公益法人制度正式运行。日本的公益法人制度改革有利于解除民间公益在法律上的束缚，尽管公益法人的认定审查较为严格，但取得公益法人认定后社会认可度较高，开展募捐等公益活动更加便利（沈姣姣，2018）。在税收优惠制度的配合下，日本非营利法人制度推动了日本非营利组织及国际非营利组织的进一步发展。

强烈的抱团意识和发达的同行网络是日本非营利组织国际化快速发展的重要原因。同行网络化组织提倡尊重加盟成员的自主性和独立性，强调加盟成员之间的交流和合作。

---

① 日本非营利组织在项目所在地主导设立的组织。

② 日本非营利组织在项目所在地单独设立的组织。

这类组织被称为国际非营利组织的支持型组织，广泛分布在不同活动领域和地域，主要发挥收集分享行业动态信息、向加盟成员提供信息交换和经验交流场所、开展政策倡议并构建跨部门合作网络的功能（俞祖成，秦胜祥，2018）。

### （三）日本非营利组织国际化对我国的启示

（1）为社会组织国际化提供法律保障。逐步完善的法人制度，为日本非营利组织发展和国际化提供了有力保障。我国社会组织虽然拥有非营利法人资格，但现行法律法规对社会组织的管理和控制比较严格，社会组织的发展壮大面临较多制度性障碍，也没有针对社会组织国际化、社会组织参与全球治理的专门规定，社会组织"走出去"的法律基础不明确。

（2）加强对社会组织国际化的政府支持。目前日本的非营利组织已经达到可以和政府平等对话与参与外交决策的水平，这离不开政府对非营利组织的政策、资金等支持。政府的支持可以提升社会组织参与对外援助和国际治理的能力，是社会组织国际化的重要支撑。2018年3月，我国组建"国家国际发展合作署"，致力于推动形成政府、企业和社会组织"三位一体"的立体援外模式，这使政府资源向社会组织开放有了政策空间。

（3）完善交流和支持机制，形成社会组织国际化的合力。一方面，建立社会组织国际化的支持网络，既可以提升社会组织"走出去"的能力，又可以借助平台优势获得更多"走出去"的机会；另一方面，在社会组织之间建立同行网络，可以促进社会组织与同业组织的交流与合作，提升社会组织在国际化过程中的政策倡导能力。

## 第三节　我国社会组织的国际化

## 一、我国社会组织国际化的历程

相比较于西方发达国家对非营利组织国际化的高水平制度吸纳，我国社会组织参与对外援助整体上还处于探索的初级阶段。但是，文献研究和实践观察同时表明，我国社会组织既在国际资助机构与境外非政府组织的帮助下积极生长，也一直在加强自我建设，谋求更广阔的发展空间（颜克高，2021）。根据标志性事件划分，我国社会组织国际化可以分为以下几个阶段。

### （一）萌芽阶段（1949～1999年）

中华人民共和国成立初期，社会组织数量少，功能不发达，参与对外工作的机会少。中国人民外交学会于新中国诞生后两个月便成立，中国人民对外文化协会于1954年5月成立，1966年改组为中国人民对外文化友好协会，1969年，又改为现称。中国人民对外文化协会成立以后，同多个国家和地区建立和保持了友好联系。但这一时期社会组织参与国际活动是在整体外交框架内开展的。改革开放后，我国的对外交往需求扩大，1987年经国务院批准，中国国际民间组织合作促进会的前身——中国国际经济技术交流中心

成为我国从事国际民间组织合作的协调机构。同年，世界针灸学会联合会在北京宣告成立，它是与世界卫生组织建立正式关系的非政府性针灸团体的国际联合组织，是我国早期具有标志性的国际性社会组织①。1995 年，第四届世界妇女大会及世界妇女非政府组织论坛在中国召开，中国有 22 个社会组织参加并积极发声，这是我国社会组织走向国际化的开端。1998 年，中华慈善总会加入国际联合劝募协会（现更名为"全球联合之路"），1999 年与美国微笑列车基金会合作，拉开了我国救助人数最多的慈善手术援助项目的序幕。

## （二）初步发展（2000～2011 年）

进入 20 世纪以来，我国社会组织保持强劲的发展势头，数量快速增长，作用更加突出，开始从视野的国际化走向项目开展的国际化，活动领域与项目逐渐增多，关注自然灾害救助、人道主义援助、社会民生与人类可持续发展等国际议题的社会组织越来越多，对外援助也进入快速发展时期。在国际应急人道主义援助方面，2004 年东南亚海啸救灾时期，国内民间力量首次大规模参与对外人道主义援助；2005 年印度洋海啸援助行动中，中华慈善总会开创了全国性社会援外募捐和社会组织对外救助的先例。在社会民生项目方面，全球环境研究所于 2005 年在斯里兰卡与其农牧业部合作开展农村沼气项目，通过分享中国成熟的沼气利用经验，为当地居民解决生活能源问题和后续的环境污染问题；2009 年，中国民间组织国际交流促进会、中国计划生育协会、北京市民间组织国际交流协会、北京市慈善协会等社会组织，与津巴布韦新希望基金会、医务志愿者协会合作，在津巴布韦首都哈拉雷开展艾滋病预防宣传培训活动。在重要会议参与方面，2007 年，我国社会组织首次亮相巴厘岛联合国气候变化大会；2009 年，我国社会组织在哥本哈根气候大会上发布《中国公民社会应对气候变化立场》；在联合国主办的生物多样性国际会议、控烟国际会议、艾滋病防治国际会议等重要国际会议上，都有中国社会组织的代表参加。

## （三）新机遇（2012 年至今）

党的十八大以来，党和政府大力推进简政放权，转变政府职能，改进社会治理方式，这为社会组织发展进一步创造了空间。2013 年 11 月，"一带一路"写入党的十八届三中全会通过的《中共中央关于全面深化改革若干重大问题的决定》，其中提出要推进丝绸之路经济带、海上丝绸之路建设，形成全方位开放新格局。"一带一路"倡议为社会组织国际化提供了重大战略机遇。近年来，随着我国脱贫攻坚战取得全面胜利，扶贫工作经验在越来越多的国家和地区开枝散叶，贫困救助逐步成为社会组织国际化的重点领域。

### 1. "一带一路"倡议

"一带一路"倡议是"丝绸之路经济带"和"21 世纪海上丝绸之路"的简称。"一带一路"建设需要引导社会组织参与，努力形成政府、市场、社会有机结合的合作模式，

---

① 此处的"国际性社会组织"区别于前文中的国际非营利组织，特指在我国民政部门登记注册的国际性社会组织。

形成政府主导、企业参与、民间促进的立体格局；需要搭建多元合作平台，加强民间组织往来，密切妇女、青年、残疾人等群体交流，促进包容发展。社会组织的参与有助于为"一带一路"建设夯实民意基础，筑牢社会根基。

2014 年，中国和平发展基金会积极响应国家"一带一路"倡议，创建"丝路之友"品牌项目，在老挝、柬埔寨等"一带一路"国家开展了 11 个惠民项目，并同步推进了在赞比亚和苏丹的惠民项目。中国扶贫基金会秉持"大爱无疆，民心相通"的国际化理念，紧紧围绕消除贫困、零饥饿、健康福祉、优质教育、清洁饮水和体面工作六项联合国 2030 可持续发展目标，在缅甸、尼泊尔、埃塞俄比亚、柬埔寨、乌干达等国开展了援助项目。2017 年 11 月 21～22 日，首届丝绸之路沿线民间组织合作网络论坛在北京举行，国家主席习近平致信祝贺，提出"建设丝绸之路沿线民间组织合作网络是加强沿线各国民间交流合作、促进民心相通的重要举措"[1]。2019 年 4 月 27 日，第二届丝绸之路沿线民间组织合作网络论坛在北京举行，22 个国家和地区的约 170 名中外民间组织机构代表围绕"深化务实合作、共创美好生活"主题进行深入讨论，这一民间组织合作网络为"一带一路"沿线民间组织的交流提供了重要保障。2020 年 3 月，中国民间组织国际交流促进会发起"丝路一家亲"民间抗疫共同行动，推动国内民间力量通过物资捐赠、经验分享、志愿人员派遣等方式向有需要的国家提供力所能及的帮助。截至 2020 年 6 月，共推动近 60 家社会组织、企业和民间机构，在 50 多个国家实施 80 余个国际抗疫合作项目，捐赠物资总额达 1.76 亿元人民币，同时举行线上经验交流活动 40 余场[2]，帮助缓解国际疫情，获得了国际普遍赞誉。

### 2. 海外援助工作

随着我国经济的快速增长和综合国力的增强，社会组织开展的对外援助和扶贫工作越来越多。非洲国家战火频仍、冲突不断，不少人生活贫困、境遇令人担忧。为非洲贫困地区提供援助是世界各国爱好和平的人民的共同愿望，也是各类国际非营利组织援助的重要内容。我国社会组织近年来也将援助非洲作为重点领域，这既是中国社会组织走出国门参与对外援助和全球治理的便捷途径，也是在国际社会展示中国社会组织形象的重要渠道。社会组织在非洲的援助工作主要包括紧急救援、医疗卫生救助、教育扶贫和营养改善等内容（赵佳佳，韩广富，2016）。

社会组织主要通过三种方式推进对非洲的扶贫活动：一是社会组织结成合作伙伴共同实施扶贫项目。这种形式既包括社会组织之间的合作，也包括社会组织和受援国非营利组织之间的合作。例如，2014 年 5 月，中国扶贫基金会和无锡灵山基金会共同捐赠 1000 万元人民币，自 2015 年开始在埃塞俄比亚开展为期 5 年的微笑儿童学校供餐试点项目，为亚的斯亚贝市的 40 多所公立小学贫困学生提供免费的早餐和午餐。二是与具有责任心的海内外企业进行合作。这些企业对社会组织进行资金捐赠或项目援助，帮助社会组织

[1] 习近平主席致首届丝绸之路沿线民间组织合作网络论坛贺信. http://www.scio.gov.cn/31773/31774/31783/document/1606471/1606471.htm，2017-11-21.

[2] 中国扶贫基金会积极参与抗疫国际合作——"丝路一家亲"民间抗疫共同行动. https://www.163.com/dy/article/FFUBE93I0514BF7J.html,2020-06-25.

开展行动。例如，2010 年 12 月开始实施的"希望工程走进非洲"项目，由世界杰出华商协会主要面向企业募集资金，中国青少年发展基金会负责项目的运行和管理。截至2011 年 8 月 17 日，青基会接受该项目的定向捐款超过 3 亿元，在坦桑尼亚、肯尼亚等多国建立希望小学（张木兰，2014）。使他们拥有了接受教育的机会。三是社会组织通过和国际非营利组织合作开展扶贫项目。例如，我国公众和社会组织通过红十字国际委员会的网络进行捐赠，帮助应对非洲饥荒。

综合国力的增强、国际地位的提升要求我国承担更多的全球责任，将国内消除贫困的经验用于海外贫困地区的救助是我国承担全球责任的方式之一。与国家政策相配合，社会组织在海外扶贫方面可以大有作为。

## 二、我国社会组织国际化的概况

### （一）基本情况

我国社会组织国际化总体上还处在起步阶段。民政部历年社会服务发展统计公报显示，截至 2017 年底，全国民办非企业单位中，国际及其他涉外组织类 15 家，不到当年民办非企业单位总数（40 万家）的万分之一；2016 年底民政部登记的基金会中，涉外基金会 9 个；2014 年底，全国共有社会团体 31 万家，其中国际及其他涉外组织类 516 家，约占总数的 0.17%。从数量和占比看，我国走向国际化的社会组织很少。2011 年，我国有 45 家国际性社会组织进入国际协会联盟（Union of International Associations，UIA）的国际组织年鉴，占当年全球国际非政府组织总数（57 721 家）的 0.08%。根据联合国经济及社会理事会（United Nations Economic and Social Council，ECOSOC）（以下简称联合国经社理事会）的数据，截至 2021 年 4 月，共有 5593 个非政府组织享有有效的联合国经社理事会咨商地位，其中中国的社会组织不到 100 家[①]。我国"走出去"的社会组织数量不多，得到国际认可的比例低，这与我国国际地位不相匹配，社会组织在国际化方面仍然任重道远。

### （二）形式划分

我国社会组织国际化的形式主要包括三种类型。

第一种类型是在我国设立的国际性社会组织，即由中国的组织或个人发起成立，按照中国法律在中国登记管理部门注册，具有国际目标、不以营利为目的的双边、多边、区域性、全球性的非营利组织。例如，国际数字地球学会（The International Society for Digital Earth，ISDE）是在中国、加拿大、美国、日本、捷克等 10 多个国家科学家的共同倡议下，由中国科学院发起，并联合国内外相关机构成立于 2006 年的非政府国际科学组织，总部设在北京。国际性社会组织的主要特点是组织目标的国际性、理事会成员的国际性、会员的国际性、收入来源的国际性。

第二种类型是社会组织参加或开展国际活动，主要包括以下四种方式：一是开展跨

---

① 该部分数据是查询联合国官网后得到的。

国交流合作等活动。如 1988 年成立的中国国际商会，是由在中国从事国际商事活动的企业、团体和其他组织组成的全国性商会组织，主要职责是促进中外经贸交流与合作，代表中国工商界向国际组织和中外政府部门反映利益诉求，参与国际经贸规则的制定和推广，在企业界积极倡导社会责任与公益事业。据中国国际商会官网介绍，截至 2023 年，商会会员数量达 35.1 万家，其中包括绝大多数中央企业、全国性金融机构以及一大批知名民营企业和外资企业，已经成为我国会员最多、国际影响力最大的涉外商会组织之一。二是与国际相关组织进行对接，构建跨国倡议网络。例如，中国民间组织国际交流促进会利用中国民间气候变化行动网络（China Civil Climate Action Network，CCAN）平台派代表参加联合国气候变化的框架会议。三是加入国际社会组织联盟，获得成员身份。例如，爱德基金会是国际救灾与发展联盟的创始成员和理事。在过去的 30 多年中，爱德基金会不仅从国际救灾与发展联盟获得过捐赠资金，还获得过技术和经验等专业方面的支持，在人道主义救援、救灾、社区发展等方面与国际救灾与发展联盟及其成员单位有过合作与交流。四是取得联合国经社理事会授予的"咨商地位"，通过在联合国经社理事会上进行议题陈述、简短发言和递交书面报告等形式影响国际决策。截至 2019 年 8 月，我国拥有联合国经社理事会"咨商地位"的社会组织共有 50 多家，包括中华全国妇女联合会、中国残疾人联合会、中国联合国协会、中国人民对外友好协会、中国人民争取和平与裁军协会、中国女企业家协会等。

第三种类型是社会组织与受援国政府或受援国非营利组织的双边合作。双边合作主要包括两种方式：一是参与海外援助项目，如中国扶贫基金会针对印尼海啸展开的援助；二是在海外设立分支机构，如中国少年基金会在海外设有联络部，在英国设有分支机构。

### （三）活动领域

社会组织国际化的人员、资金、技术等要素主要集中在以下六个领域（王向南，2014）。

#### 1. 扶贫开发

大多数社会组织在政府对外扶贫项目中积极发挥作用，部分社会组织自主发起海外扶贫项目。例如，由中国政府与联合国开发计划署等国际组织共同发起、资助并组建的非营利性机构中国国际扶贫中心（International Poverty Reduction Center in China，IPRCC），自 2004 年组建以来，在理论创新、政策研究、国际合作等方面进行探索，在消除贫困、提高贫困地区贫困人口生存和发展能力、开展培训、实施项目、加强管理、增进国际合作交流等方面做出了积极贡献。又如，中国青少年发展基金会在国家海外扶贫政策的导向下，设立"希望工程走进非洲"项目，为非洲的失学儿童提供帮助。

#### 2. 医疗卫生

我国自 20 世纪 60 年代就开始开展对外医疗卫生援助工作。1963 年，在国际红十字会的协调下，第一支中国国际医疗队组建成立，前往阿尔及利亚执行援外医疗任务。此后我国先后向亚洲、拉丁美洲和其他地区的发展中国家多批次派遣医疗队。

2020 年新冠疫情暴发后，我国社会组织积极为全球抗疫尽一己之力。新华社报道，疫情期间我国向 153 个国家和 15 个国际组织提供抗疫物资，与全球 180 多个国家和地区、

10 多个国际组织共同举办疫情防控、医疗救治等技术交流活动 300 余场，向 34 个国家派出 37 支抗疫医疗专家组[①]。比如，在物资捐赠方面，2020 年 2 月 29 日，北京新阳光慈善基金会·峥爱基金捐赠第一批 22 台制氧机抵达伊朗首都德黑兰，该基金会还在"微公益"平台开通募捐项目，募款为伊朗购买医疗物资；自 2020 年 3 月 3 日至 7 月中旬，马云公益基金会和阿里巴巴公益基金会向日本、菲律宾、伊朗等亚洲国家，意大利、法国、比利时等欧洲国家，以及 24 个拉美国家、54 个非洲国家，捐赠了包括口罩、试剂盒、呼吸机在内的数批医疗防护物资。

### 3. 环境保护

社会组织在环保领域的国际合作非常丰富。2005 年 3 月，哈尔滨工业大学、北京绿家园志愿者（Green Earth volunteers）联合绿色和平组织（Greenpeace）在八达岭长城举办保护原始森林宣传活动，这是我国环保组织与国际环保组织合作的开端。以中国环境保护协会为首的环保社会组织在环保调研、环保教育、环保行动等方面积极与国际环保组织合作，为增强公众环保意识、促进环境改善做努力。中国环境保护协会还取得了联合国经社理事会的咨商地位，在全球环境政策中发挥倡议作用。

### 4. 教育和文化交流

社会组织在中外教育和文化交流中发挥积极作用。在"中俄文化年""中法文化年""中非合作论坛"等教育和文化交流活动中，社会组织扮演了参与者、协助者和组织者的角色。除在境外参加各种交流活动、开展合作项目外，我国还创造性地建设了多所非营利性的孔子学院（2020 年更名为"教育部中外语言交流合作中心"），推广汉语、传播中国文化与国学。截止到 2019 年 12 月，中国已在 162 个国家（地区）建立 550 所孔子学院和 1172 个中小学孔子课堂[②]；截止到 2018 年底，"一带一路"沿线有 53 个国家设立 137 所孔子学院和 130 个中小学孔子课堂[③]。

### 5. 农业合作

社会组织在农业领域与国外有着广泛合作。我国最具代表性的农业社会组织是 1999 年成立的中国农业国际交流协会（China Agricultural Association for International Exchange，CAAIE），该协会旨在农业领域积极推动中国和世界各国（地区）在科技、生产、贸易、人力、信息等方面的民间交流与合作。该组织通过与联合国粮食及农业组织和国外民间组织展开合作，先后在印度、越南、缅甸等国推广杂交水稻技术，为 20 多个国家培训了 300 多名技术骨干。与国外科研机构、高等院校合作是社会组织开展国际农业合作的主要方式。例如，加拿大非营利组织国际科学与技术合作中心和我国农业社会组织在农产品与服务创新领域开展多项合作项目。

---

① 刘赞，杜静．头条｜中国抗疫的世界贡献. https://mp. weixin. qq. com/s?__biz=MzUxMjU4ODYzNw==&mid=2247577655&idx=1&sn=4890ff882b6a85e047f57cc748d949ab&chksm=f961de05ce1657134a44fe7c9efbd8d124886b35fa06a963c2374a3bb80c929dcdcd0c26c99d&scene=27，2023-01-31.

② 全球孔子学院达 550 所. https://www. gov. cn/xinwen/2019-12/10/content_5459864. htm，2019-12-10.

③ "一带一路"沿线已有 53 国建立 137 所孔子学院. https://www. yidaiyilu. gov. cn/xwzx/hwxw/65816. htm，2018-09-11.

### 6. 紧急救援

海外紧急救援是社会组织国际化的重要内容。近年来，我国社会组织多次在灾害突发时与其他国家联合开展灾害救助和慈善捐赠等活动。例如，在 2010 年的海地地震中，中国扶贫基金会与联合国世界粮食计划署联合筹款 256 万元，用于支持紧急救援活动；2015 年 4 月，尼泊尔境内发生 8.1 级地震，中国扶贫基金会、壹基金、中国妇女发展基金会等公募基金会立即开展募款项目，中国扶贫基金会人道救援队伍、壹基金救援联盟、中国社会福利基金会蓝豹救援队、中华思源工程扶贫基金会联合绿洲应急救援队等社会组织快速反应，与国际组织联合救灾；2019 年 8 月 12 日，公羊会获得埃塞俄比亚社会保障部颁发的国际公益组织注册登记证书，成为首个在非洲合法登记注册的中国应急救援类公益组织。社会组织参与海外紧急救援，既体现社会组织的人道主义关怀，也体现社会组织实力，是社会组织国际化中广受关注的内容。

## 第四节　社会组织国际化的影响与未来

### 一、社会组织国际化的影响

#### （一）社会组织国际化的积极意义

##### 1. 共建人类命运共同体

我国向来有扶危助困的传统情怀与合作共赢的现代意识，社会组织迈出国门，正是这种情怀和意识的体现。社会组织"走出去"，追求和平与发展、救助灾害、保护生态环境、参与解决全球问题，也符合人类命运共同体蕴含的国际权力观、共同利益观、可持续发展观和全球治理观，并为建设人类命运共同体而努力。

##### 2. 展示国家实力和形象

社会组织在人道主义救援、紧急救援、扶贫开发、医疗卫生保障等方面做出了很大贡献，为受援地民众带去必要的物资和服务，改善了受援地民众的生存状态，赢得了民众的信任与好评。在开展海外援助的过程中，社会组织专业的救援能力和经验不仅展示了组织的品牌，也展现了国家的实力。社会组织积极参与救援、满怀人道主义关怀、为争取和平与发展不懈奋斗的精神，也展示了我国担当全球责任的国家形象。

##### 3. 促进社会力量发展

社会组织"走出去"开展国际活动，吸引众多个人、团体和组织通过间接或直接的方式参与到全球治理之中，极大地促进了社会力量的发展。例如，社会组织在援非项目中，向具有社会责任感的企业和公众募集资金，招募技术人员和志愿者提供服务，在这一过程中，大量公众和组织得以参与全球治理，他们的参与意识也在不断增强。

### 4. 社会组织自身获得成长

部分社会组织经过 40 多年的发展，已经拥有解决国际问题的能力，它们需要更广阔的发展空间和更多的发展机遇，因此逐渐将目标转向国际社会、将服务扩展到国外。但是，在国际化进程中，社会组织会遇到文化冲突、专业挑战等问题，因而需要进行不断的探索与尝试。在这一过程中，社会组织的筹资、项目、合作关系管理等多方面的能力都能够得到提升，组织也会获得相应发展。可以说，对具备一定条件的社会组织来说，国际化是一种有效的锻炼和成长途径。

## （二）社会组织国际化面临的挑战

### 1. 国际影响力弱

我国已经走出国门进行国际化发展的社会组织数量不到总量的千分之一，所产生的影响非常有限。从总体上看，由于社会组织发展起步晚、数量不多、规模普遍较小，社会组织"走出去"的愿望不足、国际活跃度低。因此许多社会组织在海外开展的项目属于"出差式"的临时项目，没有常驻机构和人员，缺乏长期的经费支持。社会组织在国际上的地位与我国的大国地位相差较远。

### 2. 政策支持不足

2016 年，中共中央办公厅和国务院办公厅印发了《关于改革社会组织管理制度促进社会组织健康有序发展的意见》，提出"引导社会组织有序开展对外交流，参加非政府间国际组织，参与国际标准和规则制定，发挥社会组织在对外经济、文化、科技、体育、环保等交流中的辅助配合作用，在民间对外交往中的重要平台作用"。但是，社会组织国际化在我国国际战略中一直缺乏一席之地，目前我国没有关于社会组织参与国际事务、在海外从事项目的专门立法，更没有法律法规对社会组织在海外设立分支机构、开展工作、资金支持、手续办理等方面的工作做出规范管理。政府对社会组织国际化缺乏战略规划和政策支持，政府和社会组织间在国际化问题上也没有常规化的沟通渠道，社会组织走出去的信息整合、资源调配等平台也有待建立。

### 3. 自身发展不强

从数量上看，我国社会组织中能够参与国际援助的数量很少。有数据表明，截至 2018 年 11 月，在全国性社会组织中，仅有 37 个国际性社团、19 个外国商会，占比为 2.49%；在全国性基金会中，涉外类 9 个，占比为 4.41%；2017 年，在全国 40 万个民办非企业单位中，仅有 15 个国际及其他涉外类组织（颜克高，2021）。在能力上，社会组织通常规模小，资金有限，能够承担国际项目的专职人员不多，了解受援国文化环境、政策环境、具有较强国际沟通和协作能力的专业人才凤毛麟角（仇墨涵，刘培峰，2019）。

## 二、社会组织国际化的未来

当前，我国社会组织国际化处于起步阶段，面临许多问题，但"走出去"仍然是一种大趋势。基于社会组织国际化的现状、面临的机遇和挑战，结合国外非营利组织国际化的经验，下面对社会组织国际化的进一步发展提出几点建议。

### （一）制定社会组织国际化的战略规划

无论是非营利组织国际化较为成熟的英国、美国，还是国际化水平快速增长的日本，都有国家层面的非营利组织发展战略和路径，能够指导非营利组织行动。社会组织国际化应该成为我国国际战略的一部分。2016 年 8 月，中共中央办公厅和国务院办公厅印发《关于改革社会组织管理制度促进社会组织健康有序发展的意见》（以下简称《意见》），明确提出要"引导社会组织有序开展对外交流，参加非政府间国际组织，参与国际标准和规则制定，发挥社会组织在对外经济、文化、科技、体育、环保等交流中的辅助配合作用，在民间对外交往中的重要平台作用"。这表明社会组织国际化已经受到高度重视。当前迫切需要落实《意见》精神，为社会组织国际化制定战略规划，明确社会组织国际化的中长期目标和当前任务，以及为保证国际化顺利推进提供所需的支撑性条件和配套措施。

### （二）完善社会组织国际化的政策体系

社会组织国际化是一项系统工程，需要多方面的政策支持。首先，通过立法提供保障是先进国家非营利组织国际化的经验。我国同样应该通过法律法规对社会组织的国际化行为进行指引和规范，在对外援助法中体现社会组织的地位和作用。其次，完善对社会组织的支持政策。日本除了对非营利组织的国际化进行直接的资金援助以外，还依据非营利组织的类型、项目等给予多种补贴，提供税收减免优惠。我国社会组织国际化起步晚，更需要来自政府的支持。除常规的税收、补贴等支持外，在"一带一路"倡议和海外扶贫中，政府可以通过购买服务的方式吸纳社会组织参与，助推社会组织的国际化进程。最后，建立常规性的政社对话机制对推进社会组织国际化具有重要意义。政府与社会组织的及时交流，有助于政府更加了解社会组织的需求，提供有针对性的帮助，也有助于社会组织将自身宗旨与政府需求相匹配，获得更多的合作机会。

### （三）加强社会组织国际化的能力建设

国际化的社会组织通常表现出高度的专业性，这意味着社会组织要"走出去"，首先必须加强能力建设。我国政府在加强社会组织能力建设方面做了大量工作，但较少开展针对国际化的能力提升工作。与国际化战略相匹配，政府需要在社会组织国际化能力提升方面有所投入，在举办专业培训、进行典型示范、提供项目参与机会等方面，政府可以有所作为。

社会组织自身也应重视国际化能力的提升。一方面，可以借鉴企业管理的成功经验，合理运用现代管理工具，全面加强组织管理，提高组织效率；另一方面，需要加强组织间关系建设，特别要加强同业联合。通过组织间交流与合作，社会组织能够取长补短，不断进行自我完善。此外，近年来，国外非营利组织越来越重视品牌建设，我国社会组织在国际化进程中对此也应有所借鉴。部分发展较好、在国际上已经有较多合作经验的社会组织完全可以着重提升品牌能力，努力树立组织和项目品牌。

## 本章小结

　　社会组织国际化既是一个过程，也是一种结果。社会组织国际化的主体是民族国家的社会组织（非营利组织）和国际非营利组织。社会组织国际化的类型多样、领域广泛、意义突出。英国、美国和日本积极推动非营利组织国际化，将其作为国家外交战略的重要组成部分，并提供政策、资金、项目等支持，取得了显著成效；但一些西方非营利组织在提供国际救助的同时进行价值输出，受到一些国家的质疑。我国社会组织国际化起步较晚，部分社会组织在紧急救援、卫生医疗等领域发挥作用，产生了一定的国际影响，但从总体上看，社会组织国际化水平较低、影响较弱、环境不成熟。为进一步推进社会组织国际化，需要加强国际化战略规划、完善政策体系、加强国际化能力建设。

## 案　例

### 全球环境研究所的国际化①

### 一、全球环境研究所概况

　　全球环境研究所是目前国内实力较强、规模较大的草根环保民间组织。该机构成立于 2004 年 3 月，宗旨是以市场为导向解决环境问题，追求社会、环境和经济效益的共赢。全球环境研究所总部设在北京，项目点主要分布于中国的西南地区以及东南亚等地区。目前，全球环境研究所的项目集中在农村可持续发展、生物多样性保护、能源和气候变化、环境治理以及国内外民间组织合作五大领域，是中国最早在海外开展援助项目的自下而上成立的民间组织。

### 二、国际化战略经验

　　全球环境研究所的主要目标之一就是在环保领域，致力于发挥桥梁作用，一方面促进发展中国家之间的合作，另一方面加强与发达国家在环保技术上的交流与合作。既为在中国以外的发展中国家推广以市场为导向的解决环境问题的模式，同时又将发达国家成熟的环保模式，经过全球环境研究所的本土化、大大降低项目实施成本之后，再输出到周边的发展中国家。2005 年，全球环境研究所获得了包括美国能源基金会等西方发达国家基金会的支持，在斯里兰卡开展项目，迈出了国际化的第一步。其成功经验包括以下几点。

　　（1）积极寻求海外资助。全球环境研究所成立之初的大部分资金都来源于海外基金

---

　　① 黄浩明. 2015. 社会组织走出去——国际化发展战略与路径研究. 北京：对外经济贸易大学出版社，有改动.

会的捐赠，与海外基金会有着长期的合作伙伴关系。与中国其他民间组织相比，全球环境研究所有着与国外基金会更多、更紧密的合作和交往，具有更广阔的全球视野。

（2）人才队伍的国际化。全球环境研究所非常注重人才的国际化。在招聘员工和志愿者时非常注重海外留学和工作背景。目前，全球环境研究所不仅有海外的理事、员工，而且大量招募来自美国、德国、法国、新西兰等国家的实习生和志愿者。多国背景和全球视野的工作团队在执行国际任务时更容易适应环境、应对挑战。正是因为有一支国际化的人才队伍，全球环境研究所才能具有全球战略眼光，紧跟国际前沿，从而走出国门，并在国际民间组织领域拥有较高的知名度，在国际舞台上拥有一定的话语权。

（3）设定与企业投资相契合的发展战略。随着国际化项目的增多，全球环境研究所除了向海外基金会争取资源外，还积极拓展中资企业的资源。在与企业的合作过程中，全球环境研究所始终遵循与企业投资相契合的发展战略，首选中资企业投资密集、生态环境脆弱的东南亚地区开展项目。这主要是因为中资企业在这些生态环境日益脆弱的地区开展投资，面对环境压力，有担当企业社会责任、回馈当地社区，实现经济与环境协调发展的迫切需求。这样，全球环境研究所的项目更容易获得中资企业的认可，也更容易获得企业的资金支持，有利于开展项目合作。同时，这也有助于减轻对海外基金会的资金依赖，建立多元化的项目资助体系。

（4）重视倡导工作以扩大社会效应。全球环境研究所项目在提供服务的同时注重倡导工作以扩大社会效应。相继发布的《中国企业境外可持续森林培育指南》和《中国对外投资中的环境保护政策》，不仅为政府提供了政策建议，而且对中资企业的海外投资行为提供了指引。全球环境研究所还大力推动环境、能源议题的国际合作，特别是南南合作；推动并主办与项目有关的各种国际会议，动员包括政府、企业、学者、公众在内的利益相关者的参与，致力于多方合作共同解决环境问题。特别是在公众动员方面，除了环保理念的宣传外，全球环境研究所还注重环保技术和资源节约手段的传播，并尽可能地与商业模式相结合，使项目成果获得可持续性发展。

（5）利用市场机制、通过树立品牌项目解决环境问题。全球环境研究所将传统的环境保护、资源节约的手段与商业模式相结合，以市场为导向解决环境问题，为社会、环境和经济效益的多赢创造了条件。市场机制一方面是指项目运作中的市场化管理方法，另一方面是指在项目运营中设定并实施合适的市场、金融机制和政策工具，将其与社区居民的服务、发展、倡导工作相结合，既解决环境问题又能给社区带来收益，提高居民的生活水平。以市场为导向，全球环境研究所积累了丰富的项目运作经验并形成了自己的品牌项目，这是它能够在东南亚立足的重要原因。正是由于全球环境研究所实施的项目技术过硬、项目效果较好、运作模式较成熟，不仅能够帮助当地保护环境，而且能够帮助社区发展经济，帮助移民脱贫致富，因此，全球环境研究所才能够获得包括基金会、企业和政府在内的多方捐赠者的支持，其在海外的项目才得以顺利开展，并赢得良好声誉。

## 三、国际化的挑战

（1）缺乏稳定的项目资金。虽然全球环境研究所努力采取市场化的方法解决环境问题，但市场化主要是为了提高项目运作的效率，本身并无法给组织带来规模化的收益。因此，建立稳定的基金来源是全球环境研究所国际化的重要保障。

（2）与政府的合作机制不畅。全球环境研究所推动的国际项目在环保领域产生了重要影响力，给政府提供的政策建议也受到一定程度的重视，但在国际援助项目中，中国政府目前很难给予全球环境研究所以资金支持。中国政府的援外项目对投标者的资质有着严格限定，就目前来看，全球环境研究所并不具备援外资质，不能作为政府援外项目的执行机构开展业务。

（3）与政府的互动模式存在问题。全球环境研究所向政府提供政策建议、推动政府政策制定的活动往往缺乏后续跟进和评估，双方互动的模式尚未建立起来，而这只靠全球环境研究所一方努力远远不够。

全球环境研究所作为中国草根社会组织，其提供的国际化经验能够为国内其他社会组织提供借鉴。从总体上看，面对挑战，社会组织需要根据自身实际情况，尽可能地将挑战转化为机遇，积极为国际化发展创造有利条件。

**案例分析题：**

1. 全球环境研究所国际化战略的成功经验有哪些？
2. 全球环境研究所的国际化面临哪些挑战？
3. 全球环境研究所应如何应对国际化中面临的挑战？
4. 全球环境研究所的国际化给其他社会组织带来哪些启示？

**本章思考题**

❶ 如何理解社会组织国际化？
❷ 社会组织国际化的形式和主要领域有哪些？
❸ 社会组织国际化给不同主体带来哪些影响？
❹ 英国、美国和日本非营利组织国际化对我国有哪些启示？
❺ 我国社会组织国际化取得了哪些成效？面临哪些难题？如何解决这些难题？

## 参考文献

蔡礼强，刘力达. 2019. 发达国家社会组织参与对外援助的制度吸纳与政策支持——基于美英德日法五国的比较分析. 国外社会科学,（5）：31-47.

邓惠. 2016. 国际非政府组织在国际法上的地位. 赤峰学院学报(汉文哲学社会科学版),37(1): 125-127.

胡澎. 2011. 日本 NGO 的发展及其在外交中的作用. 日本学刊,（4）：115-128.

胡澎. 2019. 日本非政府组织的对外援助活动及对我国的启示. 国外社会科学,（5）：59-67.

黄浩明. 2015. 社会组织走出去——国际化发展战略与路径研究. 北京：对外经济贸易大学出版社.

黄浩明, 赵国杰. 2014. 美国非营利组织国际化发展现状与趋势. 中国行政管理,（3）：115-118.

黄晓勇. 2018. 中国社会组织报告（2018）. 北京：社会科学文献出版社.

李先波. 2005. 主权、人权、国际组织. 北京：法律出版社.

吕少飒. 2013. 巴西对外援助管理体系及其面临的挑战. 国际经济合作,（10）：65-70.

欧阳骞. 2017. 英国非政府组织国际化发展研究. 北京：北京外国语大学.

莱斯特·M. 萨拉蒙, 等. 2007. 全球公民社会：非营利部门视界. 贾西津, 魏玉, 等译. 北京：社会科学文献出版社.

仇墨涵, 刘培峰. 2019. "一带一路"背景下中国社会组织国际化问题与建议. 湘潭大学学报：哲学社会科学版, 43（6）：143-149.

沈姣姣. 2018. 日本公益法人制度及其对我国的启示. 时代法学, 16（1）：116-121.

万俊, 罗猛. 2006. 论国际环境保护非政府组织的兴起、形式及其作用机制. 黑龙江省政法管理干部学院学报,（2）：104-108.

王名, 李勇, 黄浩明. 2009. 英国非营利组织. 北京：社会科学文献出版社.

王向南. 2014. 中国非营利组织发展的制度设计研究. 长春：东北师范大学.

徐丹. 2021. 人类命运共同体视阈下中国社会组织的国际化研究. 学会,（4）：5-13.

徐彤武. 2010. 美国国际性民间组织研究. 美国研究, 24（4）：55-82, 4.

颜克高. 2021. 中国社会组织参与对外援助 70 年：经验、问题与展望. 国外社会科学,（1）：31-43, 157.

杨娜, 吴志成. 2016. 欧盟与美国的全球治理战略比较. 欧洲研究, 34（6）：6, 57-71.

英德杰特·帕马. 2018. 以慈善的名义：美国崛起进程中的三大基金会. 陈广猛, 李兰兰译. 北京：北京大学出版社.

俞祖成, 秦胜祥. 2018. 日本非政府组织同行网络：功能、历程与驱动力. 中共福建省委党校学报,（11）：92-99.

俞祖成. 2017. 日本非政府组织参与全球治理研究——历史演变、发展现状及其支持政策. 社会科学,（6）：25-37.

张木兰. 2014. 中国公益的非洲尝试：从政府到民间. http://www.gongyishibao.com/html/yaowen/6478.html, 2014-05-20.

赵佳佳, 韩广富. 2016. 中国社会组织"走出去"扶贫问题探析——以社会组织在非洲的扶贫活动为例. 贵州师范大学学报（社会科学版）,（4）：34-42.

Gaer F D. 1995. Reality check: human rights nongovernmental organisations confront governments at the United Nations. Third World Quarterly, 16（3）:389-404.